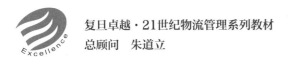

复旦卓越·21世纪物流管理系列教材　　　　　"国家级一流本科课程"教学用书
总顾问　朱道立

物流法教程

（第二版）

孟　琪◎编著

Logistics Law

复旦大学出版社

内容提要

本书作为普通高等院校物流管理专业的特色教材，共11章（理论知识10章、实践活动1章），以学习者熟悉理论知识为基础、应用能力培养为主线、贯彻思政教学重点为特色，依照国际、国内物流经济活动的基本过程和规律，围绕物流过程中各工作环节和具体业务流程所涉及的运输、仓储、配送、包装、搬运装卸、流通加工、信息管理等模块的相关法律制度，并通过知识拓展、资料链接和实证案例分析讲解，提高读者的应用能力。

扫二维码获取课程配套线上资源

第一章 物流法律制度概述 ·· 1
第一节 物流概述 ·· 2
第二节 物流法律制度概述 ··· 9
第三节 物流法律关系 ··· 18
第四节 物流服务合同 ··· 24
学习重点和难点 ··· 32
练习与思考 ··· 32
案例分析 ·· 34
实践活动 ·· 35

第二章 物流企业法律制度 ·· 37
第一节 物流企业法律制度概述 ·· 38
第二节 物流企业的设立 ·· 42
第三节 物流企业法律责任 ··· 53
学习重点和难点 ··· 61
练习与思考 ··· 61
案例分析 ·· 62
实践活动——企业调研＋翻转课堂 ··· 63

第三章 货物运输法律制度 ·· 64
第一节 货物运输法概述 ·· 65
第二节 公路货物运输法律制度 ·· 70
第三节 铁路货物运输法律制度 ·· 74
第四节 水路货物运输法律制度 ·· 82

第五节　航空货物运输法律制度 ……………………………………………… 86
　　第六节　国际货物多式联运法律制度 …………………………………………… 93
　　学习重点和难点 ……………………………………………………………………… 104
　　练习与思考 …………………………………………………………………………… 104
　　案例分析 ……………………………………………………………………………… 106
　　实践活动 ……………………………………………………………………………… 107

第四章　海上货物运输法律制度 …………………………………………………… 110
　　第一节　《中华人民共和国海商法》概述 ……………………………………… 111
　　第二节　海上货物运输合同当事人的权利、义务和责任 ……………………… 116
　　第三节　提单 ……………………………………………………………………… 124
　　第四节　海上货物运输国际公约 ………………………………………………… 133
　　学习重点和难点 ……………………………………………………………………… 151
　　练习与思考 …………………………………………………………………………… 151
　　案例分析 ……………………………………………………………………………… 152
　　实践活动 ……………………………………………………………………………… 154

第五章　货物仓储法律制度 ………………………………………………………… 155
　　第一节　仓储法律制度概述 ……………………………………………………… 156
　　第二节　仓储合同法律制度 ……………………………………………………… 159
　　第三节　仓单 ……………………………………………………………………… 169
　　第四节　涉外仓储业务法律制度 ………………………………………………… 173
　　学习重点和难点 ……………………………………………………………………… 176
　　练习与思考 …………………………………………………………………………… 177
　　案例分析 ……………………………………………………………………………… 178
　　实践活动 ……………………………………………………………………………… 179

第六章　货物配送法律制度 ………………………………………………………… 182
　　第一节　货物配送法律制度概述 ………………………………………………… 183
　　第二节　货物配送企业 …………………………………………………………… 185
　　第三节　货物配送合同法律制度 ………………………………………………… 187
　　学习重点和难点 ……………………………………………………………………… 198

练习与思考 ·· 198
案例分析 ·· 199
实践活动 ·· 199

第七章 货物包装法律制度 ·· 201
 第一节 货物包装法律制度概述 ·· 202
 第二节 普通货物的包装法律制度 ·· 211
 第三节 危险货物的包装法律制度 ·· 214
 第四节 国际物流中的包装法律制度 ··· 219
 学习重点和难点 ·· 222
 练习与思考 ·· 222
 案例分析 ··· 224
 实践活动 ··· 224

第八章 货物搬运与装卸法律制度 ·· 226
 第一节 货物搬运与装卸法律制度概述 ······································ 227
 第二节 港站经营人的法律地位与责任 ······································ 229
 第三节 集装箱码头搬运装卸作业法律制度 ································ 233
 第四节 铁路货场搬运装卸作业法律制度 ··································· 236
 学习重点和难点 ·· 242
 练习与思考 ·· 242
 案例分析 ··· 243
 实践活动 ··· 243

第九章 货物流通加工法律制度 ·· 245
 第一节 流通加工法律制度概述 ··· 246
 第二节 加工承揽合同法律制度 ··· 249
 学习重点和难点 ·· 263
 练习与思考 ·· 263
 案例分析 ··· 265
 实践活动 ··· 265

第十章　物流保险法律制度 ································· 270
- 第一节　保险合同概述 ································· 271
- 第二节　货物运输保险法律概述 ····················· 278
- 第三节　海上货物运输保险法律制度 ················ 284
- 第四节　国际航空、陆上货物运输保险 ············· 301
- 第五节　物流(责任)保险法律制度 ·················· 306
- 学习重点和难点 ·· 312
- 练习与思考 ··· 312
- 案例分析 ·· 315

第十一章　实践活动：模拟法庭 ····················· 317
- 第一节　民事诉讼概述 ································ 317
- 第二节　民事诉讼基本程序 ·························· 338
- 第三节　模拟法庭活动方案 ·························· 344

第一章 物流法律制度概述

■ 知识目标 ■

学习完本章,你能够掌握的知识点:
1. 物流法律关系的三要素
2. 物流服务合同
3. 物流法律制度

■ 能力目标 ■

学习完本章,你能够熟悉的技能:
1. 分析物流活动所产生的法律关系的各要素
2. 判断物流服务合同的种类、分析合同项下各当事方的权利、义务和责任
3. 结合学习的知识点进行案例分析讨论

■ 思政目标 ■

1. 市场经济就是法治经济,引导学生要遵纪守法
2. 合同制度中的诚实守信原则,引导学生树立规则意识和契约精神
3. 享受权利、履行义务和承担责任的重要价值,引导学生维护国家、集体和个人的合法权益

■ 基本概念 ■

物流法律规范　物流法律关系　物流服务合同

■ 案例导入 ■

某年9月21日是中秋佳节。8月1日,某食品配送中心通过E-mail向某月饼生产企业订购月饼,具体内容是:订购贵厂月饼10 000盒,每盒月饼6块,每块250克,每盒价格80元,交货时间是9月7日前,以保证节前连锁店的销售。月饼生产企业接到订单后,同意订购但要求食品配送中心先行支付总价20%的定金。食品配送中心于8月2日向月饼生产企业支付了合同定金。9月22日,食品配送中心未收到货物,申请人又通过E-mail的方式向

月饼生产企业表示解除合同,并要求双倍返还定金和赔偿损失。月饼生产企业不同意,9月25日将货物发送到食品配送中心。食品配送中心拒绝收货。

问:1. 根据相关法律的规定,食品配送中心是否有权解除合同,为什么?

2. 根据《民法典》的诚实信用原则,月饼生产企业需要承担哪些法律责任?

在我国经济领域中,物流业已经成为发展最快、最活跃、最具有竞争性的热点行业,也是国家支持发展的重点产业。近年来,物流业振兴规划对促进我国物流业的迅速发展发挥了重要作用。现代物流业的可持续发展,必须有完善的物流法律制度为基础,截至目前,我国尚无一部统一的物流法。物流法律制度由在物流各个环节上所实行的法律规范共同组成,在实践中,物流法律制度的调整对象既涉及平等主体之间的物流交易关系,也涉及非平等主体之间的物流管理关系。物流交易关系主要有运输、仓储、配送、包装、流通加工、搬运装卸、物流保险等活动中形成的合同关系;物流管理关系主要有物流企业的市场准入、物流市场秩序、涉外物流管制、与物流相关的知识产权、物流诉讼与仲裁等国家对物流活动干预所形成的各种社会关系。物流活动涉及生产领域、流通领域、消费领域等各个方面,物流业要有序健康地发展,必然受到相应法律规范的调整。但目前,我国对物流法律制度的研究还不多,关于是否会建立一个独立的法律部门尚没有权威性结论。但从法律层面调整物流活动是物流业发展的客观需要,随着物流业的发展,涉及的法律问题会越来越多,必然要求国家尽快制定和完善物流方面的法律法规。

第一节 物流概述

一、物流的概念

物流活动已经有几千年的历史,可以追溯到有组织的贸易的最早形式,但是,物流(logistics)一词作为一个概念出现,进而形成一门学科却是在20世纪初期。物流概念起源于第二次世界大战时期美军的"logistics"一词,意为"后勤",属军事范畴,原意是指将战时物资生产、采购、运输、配送等活动作为一个整体进行统一布置,以求战略物资补给的费用更低、速度更快、服务更好。随后,这一概念被运用于经济领域,出现"business logistics"的概念,指将供应、保管、运输、配送等物流过程进行全面系统的安排,目的是将原材料或产品以最低的费用送到指定地点,并且满足服务标准的要求。后来人们又逐渐认识到不仅要包括工厂至消费者的物流,还应包括原材料至工厂的供应物流,即"physical distribution"和"physical supply"。

根据我国国家标准《物流术语》(GB/T18354—2021)中对物流概念的解释,物流是指"使物品从供应地向接收地进行实体流动的过程"。根据实际需要将运输、储存、装卸、搬运、包装、流通加工、配送、信息处理等基本功能进行有机结合。

物流有狭义和广义之分。狭义的物流仅指销售领域的物流。广义的物流,不仅包括销售领域的物流,还包括生产领域的物流(如采购物流)、废旧物品回收领域及商品退回领域的物流。

物流过程主要是各种物流活动的有机结合。物流活动(logistics activity)是指对物流各种功能的实施与管理过程。主要包括以下方面。

1. 运输

运输是指使物品发生场所、空间移动的物流活动。运输是由包括车站、码头的运输节点、运输途径、运输机构等在内的硬件要素，以及运输控制和营运等软件要素组成的有机整体，并通过这个有机整体发挥综合效应。

按运输设备及运输工具不同，可以将运输分为铁路运输、公路运输、水上运输、航空运输和管道运输。

2. 储存

储存具有商品储藏、存放、管理的意思，有时间调整和价格调整的功能。通过调整供给和需求之间的时间间隔，储存促使经济活动的顺利进行。相对以前强调商品价值维持或保管目的的储存，如今的储存更注重为了实现配合销售政策的流通目的的短期储存。储存的主要设施是仓库，我们通常称之为"仓储"，就是利用仓库存放、储存未即时使用或将使用的物品，在商品出入库基础上进行在库管理的行为。

3. 包装

包装是对产品进行出厂包装，生产过程中在制品、半成品的包装以及在物流过程中换装、分装、再包装等活动。是在商品输送或储存过程中，为保证商品的价值和形态而进行的物流活动。从功能上看，包装分为运输包装和销售包装。

4. 装卸

装卸指跨越运输机构和物流设施而进行的，发生在运输、储存、包装前后的对物品进行的垂直方向移动为主的物流活动，包括商品装入、卸出、分拣、备货等作业行为。

5. 搬运

相应地，搬运指的是在同一场所内，对物品进行的水平方向移动为主的物流活动。

6. 配送

我国国家标准《物流术语》将配送定义为："根据客户要求，对物品进行分类、拣选、集货、包装、组配等作业，并按时送达指定地点的物流活动。"

从物流角度来说，配送几乎包括了所有的物流功能要素，是物流在小范围内全部活动的体现。一般来说，配送集装卸、包装、保管、运输于一身，通过这一系列活动达到将物品送达客户的目的。

7. 流通加工

物品在从生产地到使用地的过程中，根据需要施加包装、分割、计量、分拣、组装、价格贴付、标签贴付、商品检验等简单作业的总称。如今，流通加工作为提高商品附加价值、促进商品差别化的重要手段之一，其重要性越来越大。

8. 信息处理

对与商品数量、质量、作业管理相关的物流信息，以及与订、发货和货款支付相关的商流、资金流信息的收集、整理与传递等，使物流活动能更有效地进行。

上述物流活动中，运输和储存分别解决供给者及需求者之间场所和时间的分离问题，分别是物流创造"场所效用"和"时间效用"的主要功能因素，因而在物流活动中处于核心地位。

第一章　物流法律制度概述

二、物流的分类

（一）根据物流的范围将物流分为社会物流和企业物流

1. 社会物流

社会物流即超越一家一户的、以一个社会为范畴，面向社会的物流。它的范畴是社会经济的大领域，包括再生产过程中随之发生的物流活动；国民经济中的物流活动；社会环境中运行的物流；物流体系结构和运行等。社会物流具有宏观性和广泛性。

2. 企业物流

企业物流即发生在企业范围内的物流活动，是具体的、微观的物流活动的典型领域。它由如下具体的物流活动组成。

（1）生产物流。是生产过程中原材料、零部件、燃料等辅助材料在企业内部的实体流动。

（2）供应物流。是企业为保证本身生产的节奏，不断组织原材料、零部件、燃料、辅助材料供应的物流活动。

（3）销售物流。是企业为保证本身的经营效益，伴随销售活动，将成品由供方向需方进行实体流动的物流活动。

（4）回收物流。指不合格物品的返修、退货以及周转使用的包装、容器从需方返回到供方所形成的物品实体流动。

（5）废弃物物流。是将经济活动中失去原有使用价值的物品，根据实际需要进行收集、分类、加工、包装、搬运、储存等，并分送到专门处理场所时所形成的物品实体流动。

（二）根据物流活动的空间分为区域物流和国际物流

1. 区域物流

区域物流即在一国内按照行政区域或者经济区域划分，在此区域内所进行的物流活动。区域物流有其独特的区域特点，一个国家范围内、一个城市内、一个经济区域内的物流通常都处于同一法律规章制度之下，受相同文化和社会因素影响，拥有基本相同的装备水平。

2. 国际物流

国际物流即不同国家或地区之间开展的跨国（或地区）的物流活动，包括两国之间或多国之间开展的物流活动。国际物流实现货物在国际上的流动与交换，促进区域经济的发展和世界资源优化配置。

（三）根据物流活动专业性的划分

1. 一般物流

一般物流是在物流系统的建立和物流活动的开展过程中，具有物流活动的共同点和一般性，普遍适用于全社会、各企业的物流。

2. 特殊物流

特殊物流是在专门范围、专门领域、特殊行业内遵循一般物流规律的基础上，带有特殊制约因素、应用领域、管理方式、劳动对象和机械装备特点的物流。它又分为：(1)按物流对象不同分为水泥物流、煤炭物流、原油物流、化学品物流、危险品物流等。(2)按数量、形态不同分为多品种少批量物流、少批量多品种物流、长件物流、重件物流等。(3)按物流装备及技术不同分为集装箱物流和托盘物流等。

(四)根据物流活动的组织者分为自主物流和第三方物流、第四方物流

1. 自主物流

自主物流即生产企业或者货主企业为满足自身需要，自己提供人工、机械设备和场所，安排全部物流计划，亲自从事整个货物流程的活动。在实务中，经常将之区分为第一方物流和第二方物流。

2. 第三方物流

第三方物流即物流提供者在时间段内按照价格向物流需求者提供的建立在现代电子信息技术基础上的一系列个性化物流服务。第三方物流具有节省费用、减少资本积压和库存、实现企业资源的优化配置、提升企业形象等诸多优点。

第三方物流的特征：

(1)第三方物流是由独立的第三方提供的物流。第三方物流是第一方和第二方(商品提供者和消费者)将本企业的物流活动委托给独立的第三方负责的一种物流管理模式，是专业化分工带来的将物流的非核心业务从企业生产经营活动中分离出来的结果。

(2)第三方物流是以长期稳定的合同关系为基础的。通常第三方物流服务提供者与需求者之间存在一个长期稳定的物流服务合同，并提供多功能，甚至全方位的物流服务。

(3)第三方物流以现代电子信息技术为基础。信息技术的发展是第三方物流出现的必要条件，只有信息技术实现了数据的快速、准确传递，使得物流活动的成本可以从企业的总成本中被精确地分离出来，企业才有可能把物流作业交由专业物流公司进行。

(4)第三方物流是个性化的物流服务。第三方物流是站在企业的角度提供物流服务，因每个企业的业务流程各不相同，从而第三方物流必须针对不同的服务对象提供个性化的物流服务。

3. 第四方物流

第四方物流是指建立在第三方物流基础上的，对不同的第三方物流企业的管理和技术等物流资源进行进一步整合，为用户提供全面意义上的供应链解决方案的一种更高级的物流模式。

三、物流市场

物流市场是指为保证生产和流通过程顺利而形成的为商品流动和暂时保留提供服务的服务性市场，其主要功能有资源配置、实现规模经济和集约经济、提高物流效率、降低物流成本等。物流市场作为物流金融的"物流"服务载体，提供了物流金融参与方的"物"的暂时保管等服务，实现了资源的有效配置，降低了物流成本。

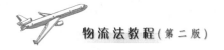

（一）国际现状

美国是物流观念萌芽最早、也是当今世界上现代物流最发达、最先进的国家，在二十世纪50年代之后，物流传入了日本和欧洲。

根据运营环境的变化，美国物流产业的发展以1980年为界被划分为两个时期。1980年之前是管制时期——即限制竞争时期。1980年之后是解除管制时期——即鼓励竞争时期。1980—2000年这一时期是美国第三方物流市场快速发展的时期。美国第三方物流市场的年营业额从20亿美元增长到560亿美元。进入二十一世纪以来，美国第三方物流市场的年营业额以15%～20%递增。

日本的物流观念虽然在50年代才从美国引入，但发展迅速，已成为现代物流的先进国家。90年代后产品的个性化、多品种和小批量成为生产经营的主流，整个流通体系的物流管理从集中化物流向多频度、少量化、短时化快速发展，并且在销售竞争不断加剧的情况下，物流服务作为竞争的重要手段在日本受到了高度重视。随着制造企业对内部物流职能的剥离，在日本形成了由大批制造企业的物流子公司和第三方物流公司组成的物流产业。

由于有了共同的、开放的欧洲市场，欧洲的物流业呈现进一步集中化的发展趋势。许多跨国公司将分散在各国的物流中心、配送中心逐步地削减、整合以尽量降低物流成本、提高经济效益。随着世界经济一体化的发展，欧洲的物流中心、配送中心不仅为本国服务，而且也为其他国家和地区提供服务。

纵观发达国家的物流市场，可以说它们具有以下共同的特征。

1. 规范的市场

国外物流市场的规范表现在法律、法规的规范与健全。自从运输活动对国内贸易和国际贸易产生重大影响以来，各国政府就特别关注如何控制和促进运输活动，为物流企业创造一个开放、公平、竞争、有序的市场环境，而且这一切通常通过健全的法律法规来保障。

2. 成熟的市场

国外物流市场的成熟，表现在政府对物流网络的规划与统一布局。在物流管理上打破行业分割、地区分割，建立跨地区、跨行业、全国统一开放、公平、竞争、有序的物流市场。

3. 具有规模的市场

国外的物流市场具有一定的规模，这是显而易见的。例如：2000年，美国物流产业规模已达9 000亿美元，是高科技产业的两倍，占美国国内生产总值的10%以上。

4. 全球化市场

据不完全统计，在欧洲分布着60%的美国配送中心和50%的日本配送中心。随着世界经济一体化的发展，物流市场全球化的趋势愈加明显。

（二）国内现状

根据中国仓储协会委托某咨询机构对中国物流市场进行的典型调查结果可知：在家电、电子、日化、食品等行业的450家大中型工业企业当中，全部委托第三方物流的占被调查企业的52%；自理与委托相结合的占68.8%，其中，委托比例在30%以下的企业占被调查企业的42.3%;委托的内容主要以单纯运输为主,占被调查企业的45.1%。工业企业对委托方不满意的占被调查企业的30.8%,不满意的原因依次是:成本高、反应慢、产品破损多。有45.3%的企业正在寻找新的物流代理商,其中75%的企业选择新型物流公司,64.3%的企业希望新的物流商提供综合物流服务。

从调查结果可以看出,我国工业企业由过去对单纯仓储、运输的需求开始逐步发展到对仓储运输在内的综合物流的需求;工业企业由过去"大而全""小而全"的自办物流,开始逐步发展到寻求合格的第三方物流商。

我国物流市场存在的问题如下。

(1) 缺乏政策的引导和规范。市场经济是法治经济,但我国与物流市场建设与发展相配套的法律、法规没有建立健全。这样一来进入物流市场的门槛忽高忽低。过高的话,物流资源很难进入,优化配置更是无从谈起;但过低的话,就会出现一哄而上搞乱市场秩序的现象。

(2) 物流企业经营规模小,市场占有率低,致使现代物流技术在这些企业中难以得到有效发挥。各类物流公司繁多,规模、水平参差不齐,妨碍物流资源的优化整合和结构上的协调发展,影响大型专业物流服务的拓展。

(3) 缺少物流服务中介组织。物流服务中介组织具有双重身份,对于供给主体来说,它是物流需求者;对于需求主体来说,它则是物流的供给者。特别是在世界经济全球化、一体化发展的今天,物流服务中介组织甚至可以扮演政府都无法替代的角色。和发达的市场经济国家相比较,中国物流服务中介组织的发展严重不足,远远不能适应市场经济发展的需求。另外,它们通常不是在自由竞争的环境下成长,而是作为行政机关的附属机构发展起来的,因而在专业技能和职业操守等方面都存在不少缺陷。

(三) 完善物流市场的对策

1. 加大物流需求开发力度

加快物流市场的发展,从长远看,最重要的是增强物流需求,因此,必须在强化和提升物流服务功能的同时,加大物流需求的开发力度,争取更大的空间服务半径,在空间半径中争取更多的市场份额,在市场份额中争取更多的增值服务,获取更多的经济效益。

开发物流需求是培育物流市场的关键。具体来讲,要积极引导工商企业在强化自身物流管理的基础上,确立物流职能,剥离低效的物流部门及设施,逐步实现企业物流活动的社会化,为现代物流产业发展培育广泛而又坚实的市场需求基础。同时,物流供给的形式、质量以及能否给企业带来成本节约的经济效益是决定企业是否会参与到物流市场的重要影响因素,可以说供给会从另外的角度促进需求,所以要提高物流企业的服务质量和水平。例如:开展对现有物流资源进行服务功能的集成和延伸,开发库存融资、质押监管、物联网等服务项目。应尽快建立以第三方物流企业为主导的社会化、专业化的物流服务体系,培育大型第三方物流企业和企业集团,使之成为我国现代物流产业发展的示范者和中小物流企业资源的整合者。

2. 建立和完善现代物流市场管理体系

培育完善的物流市场,必须推进物流市场管理体系的建设,明确政府在物流市场管理中

的职能,切实加强政府对现代物流市场发展的宏观管理。根据国家有关政策的要求以及我国物流市场的现状,我们认为必须建立政府统一领导和指挥的、跨地区、跨部门的现代物流工作协调委员会。

现代物流工作协调委员会这一机构中可下设:物流规划办公室;物流政策办公室;物流设施办公室;物流标准办公室;物流中介办公室;物流规划办专门负责国家和地方的物流规划的审定;物流政策办负责制定与物流发展相关的土地政策、税收政策、市场准入政策和金融政策等;物流设施办负责公路,铁路,机场,码头和海关等物流基础设施的新建、改建、扩建等;物流信息办负责各种物流信息管理以及信息网络的建设;物流标准办负责对物流基础设施和装备制定基础性和通用性标准;物流中介办负责物流人才、信息和服务的中介组织建设与管理以及相应的物流行业协会的管理。

3. 加快人才引进与培养,造就一支结构合理的人才队伍

针对专业物流人才缺乏这一现实,各级政府以及各个企业应该加大力度培养专业的物流人才队伍,加强人才引进和培育,抢占物流人才制高点,建立一套强有力的现代物流业发展人才支撑体系。因此,要做好以下几点:引进物流人才,优化物流人才结构;广泛开展岗位培训,尽快满足物流企业急需人才;抓好物流人才的基础教育,大力发展物流专业高等教育。充分利用现有教育资源,培育物流人才。

(四)物流市场的发展规划

2021年12月30日,由国家发展改革委编制的《"十四五"现代流通体系建设规划》[①](以下简称《规划》),经国务院同意发布。《规划》内容共四个部分9章27节。第一部分是发展环境。系统总结了现代流通体系的发展现状,分析了面临的形势要求,同时指出了存在的主要问题。第二部分是总体要求。提出了现代流通体系建设的指导思想、基本原则和发展方向以及到2025年的主要目标。第三部分是重点任务。围绕深化现代流通市场化改革、完善现代商贸流通体系、加快发展现代物流体系、增强交通运输流通承载能力、加强现代金融服务流通功能、推进流通领域信用体系建设等6大领域,提出18方面、50项任务举措,以及5个专栏和19个具体工程。第四部分是实施保障。从加强党的全面领导、加大政策和人才支持力度、强化规划组织实施等方面,提出强化规划实施保障的有关具体措施。

综合来看,《规划》有三方面的特点。

第一,突出现代流通体系建设的战略性。规划紧扣现代流通体系衔接供需两侧,串接上下游、产供销的特点,既立足流通自身客观规律,高质量谋发展,更着眼于发挥现代流通体系在促进国民经济循环中的重要作用,聚焦发展方向与重点任务。在规划导向上体现了畅通国民经济循环的战略目标,在规划路径上体现了鲜明的供给侧结构性改革主线。

第二,突出流通体系建设发展的系统性。现代流通体系涉及领域多,《规划》注重统筹市场、商贸、物流、交通、金融、信用等领域,围绕形成和发挥现代流通体系的整体性作用,提出了现代流通体系建设的4大总体方向,统筹谋划全局性工作。

---

① 中华人民共和国中央人民政府网站,www.gov.cn/zhengce/zhengceku/2022-01/24/content_5670259.htm.

第三,突出流通体系建设推进的有效性。一方面,充分发挥市场在资源配置中的决定性作用,以成本、效率、质量为导向,进一步健全市场机制,更好发挥市场主体在现代流通体系建设中的主体地位。鼓励现代流通企业发展,引导大中小企业基于现代流通体系深度对接,构建资源共享、协同发展的流通新生态。另一方面,更好发挥政府作用,坚定不移深化流通领域市场化改革,加快完善流通规则和标准体系,引导现代流通体系规范有序发展,塑造市场化、法治化、国际化营商环境,构建商品和要素自由流动的国内统一大市场。

作为现代流通领域第一份五年规划,《规划》对现代流通体系建设进行了战略性布局、系统性谋划,提出一系列可操作、可落地的重点任务,对畅通经济循环具有开创性意义。《规划》的出台实施,将推动各领域、各部门、各地方形成现代流通体系建设合力,进一步扩大流通规模,提高流通效率,推动流通领域创新,激发流通企业活力,更好满足人民日益增长的美好生活需要,为构建新发展格局提供有力支撑。

《规划》的组织实施要以习近平新时代中国特色社会主义思想为指导,全面贯彻落实党的十九大和十九届历次全会精神,坚持稳中求进工作总基调,完整、准确、全面贯彻新发展理念,加快构建新发展格局,全面深化改革开放,坚持创新驱动发展,推动高质量发展,坚持以供给侧结构性改革为主线,坚持以人民为中心的发展思想,统筹推进现代流通体系硬件和软件建设,培育壮大现代流通企业,提升现代流通治理水平,全面形成现代流通发展新优势,提高流通效率,降低流通成本,为构建以国内大循环为主体、国内国际双循环相互促进的新发展格局提供有力支撑。

第二节 物流法律制度概述

市场经济就是法治经济,通过推进法治建设,加强诚信建设、营造公平诚信的市场环境和社会环境,为发展社会主义市场经济提供支撑。坚持依法合规、保护权益、审慎适度、清单管理,规范和完善法律制度,有序健康推进社会全面发展。物流市场作为市场经济的核心组成部分,必须贯彻法治经济思想,依法治国、依法经营。

一、物流法律制度的概念及特点

(一)物流法律制度的概念

法律制度是调整社会关系的一种方法,物流活动涉及生产、流通等各方面,必然会受到法律制度的调整。物流法律制度是指调整在物流活动中产生的以及与物流活动有关的社会关系的法律规范的总称。

(二)物流法律制度的特点

1. 广泛性

物流系统的运行过程和物流活动内容的多样性决定了物流法律规范的广泛性。具体表现在:(1)内容的多样性。物流活动包括物品从原材料经过生产环节的半成品、产品,最后

经过流通环节到消费者手上的全过程。同时,还包括物品的回收和废弃物的处理过程,涉及运输、储存、装卸、搬运、包装、流通加工、配送、信息处理等诸多环节。物流法律规范应当对所有这些环节中产生的社会关系进行调整,因此内容非常广泛。(2) 表现形式的多样性。物流活动的多样性决定了物流法律规范不可能仅限于某一效力层次,或某一种表现形式。法律规范有许多表现形式,有国家正式颁布的法律,有政府最高机构发布的法规,有各主管部门规定的规章、办法,有国际组织、团体制订的国际条约和国际惯例,还有相关的技术标准或技术法规。不同的表现形式使物流法律规范表现出不同的效力层次,其中法律具有最高效力;法规的效力其次;部门规章起到补充和帮助法律实施的作用;技术标准和技术法规,则根据不同的情况而在使用中有不同的效力。除此之外,当物流活动在世界范围内进行时,还会受到国际条约或国际惯例的制约。(3) 物流活动的参与者众多。物流活动的参与者涉及不同行业、不同部门,如仓储经营者、包装服务商、各种运输方式下的承运人、装卸作业者、承揽加工业者、配送商、信息服务供应商等。

2. 复杂性

物流活动的广泛性和复杂性决定了物流法律规范具有复杂性。具体体现在:(1) 物流法律规范包括横向的民事法律规范和纵向的行政法律规范以及各种技术法律规范,表现出物流法律规范本身的多样性。(2) 即使在同一类法律规范中,因物流活动所涉及的领域众多,包括运输、仓储、装卸、加工等环节,各环节中又会发生不同的情况,不同的主体,权利、义务和责任都不相同,将会适用不同的法律规范。(3) 物流活动参与者的多样性,也使得物流法律关系变得复杂,而且同一物流服务提供者经常处于双重或多重法律关系中,因而导致产生各种法律规范来约束不同的主体。(4) 随着国际物流的发展,跨国公司的物流活动会涉及很多国家,将会受到各个国家法律规范的约束和调整,那么就产生了各国关于物流国际立法的协调、平衡等问题,从而使物流法律规范呈现出复杂性的特点。

3. 技术性

由于物流活动是由运输、包装、仓储和装卸等技术性较强的多个物流环节组成,而且整个物流活动过程都需要运用现代信息技术和电子商务,所以物流活动自始至终都体现出较高的技术含量。物流法律规范作为调整物流活动的法律规范,必然涉及物流活动的专业术语、技术标准等,因而具有技术性的特点。

4. 国际性

现代物流是经济全球化、一体化发展的产物。国际物流的出现和发展,使得物流超越了一国和区域的界限,而走向国际化,通过在全世界范围内构建体现因特网技术的智能性、服务方式柔性、运输方式综合多样性,并与环境协调发展的国际性物流系统,以最低廉的成本实现货物快速、安全、高效、通达和便利地送达最终消费者手中的目标,并进而促进国际经济全球化。与国际物流相适应,物流法律规范也呈现出国际化的趋势,具体表现在一些领域内出现了全世界通用的国际标准。

二、物流法律制度的作用

市场经济是法治经济,各种经济活动和政府对经济的管理行为均应被纳入法治轨道。

目前制约物流业发展的一个主要原因是作为物流支撑要素的物流法规建设落后。

对物流企业和物流从业人员来说，物流法律制度的基本作用是促进、保障物流活动的正常进行及维护有关当事人的合法利益。对政府管理来说，通过物流法律法规，可以规范各种物流行为，建立健康发展的现代物流业。

（一）保护物流活动当事人的合法权利

物流法律首先是保护物流活动当事人的合法权利，这是法律的基本目的。一个良好的物流法律环境是从事物流经营活动和提供物流服务的重要基础，尤其是完善的物流法律制度，对保护当事人的合法利益最为重要。相对统一的物流法律制度可以实现通过公正的司法途径解决物流活动中的争议，充分保证受害人获得法律救济，保护当事人的合法权益。

（二）规范各种物流活动

物流本身有着广泛的内容，这使得物流活动中所涉及的法律问题非常广泛，有关的法律、法规、公约在内容上也相应具有复杂性和多样性特点。一般来说，物流法律对各种物流活动的规范有两种功能：一是督促从事物流活动的企业和个人自觉遵守国家强制性规定；二是通过自愿达成的合同约束有关当事人。物流法律对各种物流活动的规范具体表现如下。

1. 对基础物流活动的规范

物品本身的流通要受到国家法律法规的约束。有的物品可以流通，有的物品被法律限制其流通，有的物品则被法律禁止流通，有的物品可以在国内流通却不能在国外流通，有的物品要根据政府间的协议满足一定条件才能流通，等等。因此，物品的运输、仓储、配送、加工和搬卸装运等物流活动均应在法律许可的范围内进行。

2. 对运输物流活动的规范

运输作为物流的重要环节，要受到相应法律法规的制约。以水运为例，运输经营人的活动要受到水上运输法律法规、港口航道安全管理和海事监督方面的各项规定的制约。在国际水域航行要遵守海洋法公约、国际防污染公约、海上人命救助公约等规定。陆上运输、航空运输也具有针对运输工具的相应的法律法规。运输工具作为物品运输的载体，国家对其也有相应的法律规定，以保证物品顺利运达。

3. 对国际物流活动的规范

现代物流在很大程度上是经济全球化的产物。国际物流的出现和发展使得物流超越一个国家或某一区域的界限而走向国际化。与国际物流相适应，物流法律制度也出现国际化的趋势，表现在一定领域内出现全世界通用的国际标准，包括托盘、货架、装卸器具、车辆、集装箱的尺度规格、条形码、自动扫描等技术标准和工作标准，这些在很大程度上规范了国际物流行为。国际物流需经过海关进出国境。货物、运输工具进出境的监管一方面体现国家主权，另一方面又是国际物流的重要环节，是规范国际物流的重要制度之一，也是维护国际贸易正常秩序的需要。当然，货物、运输工具进出境的监管会影响物流的实现并影响物流的速度和效率。从物流发展的角度来看，在实现规范物流活动的同时，应该尽可能

第一章 物流法律制度概述

提高效率。

随着经济全球化的深入和国际物流的快速发展,规范物流活动的国际规则需要不断地补充和完善,中国在经济迅猛发展的基础上,不断改革开放,发展对外贸易和物流服务活动,应该更积极地参与到国际物流服务规则的制定和完善中,维护发展中国家的权益,行使更广泛的话语权。

4. 对其他物流活动的规范

物流活动的其他环节包括储存、配送、包装、流通加工、搬运、装卸、信息处理等。鉴于这些活动主要在国内进行,因此更多地受国内法规制约。但并非绝对,如包装活动,就可能需要根据贸易和运输的具体情况适用不同的规定,尤其应该符合进口国或地区有关法律法规的要求。此外,信息处理既要适用国内法规,又要符合国际通用准则。

(三)促进物流业的健康发展

物流业的发展需要协调性、统一性和标准化,尽管这需要各方面的努力和协助,但政府的作用是至关重要的。政府要在政策、规划、立法及财政等方面给予支持,制定有利于物流业发展的技术政策及标准,加强和完善与物流相关的立法工作,促进物流市场体系的形成,为物流业创造有序竞争的环境,促进物流业的健康发展。

(四)增强我国市场经济活力

物流法律制度对正常经济交往中形成的物流法律关系和物流法律活动予以确认和规范,把经济活动控制在秩序范围内,以巩固经济关系。物流法律制度把实践中的物流关系和活动的准则抽象和概括为制度与行为模式,使之具有典型性和完善性,以指引分散的、具体的物流关系和活动向着有利于立法者期待的方向发展,特别是在物流关系刚刚形成的时候,这种引导性作用更为明显。在社会发展中,物流法律制度对物流关系因素的扶持,对落后因素的改造,可能加速经济变革或发展进程。建立完善的物流法律制度对于增强市场活力、促进我国市场经济健康发展具有重要作用。

三、物流法律制度的渊源

法律渊源是指法律的表现形式,是指不同国家机关依法制定的各种具有不同效力的规范性文件,它们因制定的国家机关不同而具有不同的效力。目前我国物流法律规范的表现形式,即法律渊源大致包括下列几个层次。

1. 法律

法律是指由拥有立法权的国家机关(在我国为全国人民代表大会及其常委会)按照立法程序制定和颁布的规范性文件。在有关物流立法的各种表现形式中,法律具有最重要的地位。法律层面的物流立法已有不少,如调整物流主体的法律主要有《中华人民共和国公司法》、《中华人民共和国企业破产法》等;调整物流活动的法律有《中华人民共和国民法典》(以下简称《民法典》)、《中华人民共和国公路法》、《中华人民共和国铁路法》、《中华人民共和国民用航空法》、《中华人民共和国海商法》、《中华人民共和国邮政法》等。

2. 行政法规

行政法规是指由国家最高行政机关即国务院为了实施宪法和有关法律,组织领导社会主义现代化建设,在自己职权范围内,制定的基本行政管理规范性文件的总称,其法律地位和法律效力仅次于宪法和法律。目前我国有关物流方面的行政法规包括直接为物流活动或者与物流活动有关而制定的法规,从内容和行业管理上看基本属于海上、陆地和航空运输管理、消费者保护、企业管理、合同管理等方面,如《中华人民共和国国际海运条例》等。

3. 行政规章

行政规章即国务院各部委规章,是由国务院各部、各委员会,包括一些直属机构为实施法律、行政法规、地方性行政法规,在自己权限范围内依法制定的规范性行政管理文件。

4. 地方性法规和规章

地方性物流法规是指由地方人民代表大会及其常务委员会制定的规范性文件,地方性物流规章是指由地方人民政府制定的规范性文件。它们的法律效力低于法律和行政法规,只在地方政府管辖范围内有效,即受地域范围的限制。地方性物流法规,如《上海市道路运输管理条例》;物流地方规章,如《广东省道路货物运输源头超限超载治理办法》等。

知识拓展

规章的参照适用

最高人民法院曾作出解释,指出:人民法院在依法审理民事和经济纠纷案件制作法律文书时,对于全国人民代表大会及其常务委员会制定的法律,国务院制定的行政法规,均可引用。各省、直辖市人民代表大会及其常务委员会制定的与宪法、法律和行政法规不相抵触的地方性法规,民族自治地方的人民代表大会依照当地政治、经济和文化特点制定的自治条例和单行条例,人民法院在依法审理当事人双方属于本行政区域内的民事和经济纠纷案件制作法律文书时,也可引用。国务院各部委发布的命令、指示和规章,各县、市人民代表大会通过和发布的决定、决议,地方各级人民政府发布的决定、命令和规章,凡与宪法、法律、行政法规不相抵触的,可在办案时参照执行,但不要引用。所谓"参照"规章是指参考并仿照,即在案件审理中,在法律、法规对相应问题没有明确、具体规定的情况下,法院若通过审查,认为规章对相应问题的规定明确、具体,且不与法律、法规、法理相违背,即可参照规章处理具体案件。反之,则不应当参照。但对符合法律、行政法规的规章,人民法院审理行政案件时应当承认其效力。

5. 物流标准

物流标准是指重复性的技术事项在一定范围内的统一规定。物流活动的技术性、复杂性特点决定了物流法律规范将包括大量的技术规范来指导物流活动。物流标准一般分为国家标准、行业标准和国际标准。

国家标准是指由国家标准化主管机构组织制定、批准和发布,对全国经济、技术发展有重大意义,且在全国范围内统一的标准。其中有一些强制性标准属于国家的技术法规,其他标准本身虽不具有强制性,但因标准的某些条文由法律赋予强制力而具有技术法规的性质。常见的物流标准如《物流术语》《联运通用平托盘主要尺寸及公差》《托盘单元化物流系统通用技术条件》《联运通用平托盘试验方法》等。

国际标准是由国际组织制定,本身没有强制力,一般均为推荐性标准,但国际公约常将一些国际标准作为公约的附件,从而使其对缔约国产生约束力,如国际标准化委员会(ISO)、国际电工委员会(IEC)等制定的针对产品和服务的质量及技术要求的标准就是这样。

6. 国际条约

国际条约是国家及其他国际法主体间所缔结的以国际法为基础,确定其相互关系中的权利和义务的一种国际书面协议,也是国际法主体间互相交往的一种最普遍的法律形式。涉及物流法律关系的国际条约很多,但不是所有国际条约都无条件地在任何一个国家内生效。根据国际法和国家主权原则,只有经一国政府签署、批准或加入的有关物流的国际条约,才对该国具有法律约束力,成为该国物流法律规范的表现形式。有关物流活动的国际条约有《联合国国际货物买卖合同公约》《海牙规则》《维斯比规则》《汉堡规则》《华沙公约》《国际铁路货物运送公约》《国际公路货物运输合同公约》等。

7. 国际惯例

国际惯例是指在国际上因对同一性质的问题所采取的类似行为,经过长期反复实践逐渐形成的,为大多数国家所接受的,具有法律约束力的不成文的行为规则。国际惯例的成立必须具备两个要件:(1)物质要件,即一种行为必须是相同或类似的重复行为,并为广大国家或地区所持续采用;(2)心理要件,要求行为人在采取或进行该项行为时,在心理上认为是在履行法律义务。有关物流活动的国际惯例有《国际贸易术语解释通则》《跟单信用证统一惯例》等。

上述物流法律法规和标准对规范我国物流市场,推动我国物流行业的健康发展具有重要意义。由于我国受经济发展总体水平的影响,作为物流支撑要素之一的物流法律法规和政策与国际先进水平相比还存在较大差距,物流法律法规和政策体系的建立健全已成为现代物流快速发展的瓶颈。因此,政府部门应通过物流法律法规和政策的逐步完善,促使物流产业更加迅速发展。

四、我国物流法律制度中存在的问题及相关司法建议

物流行业是一个复合型、聚合型产业。物流活动包括运输、仓储、装卸、搬运、包装、流通加工、配送、信息管理等。运输又分为铁路、公路、水运、航空、管道五种类型。这些资源产业化就形成了运输业、仓储业、装卸业、包装业、加工配送业、物流信息业等。物流行业就是将分散在多个领域中的物流资源进行整合。由于物流涉及的领域和环节众多,因此,物流业更需要一个统一的基本法协调各种物流活动。我国现有的各类物流法律法规基本上能够支持

目前物流业的正常运转,然而面对物流业的飞速发展,现有的法律制度还存在一些问题亟须解决。

(一)我国物流法律制度中存在的问题

1. 物流立法过于分散、缺乏统一的与物流相关的法律规范

目前,我国还没有形成一部统一完整的物流法律规范的法典,所有与物流有关的法律规范都分散在有关贸易、运输、仓储、流通加工等相关法律规范中,在形式上散见于各种民事、行政法律规范和各部委制定的相关规章中,形成多头而分散的局面。而且,各法律规范之间协调不够,难以整合物流各环节和各法律规范之间的关系,长此以往,将严重阻碍我国物流业的发展。

2. 现行法律规范层次较低、效力不强

在实践中,对于物流活动具有直接操作性的法律规范大多集中在各部委和地方制定的法规和规章上,这部分法律规范数量繁多,且大多效力不强,与法律相比,法律约束力即效力层次较低,普遍适用性较差,多数只适用作为物流主体进行物流活动的参照性依据,这样不利于从宏观上引导物流业的正确发展,也缺乏对物流主体行为的必要制约。

3. 物流赔偿责任的归责原则、赔偿限额不统一

物流最主要目的是通过运输链顺利衔接,实现物质资料从供给者到需求者的物理移动最优化。运输分为水路、公路、铁路、航空和管道等运输方式,水路运输又分为国际海运、沿海运输和内河运输,这些不同领域的运输关系都有各自法律规范调整。由于各个领域都有自己的法律法规调整,造成我国货物运输合同中承运人损害赔偿责任的归责原则不完全统一,我国的《民法典》《铁路法》《民用航空法》规定承运人适用严格责任原则,而《海商法》借鉴《海牙规则》的规定,承运人的归责原则适用不完全过错责任原则。

物流赔偿责任限额的标准也不完全统一,我国《海商法》将有关国际公约的内容转化为国内法,规定承运人赔偿责任限制金额为每件或每运输单位货物 666.67 个计算单位(特别提款权,special drawing right,SDR),或按货物毛重每千克 2 个计算单位计算,以两者中赔偿限额较高的为准。我国《民用航空法》规定,托运行李或者货物赔偿责任限额为每千克 17 个计算单位,对每名旅客的赔偿责任限额为 16 600 个计算单位,旅客随身携带物品的限额为 332 个计算单位。我国《铁路法》没有规定赔偿责任限额,但货运规则和客运规则规定,货物灭失的按货物的价格赔偿,损坏的按损坏货物所降低的价格赔偿。我国公路运输规则规定,货物损失赔偿费包括受损失货物的价格、运费和其他杂费,赔偿价格以起运地承运当日价格为准,保价运输的按所投保价值进行赔偿。我国水上运输规则规定,由于承运人的责任造成的货物损失,保价运输的按声明价内的实际损失赔偿,不保价运输的货物另行计算,水路运输还"实行保险与负责运输相结合的补偿制度"。这种法律规则之间欠协调的局面所造成的不良后果是物流各个环节、各个功能难以整合,不利于我国物流业的发展。

4. 物流立法整体水平相对落后

我国目前适用于物流活动的各类法律规范都是从过去的经济体制延续下来的,而物流本身就是经济发展到一定阶段的产物,所以现行适用的法律规范与物流本身就不适合,

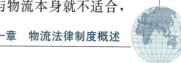

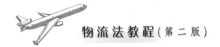

更难以适应市场经济环境下物流业的发展,尤其是我国已经加入WTO二十年,要求我国对与WTO不相适应的法律规范作彻底的调整,其中必然包括与物流相关的法律规范,而且随着物流的发展,物流国际化趋势更加明显,也要求出台相关的法律规范对其进行规范和调整。

(二)完善我国物流法律制度的司法建议

1. 制定统一的物流产业发展规划,建立物流业统一开放的市场

物流产业政策的导向应立足于加快发展和规范市场竞争秩序,防止政出多门,草率定规,出现新的政策性、体制性障碍。为此,要打破地区、部门和行业的局限,加强协调,全面统筹,整体布局。要设计出既能充分利用和整合各种存量资源,又可优化增量配置的符合现代物流业发展方向的全国性的物流产业发展规划。

尽快建立全国物流业统一开放的市场,就必须打破地区封锁和行业垄断经营行为,加强对不正当行政干预和不规范经营行为的纠正和制约,创造公平、公正、公开的市场环境,使各类物流企业能够平等地进入市场,在统一、透明、公平、高效的市场竞争中优胜劣汰,促进全国统一大市场的形成。

2. 建立适应市场经济体制的物流法律制度体系

从我国目前的经济体制以及物流发展的实际来看,建立适应市场经济体制的物流法律规范体制应主要从以下四个方面着手。

(1)物流主体法。即指确立物流主体资格,明确物流主体法律规范。

(2)物流行为法。即指物流主体从事物流活动的行为的法律规范。

(3)宏观调控法。即指调整国家与物流主体及物流主体之间特殊市场关系的法律规范。

(4)物流标准法。即指与国际技术和管理标准体系接轨的我国物流技术与管理标准法规。

3. 完善适应物流国际化发展需要的技术标准法律制度体系

为适应国际物流发展的要求,必须大力推广和普及国际标准体系,在此基础上制定和完善与国际标准接轨的通用的国家标准,以实现物流活动的合理化和现代化。根据目前我国物流标准化进程中存在的国际物流标准化的发展方向,我国要加强物流术语、计量标准、技术标准、数据传输标准、物流作业和服务标准等基础标准的建设,即建立与国际标准中的基础标准、安全标准、卫生标准、环保标准和贸易标准相吻合的标准体系。而其他物流环节的技术标准,则可以逐步从国际物流基础标准中,依从相应的行业技术标准,把重点放在技术标准的制定与推行上,例如对托盘、集装箱、各种物流搬运和装卸设施、条形码等通用性较强的物流设施和装备的标准进行全面梳理、修订和完善,并形成系统的标准法律规范体系。

4. 完善物流行业协会组织

逐步建立全国及地方的物流行业协会组织,将政府过多的管理职能逐步交给行业协会行使。加强物流业发展中的行业协调和行业自律的作用,并从法律规范上加以支持,对物流行业协会组织的功能、作用、职权及与政府相关部门的联络和沟通做出法律规定,使对物流

的管理逐步与国际惯例对接,发挥民间组织所固有的协调功能和专业知识。

五、我国物流法律制度的发展

2001年11月11日,我国正式签署了加入世界贸易组织(WTO)的议定书,在加入该组织的法律文本中我国对包括物流行业在内的一些领域做出了一系列承诺。加入WTO的二十多年中,针对物流行业,我国原有的许多关于物流方面的政策法规已经进行了大量的调整和增补,以满足WTO规则的要求。物流法律规范的发展就是对其不断调整和增补的过程。

1. 清理现存的有关物流的法律规范

即对我国现有的物流法律规范进行整理,在此基础上,将不符合WTO规则要求和我国所作承诺的法律规范予以废止,对现有法规中不合时宜、不利于建立社会主义市场经济体制和培育公平和公正的物流市场秩序的部分进行修改。同时,在清理现行物流法律规范的基础上,做好物流的立法工作。近些年来我国的物流业发展较快,但在市场发展过程中出现了许多新情况和新问题,没有相应的法律规范,存在许多法律真空,因此,加快物流立法已经成为迫切需要解决的问题。有步骤和有计划地进行系统的物流立法,才能逐步改善我国目前物流立法不健全的局面。

2. 确立适应公平竞争的物流市场法律环境

公平竞争的市场环境的建立,需要打破条块地方保护格局,推进我国物流业管理体制的改革,在全国建立一个统一的物流市场。而统一物流市场的建立,呼唤相应的法律环境。首先,要建立统一的竞争规则,即对任何进入物流领域中的主体适用相同和无竞争规则,为此,要除去原有的内外有别的规定,从法律上阻断不平等竞争。其次,要加快包括物流企业的资质、融资政策、产权转让规定、人事制度安排、市场进入和退出机制、社会保障制度等的立法进程,为物流企业创造一个开放、公平、竞争、有序的市场环境。

3. 建立政府对物流经营活动的有效的监管体制

WTO倡导自由贸易下的竞争经济,为此政府应当转变职能,逐步放开市场。对此,应确立我国统一的物流行业的政府管理部门,改变我国以往的物流业由多个交通部门与多个流通主管部门分别管理、政策缺乏统一与衔接的局面,使政府对物流行业的管理目标、手段、方法逐步与物流市场的发展接轨,并符合市场经济规律。随着我国政府机构改革的逐步到位,政府主管部门应在淡化行政审批的基础上,强化对物流市场的监管职责,并通过制定物流产业发展政策,鼓励公平竞争,制止不正当的行为,保护合法经营,引导物流企业良性发展。

4. 利用WTO规则,维护国家利益和物流企业的利益

尽管WTO遵循贸易自由化,但在服务业中并没有作特别严格的要求,原则上尊重WTO成员的法律和政策。因此,我们一方面要遵守我国政府在入世谈判中的承诺,履行相应的义务,另一方面,要充分利用WTO规则,通过立法,在国民待遇的原则下,合法保护物流产业。抓住机遇,推动综合性、跨行业、跨部门的物流法规和配套规章的制定,为我国物流企业的跨地区、跨行业、规模化、网络化经营创造条件。

拓展资料

现代物流泛指原材料、产成品从起点至终点及相关信息有效流动的全过程。它将运输、仓储、装卸、加工、整理、配送、信息等方面有机结合,形成完整的供应链,为用户提供多功能、一体化的综合性服务。从我国物流业发展的现状看,加快物流立法是十分必要的。第一,是大力发展物流业的需要。现代物流已经成为社会经济的重要的部分,在服务业中具有举足轻重的地位,美国物流服务的收入在服务业中占到50%以上,新加坡为30%。我国物流业近几年增长也很迅速,创造了数以百万计的就业机会。物流已经把单一的运输变为综合性的物资流通。对于这样的行业,应当有法律规范和指引。第二,是规范物流行为的需要。虽然大多数的物流行为是可以分拆为若干个单行法律来调整和管理的,但涉及综合性问题时就缺少法律依据。比如,一个物流供应商与供货商的关系与需求商的三方关系如何处理?供货商通过物流企业向第三方供货,不能简单归结为一种运输关系,或者代理关系,在运输的过程中也不会是单纯的铁路、公路或者其他方式。这些,都需要有相应的法律指导和规范。第三,是维护当事人合法权益的需要。物流业的发展,产生了很多全新的关系,非常需要进行法律规范和调整。传统的单一立法已经不能满足客观要求,因此,制定相对统一的物流法是当务之急。

第三节 物流法律关系

一、物流法律关系概述

法律关系是法律在规范人们的行为过程中所形成的一种特殊的社会关系,即法律上的权利义务关系。法律关系由法律关系的主体、内容、客体三个要素构成,缺少其中任何一个要素,都不能构成法律关系。

(一)物流法律关系的含义

物流法律关系是指物流法主体在进行物流交易和物流管理活动过程中形成的,由物流法加以确认的经济权利和经济义务的关系。在现代物流活动过程中,随时发生着各种各样具体的具有经济内容的物流关系。当这些关系属于物流法的调整范围而为物流法所调整时,这些具体的经济关系形成法律上的权利义务关系,并为法律所保护。

(二)物流法律关系的特征

1. 物流法律关系是受物流法律规范调整的社会关系

首先,物流法律关系产生的前提是物流法律规范的存在,没有物流法律规范,就没有物流法律关系;其次,物流法律关系是在物流活动中形成的一种社会关系。

2. 物流法律关系是以物流权利义务为内容的社会关系

为维护物流法律关系,国家通过物流法律法规方式规定物流活动各方的权利义务,从而形成物流法律关系。

3. 物流法律关系的产生、变更、消灭皆因物流法律事实引起

物流法律关系的产生由法律事实引起,同样,物流法律关系的变更、消灭也都是由法律事实引起。物流法律事实包括物流法律行为和事件。

(三)物流法律关系的分类

按照物流法律关系调整对象分,物流法律关系可分为两类。

1. 横向物流法律关系

这是物流法律关系最主要的部分,体现的是平等主体之间进行的物流民商活动时形成的法律关系,如运输法律关系、仓储法律关系、配送法律关系等,大多通过平等的民事主体之间签订合同的方式确立法律关系。

2. 纵向物流法律关系

这部分物流法律关系体现了国家对物流行业的调控和监管,表现为物流税收关系、物流计划关系、价格调控关系、物流市场准入退出关系、物流市场监管关系等。

二、物流法律关系的要素

法律关系构成要素是指在法律关系中相互依存、相互制约、缺一不可的组成部分。法律关系是由法律关系的主体、法律关系的内容和法律关系的客体这三个要素构成的,缺少其中任何一个要素,都不能构成法律关系。物流法律关系同样是由主体、内容和客体这三个要素构成的。

(一)物流法律关系的主体

物流法律关系的主体作为法律关系三大要素之一,是指参加物流法律关系,依法享有权利和承担义务的当事人。在物流法律关系中,享有权利的一方当事人称为权利人,承担义务的一方当事人称为义务人。

 案例链接

物流主体的诉权

某进出口卖方与买方签订了一份 1 500 吨的重金属进出口合同。合同货物由某船公司承运,但在目的港发生了错误装卸。买方以货物不符合合同要求为由,向卖方提出索赔;卖方向买方作了赔付,但对于买方对提单货物的处理没有提出异议。在赔付后,作为贸易合同卖方根据运输合同起诉,要求货物承运人承担赔偿责任。

> 法院审理认为,该批货物提单经过背书转让给买方,买方在目的港提货后对货物进行了处理,视为运输合同在目的港即完成了交、提货程序。因此,提单所证明运输合同项下托运人的权利义务转移给提单持有人买方,包括对货物所有权和诉讼权利。对于承运人错卸货物造成的损害赔偿请求权,应由买方来行使。当然,买方享有依据买卖合同向货物卖方和依据货物运输合同向提单承运人主张货物损害赔偿请求权的选择权。在卖方赔付时,卖方未将提单所证明的运输合同项下对承运人的索赔权转让给买方。
> 法院作出裁决:卖方无权对提单承运人进行追偿;诉讼费由卖方承担。
> 本案启示:物流主体在物流活动中享有权利,包括诉权,也承担义务和责任,物流主体应在物流活动中维护自己的合法权益,不得侵害其他主体的权益。熟悉物流法律制度,掌握专业法律知识和技能对于物流主体及其从业人员来讲至关重要。

什么人或者组织可以成为法律关系主体是由一个国家的法律规定或确认的。根据我国相关法律规定,物流法律关系主体大致包括如下几种。

1. 物流企业

物流企业是物流法律关系主体中最重要、最普遍的一种类型。物流企业是依法成立的以营利为目的的社会经济组织。物流企业特别是具有法人资格的物流公司,承担绝大部分的物流活动。

我国《民法典》第57条规定:"法人是具有民事权利能力和民事行为能力,依法独立享有民事权利和承担民事义务的组织。"由此可见,法人是指具有民事权利能力和民事行为能力,并可以依法独立享有民事权利和承担民事义务的社会组织。我国《民法典》第58条规定:"法人应当具备下列条件:(1)依法成立;(2)有必要的财产或者经费;(3)有自己的名称、组织机构和场所;(4)能够独立承担民事责任。"法人是物流法律规范所调整的特定社会关系的主体的主要部分。随着国际物流、区域物流及国内物流活动的广泛开展,法人在物流法律关系中将占有越来越重要的地位。法人包括企业法人、事业法人和机关法人。其中,企业法人是物流法律关系的最主要参与者,它通常指以公司或者其他形式的企业和经济组织的形态出现的企业法人,例如综合性的物流企业、航运企业、无船承运人、货代企业、进出口公司等。尽管我国法律对一些物流行业的准入规定了限制条件,并不是具备了法人资格就可以从事任何物流活动。如《中华人民共和国国际海运条例》(以下简称《海运条例》)对成为无船承运人的资格作了规定,即使具有法人资格,但如果不具有无船承运人的资格,也不能从事无船承运人业务,但该法人仍可以托运人的身份参加到这种运输物流法律关系中来。

 法律链接

《中华人民共和国民法典》

《中华人民共和国民法典》被称为"社会生活的百科全书",是中华人民共和国第一部以法典命名的法律,在法律体系中居于基础性地位,也是市场经济的基本法。《中华人民共和国民法典》共 7 编、1 260 条，各编依次为总则、物权、合同、人格权、婚姻家庭、继承、侵权责任以及附则。通篇贯穿以人民为中心的发展思想，着眼满足人民对美好生活的需要，对公民的人身权、财产权、人格权等作出明确翔实的规定，并规定侵权责任，明确权利受到削弱、减损、侵害时的请求权和救济权等，体现了对人民权利的充分保障，被誉为"新时代人民权利的宣言书"。2020 年 5 月 28 日，十三届全国人大三次会议表决通过了《中华人民共和国民法典》，自 2021 年 1 月 1 日起施行。婚姻法、继承法、民法通则、收养法、担保法、物权法、侵权责任法、民法总则同时废止。

2. 其他经济组织

其他组织是指依法成立、有一定的组织机构和财产，但不具备法人资格，不能独立承担民事责任的组织。根据法律规定，其他组织的成立应当具备下列条件：(1) 依照法定程序设立。其他组织的设立在程序上需履行法定的登记手续，经有关机关核准登记并领取营业执照后方可进行活动。(2) 有一定的财产或经费。(3) 有自己的名称、组织机构和从事生产经营等业务活动的场所。(4) 不具有独立承担民事责任的能力。其他组织不能独立承担责任是其与法人的最根本区别。其他组织在对外进行经营业务活动时，如其财产能够清偿债务，则由其自身偿付，其财产不足以偿付债务时，则由其设立人对该债务承担连带清偿责任。其他组织必须符合相应的法律规定，取得一定的经营资质，才能从事物流业务。此外，其他组织也可以接受物流企业提供的物流服务，成为物流法律关系的另一方主体。

在我国，其他组织包括：依法登记领取营业执照的私营独资企业、合伙组织；依法登记领取营业执照的合伙型联营企业；依法登记领取我国营业执照的中外合作经营企业、外资企业；经民政部门批准登记领取社会团体登记证的社会团体；法人依法设立并领取营业执照的分支机构；中国人民银行、各专业银行设在各地的分支机构；中国人民保险公司设在各地的分支机构；经核准登记领取营业执照的乡镇、街道、村办企业；符合法条规定的其他组织。

3. 自然人

即按照自然规律出生的人。自然人具有民事主体资格，可以作为物流法律关系的主体。自然人作为物流法律关系的主体需要注意：由于物流是商业活动，并且法律对一些物流行业主体有特殊规定，因此，自然人成为物流服务的提供者将受到很大的限制；现代物流涉及的领域较为广泛，自然人在一些情况下可能通过接受物流服务，而成为物流法律关系的主体。

4. 国家行政机关

国家机关包括国家权力机关、国家行政机关和国家司法机关。作为物流法律关系主体的国家机关主要是指国家行政机关。在物流活动中，经常会发生国家行政机关对物流企业设立、物流活动进行监督管理而形成的各种法律关系，属于物流行政法律关系，主要表现为国家行政机关与物流企事业单位、其他组织之间监督与被监督、管理与被管理的关系。国家行政机关是物流行政法律关系的必要主体，承担物流管理的主要工作，它们包括工商行政管

理部门、商务部门、税收部门、金融部门、交通管理部门、物价管理部门、产品质量管理部门、商品检验检疫部门、海关等。如物流企业设立,要与工商行政管理部门发生行政法律关系;违反物流市场竞争规则而受处罚的物流企业,与工商行政管理部门或有关行业主管机关之间发生行政法律关系。在物流法律关系中,国家物流管理机关依法行使对物流活动的经济管理职能,成为物流管理关系中具有管理职权的主体,与之相对的是处于从属地位的被管理主体。

 案例链接

免费送货车也得有营运资格

某年8月4日,某交通部门查获不具有道路运输经营资格的某商场的法人代表梁某驾驶商场自有的无道路运输证的货车于7月28日向客户孙某提供免费送货上门服务。某交通部门于9月3日向某商场发出《交通行政处罚决定书》,给予罚款3万元。商场不服,遂诉至法院。某商场认为,其行为属于为客户免费送货,不具经营性质,不属经营性道路货物运输,被告的行政处罚决定于法无据,请求法院撤销该决定。交通部门辩称,商场免费为客户运送商品的行为,虽不直接收取费用,但作为一种营销手段,其运费实质表现为商家的经营成本而最终计入商品价格,从而具备经营性质,属于经营性道路货物运输;而商场不具备道路运输经营资格从事经营性道路货物运输活动,构成非法营运,处以罚款合理合法。

法院审理认为,根据规定,道路货物运输经营是指为社会提供公共服务、具有商业性质的道路货物运输活动。而企业的货车将企业自身生产或销售的商品送到客户指定的地点,无论何种货款支付方式,其运输货物的所有权最终都属于客户,本质上都是为客户提供了运输服务,属于经营性道路货物运输。本案被告据此对原告作出的行政处罚决定,适用法律、法规正确,应予维持。综上,法院依法作出判决:维持被告某交通部门作出的对原告某商场罚款3万元的行政处罚决定。

思考题:查阅资料,总结物流企业从事运输业务需要具有哪些资格条件?

(二)物流法律关系的内容

物流法律关系的内容是指物流法律关系主体在物流活动中享有的权利和承担的义务。权利是指主体为实现某种利益而依法为某种行为或不为某种行为的可能性,权利的享有是指权利主体能够凭借法律的强制力或合同的约束力,在法定限度内自主为或不为一定行为以及要求义务主体为或不为一定行为,以实现其实际利益;义务是指义务人为满足权利人的利益而为一定行为或不为一定行为的必要性,义务的承担,是指义务主体必须在法定限度内为或不为一定行为,以协助或不妨碍权利主体实现其利益。

(三)物流法律关系的客体

物流法律关系的客体是指物流法律关系的主体享有的权利和承担的义务所共同指向的

对象。它包括物、智力成果和行为。

在物流法律规范中，由于不同形式的物流活动产生不同的权利义务关系。在多数情况下，物流法律关系表现为一种债的法律关系，即权利主体请求义务主体为或不为一定行为，其客体主要是指各种给付行为，包括：物的交付（货物所有人将货物交付给物流经营人）、智力成果的交付（物流提供方向物流需求者提供物流管理系统）、提供服务（物流服务提供者为货主提供物流服务）；还包括：行政行为，如外商在我国境内投资设立物流企业的行为；工商行政管理部门对设立物流企业的审核、批准行为等。

三、物流法律关系的确立

案例讨论

上海某商品采购中心向南京某生产企业采购了 10 吨水泥，并将其交给某物流公司运输至杭州的配送中心。由于暴雨导致交通阻断，物流企业迟延两天送达。在商品入库时，采购中心依据采购协议进行检验，发现货物没有达到合同规定的质量标准，提出退货和赔偿等要求。同时，该批货物违反国家规定的强制环保标准，被当地执法部门依法查封。

问：1. 本案中的法律事实有哪些？它们是行为还是事件？
　　2. 本案中，哪些是物流交易法律关系，哪些是物流管理法律关系？

物流法律关系的确立是基于一定的法律事实而形成的。物流法律事实是指能够引起物流法律关系设立、变更和消灭的客观情况。物流法律事实是法律关系产生、变更和消灭的客观情况。物流法律事实属于法律事实的一种，依照其发生与当事人意志有无关系，分为行为和事件。

1. 行为

行为是指根据当事人的意志而作出的能够引起物流法律关系产生、变更和消灭的活动。物流法律行为可分为合法行为和违法行为两种。其中，合法行为是指符合法律规范的行为，包括经济管理行为、经济法律行为和经济司法行为。合法行为要求主体资格合格，意思表示真实，内容、形式合法等。违法行为是指违反法律规定的行为或者是法律所禁止的行为，违法行为是行为人承担法律责任的事实依据。

2. 事件

事件是指客观上发生和存在的，与当事人的主观意志和自主行为无关的，能够引起物流法律关系产生、变更和消灭的客观事实。法律事件包括自然现象和社会现象引起的事实。其中，自然现象是指自然灾害，例如地震、洪水、暴风等。社会现象虽然由人的行为所引起，但其出现在特定的物流法律关系中并不以当事人的意志为转移，如因战争、罢工等导致的合同违约等。

 **案例链接**

运输合同责任主体确定案

某年4月18日,信达货运配载经营部(以下称信达货运部)的代表与中国农业机械西南公司(以下称西南农机公司)川A16426货运车的驾驶员付卫华、该车的实际车主刘龙生在上海签订了一份公路货物运输合同书,该合同未加盖西南农机公司的公章。合同约定:川A16426号车为信达货运部从上海、浙江等地承运鞋底、火花塞和冰柜等货物,目的地是成都。合同还对运费、运输时间等内容作了约定。合同签订后,川A16426号车在运输途中发生交通事故,使信达货运部托运的火花塞损失计款14 680元,胶合板损失计款7 122元(其中遗失的胶合板损失5 386.5元),货损共计21 802元。此后,因协商无果,信达货运部遂提起诉讼要求西南农机公司赔偿货损。

一审法院认为,第三人刘龙生同付卫华以被告西南农机公司的运输车辆、行驶证和营运手续等与原告信达货运部间签订的运输合同,应确认为西南农机公司的经营活动。鉴于在购车合同中,有在付款期内因刘龙生发生事故对第三者造成人身伤亡和财产损失时由实际车主刘龙生承担全部责任的约定,因此判决刘龙生和西南农机公司对本案中的货物损失负有赔偿责任。西南农机公司不服一审判决,向中级人民法院提出上诉。

中级人民法院认为,第三人刘龙生和驾驶员付卫华在与被上诉人信达货运部签订运输合同时,除持有本人身份证、驾驶证和川A16426号车的行驶证以外,未能出具任何证明他们有权代表西南农机公司行使签订运输合同行为的有效证件。况且刘龙生、付卫华是以四川农机公司、并非西南农机公司的名义签订运输合同,其行为不具备任何表见代理西南农机公司的构成要件。信达货运部作为专门从事托运业务的机构,对与之签订运输合同的承运人应当进行审查;特别是对以单位名义签订运输合同,但是又未持有单位授权有效证件的个人,应当具有较高的识别能力。信达货运部没有理由相信刘龙生、付卫华是西南农机公司的全权代表。西南农机公司与本案的运输合同无关,对刘龙生、付卫华在本案中的运输行为,不应当承担任何责任。因发生交通事故造成的货物损失,应当由实际的承运人刘龙生赔偿。

思考题:
1. 如何确定物流法律关系中的责任主体?
2. 从物流法律关系主体的角度,在签订物流合同时应该注意哪些事项?

第四节 物流服务合同

社会经济活动几乎都是通过经济合同联系起来和完成的。在物流的各个环节,如商品采购、货物仓储、货物运输、货物包装与装卸、物流加工、物流配送、物流保险、货物代理等,都离不开合同。

一、物流服务合同的概念和特征

（一）物流服务合同的概念

物流服务合同,是指第三方物流企业与其他企业约定,由第三方物流企业为后者提供全部或部分的物流服务,而由后者向第三方物流企业支付报酬的合同。提供这种物流服务的第三方物流企业,称为物流服务提供者即物流企业;将接受物流服务的货主企业或者其他企业,称为物流服务需求者。

现代物流服务合同是由用户方和物流服务商针对现代物流服务项目而签订的服务合同或由总物流服务商与各分服务商签订的物流服务合同。物流服务合同是物流服务商凭以收取费用,负责完成或组织完成物流服务的合同。

案例讨论

物流配送合同纠纷

某年8月5日,中国某物流配送中心与美国某家电生产企业签订一批取暖器的家电采购合同,合同总金额3 000万元人民币,约定家电生产企业应于同年11月份交货。由于暖冬天气的出现,此批家电严重滞销。根据气候预测,9月5日物流配送中心向家电生产企业打去电话,要求将原合同采购货物的数量削减50%,家电生产企业在电话中表示同意。同年11月份,物流配送中心仍然收到了美国方发送的价值3 000万人民币的货物。中方对此提出了异议,并拒付货款。双方出现了合同纠纷,中方依据合同约定申请仲裁。在仲裁中,由于美国家电企业对合同变更一事不予承认,同时中方又缺乏合同变更的有效证据,国际贸易仲裁委员会裁决物流配送中心败诉。最后,物流配送中心不但收取了全部货物,而且还承担了违约责任。

思考题：本案中,物流配送中心在仲裁中败诉的原因有哪些？应该如何预防此类的损失？在国际物流业务中应该注意哪些问题？

（二）物流服务合同的特征

1. 物流服务合同是双务合同

根据当事人双方权利义务的分担方式,合同可分为双务合同和单务合同。双务合同是指当事人双方相互享有权利、承担义务的合同。单务合同是指仅有一方当事人承担给付义务的合同。现代物流服务合同的双方均负有义务,享有权利。如服务商有完成规定服务的义务,并有收取相应费用的权利;而用户方有支付费用的义务,也有接收完善服务和一旦出现服务瑕疵,如在运输过程中出现货物损害,向服务商索赔的权利。因而,物流服务合同具有双务合同的特点。

2. 物流服务合同是有偿合同

根据当事人取得权利是否须偿付代价，合同可分为有偿合同和无偿合同。有偿合同是指享有合同权利必须偿付相应代价的合同。无偿合同是指享有合同权利而不必偿付代价的合同。物流服务商以完成全部服务为代价取得收取报酬的权利，而用户方享受完善服务的权利是以支付费用为代价的。

3. 物流服务合同是要式合同

物流服务合同一般都是由物流企业事先拟定好的，未与客户协商即订立的格式合同，都是以书面形式订立的。

4. 物流服务合同是诺成合同

根据合同的成立是否以交付标的物为要件，合同可分为诺成合同与实践合同。诺成合同是指当事人意思表示一致即成立的合同，实践合同是指除当事人意思表示一致外，还必须交付标的物才能成立的合同。一般地，确定合同是诺成的还是实践的，主要根据法律的规定。物流服务合同成立于物流服务需求方和物流企业之间就物流服务协商一致，不需要标的物的交付，因而是诺成合同。

5. 物流服务合同是提供劳务的合同

物流服务合同的标的不是物，而是行为，是物流企业向物流服务需求者提供物流服务的行为。所以，在物流企业为物流服务需求者提供服务的整个过程中，货物的所有权并不转移到物流企业手中，物流企业没有处分货物的权利，必须按物流服务需求者的要求完成物流服务项目。

6. 物流服务合同的一方是特定主体

物流服务合同中的物流企业必须是投资建立的第三方物流企业，专为提供物流服务收取报酬而经营的法人或其他组织。

7. 物流服务合同有约束第三者的性质

物流服务合同的双方是服务商与用户方，而收货方有时并没有参加合同签订，但服务商应向作为第三者的收货方交付货物，收货方可直接取得合同规定的利益，并自动受合同的约束。

案例讨论

某年8月5日，上海某机电有限公司（卖方）与南京某物流采购中心（买方）签订合同，买方向卖方订购全新美国PACO柏高水泵设备一批，共计80台，并对设备的价格、型号、技术参数、交货期限、付款期限及方式、保修等作出了明确规定，但对运费的负担没有约定。合同订立后，卖方依约定将设备运往买方所在地，发生运费8 000元。关于运费的承担，双方发生了争议。卖方坚持要求买方全部承担，否则不予交货；买方则主张双方共同分担运费。

问题：根据《民法典》的规定，运费的负担问题应如何处理？

二、物流服务合同的性质和法律适用

（一）物流服务合同的性质

1. 物流服务合同不是单纯的货物运输合同、仓储合同、加工承揽合同等

物流服务合同提供的是一揽子服务，运输和仓储、加工承揽等仅是这一系列服务项目中的一个环节，它们不足以涵盖物流服务的全过程。

2. 物流服务合同具有《民法典》规定的某些合同的特性

例如物流服务合同是物流服务提供者接受物流服务需求者的委托，为物流服务需求者设计并管理物流系统，提供综合的物流服务的合同，因此具有委托合同的某些特性；物流服务提供者在按照物流服务需求者的要求和需要完成物流系统的开发、设计时，即具有技术合同的某些特性。而当其作为第三方物流企业时也可能会拥有一些从事物流的设施、设备和作业场所，以完成一些具体的物流作业，从而又具有运输、仓储和加工承揽的特性。

（二）物流服务合同的法律适用

物流服务合同是无名合同，在法律上尚未确定特定名称和特定规范。物流服务合同在适用《民法典》之合同编的基础上，双方当事人的权利义务主要依据双方的约定。其中，关于物流服务提供者为物流服务需求者设计物流系统部分，可参照《民法典》之合同编中关于技术合同和技术开发合同的规定；关于物流服务提供者提供具体物流作业服务的部分，根据服务的具体内容可分别适用货物运输合同、加工承揽合同、仓储合同、保管合同的规定；上述相关规范没有规定的部分，也可参照有关委托合同的规定。如果有关权利义务在现有法律中找不到类似的有名合同规则的，则应根据《民法典》之合同编的一般规定和《民法典》的基本原则，参照当事人追求的经济目的处理。

三、物流服务合同的条款

（一）物流服务合同一般的条款

合同条款是当事人达成合意的具体内容。为了保证物流服务合同的履行和双方合同目的的实现，并在发生争议后解决争议时有所依据，当事人设计合同条款时应当具体、完备和全面。同时，为了追求效率，迅速地确立合同关系，当事人订立合同时一定要使合同条款一应俱全。我国《民法典》之合同编对合同的一般条款做了明确规定，双方当事人在订立物流服务合同时可以遵循。实践中的物流服务合同一般包含的条款如下。

（1）当事人的名称或者姓名和住所。

（2）物流服务的范围和内容。物流企业在提供物流服务时可能涉及如下内容：物流单证设计和物流业务管理；货物运输服务；承接中介；对外谈判和合同签订业务；咨询业务；综合物流业务等。

(3) 合作方式和期限。即物流企业以哪种运营模式向物流需求者提供服务，是仅提供运输、仓储等单一或者少数物流功能的组合服务项目，还是提供仓储、配送、分销、流通加工、采购、咨询和信息以及其他增值作业等服务，或者是物流需求者与物流企业建立长期物流服务合同形成一体化供应链物流方案，根据集成方案将所有物流运作以及管理业务全部交给物流企业。

(4) 双方具体权利和义务。其中最重要的是物流企业提供物流服务并收取费用，而物流需求者交付费用并享受对方提供的物流服务。

(5) 服务所应达到的指标。物流服务具有很强的技术性，当事人在物流合同中应详细规定技术指标。

(6) 实物交接和费用的结算、支付。物流活动分为很多环节，物流合同应尽量具体地规定每个环节的实物交付和费用支付。

(7) 违约和解除合同的处理。当事人可以在合同中约定何种情况下解除合同以及双方违约责任的承担。

(8) 争议的解决方法。当事人可以约定以仲裁或者诉讼的方式解决纠纷。

其中服务范围和内容、当事人的合作方式、服务所应达到的指标条款是实务中双方容易发生纠纷的条款，当事人签订合同时应当注意尽量完善这些条款。

(二) 物流合同格式条款

合同格式条款，是指当事人为了重复使用而预先拟定，并在订立合同时未与对方协商的条款。根据格式条款订立的合同一般称为格式合同。

格式合同条款的特点如下。

(1) 合同条款具有预先确定性。即合同条款由一方当事人预先拟定，或者由某些超然于双方当事人利益之上的社会团体、国家授权机关制定，或由法律直接事先规定。

(2) 合同条款形式的标准化。格式合同的条款通常由一方将预先确定的合同条款印制成一定的合同。

(3) 格式条款的提供者一般是拥有雄厚的经济实力或行业垄断地位的主体，并且往往凭借此优势规定免责条款以减轻或者免除其责任，而相对人却只能被动地接受合同条款。由于合同格式条款具有上述特点，《民法典》对提供格式条款的一方当事人作了诸多限制，以保护对方当事人的合法权益。

目前多数物流企业有自己的物流格式合同，这些合同当然应当遵守《民法典》的相关规定。① 提供格式条款的一方应当遵循公平的原则确定当事人之间的权利义务，并采取合理的方式提请对方注意免除或者限制其责任的条款，按照对方的要求，对该条款予以说明。② 格式条款具有《民法典》第一编第六章第三节和第五百零六条规定的无效情形，或者免除提供格式条款一方当事人主要义务、加重对方责任、排除对方当事人主要权利的条款无效。③ 对格式条款的理解发生争议的，应当作出不利于提供格式条款一方的解释。格式条款和非格式条款不一致的，应当采用非格式条款。

四、（物流服务）合同诚实信用原则

合同法是市场经济活动中调整平等主体间交换关系的最为重要的法律制度之一，合同

诚实信用原则(简称诚信原则)是合同法律制度中的基本原则之一,诚实信用原则在合同法中的作用在当代呈不断加强的趋势,以至占据了主导的地位,成为统帅合同法乃至整个民法领域的"帝王条款"。《民法典》第七条规定:"民事主体从事民事活动,应当遵循诚信原则,秉持诚实,恪守承诺。"《民法典》第五百零九条规定:"当事人应当按照约定全面履行自己的义务。当事人应当遵循诚信原则,根据合同的性质、目的和交易习惯履行通知、协助、保密等义务。"

合同诚实信用原则是指民事主体在合同法律关系中,应当诚实守信,以善意的方式履行其义务,不得滥用权力及规避法律或合同规定的义务。同时,诚实信用原则要求维持当事人之间的利益及当事人利益与社会利益之间的平衡。

具体内容如下。

(1) 在订立合同时,应本着诚实信用的态度及方式行使权利,不得有欺诈或其他违背诚实信用的行为,不得以损害他人利益的手段而为自己获取利益。

(2) 在履行合同义务时,应依诚实信用的方式履行义务,根据合同的性质、目的和交易习惯履行及时通知、协助、保密等义务,不得弄虚作假、欺骗和损害他人,应信守合同,自觉履行合同所规定的义务,不得出尔反尔,随意变更合同。

(3) 合同终止后,根据交易习惯履行通知、协助、保密等义务,称为后合同义务。诚实信用原则有补充和解释法律及合同的作用。在合同条文不清发生争议时,法院或仲裁机关应依据该原则,考虑合同的性质和目的,合同签订地的习惯等因素,作出正确的解释。

现代市场经济是发达的信用经济,交易的安全、效率和成功越来越依赖于诺言与协议。在交易中讲究诚实信用,已不仅是道德需求,而是更多地具有了经济价值,反映了法治精神。合同诚信原则因其对合同行为全过程的规制,在维持交易秩序,保护交易安全,降低交易费用,鼓励交易成功,解决交易纠纷等方面都起到了不可忽视的作用。

 知识拓展

契约精神

契约精神,是西方文明社会的一种主流精神。"契约"一词源于拉丁文,在拉丁文中的原义为交易,其本质是契约自由的理念。契约精神是指存在于商品经济社会,由此派生的契约关系与内在的原则,是一种自由、平等、守信、救济的精神。契约精神不是单方面强加或胁迫的霸王条款,而是各方在自由平等基础上的守信精神。

契约精神是西方文明社会的主流精神,在民主法治的形成过程中有着极为重要的作用,一方面,在市民社会主体的契约精神促进了商品交易的发展,为法治创造了经济基础,同时也为市民社会提供了良好的秩序;另一方面,根据私人契约精神,上升至公法领域在控制公权力,实现人权方面具有重要意义。契约精神,无论是私法的契约精神在商品经济中的交易精神,还是公法上的契约精神,对我国社会主义法治国家的构建和社会主义市场经济的良性运转都有着积极作用。

契约精神本体上存在四个重要内容:契约自由精神、契约平等精神、契约信守精神、契约救济精神。契约自由精神是契约精神的核心内容。西方人权理念中就一直存在经济自由中的契约自由精神。

契约自由精神包含三个方面的内容，选择缔约者的自由、决定缔约的内容与方式的自由。契约自由主要表现在私法领域。

契约平等精神是指缔结契约的主体的地位是平等的，缔约双方平等地享有权利履行义务，互为对待给付，无人有超出契约的特权。为了达到契约的平等精神，违背契约者要受到制裁，受损害方将得到利于自己的救济。正因为契约完美地体现了平等精神，才会被近代资产阶级革命者作为理论武器而创造了社会契约理论，通过每个人让渡一部分权利交给国家代为使用，双方达成合意，建立社会契约，各自履行各自的权利与义务，以达到社会的和谐。

契约信守精神是契约精神的核心精神，也是契约从习惯上升为精神的伦理基础，诚实信用作为民法的"帝王条款"和"君临全法域之基本原则"，在契约未上升为契约精神之前，人们订立契约源自彼此的不信任，契约的订立采取的是强制主义，当契约上升为契约精神以后，人们订立契约源于彼此的信任，当契约信守精神在社会中成为一种约定俗成的主流时，契约的价值才真正得到实现。在缔约者内心之中存在契约守信精神，缔约双方基于守信，在订约时不欺诈、不隐瞒真实情况、不恶意缔约、履行契约时完全履行，同时尽必要的善良管理人、照顾、保管等附随义务。

契约救济精神是一种救济的精神，在商品交易中人们通过契约来实现对自己的损失的救济。当缔约方因缔约方的行为遭受损害时，提起违约之诉，从而使自己的利益得到最终的保护。上升至公法领域，公民与国家订立契约，即宪法。当公民的私权益受到公权力的侵害时，依然可以通过与国家订立的契约而得到救济。

物流活动作为市场经济活动的重要组成部分，物流服务合同的订立、履行需要遵守合同法律制度的规定，才能有效促进物流行业的稳定快速发展。合同诚实信用原则作为合同法律规则中的重要原则之一，应该在物流活动中得到有效的适用。

 案例链接

黄沙"涨价"引发纠纷

某建筑公司(以下简称建筑公司)因建造两栋大楼急需黄沙，遂于9月10日与某建筑材料运输公司(以下简称运输公司)签订了一份合同，合同约定建筑公司购买运输公司黄沙30车，每吨价300元，合同订立一个月以后，由运输公司送货，货到付款。没想到合同订立后，黄沙的市场价却从每吨300元涨到350元，运输公司经理李某见状觉得按原价供货吃亏，不愿如数供货。遂于10月12日给建筑公司去电话，提出因货源紧张要求少供货，建筑公司当然不肯。李某遂于次日安排两辆(其中一辆是借用外单位车)

"130"型货车装沙(每车装载2吨),送到建筑公司,并要求以后均以"130"型车为标准计算交货数量。建筑公司提出运输公司的做法是不合理的,尽管合同规定交货数量为30车,但应以"东风牌"大卡车作为计算标准,每车装载4吨,共120吨。为此,建筑公司遂向法院起诉,认为运输公司已构成故意违约,应承担违约责任。运输公司则提出,双方对交货数量的计算标准发生重大误解,因此应当撤销该合同。

案件焦点:"重大误解"还是诚信缺失?

在这个案件中,围绕"130"车型能否作为计量标准这个焦点,实际上有两个关键问题特别值得重视,一是双方是否构成重大误解;二是运输公司是否缺失诚实。

首先,本案不构成重大误解,原因在于:对建筑公司来说,并未真正发生认识上的错误。他们的"30车就是指以'东风牌'大卡车装载的30车"的认识,是符合当地交易习惯的;对于运输公司来说,实际上也未真正发生认识上的错误。作为专门交易黄沙并经常给他人送货的企业,在过去的业务中一般也都是习惯以"东风牌"大卡车为"车"的计算标准的。为什么唯独这次给建筑公司送货时却要特别从外单位借"130"型卡车来使用呢?显然,运输公司并没有发生误解,而只是因为想减少供货,故意使用"130"型车供货。

其次,运输公司的行为违反了诚实信用原则。从本案来看,按诚实信用原则的要求,运输公司在合同未明确规定30车黄沙计量标准的情况下,应当按诚实信用原则考虑合理的计量标准。换言之,运输公司应当想到,作为一个讲诚实、守信用的企业,在此情况下应当以何种标准来交货。而在本案中,运输公司显然不是按照一个诚实守信企业的标准来做的。一方面,运输公司在订约以后,鉴于黄沙价格已经上涨,曾要求建筑公司减少供货数量,当此要求被拒绝以后,为了达到减少交货数量的目的,便又以合同没有规定明确的计算标准为由,以"130"型货车送货。另一方面,运输公司明知按当地的交易习惯,以车为计量单位的"车"的含义通常是指"东风牌"大卡车,自己过往的交易习惯也是以"东风牌"大卡车为"车"的计量单位,只是为了达到少交货,又不至于被建筑公司抓住违约把柄的目的,才以"130"车为计量单位,这种行为显然是与诚信原则相背离的。

结案反思:准确理解诚信原则

诚信原则是伦理道德规范在法律上的表现,也可以说它是以法律形式确认了最基本的商业道德。在合同法中这一原则适用范围极为广泛,并且为许多学者称为债(合同)法中的最高规则或"帝王规则"。以这个规则对照本案,其判决结果是显而易见的,"车"的计量标准应该是"东风牌"大卡车。但有意义的并不仅仅在于判决本身,更在于人们对诚实信用原则准确、完整地理解:当事人不仅应当按照诚实信用原则履行自己的义务,而且在法律和合同规定的义务不明确或不完全的情况下,还应当依据诚实信用所产生的附随义务来履行自己的义务。也就是说,诚实信用原则除了具有规范当事人行为的机能,还具有指导解释法律或合同条文的"规定欠缺之补正"机能,当合同存有漏洞时,诚信原则所衍生的附随义务就应该发挥作用。

根据《民法典》第四百六十六条的规定:"当事人对合同条款的理解有争议的,应当依据本法第一百四十二条第一款的规定,确定争议条款的含义。合同文本采用两种以上文字订立并约定具有同等效力的,对各文本使用的词句推定具有相同含义。各文本使用的词句不一致的,应当根据合同的相关条款、性质、目的以及诚信原则等予以解释。"诚信原则作为解释合同条款,确定合同条款真实意思的指导规则之一。由此可以看出,我国合同法律制度肯定了诚信原则作为履行合同的基本原则,并将交易习惯、诚信原则作为解释合同、补充合同漏洞的重要手段。

学习重点和难点

- 物流法律制度的基本内容
- 物流法律关系的要素
- 物流服务合同的含义、特点
- 综合物流服务的法律关系和责任承担

练习与思考

(一) 名词解释

国际条约　国际惯例　物流法律规范　物流服务合同

(二) 填空

1. 物流活动是指对物流各种功能的实施与管理过程。主要包括:运输、_____、包装、搬运、_____、配送、流通加工、信息处理。

2. 根据物流活动的空间分为_____和_____。

(三) 单项选择

1. 狭义的物流是指（　　）。
    A. 销售领域的物流　　　　　　　　B. 生产领域的物流
    C. 废旧物品回收领域的物流　　　　D. 商品退回领域的物流

2. 物流提供者在时间段内按照价格向物流需求者提供的建立在现代电子信息技术基础上的一系列个性化物流服务的物流活动的组织者是（　　）。
    A. 第一方物流　　　　　　　　　　B. 第二方物流
    C. 第三方物流　　　　　　　　　　D. 第四方物流

3. 以下关于"物流法"的说法正确的有（　　）。
    A. "物流法"是一个独立的法律部门
    B. "物流法"是一部法律的名称
    C. "物流法"在当前还只是一个基本的行业法律规范集合

D. "物流法"是国家管理物流的法律

4. 物流法律制度作为调整物流活动、规范物流市场的法律规范,必然涉及从事物流活动的专业用语、技术标准、设备标准以及操作规程等,因而具有(　　)特点。

　　A. 综合性　　　　B. 广泛性　　　　C. 多样性　　　　D. 技术性

5. 根据"遵守先例"的原则,上级法院(或同级法院先前的)的判决作为先例,对下级法院(或同级法院)具有约束力,起着法律的作用指的是(　　)。

　　A. 判例　　　　　B. 案例　　　　　C. 判决书　　　　D. 法律

6. 最高国家行政机关即国务院根据宪法和法律制定的一种规范性文件叫(　　)。

　　A. 法律　　　　　　　　　　　　　B. 行政法规
　　C. 行政规章　　　　　　　　　　　D. 政府规章

7. 权利和义务所共同指向的对象是指物流法律关系的(　　)。

　　A. 主体　　　　　B. 客体　　　　　C. 内容　　　　　D. 事实

(四) 多项选择

1. 物流活动主要包括(　　)。

　　A. 运输　　　　　B. 储存　　　　　C. 搬运装卸　　　D. 信息处理

2. 根据物流的范围将物流分为(　　)。

　　A. 社会物流　　　B. 企业物流　　　C. 区域物流　　　D. 国际物流

3. 物流法律规范的特点有(　　)。

　　A. 广泛性　　　　B. 复杂性　　　　C. 技术性　　　　D. 国际性

4. 物流法律规范的渊源包括(　　)。

　　A. 宪法　　　　　B. 法律　　　　　C. 行政法规　　　D. 技术标准

5. 物流法律关系的要素有(　　)。

　　A. 主体　　　　　B. 客体　　　　　C. 内容　　　　　D. 权利义务

6. 以下(　　)是调整物流行为的法律规范。

　　A.《公司法》
　　B.《外商投资法实施条例》
　　C.《海商法》
　　D.《海事诉讼特别程序法》

7. 以下关于物流法律制度的说法正确的是(　　)。

　　A. 物流法律制度是指调整在物流活动中产生的并与物流活动有关的社会关系的法律规范的总和
　　B. 物流法律制度最基本或最直接的调整对象是在物流企业之间以及物流企业与其服务对象之间因物流活动而引起的各种横向经济关系
　　C. 只有法人或其他组织才能成为物流法律关系的主体,个人不能成为物流法律关系的主体
　　D. 我国现行调整物流的法律法规涉及采购、运输、仓储、包装、配送、搬运、流通加工和信息等各个方面,有法律、法规、规章等不同层次
　　E. 物流法律的体系化,就是要制定一部《物流法》

(五) 简答

1. 简述我国物流法律规范的渊源。
2. 简述现代物流服务合同的特点。
3. 加入WTO后,如何解决我国发展物流法律规范面对的新问题?

(六) 思考题

1. 如何理解市场经济就是法治经济,可以通过哪些措施确保物流市场经济秩序的稳定发展?
2. 合同诚实信用原则在物流服务合同订立和履行过程中的重要价值有哪些?

案例分析

1. 某年11月20日,五矿公司与日本丰田通商株式会社(以下简称丰田通商)签订一份货量为1500吨的低磷硅锰合金购销合同,嗣后,买卖双方约定,实际履行货量为1200吨。五矿公司的出口代理为海南省国际贸易中心(以下简称海南国贸)。为运输该1200吨货物,海南国贸于12月11日代五矿公司与广东省湛江海通货运代理有限公司(以下简称海通公司)签订一份航次租船合同,海通公司又与中国外运广东省湛江公司(以下简称湛江外运)签订一份航次租船合同,湛江外运则与大连五丰船务有限公司(以下简称五丰公司)签订一份租船合同,这三个连环合同的条款内容基本相同,均协议租用"万盛"轮运输本案所涉1200吨货物。"万盛"轮的注册船东为通连公司,该轮实际交由大连港万通船务股份有限公司(以下简称万通公司)经营管理,船员由万通公司配备。万通公司又将该轮以期租形式出租给五丰公司使用。

问题:说说上述案例中购销合同和运输合同法律关系中的主体。

2. 上海某制衣厂于某年11月11日与中国某财产保险公司的代理人签订了包括自燃等保险事故在内的企业财产保险合同。根据保险合同,该厂将自有的固定资产和流动资产全部投入保险,保险费3万元,保险期限一年。在财产保险合同、保险单及所附财产明细表中,均写明投保的流动资产包括产成品、原材料和产品存放在本厂库房,并标明了位置。投保后,制衣厂先后于次年7月8日、12日两次将保险产成品发往其驻南京的销售部,共计2000件,价值35万元。同年8月10日,南京连日持续高温,引起南京库房的货物自燃,全部被毁。对此损失,保险公司拒绝赔偿。

问题:(1) 本案物流保险合同关系中的主体、客体和内容分别是什么?
(2) 本案中引起物流保险法律关系产生、变更和终止的法律事实是什么?

3. 甲公司在天津设立的物流服务分理处管理不严,经营状况恶化,甲公司决定撤销该分理处,取消其代理权,并于9月正式撤销该机构。同年10月,该分理处原负责人在未征得甲公司同意的情况下与某进出口公司签署了国际物流服务合同,并加盖了保存在其处的甲公司的公章。如履行该合同对甲公司极为不利,所以甲公司不承认该合同。某进出口公司诉至法院。

问题:甲公司与某进出口公司签署的国际物流服务合同是否有效?为什么?

4. 某年10月11日、11月8日、12月27日汇丰公司与广源公司先后签订四份买卖合同,分别约定:汇丰公司向广源公司购买梨脯25吨,每吨8 500元;梨脯170吨,每吨8 000元;苹果脯70吨,每吨11 500元;桃脯34吨,每吨12 000元。上述四份合同签订后,汇丰公司通过银行先后开出四份以广源公司为受益人的不可撤销、可转让的跟单信用证。广源公司分别于次年1月22日、1月29日和2月5日将13个集装箱的货物按照合同约定运往汇丰公司所在地港口。上述13个集装箱的货物到达后,汇丰公司发现集装箱中的货物并非合同与信用证约定的果脯,全部都是生果,且所有货物都处于腐坏状态,遂委托中国进出口商品检验总公司不莱梅有限公司进行检验,该公司出具调查报告,结论为"所有货物无法在市场上销售","该批货物不符合提单和发票上的描述"。

问题:(1)本案中广源公司违反了合同法律制度中的哪项基本原则?为什么?

(2)本案中汇丰公司应如何处理?

5.2021年5月,某品牌手机代理公司王经理根据客户的要求,将一批价值50 000元的手机交付给某物流公司,发往北京。经过相当长的时间后,北京的客户没有收到这批货物。王经理打电话询问物流公司,得到的答复是货物在运输过程中丢失了,王经理要求物流公司全额赔偿,物流公司声称:签订合同时,王经理并未对此批货物投保,也未声明货物价值,属于无价保货物,按照货运单据上"货物如不保价,发生损坏、丢失,按平均单价货物运费10倍赔偿"的规定,只应赔偿王经理5 000元。同时,物流公司解释说这项规则已经成为物流业内的共识、共用的规则,虽然5 000元与50 000元相差较大,但主要责任在于客户托运时没有价保,双方对此发生争议。

思考题:针对本案中的损失应该如何赔偿,请谈谈你的想法。

实践活动

结合案例讨论5开展主题辩论活动
辩题:无价保运输中出现货物灭失的损害赔偿标准
甲方:按照货物实际损失赔偿
乙方:按照合同约定的无价保标准赔偿

主题辩论活动方案

学生自主分组(9人一组)
确定1名组长作为辩论活动组织者和主持人
组员8名(自由或抽签确定正反双方人员)
正反双方各4名成员,分为一辩、二辩、三辩、四辩。

一辩主要是阐述本方观点,具有开门见山的技巧和深入探究的能力,能把观众带入一种抗辩的氛围中,所以要求一辩具有演讲能力和感染能力;

二辩和三辩主要是针对本方观点,与对方辩手展开激烈角逐,要求他们具有较强的逻辑思维能力和非凡的反应能力,能抓住对方纰漏,加以揭露并反为己用,要灵活善动,幽默诙谐,带动场上气氛;

四辩能很好地总结本方观点,并能加以发挥和升华,要求有激情,铿锵有力,把气氛引入另一高潮。

全程用时不超过 32 分钟

顺序	程　　序	时　　间	备　　注
1	正方一辩发言	2 分 30 秒	
2	反方一辩发言	2 分 30 秒	
3	正方二辩选择反方二辩或三辩进行一对一攻辩	1 分 45 秒	每个提问不超过 15 秒
4	反方二辩选择正方二辩或三辩进行一对一攻辩	1 分 45 秒	每次回答不超过 20 秒
5	正方三辩选择反方二辩或三辩进行一对一攻辩	1 分 45 秒	
6	反方三辩选择正方二辩或三辩进行一对一攻辩	1 分 45 秒	
7	正方一辩进行攻辩小结	1 分 30 秒	
8	反方一辩进行攻辩小结	1 分 30 秒	
9	自由辩论（正方先开始）	8 分钟（双方各 4 分钟）	
10	观众向正方提问一个问题	回答时间不超过 1 分钟	除四辩外任意辩手回答
11	观众向反方提问一个问题	回答时间不超过 1 分钟	同上
12	观众向正方提问一个问题	回答时间不超过 1 分钟	同上
13	观众向反方提问一个问题	回答时间不超过 1 分钟	同上
14	反方四辩总结陈词	3 分钟	
15	正方四辩总结陈词	3 分钟	

第二章 物流企业法律制度

■ 知识目标 ■

学习完本章,你能够掌握的知识点:
1. 物流企业的概念、法律特征和分类
2. 物流企业在物流活动中的法律责任
3. 我国物流企业的市场准入条件

■ 能力目标 ■

学习完本章,你能够熟悉的技能:
1. 运用相关的法律知识解决实际问题
2. 明确不同类型物流企业设立的条件
3. 判断和分析物流企业需要承担的法律责任

■ 思政目标 ■

1. 强化主体意识、规范市场经济主体行为
2. 市场主体的权利、义务和责任,遵纪守法、维护企业合法权益
3. 中国特色社会主义市场经济就是法治经济、依法治国和合法经营理念

■ 基本概念 ■

物流企业　综合物流企业　类承运人型的国际物流企业

■ 案例导入 ■

上海某进出口公司将一批茶叶交由某物流企业安排装运,该物流企业和进出口公司签订物流服务总合同。接着物流企业将茶叶交由另一家仓储公司装箱,仓储公司在装箱时将茶叶和丁香配装在同一集装箱内。收货人收到茶叶后对茶叶做质检,质检报告认为:茶叶与丁香串味,已经无法饮用。该批茶叶成交价为CIF,该批茶叶由中国人民保险公司承保。

问题：

(1) 某进出口公司的经济损失最终应该由谁承担？为什么？

(2) 本案中，货主可以采取哪些法律路径追究经济损失的赔偿责任？

(提示：追究什么主体的哪种类型的民事责任？至少说明三种路径)

(3) 如果中国人民保险公司补偿货主的经济损失后，可以向谁行使什么权利？

讨论：

(1) 在第2个问题中，如何安排货主可以采取的多种路径的顺序对进出口公司的经济损失弥补最为有利？

(2) 通过本案我们可以获得哪些启示？

中国特色社会主义市场经济就是法治经济，我国已经建立了较为完整、成熟的现代企业法律制度，如《中华人民共和国民法典》《中华人民共和国公司法》《中华人民共和国合伙企业法》《中华人民共和国个人独资企业法》《外商投资法》等。在我国，物流企业除了遵守企业基本法律制度外，还要遵守与物流业相关的法律制度。如《中华人民共和国海商法》《中华人民共和国国际货物运输代理业管理规定》《商业仓库管理办法》《铁路货物运输规程》《中华人民共和国国际海运条例》《中国民用航空货物国内运输规则》，还有相关国际公约的规定，如《1973年多式联运单证统一规则》《国际铁路货物联运协定》《国际道路交通公约》、关于统一提单的某些法律规定的国际公约和国际道路货物运输合同公约等。

物流企业作为中国特色社会主义市场经济的主体之一，在促进市场经济的发展和进步过程中发挥了举足轻重的作用，作为市场经济主体的物流企业必须严格遵守法律法规，依法执业，享有权利、履行义务和承担责任，维护企业的良好声誉和合法权益。

第一节　物流企业法律制度概述

一、物流企业的概念和特征

(一) 物流企业的概念

物流企业是指专门从事与商品流通有关的各种经营活动，依法自主经营、自负盈亏，具有法人资格的营利性经营单位。具体地讲，物流企业是在原料、半成品从其生产地到消费地的过程中进行用户服务、需求预测、情报信息联络、物料搬运、订单处理、采购、包装、运输、装卸、仓库管理、废物回收处理等一系列以物品为对象的活动，并以获取利润、增加积累、创造社会财富为目的的营利性社会经济组织。

物流企业是独立于生产领域之外，专门从事与商品流通有关的各种经济活动的企业，是在商品市场上依法进行自主经营、自负盈亏、自我发展、自我约束，具有法人资格的经营单位。具体来讲，物流企业以物流为主体功能，同时伴随着商流、资金流和信息流。它涉及仓储业、运输业、批发业、商业、外贸等行业。

《物流企业分类与评估指标》

国家质量监督检验检疫总局、国家标准化管理委员会出台《物流企业分类与评估指标》,明确界定什么样的企业才是物流企业,规定现阶段物流企业必须至少从事运输(含运输代理、货物快递)或仓储一种经营业务,能够按照客户物流需要对运输、储存、装卸、包装、流通加工、配送等基本功能进行组织和管理,具有与自身业务相适应的信息管理系统,实行独立核算,独立承担民事责任的经济组织,非法人物流经济组织可比照适用。

根据该标准,物流企业涉及仓储业、运输业、批发业、零售业、外贸业等行业。这一标准对已进入物流市场和即将进入物流市场的企业进行规范化、标准化管理,提高物流企业门槛,为一切物流企业市场准入提供参考依据,以往靠几辆敞篷车运输家具的"搬家公司"类型的企业再也不能随便命名为物流企业了。

(二)物流企业的法律特征

(1)物流企业是专门从事与物质资料流通有关的各种经营活动的组织单位。它承担着供给商(包括生产商、供应商)和消费者(包括生产消费者、生活消费者)之间的储存、运输、加工、包装、配送、信息服务等全部活动,并通过促进制造作业和营销作业来满足顾客需求。

(2)物流企业是自主经营、自负盈亏,以获取利润和创造、积累社会财富为目的的营利性组织。这决定了物流企业有着自身的利益驱动,它的一切活动以"利益最大化"为目的。因此,物流企业必须以最优的方式考虑物流供应的问题。

(3)物流企业是具备为物质资料提供流通服务能力的企业法人或非法人组织。它具有权利能力和行为能力,依法独立享有民事权利和承担民事义务,在市场经济的运行和发展过程中平等地参与竞争。

二、物流企业的市场准入制度

物流企业市场准入制度,是有关国家和政府准许公民和法人进入物流市场,从事商品流通活动的条件和程序规则的各种制度和规范的总称。它是商品流通经济发展到一定历史阶段,随着物流市场对人类生活的影响范围和程度日益拓展和深化,为了保护社会、企业和公民利益的需要而逐步建立和完善的。

不同类型的物流企业进入物流市场有不同的市场准入条件。

(一)我国内资物流企业的市场准入条件

内资物流企业市场准入是指我国内资在什么条件下可以进入物流市场,并参与物流市场的活动。在一般情况下,我国内资进入物流市场的基本准入条件是具备法人的资格,即内资应当在成为企业法人后才能从事物流经营活动。

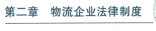

1. 一般物流企业的市场准入

我国对内资从事一般的物流行业，如批发业、道路运输、货物仓储等行业的市场准入是没有特殊限制的。只要在设立相应企业时有与拟经营的物流业务范围相适应的固定生产经营场所，必要的生产经营条件，以及与所提供的物流服务相适应的人员、技术等，就可以到工商登记机关申请设立登记。

2. 特殊物流企业的市场准入

特殊物流企业是指成立此类企业时，需要经相应主管机关审批后，才能到工商登记管理机关进行设立登记的物流企业类型。这类物流企业必须经过主管机关审批才能进入市场，从事物流经营活动。目前，我国大多数物流企业都必须经相应的行业主管部门审核批准。例如，根据《海运条例》及其实施细则规定，在中国境内投资设立国际海上运输业务的物流企业，其经营国际船舶运输业务必须经交通运输部审批等。

3. 关系国计民生的物流企业的市场准入

对于一些涉及我国经济命脉的特殊物流企业，如铁路运输、航空运输等企业，必须经国务院特许才能设立。此类物流企业由于对国家经济、军事、政治等各个方面都有重大影响，甚至涉及国家领土、领空主权的完整，因此，其市场准入十分严格。

 知识拓展

顺丰航空有限公司

顺丰航空有限公司于2009年2月9日经中国民用航空局批准筹建，注册资金为1亿元人民币，由深圳市泰海投资有限公司和顺丰速运（集团）有限公司共同出资，是以深圳宝安国际机场为运营基地的民营航空货运公司，直接为顺丰速运（集团）有限公司（以下简称顺丰集团）的航空快递运输业务服务。

顺丰集团是一家成立于1993年3月的港资速运企业，主要经营国际、国内快递及报关、报检等业务。长期以来，顺丰集团专注于满足市场需求，不断拓宽服务区域，逐步搭建起立足华南，拱连华东、华北，拓展华中的战略网络格局，为客户提供快速安全的速运服务。2010年7月，顺丰开通拉萨航线，至此，顺丰集团快递服务网络覆盖全国34个省级行政区，是国内业务量最大的民营速运企业。

包机和机腹舱是顺丰集团主要的航空运输手段。顺丰航空自购波音757-200全货机2架、波音737-300全货机3架，另租用东海和扬子江快运共13架全货运飞机和530多个客机航班的机腹舱。2020年7月19日，顺丰航空有限公司机队规模迈入60大关。截至2021年10月，顺丰航空已拥有67架货机。2020年10月，被评为全国交通运输系统抗击新冠肺炎疫情先进集体。

（二）外商投资物流企业的市场准入条件

1. 外商投资的从事国际流通物流、第三方物流业务的物流企业的市场准入

根据商务部发布的《关于开展试点设立外商投资物流企业工作有关问题的通知》的规定，

外商投资物流企业应为境外投资者以中外合资、中外合作的形式设立的,能为用户提供物流多功能一体化服务的外商投资企业。它可以经营国际流通物流、第三方物流业务。设立外商投资物流企业,应向拟设立企业所在地的省、自治区、直辖市、计划单列市对外经济贸易主管部门提出申请,并提交相应的文件,由拟设立企业所在地的省、自治区、直辖市、计划单列市对外经济贸易主管部门提出初审意见,并将初审意见报商务部批准。

2. 外商投资从事国际流通物流、第三方物流业务以外的物流企业的市场准入

对于外商投资从事国际流通物流、第三方物流业务以外的物流企业,如从事道路普通货物运输、利用计算机网络管理与运作物流业务、民用航空业、国际货物运输代理业、仓储配送等,必须符合相应法律法规规定的市场准入条件。外商投资设立这些物流企业时首先必须符合我国《外商投资法》的一些基本规定。对于一些特别的物流行业,如民用航空业、国际货物运输代理业、道路运输业等还必须符合行业内的一些相应规定。对于外商投资,我国没有专门法律法规规定市场准入的物流企业,如批发业等,则只要符合我国《指导外商投资方向规定》中市场准入的范围,并具备我国《外商投资法》的一些基本规定,就可向商务部提出申请,获得批准后到工商登记主管机关进行设立登记就可进入我国物流市场,从事相应的物流经营活动。

三、物流企业的主要经营方式

物流企业的经营方式没有固定的模式,物流企业可以根据自己的实际情况和需要以各种不同的方式开展经营活动。

(一)企业独立经营型

在物流服务中,实施单一物流服务的企业几乎全部是独立经营型企业。而实施综合物流服务的物流企业尽管从总体上讲是独立经营,但内部各环节则相当复杂,尤其在涉及仓储、运输、联运,甚至国际联运的情况时。一般在类似情况下,企业在各服务全程的两端及中间各转接点处均设有自己的子公司或办事处等形式的派出机构或分支机构,作为全权代表处理揽货、交接货、订立运输合同协议,处理有关服务业务等运输和衔接中所需要的一系列事务。一些较有实力的国际物流企业在世界的重要地区、主要城市都设有办事处。服务全程的所有工作(除各区段实际运输外)全部由自己的办事处或分支机构承担并完成。类承运人型的国际物流企业多是这种形式。

(二)企业间联营型

涉及综合的跨地区或跨国的物流服务时,各物流企业往往采用这种形式,即采用企业由位于服务全程两端的地区或国家的两个(或几个)类似的企业联合经营的方式,联营的双方互为合作人,分别在各自的地区或国家内开展业务活动,揽到货物后,按货物的流向及运输区段划分双方应承担的工作。在本地区或本国,自身是起运货物的总服务企业,而对方企业是该项服务业务在该地区或该国的代理,接续完成到交付货物为止的全部工作。企业联合经营的紧密程度通过协议确定,可从互为代理,互付佣金直到各方分享利润,分担亏损等不

同形式。

(三)代理方式

此种方式与第二种类型的适用情况相似,即在服务全程的两端和中间各衔接地点委托外地区或国外同业作为物流服务代理,办理或代理安排全程服务中的分运工作和交接货物,签发或回收联运单证,制作有关单证,处理交换信息,代收、支费用和处理货运事故或纠纷等。这种代理关系可以是相互的,也可以是单方面的。在这种情况下,一般由物流企业向代理人支付代理费用,不存在分利润、分摊亏损的问题。

第二节 物流企业的设立

一、物流企业设立的概念及方式

(一)物流企业设立的概念

物流企业的设立是指物流企业的创立人为使企业具备从事物流活动的能力,取得合法的主体资格,依照法律规定的条件和程序所实施的一系列的行为。

设立物流企业须具备实质要件和形式要件。实质要件是设立物流企业时必须具备的条件,即要有与物流经营活动相应的财产和必要的生产经营条件;有物流企业运营的组织机构;有固定的生产经营场所以及与生产相适应的人员等。实质要件与物流企业的市场准入相关联。形式要件是指创立人在设立物流企业时依照法律规定的程序履行申报、审批和登记手续,依法取得从事物流经营活动主体资格的过程。

(二)物流企业设立的方式

物流企业的设立方式,也称为设立的原则,是指企业根据何种法定原则,通过何种具体途径达到企业设立的目的。一般来说,企业设立的方式主要有以下几种。

(1) 特许设立,即企业必须经过国家的特别许可才能设立的一种方式,它通常适用于特定企业的设立。

(2) 核准设立,又称"许可设立",即设立企业时,除需要具备法律规定的各项设立条件外,还需要主管行政机关审核批准后,才能申请登记注册的一种设立方式。

(3) 准则设立,又称"登记设立",即设立企业不需要经有关主管行政机关批准,只要企业在设立时符合法律规定的有关成立条件,即可到主管机关申请登记,经登记机关审查合格后予以登记注册,企业即告成立的一种设立方式。

(4) 自由设立,即法律对企业的设立不予强制规范,企业的创立人可以自由设立企业的设立方式。

目前,我国物流企业的设立主要是核准设立和准则设立。

二、物流企业的设立登记

物流企业的设立登记是物流企业的创立人提出企业登记的申请,经登记主管机关核准,确认其法律上的主体资格,并颁发有关法律文件的行为。

设立登记是物流企业取得法律上的主体资格的必要程序。物流企业申请企业法人登记,经登记主管机关审核,获准登记并领取《企业法人营业执照》,取得法人资格后,方可从事经营活动,其合法权益才受国家法律保护。未经企业法人登记主管机关核准登记注册的,不得从事物流经营活动。

(一)物流企业设立的登记机关

根据我国的法律规定,我国物流企业的登记主管机关是国家市场监督管理总局和地方各级工商行政管理局。物流企业设立登记的管辖包括级别管辖和地域管辖。其中,级别管辖分为三级,即国家市场监督管理总局,省、自治区、直辖市市场监督管理局和市、县、区市场监督管理局。我国对企业的设立登记管辖实行分级登记管理的原则。

(二)物流企业设立的登记程序

物流企业设立程序即物流企业的设立人向登记主管机关提出登记申请,登记主管机关对申请进行审查、核准以及准予设立登记和发布设立公告等程序。

1. 物流企业设立的发起人

物流企业设立的发起人是指设立物流企业的全体股东或者全体发起人。按照《公司法》的规定,有限责任公司的设立人(股东)应达到法定人数,即应由五十个以下股东出资设立,但国家授权投资的机构或者国家授权的部门可以单独投资设立国有独资的有限责任公司。设立股份有限公司,应当有二人以上二百人以下为发起人,其中须有半数以上的发起人在中国境内有住所。

2. 名称预先核准的申请

设立有限责任公司和股份有限公司应当首先申请名称预先核准。具体规定为:设立有限责任公司,应当由全体股东指定的代表或者共同委托的代理人向公司登记机关申请名称预先核准;设立股份有限公司,应当由全体发起人指定的代表或者共同委托的代理人向公司登记机关申请名称预先核准。

3. 向登记主管机关提出设立登记申请

设立登记的申请由企业的设立人提出。有限责任公司的设立,应由全体股东指定的代表或者共同委托的代理人向公司登记机关提出设立申请;股份有限公司的设立,应由全体发起人指定的代表或者共同委托的代理人向公司登记机关提出设立申请。

4. 登记机关对物流企业提交的申请进行核准、登记

物流企业登记申请人向公司登记机关提交设立登记申请,公司登记机关受理申请,审核该公司登记文件,直至核准申请并核发营业执照或者驳回申请。

案例讨论

王某是一家国有企业的职工,由于其所在的企业效益连年下滑,收入很低,因此想创办一家小型快递企业,利用自己空余的时间经营管理,同时也可以为自己增加收入。经过一系列的市场调查,王某有了自己的创业计划:为企业取名"丰顺快递有限责任公司";听说个人独资企业的注册资本暂定为300元;由于找不到合适的营业场所,暂时租用即将拆迁的临街门面房作为经营场所;雇用了三名员工,聘请一人担任经理来进行日常管理;重大事项由王某自己决定;为了节省成本,不设置账簿,不配备专门的财会人员。一切准备妥当后,王某到工商行政管理部门申请营业执照准备开业。

对此,工商行政管理部门是否会给予登记?上述计划存在哪些法律问题?

三、一般物流企业的设立

依据我国法律,不同性质的物流主体设立的条件不同。作为物流主体的法人和其他组织的设立首先必须具备一般法人、其他组织设立的基本条件。

 法律链接

法人与非法人企业(《民法典》第三章 法人)

法人,是指具有民事权利能力和民事行为能力,依法独立享有民事权利和承担民事义务的组织。我国法人资格的取得,必须具备以下条件:(1)依法成立;(2)有必要的财产或者经费;(3)有必要的名称、组织机构和住所;(4)能够独立承担民事责任。

法人能够独立承担民事责任,这意味着法人能以自己的财产承担自己行为的法律后果,而非以法人成员、法人创始人或其他法人的财产承担。法人的成员对法人的债务只负有限责任,当法人的财产不足以承担法人的债务时,未承担的债务消灭,法人成员不再以个人财产清偿。公司是典型的法人企业。

非法人企业是指不具有法人主体地位,非法人企业的成员或部分成员对企业的债务要承担无限责任,即当企业的财产不足以承担企业的债务时,不足的部分以企业成员或部分成员的个人财产承担。个人独资企业和合伙企业是典型的非法人企业。

(一)有限责任公司

有限责任公司,简称有限公司,中国的有限责任公司是指根据《公司法》规定登记注册,由五十个以下的股东出资设立,每个股东以其所认缴的出资额为限对公司承担有限责任,公司以其全部资产对公司债务承担全部责任的经济组织。有限责任公司包括国有独资公司以及其他有限责任公司。

1. 有限责任公司类型的物流企业的设立条件

（1）股东符合法定人数，要求股东人数在五十人以下；

（2）有符合公司章程规定的全体股东认缴的出资额；

（3）股东共同制定公司章程；

（4）有公司名称，建立符合有限责任公司要求的组织机构；

（5）有公司住所。

2. 有限责任公司类型的物流企业的设立程序

物流有限责任公司的设立程序应符合公司法规定。按照《公司法》规定，有限责任公司的设立主要有以下几个步骤。

（1）制定公司章程。有限责任公司的设立，首先由股东共同制定公司章程，以确定公司类型、目的、出资、组织机构等重大问题，为公司的设立和经营提供基本的行为准则。

（2）必要的行政审批。设立特殊物流有限责任公司要经相应主管机关审批后，才能到工商登记管理机关申请登记。

（3）申请名称预先核准。设立有限责任公司和股份有限公司应当首先向登记机关申请名称预先核准。设立非法人物流公司无需申请名称预先核准。

（4）出资。有限责任公司没有最低注册资本的强制性规定，只要有符合公司章程规定的全体股东认缴的出资额即可。法律、行政法规对有限责任公司注册资本的最低限额有较高规定的，从其规定。股东可以用货币出资，也可以用评估作价的非货币财产出资，但法律、行政法规规定不得作为出资的财产除外。股东足额缴纳出资后，必须经依法设立的验资机构验资并出具证明。

（5）登记。股东的首次出资经依法设立的验资机构验资后，由全体股东指定的代表或者共同委托的代理人向公司登记机关报送公司登记申请书、公司章程、验资证明等文件，申请设立登记。符合公司法规定的设立条件的，由公司登记机关发给营业执照，公司营业执照签发日期为公司成立日期。有限责任公司成立后，应当向股东签发出资证明书。

3. 一人有限责任公司

一人有限责任公司是指只有一位自然人股东或者一个法人股东的有限责任公司，其注册资本最低限额为人民币10万元，股东应当一次足额缴纳公司章程规定的出资额。一位自然人只能投资设立一个一人有限责任公司，一人有限责任公司应当在公司登记中注明自然人独资或者法人独资，一人有限责任公司的股东不能证明公司财产独立于股东自己的财产的，应当对公司债务承担连带责任。

（二）股份有限责任公司

股份有限责任公司，简称股份公司，是指公司资本为股份所组成的公司，股东以其认购的股份为限对公司承担责任的企业法人。

1. 股份有限责任公司类型的物流企业的设立条件

（1）发起人符合法定人数，应当有二人以上二百人以下为发起人，其中须有半数以上的

发起人在中国境内有住所;

(2) 有符合公司章程规定的全体发起人认购的股本总额或者募集的实收股本总额;

(3) 股份发行、筹办事项符合法律规定;

(4) 发起人制订公司章程,采用募集方式设立的经创立大会通过;

(5) 有公司名称,建立符合股份有限公司要求的组织机构;

(6) 有公司住所。

2. 股份有限责任公司类型的物流企业的设立程序

(1) 要有符合法律规定的物流企业的发起人。股份有限责任公司物流企业的发起人是指设立企业的全体股东,如依照《公司法》规定,设立股份有限公司应当有 2 人以上 200 人以下为发起人,其中须有半数以上的发起人在中国境内有住所。

(2) 申请名称预先核准。设立有限责任公司和股份有限公司应当首先向登记机关申请名称预先核准。设立非法人物流公司无需申请名称预先核准。

(3) 向登记主管机关提出设立登记申请。由企业的设立人自己或委托代表、代理人向工商行政管理部门提出申请,提交企业设立登记申请书和其他文件。

(4) 登记主管机关对企业提交的申请进行核准、登记。公司登记机关在受理申请后,审核该公司文件,核准申请并发给营业执照,对不符合法定条件的驳回申请。

案例链接

迅达物流有限公司的控股股东谢某因公司经营困难,向公司其他股东提出转让股份。30 日内没有股东答复,后经朋友介绍与曾做过某物流企业经理的周某认识,周某正有意经营物流公司,从而达成股份转让协议。双方办理了交接手续,周某向谢某支付了价款,公司向周某发放出资证明书。周某从此开始公司的经营管理,年底即实现盈利,依法进行了分红。但由于周某忙于公司的业务,一直未到工商管理部门进行股东变更登记。一年后,谢某见公司经营情况好转,与其他几位股东合谋夺回经营权,称谢某与周某的股权转让协议未经工商局登记,应认定为无效,将周某的经营权剥夺。周某不服起诉至法院,请求法院判令迅达物流有限公司办理股权变更手续。被告迅达物流有限公司辩称,原告周某与股东谢某之间的股份转让协议未经工商管理部门登记,应认定为无效,因此周某不是公司的股东,应驳回其诉讼请求。

法院审理后认为,原告周某与股东谢某之间的股份转让协议虽未经工商管理部门登记,但股份转让协议是有效的,周某已参与公司经营管理并分红,其取得股东的身份符合法律规定,有权向公司主张股东权利。最后,法院判决被告在判决生效 10 日内为原告办理股权变更手续。

从上述案例可看出,在公司存续期间,可通过股份转让成为有限责任公司的股东。公司法还规定了其他两种情形:公司设立时出资成为股东,公司增资时成为股东。

提示: 无论通过哪种方式成为股东,都应该遵守法律的规定和程序。

（三）普通合伙企业

合伙企业是指由各合伙人订立合伙协议，共同出资，共同经营，共享收益，共担风险，并对企业债务承担无限连带责任的营利性组织。

1. 普通合伙类型的物流企业的设立条件

（1）有两个以上合伙人，并且都是依法承担无限责任者，合伙人为自然人的，应当具有完全民事行为能力；

（2）有书面合伙协议；

（3）有各合伙人实际缴付的出资；

（4）有合伙企业的名称；

（5）有经营场所和从事合伙经营的必要条件。

2. 普通合伙类型的物流企业的设立程序

申请设立合伙物流企业，应由全体合伙人指定的代表或共同委托的代理人向企业登记机关申请设立登记，合伙企业名称中应当标明"普通合伙"字样。

申请设立合伙企业，应当向企业登记机关提交登记申请书、合伙协议书、合伙人身份证明等文件。合伙企业的经营范围中有属于法律、行政法规规定在登记前须经批准的项目的，该项经营业务应当依法经过批准，并在登记时提交批准文件。

（四）个人独资企业

独资企业是指个人出资经营、归个人所有和控制、由个人承担经营风险和享有全部经营收益的企业。

1. 个人独资类型的物流企业的设立条件

（1）投资人为一个自然人；

（2）有合法的企业名称；

（3）有投资人申报的出资；

（4）有固定的生产经营场所和必要的生产经营条件；

（5）有必要的从业人员。

2. 个人独资类型的物流企业的设立程序

申请设立个人独资物流企业，应当由投资人或者其委托的代理人向个人独资企业所在地的登记机关提交设立申请书、投资人身份证明、生产经营场所使用证明等文件。委托代理人申请设立登记时，应当出具投资人的委托书和代理人的合法证明。个人独资企业不得从事法律、行政法规禁止经营的业务；从事法律、行政法规规定须报经有关部门审批的业务，应当在申请设立登记时提交有关部门的批准文件。

 案例讨论

某大型超市家电经营部与某家电配送企业之间签订了一份销售配送合同。合同约定,家电配送企业向超市配送蓝天微波炉和洗衣机等,每月20日结清货款。由于货款金额较大,为了保证货款的安全,经家电配送企业的要求,某贸易公司的分公司愿意替家电经营部向配送企业提供担保,双方并约定了保证合同,即当家电经营部无力偿还货款时,该分公司保证履行其债务。

问:1. 某贸易公司的分公司签订的这份保证合同有效吗?为什么?
  2. 根据我国《民法典》的规定,关于保证合同的主体资格都有哪些要求?

四、特殊物流企业的设立

特殊物流主体是指在一些特殊行业,设立物流主体不仅需要具备一般物流主体的设立条件,还需要经过相应的行业主管部门批准,甚至是国务院批准。

(一)道路运输服务企业

1. 含义

道路运输是指在公共道路(包括城市、城间、城乡间、乡间能行驶汽车的所有道路)上使用汽车或其他运输工具,从事旅客或货物运输及其相关业务活动的总称。道路运输服务企业是指专门从事道路运输服务的企业。

道路运输分为直达运输、干线运输和短距离集散运输三种形式。因此,道路运输有"通过"运输和"送达"或"集散"的功能,尤其是"送达"或"集散"功能作为其他几种运输方式(管道除外)的终端运输方式是交通运输中不可缺少的组成部分,在综合交通运输体系中发挥着非常重要的作用。

随着高速公路向网络规模的发展,利用高速公路的干线运输功能,道路运输作为一种功能齐全("通过"和"送达"或"集散"齐备)的运输体系发挥着越来越重要的作用。

与其他运输方式比较,道路运输的特点是其灵活性,尤其是高速公路建设,信息网络、通信技术以及计算机技术等的发展,又实现着快速性"门—门"运输和被称为零库存的运输特点,促使着道路运输的快速发展。

道路运输的灵活性和快速性主要表现在批量、运输条件、时间和服务上的灵活性以及时间上的快速性。由于道路运输的批量小以及要求的运输条件相对宽松,所以在运输时间和服务水平上容易得到保障。也正因为如此,道路运输具有生产点多面广的特点。

2. 道路运输经营许可证

道路运输经营许可证,是单位、团体和个人有权利从事道路运输经营活动的证明,既从事物流和货运站场企业经营时必须取得的前置许可,物流公司根据经营范围的不同视当地政策情况办理道路运输经营许可证,有此证的公司方可有营运的车辆,是车辆上营运证的必要条件。道路运输经营许可证是地方道路运输管理局颁发的证件,有效期为4年,到期需换证。

审批办法如下。

第1步:申请

申请人向县级政务服务中心交通局窗口提出申请,提交申请条件规定的相关材料并填写申请表。

第2步:受理

县级政务服务中心交通局窗口收到申请后,应当自受理申请之日起20日内审查完毕,做出许可或者不予许可的决定。予以许可的,向申请人颁发道路运输经营许可证,并向申请人投入运输的车辆配发车辆营运证;不予许可的,应当书面通知申请人并说明理由。依法应当报送上级机关的,应向申请人作出说明。

(二)水路运输服务企业

1. 含义

水路运输企业是指从事水路营业性运输,具有法人资格的专业水运企业,即从事代办运输手续,代办旅客、货物中转,代办组织货源,具有法人资格的企业,但为多种运输方式服务的联运服务企业除外。下面两种企业也视同水路运输服务企业:各水路运输企业的各种营业机构,除为本企业服务外,兼为其他水运业服务;水路运输企业以外的其他企业和单位兼营代办运输手续,代办旅客、货物中转,代办组织货源的。

2. 审批

(1)要求设立水路运输企业或以运输船舶经营沿海、内河省(自治区、直辖市,下同)际运输的应申报交通运输部批准。其中经营长江、珠江、黑龙江水系干线运输的(专营国际旅客旅游运输的除外),申报交通运输部派驻水系的航务(运)管理局批准。

(2)要求设立水路运输企业或以运输船舶经营省内地(市)间运输的,应申报省交通厅(局)或其授权的航运管理部门批准;经营地(市)内运输的,应申报所在地的地(市)交通局或其授权的航运管理部门批准。

(3)个体(联户)船舶经营省际、省内地(市)间运输的,应申报所在地的省交通厅(局)或其授权的航运管理部门批准;经营地(市)内运输的,应申报所在地的地(市)交通局或其授权的航运管理部门批准。

(4)"三资企业"要求经营我国沿海、江河、湖泊及其他通航水域内的旅客和货物运输的,应申报交通运输部批准。

(5)各部门、各单位要求设立水路运输服务企业,应申报当地县以上交通主管部门或其授权的航运管理部门批准。

3. 设立条件

设立水路运输企业,必须具备下列条件。

(1)具有与经营范围相适应的运输船舶,并持有船检部门签发的有效船舶证书,其驾驶、轮机人员应持有航政部门签发的有效职务证书;

(2)在要求经营范围内有较稳定的客源和货源;

(3)经营客运航线的,应申报沿线停靠港(站、点),安排落实船舶靠泊、旅客上下所必需的安全服务设施,并取得县以上航运管理部门的书面证明;

(4)有经营管理的组织机构、场所和负责人,并订有业务章程;

(5)拥有与运输业务相适应的自有流动资金。

水路运输企业以外的单位和个人从事营业性运输,必须具备上述5项条件,并有确定负责人。个体(联户)船舶还必须具备船舶保险证明。

(三) 航空快递服务企业

中国民用航空局(以下简称民航局)对航空快递业务实施行业管理,核发经营许可证。中国民用航空地区管理局(以下简称民航地区管理局)根据民航局的授权,对所辖地区的航空快递业务实施管理和监督。所谓"航空快递"业务,是指航空快递企业利用航空运输,收取发件人托运的快件并按照向发件人承诺的时间将其送交指定地点或者收件人,掌握运送过程的全部情况并能将即时信息提供给有关人员查询的门到门速递服务。

经营航空快递业务,应当向民航局申请领取航空快递经营许可证,并依法办理工商登记。未取得有效的航空快递经营许可证的,不得从事航空快递业务。航空快递企业设立分支机构,也必须经民航局批准。

经营航空快递业务的企业,应当具备的设立条件包括:符合民航局制定的航空快递发展规划、有关规定和市场需要;具备企业法人资格;企业注册资本不少于2 500万元;具有固定的独立营业场所;具有必备的地面交通运输设备、通信工具和其他业务设施;具有较健全的航空快递网络和电脑查询系统;具有与其所经营的航空快递业务相适应的专业人员;民航局认为必要的其他条件。

申请航空快递经营许可证,申请人应当向民航局提交下列文件:申请书;可行性研究报告;注册资本的资金来源证明、法定的资信证明文件;营业场所证明;地面交通运输设备、通信工具和其他业务设施证明;航空快递网络和电脑查询系统证明;业务人员的身份证明和从事航空快递业务人员的资历证明或者业务培训证明;民航局认为必要的其他证明文件。

民航局在收到上述申请文件后,依照设立条件进行审查。自收到申请之日起九十天内,对符合条件的,颁发航空快递经营许可证;对不符合条件的,书面通知申请人。

(四) 海运物流企业

在中国境内设立企业经营国际船舶运输业务,代理、管理业务或者中国企业法人申请经营国际船舶运输、代理、管理业务,申请人应当向交通运输部提出申请,报送相关材料,并应同时将申请材料抄报企业所在地的省、自治区、直辖市人民政府交通主管部门。

经营国际海运货物仓储业务,应当具备下列条件:有固定的营业场所;有与经营范围相适应的车辆、装卸机械、堆场、集装箱检查设备、设施;高级业务管理人员中至少2人具有3年以上从事相关业务的经历;法律、法规规定的其他条件。

 知识拓展

中国著名海运公司

1. 中国远洋海运集团总公司

在二十世纪50年代中期,毛主席提出了组建和发展中国远洋运输船队的设想。

1961年4月27日,中华人民共和国第一家国际海运企业——中国远洋运输公司宣告成立。经过数十年的不断发展壮大,中国远洋海运集团经营船队综合运力10 536万载重吨/1 317艘,排名世界第一。其中,集装箱船队规模307万载重吨/507艘,居世界第三;干散货船队运力4 022万载重吨/410艘,油轮船队运力2 583万载重吨/204艘,杂货特种船队459万载重吨/162艘,均居世界第一。

2. 中远海运集装箱运输有限公司

原中远集团旗下"中远集运"整合原中海集团旗下"中海集运"的集装箱业务及其服务网络组建而成。并于2016年3月1日正式运营。现其自营船队包括376艘集装箱船舶,运力达2 057 350标准箱,集装箱船队规模世界排名第四、亚洲第一。中远集运共经营362条航线,其中:228条国际航线(含国际支线)、47条中国沿海航线及87条珠江三角洲和长江支线。其所经营的船舶,在全球约100个国家和地区的329个港口挂靠。

3. 中国长荣海运

中国长荣海运是一家集装箱运输公司,总部设于中国台湾桃园市,其主要线路为远东至北美洲、中美洲以及加勒比地区。该公司在全球80个国家拥有240个港口,共经营约150艘全货柜轮。经营着世界第四大集装箱船队,拥有190多艘船舶,总容量约85万标准箱。

4. 招商局能源运输股份有限公司

招商轮船成立于2004年,形成了"油、散、气、特"业务格局。招商轮船运营管理船队215艘(含订单),3 741万载重吨,跻身规模世界领先航运企业之列。其中,VLCC和VLOC船队规模位居全球第一,滚装船队规模位居国内第一,LNG业务包括常规LNG船和与亚马尔项目11艘冰级LNG船。

5. 东方海外货柜航运(中国)有限公司

1947年,董浩云(董兆荣)建立了东方海外航运公司,后改名为东方海外货柜航运公司。现拥有一支超过150艘货轮、运载能力超过1 000万吨的船队,它是世界七大轮船航运公司之一,还曾拥有世界造船史上最大的轮船——海上巨人号。

6. 中海集运

前身为中海集装箱运输有限公司,于1997年8月28日由中国海运(集团)总公司、中海发展股份有限公司、广州海运(集团)有限公司共同投资组建成立的有限责任公司。中海集运拥有150多艘船舶,整体运载能力超过56万标箱,位居世界前10大班轮公司之列。80余条国际、国内集装箱航线遍布全球100多个国家。现已拥有300多个全球代理网点。

7. 宁波海运

成立于1997年4月18日,公司总资产达65亿元人民币,净资产20亿元人民币。拥有一支从20 000吨级至75 000吨级国内沿海和远洋散货船为主体、总运力157.58万载重吨的海运船队。近年来公司年货运量超过2 500万吨。

第二章 物流企业法律制度

8. 海丰国际控股有限公司

1991年成立,公司共运营82艘集装箱船舶,6艘散货船。其中自有集装箱船舶57艘;经营68条航线。

五、外商投资物流企业的设立

我国法律对外资进入物流相关行业大都有一些限制性规定,在外资进入铁路业方面,合资建设项目实行建设项目法人责任制。合资公司作为项目法人,对项目的策划、资金筹措、建设实施、生产经营、债务偿还和资产保值增值全过程负责。允许外商采用中外合资开工投资经营道路旅客运输,采用中外合资、中外合作开工投资经营道路货物运输、道路货物搬运装卸、道路货物仓储和其他与道路运输相关的辅助性服务及车辆维修;采用独资形式投资经营道路货物运输、道路货物搬运装卸、道路货物仓储和其他与道路运输相关的辅助性服务及车辆维修。经国务院交通主管部门批准,外商可以投资设立中外合资经营企业或者中外合作经营企业,经营国际船舶运输、国际船舶代理、国际船舶管理、国际海运货物装卸、国际海运货物仓储、国际海运集装箱站和堆场业务;并可以投资设立外资企业经营国际海运货物仓储业务。

六、加入 WTO 后我国政府在物流领域所作的承诺

2001年12月11日,中国正式加入WTO,成为第143个成员国。我国在入世谈判时与有关成员和WTO达成协议,逐步放开经济领域,并作出了相关承诺。

根据《中华人民共和国加入世界贸易组织议定书》,我国政府承诺2005年年底将允许外商设立独资速递、仓储、公路货运和货代企业,2006年年底将允许设立独资铁路货运企业。

(1) 国际运输(货运和客运,不包括沿海和内水运输):加入时允许设立注册公司,经营悬挂中国国旗的船队,允许外国服务提供者在华设立合资船运公司。外资比例不超过49%。海运理货服务、海运报关服务、集装箱堆场服务在加入时只允许设立合资企业,允许外资控股。

(2) 船务代理服务:加入时只允许设立合资企业,外资比例不超过49%。

(3) 内水货运服务:加入时只允许在对外轮开放的港口从事国际运输,不允许外商在中国境内设立企业从事内水货运。

(4) 货物运输代理服务(不包括货检服务):加入后4年内允许设立独资公司。合资企业的经营期限不得超过20年。

(5) 邮递服务:加入后4年内,允许设立独资公司。但邮政部门专营的服务除外。

(6) 货物装运前检验:中国商贸检验机构遵守WTO《装运前检验协议》,允许符合资格的机构按照政府指定或商业合同的约定从事装运前检验。中国承诺自加入WTO起,

包括私营实体在内的装运前检验实体进行装运前检验有关的任何法律法规与 WTO 规则一致,特别是与《装运前检验协议》和《海关估价协议》一致,任何收费与所提供的服务相当。

第三节　物流企业法律责任

一、物流企业法律责任的概念

物流企业法律责任是指由物流法规定的,当物流主体违反义务时必须承担的法律后果。它是国家用以保护物流法律关系的重要措施,是国家对物流活动中违法行为实行法律制裁的根据,也是物流法得以遵守和执行的重要保障。

由于物流法调整对象的特殊性,物流法律责任也表现出自身的特殊性。物流法所调整的物流关系由平等主体之间的物流交易关系和非平等主体之间的物流管理关系两部分组成,所以物流法律责任也由两类法律责任所组成。换言之,平等主体之间的物流交易关系由民法所调整,由此产生的法律责任属于民事责任;非平等主体之间的物流管理关系由经济法所调整,由此产生的法律责任属于经济法律责任。

案例讨论

"托运王国"失踪案

某年,北京某运输公司注册成立,注册资本 200 万元。企业运作良好,在 30 几个城市设立分支机构,成为国内的"托运王国"。两年后,令大家意想不到的是,这个曾经以信誉为担保的公司竟然一夜之间人去楼空,其所有的门店都关门了,公司客户近 3 000 万元货款下落不明。消息传出,运输市场信用遭受严重伤害,业务明显下滑。为了追究该公司及其相关人员的违法犯罪责任,维护客户的合法权益和净化物流市场,北京市政府责令执法机关迅速破案,同时要求物流管理部门对物流业进行整顿和规范。

思考题:在习近平法治思想的指导下,分析本案中物流企业存在哪些问题?产生哪些后果?承担什么责任?如何预防此类事件的发生?

二、法律责任的归责原则

归责原则是确定法律关系主体在违反法律义务或者合同义务时所应承担责任的一般准则。它直接关系到当事人应不应该承担法律责任以及决定责任的构成和赔偿的范围,因而,它是民事责任的核心。在中国,法律责任的归责原则在理论上可以分为过错责任原则、无过错责任原则和公平责任原则三种。前者为一般归责原则,后两者是特殊归责原则,是对前者的补充和修正,在司法实践中,追究物流法律责任涉及两个重要的归责原则,即过错责任原则和严格责任原则。归责原则不同,追究违法主体法律责任构成条件也就不同。

(一)过错责任原则

过错责任原则,是指追究主体的违法责任须以当事人在主观上存在过错为前提条件和确定其责任的要件、责任范围的依据,即当事人主观上有过错则承担法律责任,主观上没有过错则不承担法律责任的原则。在过错责任原则上追究当事人的法律责任,不但要求违法主体存在违法行为、有损害或者危害事实,违法行为与损害或者危害事实之间有因果关系,而且还要求违法主体在实施违法行为时主观上存在过错。主观上的过错,是指在实施违法行为或者违反义务时,主观上所持的故意或者过失。其中,故意表明行为人能够预见到自己的行为会产生一定的危害社会的后果,但仍实施该行为并希望或者放任危害结果的发生;过失表明行为人应当预见自己的行为会发生危害结果,但由于疏忽大意而没有预见或者虽然预见却轻信可以避免而致使危害结果发生。过错责任原则是民法普遍适用的原则,《民法典》第一千一百六十五条规定:"行为人因过错侵害他人民事权益造成损害的,应当承担侵权责任。"

(二)严格责任原则

严格责任原则,又称无过错责任原则,是指依据法律规定,无论在主观上有无过错,违法主体都要对其行为所导致的损失或者危害承担法律责任的原则。它是在社会生产发展、科技进步和高度危险行业增多的情况下逐步确立起来的一项新的归责原则。严格责任原则能积极保护受害人的合法权益,增强义务人的法律责任意识,所以它不但被民法所采用,而且更多地为经济法所采用。例如,《中华人民共和国环境保护法》《中华人民共和国产品质量法》等都规定了严格责任原则。它可以使因实行过错责任原则下得不到补偿的受害人获得补偿,从而使法律责任的承担更加公平、合理。一般认为,严格责任原则是承担法律责任的一项特殊原则,即只有在法律明确规定的情况才予以适用,但现行《民法典》就属于例外。《民法典》第五百七十七条规定:"当事人一方不履行合同义务或者履行合同义务不符合约定的,应当承担继续履行、采取补救措施或者赔偿损失等违约责任。"这表明《民法典》在追究当事人的违约责任时,将无过错责任原则列为基本原则,而过错责任原则列为特殊原则。

 案例链接

严格责任归责原则的起源

1963年,美国加利福尼亚法院在审理"格林曼诉尤巴电器公司"一案中第一次应用严格责任原则。其基本案情是:原告的妻子格林曼夫人购买了尤巴电器公司生产的一种多用途削木机床作为送给丈夫格林曼的圣诞礼物。格林曼在按照说明书使用机床时，一块木头从机器中飞出，撞击到其头部并造成重伤。受害人提起了违反担保之诉，但无法证明被告在主观上有过错。加州最高法院审理查明，该机床属于有缺陷的产品，并与事故有直接关系。虽然原告无法证明被告在工具制造上有过错，被告也无违反担保责任，但法院认为，原告无须证明明示担保的存在，因为制造者将其产品投入市场时就明知使用者对产品不经检查就会使用。只要能证明该产品的缺陷对人造成伤害，生产者即应当承担赔偿责任。这一判例确立了"格林曼规则"，即严格责任原则。

提示：在中国，严格责任原则是一种特殊的法律责任归责原则，只有法律法规明文规定的情况下才能适用。

三、物流企业法律责任的形式

法律责任是由特定事实所引起的、对损害予以赔偿、补偿或接受惩罚的特殊义务。这里所说的特定事实指的是违法行为、违约行为或者法律直接规定的应当承担责任的行为。

当主体违反平等主体之间的物流交易法律关系时，应适用民事法律制度追究其民事责任；当主体违反非平等主体之间的物流管理法律关系时，应依据行政法律制度追究其行政责任；当主体触犯刑法规则，则应承担刑事责任。因此，物流企业法律责任的形式包括民事责任、行政责任和刑事责任。

（一）民事责任

民事责任是指民事主体因违反法律规定或者合同约定的民事义务，侵犯他人合法的民事权益所应承担的法律后果。物流主体违反平等物流交易法律关系时会产生相关的民事责任。物流企业在实践当中承担的责任类型主要是民事责任，物流企业的民事责任是指物流企业违反法定义务和合同义务所应承担的法律责任。

根据《民法典》的规定，民事责任主要有违反合同的违约责任和侵权的民事责任。

1. 违反合同的民事责任——违约责任

违约责任是指当事人不履行合同义务或者履行合同义务不符合约定条件而应当承担的民事责任，承担责任的依据是合同。物流业中存在大量的物流服务合同，因此违反合同的民事责任成为物流业中最常见的法律责任。违反合同的民事责任主要形式有继续履行、支付违约金、赔偿损失、解除合同等。

物流企业在其所从事的物流服务中，一般是通过签订物流服务合同进行的。因而，其承担的民事责任主要是违约责任。

（1）《民法典》之合同编中物流环节有关违约责任归责原则的规定。

①《民法典》之合同编的一般规定。《民法典》关于违约责任归责原则的一般规定是各类合同应当遵循和适用的。《民法典》第五百七十七条规定："当事人一方不履行合同义务或者履行合同义务不符合约定的，应当承担继续履行、采取补救措施或者赔偿损失等违约责任。"这表明我国合同法以严格责任原则为基本的归责原则。即在法律没有特殊规定下，只

要合同一方不履行合同义务给对方造成损害，就应当承担违约责任。

②《民法典》之合同编的特殊规定。《民法典》之合同编对一些具体合同作了特殊规定。(a) 委托合同中的归责原则。《民法典》第九百二十九条规定："有偿的委托合同，因受托人的过错造成委托人损失的，委托人可以请求赔偿损失。无偿的委托合同，因受托人的故意或者重大过失造成委托人损失的，委托人可以请求赔偿损失。"这一规定表明，委托合同中的违约责任，采用了有别于我国合同法律制度中的基本归责原则（严格责任原则）的过错责任原则，强调只有因为受托人的过错造成委托人损害时，受托人才向委托人承担赔偿责任。(b) 保管合同与仓储合同。《民法典》第八百九十七条规定："保管期内，因保管人保管不善造成保管物毁损、灭失的，保管人应当承担赔偿责任。但是，无偿保管人证明自己没有故意或者重大过失的，不承担赔偿责任。"第九百一十七条规定："储存期内，因保管不善造成仓储物毁损、灭失的，保管人应当承担赔偿责任。因仓储物本身的自然性质、包装不符合约定或者超过有效储存期造成仓储物变质、损坏的，保管人不承担赔偿责任。"由此可见，保管合同和仓储合同中采取的也是过错责任原则。

 案例链接

李某为甲物流公司的员工。某年中秋节前，客户王某委托甲物流公司快递一盒月饼给朋友，李某上门收件，约定中秋节前送到同城朋友处。因李某业务不熟，将一盒月饼错发他处，中秋节后才送到王某朋友处。王某认为中秋节后送月饼已失去问候朋友的意义，也给自己的声誉造成恶劣影响，遂追究甲物流公司的赔偿责任。

问题：本案中，甲物流公司是否应承担法律责任？哪种类型的法律责任？承担责任的形式？为什么？

分析要点：物流公司应该承担赔偿损失的违约民事责任。李某为甲物流公司职工，因李某的过错构成违约，造成的损失应由甲物流公司赔偿。甲物流公司赔偿王某损失后，可依公司内部规定对李某予以处罚。

本案启示：快递企业（物流企业的一种）及其工作人员在从事物流活动时应该遵守职业守则、规范和道德的要求，提供优质的服务，维护企业商业信誉，如果因工作失误造成客户的损失，应该依据相关法律制度先由物流企业承担法律责任，物流企业再依据企业内部规定继续追究过错员工的相应责任。

 法律链接

《中华人民共和国邮政行业标准》（节选）——快递服务

2.1.1 快速收寄、运输、投递单独封装的、有名址的快件或其他不需储存的物品，按承诺时限递送到收件人或指定地点、并获得签收的寄递服务。

3.1 时效性：快件投递时间不应超出快递服务组织承诺的服务时限。

3.2 准确性：快递服务组织应将快件投递到约定的收件地址和收件人。

3.3 安全性：快递服务的安全性主要包括：(a) 快件不应对国家、组织、公民的安全构成危害；(b) 快递服务组织应通过各种安全措施保护快件和服务人员的安全，同时在向顾客提供服务时不应给对方造成危害；(c) 除依法配合国家安全、公安等机关需要外，快递服务组织不应泄漏和挪用寄件人、收件人和快件的相关信息。

3.4 方便性：快递服务组织在设置服务场所、安排营业时间、提供上门服务等方面应便于为顾客服务。

(2) 物流企业违约责任的确定。

① 物流企业与需求者签订物流服务合同。此时，物流企业与需求者处于物流服务合同双方当事人的法律地位，按照物流服务合同的约定享有权利和履行义务，违反合同的即应承担违约责任。由于物流服务合同不属于《民法典》之合同编规定的有名合同，对违约责任的认定应适用第一分编"通则"的一般规定。即应当根据严格责任原则来认定物流企业的违约责任。在物流业务实践中，目前大多数物流服务合同实行的是"严格责任制"，即物流企业从货物接收到货物交付给最终客户时为止，整个过程无论何时、何地，也无论是否处于其实际控制之下，无论是其自身过错还是分包方的过错，只要发生货物灭失或损坏，均先由物流企业依据物流服务合同对物流服务需求者承担责任。

② 物流企业将物流服务合同再行分包的。通常，物流企业通过与专业公司签订合同的方式将物流服务合同进行分包。常见的是物流企业与运输业、仓储业或者装卸业、加工业等签订运输合同、仓储合同、装卸作业合同和加工合同，此时物流企业分别处于不同的合同关系中，应根据《民法典》之合同编以及其他法律对上述合同的特殊规定来具体确定物流企业的责任。

物流企业将合同分包后，具有双重的法律地位。一方面，面对物流需求方，物流企业需承担所有的义务和全部的责任，而不论损害是否由其造成；另一方面，面对实际履行某环节的专业公司，则根据具体的分包合同承担相应义务和责任。由于物流企业所处的上述两类合同关系的责任归责原则并不完全相同，赔偿范围也有所差异，因而，物流企业向物流需求者承担了严格责任后，再向实际履行的分包方追偿，这无疑加重了他们的经营风险。对此，物流企业应采取一定的措施，如通过保险的方式，减少和避免风险。

 知识拓展

有名合同和无名合同

有名合同是指法律上或者经济生活习惯上按其类型已确定了一定名称的合同，又称典型合同。《民法典》之合同编的第二分编"典型合同"中的合同均是有名合同；无名合同又称非典型合同，是相对于有名合同或称典型合同的一个概念，即在法律、行政法规中未明文规定合同名称和调整范围的合同。《民法典》中没有规定的合同类型属于无名合同。对于有名合同应当直接适用《民法典》之合同编的第二分编"典型合同"中的规定。对于无名合同,则首先应当考虑适用《民法典》之合同编第一分编"通则"中的一般规则。无名合同的内容可能涉及有名合同的某些规则,因此,也可以比照类似的有名合同的规则,参照合同的经济目的及当事人的意思等对无名合同进行处理。《中华人民共和国民法典》第四百六十七条规定:本法或者其他法律没有明文规定的合同,适用本编通则的规定,并可以参照适用本编或者其他法律最相类似合同的规定。

2. 侵权的民事责任

这是指民事主体侵犯国家、集体或者他人的合法民事权益而应承担的法律后果。具体是指在物流活动中,物流企业侵犯物流需求方的财产,造成财产损害所应承担的责任,承担责任的依据是法律的规定。侵权的民事责任又分为一般侵权的民事责任和特殊侵权的民事责任。具体适用的法律规则主要是《民法典》之侵权责任编。

法律链接

《民法典》之特殊侵权的民事责任——机动车交通事故责任

第一千二百零八条 机动车发生交通事故造成损害的,依照道路交通安全法律和本法的有关规定承担赔偿责任。

第一千二百零九条 因租赁、借用等情形机动车所有人、管理人与使用人不是同一人时,发生交通事故造成损害,属于该机动车一方责任的,由机动车使用人承担赔偿责任;机动车所有人、管理人对损害的发生有过错的,承担相应的赔偿责任。

第一千二百一十条 当事人之间已经以买卖或者其他方式转让并交付机动车但是未办理登记,发生交通事故造成损害,属于该机动车一方责任的,由受让人承担赔偿责任。

第一千二百一十一条 以挂靠形式从事道路运输经营活动的机动车,发生交通事故造成损害,属于该机动车一方责任的,由挂靠人和被挂靠人承担连带责任。

第一千二百一十二条 未经允许驾驶他人机动车,发生交通事故造成损害,属于该机动车一方责任的,由机动车使用人承担赔偿责任;机动车所有人、管理人对损害的发生有过错的,承担相应的赔偿责任,但是本章另有规定的除外。

第一千二百一十三条 机动车发生交通事故造成损害,属于该机动车一方责任的,先由承保机动车强制保险的保险人在强制保险责任限额范围内予以赔偿;不足部分,由承保机动车商业保险的保险人按照保险合同的约定予以赔偿;仍然不足或者没有投保机动车商业保险的,由侵权人赔偿。

第一千二百一十四条 以买卖或者其他方式转让拼装或者已经达到报废标准的机动车,发生交通事故造成损害的,由转让人和受让人承担连带责任。

第一千二百一十五条 盗窃、抢劫或者抢夺的机动车发生交通事故造成损害的,由盗窃人、抢劫人或者抢夺人承担赔偿责任。盗窃人、抢劫人或者抢夺人与机动车使用人不是同一人,发生交通事故造成损害,属于该机动车一方责任的,由盗窃人、抢劫人或者抢夺人与机动车使用人承担连带责任。

保险人在机动车强制保险责任限额范围内垫付抢救费用的,有权向交通事故责任人追偿。

第一千二百一十六条　机动车驾驶人发生交通事故后逃逸,该机动车参加强制保险的,由保险人在机动车强制保险责任限额范围内予以赔偿;机动车不明、该机动车未参加强制保险或者抢救费用超过机动车强制保险责任限额,需要支付被侵权人人身伤亡的抢救、丧葬等费用的,由道路交通事故社会救助基金垫付。道路交通事故社会救助基金垫付后,其管理机构有权向交通事故责任人追偿。

第一千二百一十七条　非营运机动车发生交通事故造成无偿搭乘人损害,属于该机动车一方责任的,应当减轻其赔偿责任,但是机动车使用人有故意或者重大过失的除外。

承担民事责任的主要形式有停止侵害、排除妨碍、消除危险、返还财产、恢复原状、修理、重作、更换、继续履行、赔偿损失、支付违约金、消除影响、恢复名誉、赔礼道歉等。

在物流服务中,物流企业民事责任的确定需要遵循我国法律的一般规定,但在具体确定民事责任时,尚需根据具体的法律关系加以判断。物流服务的广泛性,决定了物流法律关系的复杂性,因而,确定其民事责任不能一概而论。

(二) 行政责任

行政责任是指经济法的主体因其破坏国家经济管理秩序的违法行为应依法承担的行政法律后果。物流主体违反物流管理法律关系则会产生行政责任。承担行政责任的主体包括行政主体和行政相对人。在物流的行政责任中,主体包括物流活动中的国家经济管理部门和物流活动主体。

国家对物流企业的监管主要体现在对物流企业主体市场准入的要求、对物流企业经营活动的监管、物流企业经营活动规则的制定等方面。

物流企业违反行政法律规范尚未构成犯罪,所承担的行政责任主要是行政处罚,依据《中华人民共和国行政处罚法》的规定,行政处罚主要包括以下内容。

(1) 停止违法经营活动,即没有取得相应经营资格而从事经营的企业,被行政主管机关责令其停产、停业。

(2) 没收违法所得,即行政主管机关将企业的违法所得收归国有。

(3) 罚款,即行政主管机关对企业违法行为给予经济上的处罚。

(4) 暂扣或吊销营业执照,即由工商行政主管机关对违法企业将营业执照予以暂扣或吊销的一种处罚。

(5) 撤销经营资格,行政主管机关对违法企业原所特许经营的许可证或从事某些特定生产经营活动的批复文件予以撤销,使其失去从事物流经营活动的资格。

(6) 其他警告或通报批评等。

> **法律链接**
>
> 《中华人民共和国国际海运条例》第四十七条 国际船舶运输经营者,无船承运业务经营者、国际船舶代理经营者和国际船舶管理经营者将其依法取得的经营资格提供他人使用的,由国务院交通主管部门或者其授权的地方人民政府交通主管部门责任限期改正,逾期不改正的,撤销其经营资格。

(三) 刑事责任

刑事责任是指经济法的主体因其行为触犯《中华人民共和国刑法》(以下简称《刑法》)构成犯罪所承担的法律后果。在物流法律关系中,当事人违反物流法规触犯《刑法》构成犯罪的应当承担刑事责任。依据《刑法》的规定,刑罚分为主刑和附加刑。主刑包括管制、拘役、有期徒刑、无期徒刑和死刑;附加刑包括罚金、剥夺政治权利、没收财产。对于犯罪的外国人、无国籍人,可以独立适用或者附加适用驱逐出境。

物流企业承担刑事责任一般实行双罚制,公司、企业、单位、事业单位、机关、团体实施危害社会的行为,法律明确规定为单位犯罪的,应当负刑事责任。单位犯罪的,对单位判处罚金,并对直接负责的主管人员和其他直接责任人员判处刑罚。

物流企业承担刑事责任以企业触犯法律明文规定的禁止性刑事规范,由国家审判机关依法审判且判决生效后才承担相应的责任。如《中华人民共和国道路运输条例》第六章法律责任中规定,未取得道路运输经营许可擅自从事道路运输经营的,构成犯罪的,依法追究刑事责任。其他涉及物流行业的法律法规中也有大量关于企业承担刑事责任的规范,此处不赘述。但刑事责任的追究要依据刑事法律规范。

> **知识拓展**
>
> **民事权利、义务和责任的关系**
>
> 民事权利和民事义务是相对应的关系。法律术语上讲,没有无权利的义务,也没有无义务的权利。
>
> 民事权利,体现的是利益,是民法赋予民事主体实现其利益所得实施行为的界限。在本质上讲,民事权利是权利人意思自由的范围,在此范围内,有充分的自由,可以实施任何行为,法律给予充分保障。
>
> 民事义务,体现的不是利益,是当事人为实现他方的权利而受到行为限制的界限。在本质上讲,民事义务是义务人必须履行的责任,若不履行,将要承担其产生的民事责任。
>
> 民事责任从某种角度来说,是对不履行义务而需要承担的不利后果。民事主体在享受权利、履行义务的同时,需要承担民事责任。

学习重点和难点

- 物流企业的概念、物流企业的法律特征
- 物流企业在物流活动中的民事法律责任
- 我国内资、外资物流企业的市场准入条件
- 物流企业民事责任的归责原则和责任确定

练习与思考

(一) 名词解释

物流企业　综合物流企业　类承运人型的国际物流企业

(二) 填空

1. 根据物流企业从事物流业务范围的大小不同可分为单一物流企业和_____。
2. 根据物流企业提供服务(主要指运输)所及区域是否跨越国境可分为国内物流企业和_____。
3. 按合并的方式不同,企业的合并可分为新设合并和_____。

(三) 单项选择

1. 物流企业是具备为物质资料提供流通服务能力的(　　)。
   A. 企业法人　　B. 社团法人　　C. 事业法人　　D. 财团法人
2. 物流企业的民事责任主要是(　　)。
   A. 违约责任　　B. 侵权责任　　C. 责任竞合　　D. 公平责任

(四) 多项选择

1. 我国现有的物流企业类型包括(　　)。
   A. 传统的仓储企业、物资企业
   B. 国有交通运输企业和货运代理企业
   C. 生产企业自身成立相对独立的物流机构或实体
   D. 第三方物流企业
2. 下列哪些属于我国内资物流企业市场准入的法律(　　)。
   A.《民法典》　　　　　　　　　　B.《公司法》
   C.《国内水路运输管理条例》　　D.《中华人民共和国国际海运条例》
3. 物流企业设立的方式有(　　)。
   A. 特许设立　　B. 核准设立　　C. 准则设立　　D. 自由设立
4. 物流企业消灭的原因有(　　)。
   A. 依法被撤销　　B. 解散　　C. 破产　　D. 其他原因
5. 承担物流服务业务的企业的经营方式通常有以下几种(　　)。
   A. 企业独立经营型　　　　　B. 企业间联营型
   C. 代理方式　　　　　　　　D. 企业外包

(五) 简答

1. 简述物流企业的法律特征。
2. 设立国际物流企业应具备的条件有哪些？
3. 物流服务合同的法律责任归责原则有哪些？

(六) 思考题

1. 在依法治国的法治思想指导下，请分析物流企业的法律责任和社会责任有哪些？
2. 物流企业作为法律主体在哪些情况下需要承担法律责任，这将对物流企业产生哪些不利后果和影响？物流企业可以采取哪些措施预防法律责任的承担和不利后果的影响？

案例分析

1. 甲物流综合服务公司下设六大部门，包括包装部、运输部、装卸部等。某年6月，该公司运输部在进行运输服务时与某货站取得业务联系，某货站许诺从7月起其所有运输业务都委托给该运输部，双方签订简单协议，该运输部为确保无误，特别使用了其随带的部门印章，某货站也表示同意。但9月，甲公司运输部发现其承接某货站的运输只是其中很小的一部分，同时还有另两家货运公司在承做，于是问及某货站，某货站否认，进而否认双方协议的效力，于是起了纠纷。

问题：(1) 运输部与某货站签订的合同是否有效？为什么？

(2) 试分析在进行物流服务活动过程中，尤其是签订物流服务合同时，确认主体资格的重要性。

2. 张某、王某和李某于某年5月成立了合伙企业，经营客户的货物运输服务，经营效益一直很好。9月，张某的母亲突发疾病，需要住院治疗，于是张某想将自己在合伙企业中投资8万元所形成的合伙份额转让，用来给母亲治病。张某的表兄周某想受让其财产份额，张某表示乐意转让。于是在没有通知王某和李某的情况下，二人就完成了转让行为。在周某要行使合伙企业中的权利时，王某与李某才得知张某已将自己的份额转让，二人非常生气，不承认转让的效力，并表示他们愿意出同样的价格受让张某在合伙企业中的财产份额。但是张某认为自己是财产份额的权利人，他想转让给谁就自己决定，王某和李某无权干涉。于是王某和李某向法院起诉了张某，请求认定转让行为无效，并主张将张某的财产份额转让给他们。

问题：本案中，双方争议的法律焦点是什么？法院应如何判决？法律依据是什么？

3. 某货运代理作为进口商的代理人，负责从A港接收一批艺术作品，在120海里外的B港交货。该批作品用于国际展览，要求货运代理在规定的日期之前于B港交付全部货物。货运代理在A港接收货物后，通过定期货运卡车将大部分货物陆运到B港。由于定期货运卡车出现季节性短缺，一小部分货物无法及时运抵。于是货运代理在卡车市场雇用了甲公司的一辆货运车，要求于指定日期之前抵达B港。而后，该承载货物的货车连同货物一起下落不明。

问题：(1) 本案中，货主的经济损失应该由谁来承担？为什么？

（2）通过本案，我们可以获得哪些启示？如何预防此类损失的发生？

4. 某货代公司接受某货主委托，安排一批茶叶海运出口，某货代公司在提取了某船公司提供的集装箱并装箱后，将整箱货交给某船公司。同时，某货主自行办理了货物运输保险。某收货人在目的港拆箱提货时发现集装箱内异味浓重，经查明该集装箱前一航次所载货物为精萘，致使茶叶受精萘污染。

问题： 本案的收货人可以向谁索赔，法律依据是什么？对方应该承担哪些法律责任？为什么？

5. 甲公司在天津设立的物流服务分理处管理不严，经营状况恶化，甲公司决定撤销该分理处，取消其代理权，并于某年9月正式撤销该机构。10月，该分理处原负责人在未征得甲公司同意的情况下与某进出口公司签署了国际物流服务合同，并加盖了保存在其处的甲公司的公章。如履行该合同对甲公司极为不利，所以甲公司不承认该合同。某进出口公司诉至法院。

问题： 甲公司与某进出口公司签署的国际物流服务合同是否有效？为什么？

实践活动——企业调研＋翻转课堂

1. 以小组为单位选择一家物流企业进行法律问题调研并完成一份调研报告
2. 以翻转课堂的形式请小组同学汇报调研企业情况和物流法律问题分析

企业调研报告

企业名称：_____

成员姓名：_____

班　　级：_____

指导教师：_____

目　录

1. 公司简介 ··
2. 实地调研 ··
3. 公司组织架构图 ··
4. 企业遇到的法律问题 ···
5. 解决方案 ··
6. 结语 ··

第三章 货物运输法律制度

■ 知识目标 ■

学习完本章,你能够掌握的知识点:
1. 货物运输合同含义和特征
2. 各运输方式合同当事人的权利、义务和责任
3. 多式联运的责任制类型

■ 能力目标 ■

学习完本章,你能够熟悉的技能:
1. 结合学习的知识点进行案例分析讨论
2. 撰写货物运输合同
3. 运用国际规则分析解决问题

■ 思政目标 ■

1. 遵守法律规则和行业惯例
2. 权利、义务和责任意识
3. 尊重国际规则、推动"涉外"法治

■ 基本概念 ■

货物运输合同　托运人　承运人　多式联运合同

■ 案例导入 ■

某发货人将六个集装箱委托一家国际货运代理公司(货代)托运到香港地区装船,目的港西雅图港,然后再通过铁路运至交货地(底特律)。由货代出具全程单据,集装箱在香港装船后,船公司签发了以货代为托运人的海运清洁提单,在西雅图卸船时,货代在西雅图的代理发现有3个集装箱外表状况有较严重破损,货到底特律后,收货人发现那三个集装箱内的货物已严重受损,另一个集装箱尽管箱子外表状况良好,但箱内的货物也受到损坏,因此当事人发生争议。

问题：1. 本案中，有哪些当事人？
2. 本案中，集装箱货物的损失赔偿责任应该由哪些当事人承担？这些当事人应该分别对哪些货损承担责任，为什么？

运输是指物品借助运力在空间内发生的位置移动。具体地说，运输实现了物品空间位置的物理转移，实现物流的空间效用。运输是整个物流系统中一个极为重要的环节，在物流活动中处于中心地位，是物流的一个支柱。

货物运输是指物流经济活动主体所从事货物运输的生产经营活动。货物运输活动可以将物流系统的各个环节有机地联系起来，使物流系统的目标得以实现。在物流领域中，货物运输被视为"第三利润源泉"最主要的来源，所以货物运输活动是物流管理系统中最重要的组成部分。为了保障货物运输活动中各方当事人的利益和运输的安全，国家根据货物运输的方式不同，制定了不同的运输法律制度。不同的运输方式适用不同的运输法律法规。在货物运输方面，我国已经建立了比较完善的法律制度体系，与货物运输有关的主要法律法规包括：《中华人民共和国民法典》《中华人民共和国海商法》《中华人民共和国公路法》《中华人民共和国铁路法》《中华人民共和国民用航空法》及与之配套实施的《中国民用航空货物国际运输规则》等，同时，也包括了大量的与货物运输有关的国际公约。

鉴于国际海上货物运输法律制度的重要性、特殊性以及内容的广泛性，本书将单列一章（第四章 海上货物运输法律制度）进行详细介绍。

第一节 货物运输法概述

一、货物运输法律制度现状

货物运输法是国家规范货物运输经济活动的法律规范的总称。货物运输法包括国内的法律法规和国际公约两大类型。

（一）公路货物运输的法律规范

我国针对公路货物运输的法律法规有《中华人民共和国公路法》《中华人民共和国道路运输条例》《道路危险货物运输管理规定》，我国针对国际道路运输有《国际道路运输管理规定》；针对公路货物运输的国际公约有《国际公路货物运输合同公约》(CMR)、《国际公路运输公约》(TIR)等。

（二）铁路货物运输的法律规范

我国针对铁路货物运输的法律法规有《中华人民共和国铁路法》；国际针对铁路货物运输的国际公约有《国际铁路货物联运协定》《国际铁路货物运送公约》。

（三）水路货物运输的法律规范

我国针对水路货物运输的法律法规有《国内水路运输管理条例》，针对国际海洋运输的法律法规有《中华人民共和国海商法》;国际上针对海洋运输的国际公约有 1924 年的《海牙规则》《统一提单的若干法律规则的国际公约》)、1968 年的《维斯比规则》和 1978 年的《汉堡规则》《联合国海上货物运输公约》)。

(四)航空货物运输的法律规范

我国针对航空货物运输的法律法规有《中华人民共和国民用航空法》,我国针对国际航空货物运输的法律法规有《中国民用航空货物国际运输规则》;国际上针对航空货物运输的国际公约有《统一国际航空运输某些规则的公约》(即《华沙公约》)《海牙议定书》《瓜达拉哈拉公约》等。

(五)国际多式联运法律规范

我国针对国际货物多式联运的法律法规有《海商法》;国际针对货物多式联运的公约有《联合国国际货物多式联运公约》(1980)、《1991 年联合国贸易和发展会议/国际商会多式联运单证规则》。

二、货物运输合同概述

(一)货物运输合同的概念和法律特征

货物运输合同(contract for the carriage of goods),又称货物运送合同,是指承运人将货物运输到约定地点,托运人支付运费的合同。货物运输合同是承运人和托运人双方对运输中的主要事项,特别是双方权利义务进行约定的产物。合同的标的是承运人的运输行为,即货物在空间上的位移。

货物运输合同具有以下法律特征。

(1)货物运输合同属于提供劳务的合同。货物运输合同的标的是承运人的运送行为,而不是被运送的货物本身。货物运输合同以货物交付给收货人为履行终点。货物运输合同的承运人不仅须将货物运送到指定地点,而且还须将货物交付给收货人,其义务才算履行完成。

(2)货物运输合同是双务、有偿合同。货物运输合同是双务合同,因为承运人和托运人双方均负有法定义务,例如,承运人须依照合同约定,安全、及时地将货物运输到指定地点;托运人应按照合同约定交纳运输费用。

货物运输合同是有偿合同,因为托运人在享受承运人运输服务的同时须向承运人支付运费。

(3)货物运输合同属于为第三人利益订立的合同。货物运输合同往往有第三人参加,即以承运人、托运人之外的第三人为收货人。收货人虽并非签订合同的当事人,但他可以独立享有合同约定的权利并承担相应的义务。

(4)货物运输合同既有诺成性合同,也有实践性合同。大宗货物的长期运输合同一般为诺成合同,双方在协议上签字,合同即成立;零担货物或集装箱货物运输合同一般为实践合同,以货物的交付验收为成立要件,承运人在运单上加盖承运日期戳之时合同成立。

(5) 货物运输合同中承运人享有留置权,可以采用留置的方式担保托运人支付运费。

 知识拓展

什么是留置权?

留置权是指依照法律规定,债权人在债务人不履行债务时,对其占有的债务人的动产予以留置,并以该动产折价或者以拍卖、变卖该动产的价款优先受偿的权利。

货物运输合同中,如果承运人提供了运输服务,而托运人没有支付运费,承运人可以留置托运人托运的货物,以该货物折价或者以拍卖、变卖该货物的价款优先受偿运费。

(6) 货物运输合同大多是格式合同。大部分货物运输合同的主要内容和条款都是国家授权交通运输部门以法规的形式统一规定的,双方当事人无权自行变更。合同的格式、提单等是统一印制的,运费率是国家统一规定的。

(二) 货物运输合同的当事人

1. 托运人

托运人是指本人或者委托他人以本人名义或者委托他人为本人与承运人订立货物运输合同的人,以及本人或者委托他人以本人名义或者委托他人为本人将货物交给与货物运输合同有关的承运人的人。他是货物运输合同的一方当事人,是把货物交给承运人运输的人。

2. 承运人

承运人是指本人或者委托他人以本人名义与托运人订立货物运输合同的人。他是货物运输合同的另一方当事人,负责用约定的运输方式把货物运送到指定的目的地。我国对外贸易运输承运人主要是交通运输部所属的远洋运输公司、中国对外贸易运输总公司、地方轮船公司、中外合资合营轮船公司、民航、邮电部等所属的有关运输部门及其代理。

3. 收货人

收货人是指在货物运输合同中指定的有权领取货物的人。除非托运人与收货人为同一人,收货人不是货物运输合同的当事人,根据合同相对性原则,货物运输合同不能约束收货人,但是货物运输合同具有涉他性,他虽然不是签订运输合同的人,但他有权提取货物,并在一定条件下受运输合同的约束。

在实务操作过程中,经常将托运人和收货人统称为"货方",在我国,主要是指各专业进出口公司、有进出口经营权的企事业单位等。

4. 国际多式联运经营人

根据 1980 年《联合国国际货物多式联运公约》的规定,国际多式联运经营人是指其本人或通过其代表订立国际多式联运合同的任何人。他是多式联运合同的当事人,而不是发货人的代理人或代表,也不是参加国际多式联运的承运人的代理人或代表,负有组织货物运

输、履行合同的责任,相当于承运人的地位。

5. 货运代理人

货运代理人指受运输关系人的委托,为了运输关系人的利益,安排货物的运输,提供货物的交运、拼装、装卸、交付服务及其他相关服务,并收取相应报酬的人,其本身不是运输关系的实际当事人,而是运输关系实际当事人的代理人。委托人可以是承运人,也可以是货方。货运代理人是连接承运人和货方的纽带,在国际货物运输中起着重要作用。

(三) 货物运输合同当事人的权利和义务

1. 承运人的主要权利和义务

(1) 承运人应按照合同约定提供适当的运输工具。

例如,《海商法》第四十七条规定:承运人在船舶开航前和开航当时,应当谨慎处理,使船舶处于适航状态,妥善配备船员、装备船舶和配备供应品,并使货舱、冷藏舱、冷气舱和其他载货处所适于并能安全收受、载运和保管货物。

(2) 承运人应该选择适当的运输线路。

承运人未按照约定路线或者通常路线运输而增加运输费用的,托运人或者收货人可以拒绝支付增加部分的票款或者运输费用。

(3) 接受和照管货物并按照合同约定运输货物的义务。

承运人应按照合同约定配备运输工具,按期将货物送达目的地。否则,应向托运人支付违约金。货物错运到货地点或收货人的,应无偿运至合同约定的到货地点或收货人;货物逾期运到的,应偿付逾期交货的违约金。

(4) 货物运到目的地后的交货义务并妥善保管货物和通知义务。

货物运到后,承运人应当及时通知收货人。承运人在货物运到后交付收货人之前,负有妥善保管货物的义务。收货人不明或者收货人拒绝受领货物的,承运人应当及时通知托运人并请求其在合理期限内对货物的处理做出指示。无法通知托运人,或者托运人未做指示或者指示事实上不能实行的,承运人可以提存货物,货物不宜提存的,承运人可以拍卖或者变卖该货物,扣除运费、保管费以及其他必要的费用后,提存剩余价款。

(5) 收取运费与货物留置权。

托运人或者收货人应当支付运输费用。托运人或者收货人不支付运费、保管费以及其他运输费用的,承运人对相应的运输货物享有留置权,但当事人另有约定的除外。

(6) 免责事项。

承运人对运输过程中货物的毁损、灭失承担损害赔偿责任,但承运人证明货物的毁损、灭失是因不可抗力、货物本身的自然性质或者合理损耗以及托运人、收货人的过错造成的,不承担损害赔偿责任。

货物在运输过程中因不可抗力灭失,未收取运费的,承运人不得要求支付运费;已收取运费的,托运人可以要求返还。

2. 托运人的主要权利和义务

(1) 提供货物、支付运输费用的义务。

在诺成性的货物运输合同中,托运人应按照合同约定的时间和要求提供托运的货物,并向承运人交付运费等费用。否则,托运人应支付违约金并赔偿承运人由此而受到的损失。

(2) 填写托运单的义务。

托运人办理货物运输,需要填写托运单的,应当填写托运单,托运单应当准确填写有关货物运输的必要情况。托运单包括以下内容:托运人姓名或名称和住所;货物名称、数量、重量、包装和价值;收货人姓名或名称和住址;目的地;填写地及填写日期。因托运人申报不实或者遗漏重要情况,造成承运人损失的,托运人应当承担损害赔偿责任。

(3) 提交货物运输的相关文件的义务。

货物运输需要办理审批、检验手续的,托运人应当将有关审批、检验的文件提交承运人。

(4) 托运人应当按照约定的方法包装货物的义务。

没有约定或者约定不明确的,应当按照国家或者行业包装标准进行包装;没有国家或者行业包装标准的,应当按照能够使货物安全运输的方法进行包装。托运人违反此义务的,承运人可以拒绝运输。

(5) 托运危险货物时的义务。

托运人托运易燃、易爆、有毒、有腐蚀性、有放射性等危险物的,应当按照有关危险物的运输规定办理。托运人应对危险物妥善包装,作出危险物标志和标签,并将有关危险物的名称、性质和防范措施的书面材料提交承运人。托运人违反此义务,承运人可以采取相应措施以避免损害的发生,因此产生的费用由托运人承担。

(6) 托运人违反合同约定的损害赔偿义务。

托运人未按照合同约定提供托运货物或者未履行其他义务,造成承运人人身、运输工具或其他财产损害的,应当承担赔偿责任。

(7) 托运人有变更货物运输合同的权利。

托运人可以要求承运人中止运输、返还货物、变更到达地或者将货物交给其他收货人,但应当赔偿承运人因此受到的损失。

3. 收货人的主要权利和义务

(1) 目的地及时提取货物的义务。

收货人收到提货通知后,应当及时提货。收货人请求交付货物时,应当将提单或者其他提货凭证交还承运人。逾期提货的,应当向承运人支付保管费。

(2) 及时检验货物的义务。

收货人接收货物后,发现货物有毁损、灭失的,收货人应当在接受货物之日起3日内通知承运人;对不能立即发现的毁损或者部分灭失,收货人应当在接受货物之日起15日内通知承运人。怠于通知的,承运人免除赔偿责任,但承运人恶意掩蔽或者货物毁损、灭失是由承运人故意或者重大过失造成的除外。

(四) 货物运输中的货损责任

1. 货物毁损、灭失时承运人的责任

承运人对于承运的货物在交付收货人前毁损、灭失,应当承担赔偿责任,但承运人能够证明货物的毁损、灭失是由不可抗力、货物本身原因或者托运人、收货人的过失造成的,不承担赔偿责任。

货物毁损、灭失时,其赔偿额依照交付时到达地的价格计算。保价运输的,按照托运人声明的价格计算。法律规定有赔偿限额的,适用其规定,但损失是由于承运人的故意或者重大过失造成的,不适用赔偿限额的规定。

2. 货物延迟交付时承运人的责任

承运人应当对运输迟延给收货人造成的损失承担赔偿责任,但损害赔偿的金额不得超过货物全部灭失的情况下可请求的赔偿额。承运人迟延30日仍不能交货的,托运人或者收货人有权按照货物灭失请求赔偿。

第二节 公路货物运输法律制度

实务中,物流企业经常会使用公路进行运输。物流企业采用公路运输要受到相应的公路法律法规的约束。

一、公路货物运输法律制度现状

我国在这方面的法律法规主要有《民法典》。如果采用集装箱运输货物,还应遵守交通运输部的《集装箱汽车运输规则》;如果运输的是危险货物,还应遵守交通运输部的《汽车危险货物运输规则》《中华人民共和国道路运输条例》《道路危险货物运输管理规定》。

另外,由联合国欧洲经济委员会负责起草,并于1956年5月19日在日内瓦通过并生效的《国际公路货物运输合同公约》(简称CIM)旨在规范国际公路货物运输合同,特别是统一有关公路运输所使用的单证和承运人的责任条件。根据公约的规定,该公约是否适用于公路运输行为,要取决于合同中是否有一方为缔约国,我国至今未加入该公约。

二、汽车货物运输合同

很多物流企业都拥有自己的车队,用以完成物流中的公路运输。这种情况下,物流企业作为承运人与货主签订汽车货物运输合同。

(一)汽车货物运输合同的概念

汽车货物运输合同是指托运人与汽车承运人之间签订的明确相互权利义务关系的协议。

(二)汽车货物运输合同的类型

1. 定期运输合同

定期运输合同是指汽车承运人与托运人签订的在规定的期间内用汽车将货物分批量地由起运地运至目的地的汽车货物运输合同。

2. 一次性运输合同

一次性运输合同指汽车承运人与托运人之间签订的一次性将货物由起运地运输至目的

地的货物运输合同。物流企业在安排每次货物运输时可以签订一次性运输合同。

3. 道路货物运单(简称运单)

道路货物运单是汽车货物运输中所使用的单证,在承运人和托运人签订了定期运输合同或一次性运输合同的情况下,它被视为货物运输合同成立的凭证;而在没有签订运输合同时,运单被视为合同本身。

实务中的许多情况下,托运人并不与汽车承运人签订上述两种合同,而是直接向汽车承运人托运货物。此时,托运人或托运人的代理人填写运单,并将运单与运送的货物一起交给汽车承运人,要求其接受货物托运。货物托运和承运的过程就是合同订立的过程,运单本身就成为了汽车货物运输合同。

运单应按以下要求填写:

(1) 准确表明托运人和收货人的名称(姓名)和地址(住所)、电话、邮政编码;

(2) 准确表明货物的名称、性质、件数、重量、体积以及包装方式;

(3) 准确表明运单中的其他有关事项;

(4) 一张运单托运的货物,必须是同一托运人、收货人;

(5) 危险货物与普通货物以及性质相互抵触的货物不能用一张运单;

(6) 托运人要求自行装卸的货物,经承运人确认后,在运单内注明;

(7) 运单应使用钢笔或圆珠笔填写、字迹清楚,内容准确,需要更改时,必须在更改处签字盖章。托运的货物品种不能在一张运单内逐一填写的,还应填写"货物清单"。

类型不同,其合同的形式是否可以直接为运单也有所不同,比如定期运输合同和一次性运输合同中,既可能有单独的运输合同,也有运单,在这种情况下,运单只能作为证明运输合同成立的凭证,区分两者的意义在于当运单记载的内容与合同不一致时,如无相反证明,可视为对运输合同的实质性变更。但在每车次或短途每日多次货物运输中,运单就是运输合同。有关运单与运输合同的关系,只要双方没有另外签订运输合同,运单就可以视为运输合同,而不必要按运输的特点(比如是定期运输还是短途运输等)来区别对待其性质。

(三) 汽车货物运输合同的订立

汽车货物运输合同的订立即当事人就汽车货物运输合同的各项条款协商一致的过程。

托运人应谨慎地选择具有良好的信誉、雄厚的资金和完善服务的汽车承运人,在订立合同的过程中,合同当事人应该谨慎行事,对合同中的重要条款加以足够的注意,并按要求仔细地填写运单。

汽车货物运输合同由承运人或托运人本着平等、自愿、公平、诚实信用的原则签订。

汽车货物运输合同的订立与其他运输合同的订立一样,要经过要约和承诺两个步骤。

1. 要约

对于定期运输合同来说,通常由一方提出货物运输的要求,可能是托运人提出的,也可能是汽车承运人主动提出的。在签订合同的过程中,双方当事人往往要经过谈判、交涉,直到达成合同。而一次性运输合同往往是由托运人先向汽车承运人提出要约,要求汽车承运人接收货物的托运,经过反复磋商直至签订合同。

2. 承诺

无论哪种合同类型,托运人和汽车承运人经过不断的要约和反要约,当任何一方当事人表示完全接受合同条款时,即为承诺。一旦承诺,双方当事人意思表示达到一致,合同即告成立。采用书面形式的,合同自双方当事人签字或盖章时成立;当事人采用信件、数据电文等形式订立合同的,可以要求签订确认书,合同自签订确认书时成立。每次货物运输时,由承运人按要求填写运单,但要在运单中托运人签字盖章处填写合同序号,此时运单只是汽车货物运输合同的证明。

汽车货物运输合同可以采用书面形式、口头形式和其他形式。

(四)汽车货物运输合同当事人的义务

1.托运人的义务

(1)托运合同约定的货物的义务。托运货物的名称、性质、件数、质量、体积、包装方式等,应与运单上记载的内容相符。

(2)提交相关文件的义务。按照国家有关部门规定需办理准运或审批、检验等手续的货物,托运时应将准运证或审批文件提交承运人,并随货同行。如果委托承运人向收货人代递有关文件,应在运单中注明文件名称和份数。

(3)不得托运禁止、限制货物的义务。托运的货物中,不得夹带危险货物、贵重货物、鲜活货物和其他易腐货物、易污染货物、货币、有价证券以及政府禁止或限制运输的货物等。

(4)按合同约定包装货物的义务。托运货物的包装,应当按照双方约定的方式进行,没有约定或者约定不明确的,可以协议补充;不能达成补充协议的,按照通用的方式包装;没有通用方式的,应在足以保证运输、搬运装卸作业安全和货物完好的原则下进行包装。依法应当执行特殊包装标准的,按照规定执行。

(5)正确使用运输标志的义务。应根据货物性质和运输要求,按照国家规定,正确使用运输标志和包装储运图示标志。使用旧包装运输货物,托运人应将包装上与本批货物无关的运输标志、包装储运图示标志清除干净,并重新标明制作标志。

(6)托运特种货物,托运人应按以下要求,在运单中注明运输条件和特约事项:① 托运需冷藏保温的货物,托运人应提出货物的冷藏温度和在一定时间内的保温要求;② 托运鲜活货物,应提供最长运输期限及途中管理、照料事宜的说明书。货物允许的最长运输期限应大于汽车运输能够达到的期限;③ 托运危险货物,按交通部《汽车危险货物运输规则》办理;④ 托运采用集装箱运输的货物,按交通部《集装箱汽车运输规则》办理;⑤ 托运大型特大型笨重物件,应提供货物性质、重量、外廓尺寸及对运输要求的说明书;承运前承托双方应先查看货物和运输现场条件,需排障时由托运人负责或委托承运人办理;运输方案商定后办理运输手续。

(7)托运人须派人押运的义务。运输途中需要饲养、照料的活动物、植物、尖端精密产品、稀有珍贵物品、文物、军械弹药、有价证券、重要票证和货币等,托运人必须派人押运。大型特型笨重物件、危险货物、贵重和个人搬家物品,是否派人押运,由承托双方根据实际情况约定。除上述规定的货物外,托运人要求押运时,需经承运人同意。

需派人押运的货物,托运人在办理货物托运手续时,应在运单上注明押运人员姓名及必要的情况。押运人员每车一人，托运人需增派押运人员，在符合安全规定的前提下，征得承运人的同意，可适当增加。押运人员须遵守运输和安全规定，并在运输过程中负责货物的照料、保管和交接；如发现货物出现异常情况，应及时作出处理并告知车辆驾驶人员。

(8) 托运人应该按照合同的约定支付运费。

2. 承运人的义务

(1) 提供适宜车辆的义务。根据货物的需要和特性，提供适宜的车辆。该义务要求承运人提供的车辆应当是技术状况良好、经济适用，并能满足所运货物重量的要求。对特种货物运输的，还应为特种货物提供配备了符合运输要求的特殊装置或专用设备的车辆。

(2) 保管相关文件和核对货物的义务。承运人受理凭证运输或需有关审批、检验证明文件的货物后，应当在有关文件上注明已托运货物的数量、运输日期，加盖承运章，并随货同行，以备查验。承运人受理整批或零担货物时，应根据运单记载货物名称、数量、包装方式等，核对无误后方可办理交接手续。发现与运单填写不符或可能危及运输安全的，不得办理交接手续。

(3) 合理安排运输车辆的义务。承运人应按运送货物的情况，合理安排运输车辆，货物装载重量以车辆额定吨位为限，轻泡货物（每立方米体积重量不足 333 千克的货物）以折算重量装载，不得超过车辆额定吨位和有关长、宽、高的装载规定。

(4) 按照约定的运输路线进行运输的义务。承运人应与托运人约定运输路线。如果在起运前要改变运输路线，承运人应将此情况通知托运人，并按最终确定的路线运输。承运人未按约定的路线运输增加的运输费用，托运人或收货人可以拒绝支付增加部分的运输费用。

(5) 在约定的运输期限内将货物运达的义务。运输期限由承托双方共同约定后在运单上注明，承运人应在约定的时间内将货物运达。零担货物应按批准的班期时限运达，快件货物应按规定的期限运达。

(6) 对货物的运输安全负责，保证货物在运输过程中不受损害的义务。承运人受理整批或零担货物时，应根据运单记载货物名称、数量、包装方式等核对，确认无误后方可办理交接手续。发现与运单填写不符或可能危及运输安全的，不得办理交接手续。

车辆装载有毒、易污染的货物卸载后，承运人应对车辆进行清洗和消毒。因货物自身的性质，应托运人要求，需对车辆进行特殊清洗和消毒的，由托运人负责。货物运输中，在与承运人非隶属关系的货运站场进行货物仓储、装卸作业，承运人应与站场经营人签订作业合同。

(7) 通知收货人接货的义务。整批货物运抵前，承运人应当及时通知收货人做好接货准备；零担货物运达目的地后，应在 24 小时内向收货人发出到货通知或按托运人的指示及时将货物交给收货人。

(五) 汽车货物运输合同的变更和解除

在承运人未将货物交付收货人之前，物流企业作为托运人可以要求承运人中止运输、返还货物、变更到达地或者将货物交付给其他收货人，但需要赔偿承运人因此受到的损失。如果发生下列情况之一，物流企业托运人和汽车承运人可以变更或解除汽车货物运输合同：

(1) 由于不可抗力使运输合同无法履行；
(2) 由于合同当事人一方的原因，在合同约定的期限内确实无法履行运输合同；
(3) 合同当事人违约，使合同的履行成为不可能或不必要；
(4) 经合同当事人双方协商同意解除或变更，但承运人提出解除运输合同的，应退还已收的运费。

货物运输过程中，因不可抗力造成道路阻塞导致运输阻滞，承运人应及时与托运人联系，协商处理，发生的货物装卸、接运和保管费用按以下规定处理：

(1) 接运时，货物装卸、接运费用由托运人负担，承运人收取已完成运输里程的运费，退回未完成运输里程的运费；
(2) 回运时，收取已完成运输里程的运费，回程运费免收；
(3) 托运人要求绕道行驶或改变到达地点时，收取实际运输里程的运费；
(4) 货物在受阻处存放，保管费用由托运人负担。

第三节　铁路货物运输法律制度

铁路是现代化的主要运输工具，物流企业在组织货物运输时常常要利用铁路这种运输方式。有的物流企业由于其特色及实力，拥有自己的铁路自备车（如中铁联合物流有限公司），可以自己进行铁路运输，但大多数物流企业在组织铁路运输时都是与铁路部门合作，与铁路承运人签订铁路货物运输合同，而由铁路承运人来完成运输。在我国，铁路货物运输要遵守《中华人民共和国铁路法》《货物运单和货票填制办法》等相关规定。在国际上，有关铁路运输方面的公约主要有两个：一个是由奥地利、法国、德国等西欧国家于1961年在瑞士伯尔尼签订的《国际铁路货物运送公约》（简称《国际货约》）；另一个是由苏联、波兰、罗马尼亚等八个国家于1951年在华沙签订的《国际铁路货物联运协定》（简称《国际货协》）。我国于1954年1月加入了《国际货协》，因此受到该公约的约束，但我国至今未加入《国际货约》。

一、铁路货物运输合同

当物流企业没有铁路自备车辆时，即需要与铁路承运人签订货物运输合同，以履行其物流服务合同的义务。此时铁路货物运输合同即成为物流服务合同的分合同。

（一）铁路货物运输合同的概念

铁路货物运输合同是指铁路承运人根据托运人的要求，按期将托运人的货物运至目的地，交与收货人的合同。此时，物流企业通常作为托运人或托运人的代理人与铁路承运人签订铁路货物运输合同。

铁路货物运输合同可分为整车货物运输合同和零担货物运输合同。整车货物运输合同是指铁路承运人和托运人约定将货物用一整辆货车来装载运送的铁路货物运输合同。在运输大宗货物时，一般会按照年度、半年度或者季度来签订整车货物运输合同。零担货物运输合同是指铁路承运人与托运人就不需要整车运输的少量货物签订的铁路货物运输合同。

对于大宗货物的运输,物流企业可以与铁路承运人签订年度、半年度、季度运输合同,双方经过谈判协商,最后双方意思达成一致合同即成立。而零担货物的运输,则以铁路的货物运单代替运输合同。合同订立具体表现为货物的托运和承运,托运人按照货物运单的有关要求填写,经由铁路承运人确认,并验收核对托运货物无误后,合同即告成立。

(二)铁路货物运输合同的形式

铁路货物运输合同原则上是不要式合同,法律没有明确其是否必须为书面形式。但是铁路货物运输涉及按季度、半年度、年度或更长期限的运输任务时,往往以月度用车计划表作为运输合同,交运货物时同时交货运单。《铁路法》第十一条明确规定,行李票、包裹票和货物运单是合同或合同的组成部分;另根据铁道部有关《铁路货物运输服务订单和铁路货运延伸服务订单使用试行办法》规定,铁路服务订单亦为铁路运输合同的组成部分。

(三)铁路货物运输合同条款

根据《货物运单和货票填制办法》中的相关规定,铁路货物运输运单大致包括以下一些条款。

(1)托运人、收货人的名称和地址以及联系方式等。

(2)货物的基本情况说明:包括货物的名称、规格、件数、重量、用途、性质、价格、包装等。

(3)货物的运输线路:包括货物的始发站、到达站、运输的总里程以及主管铁路局。

(4)货物的运输价格:铁路货物的运价受到国家统一的价格管理,运费主要根据《货物运价分类表》和《货物运价率表》计算得出。

(5)货物的承运期限,指承运日期和运到日期的记载。

(6)货物保价方式。托运货物时,托运人可以选择是否保价运输,是由铁路运输部门保价还是自行向保险公司办理货物保险。

(7)特殊记载事项。按整车办理的货物必须填写车种、车号和货车标重;施封货车和集装箱的施封号码。

(8)其他需要记载事项。承、托双方如果有运单中没有规定的其他运输要求,可以在承运人和托运人记载事项栏中给予说明。

(四)铁路货物运输合同当事人的义务

1. 托运人的义务

(1)应当按照合同的约定向铁路承运人提供运输的货物并如实申报货物的品名、重量和性质。

托运人应当如实填报托运单。铁路承运人有权对填报的货物和包裹的品名、重量、数量进行检查。经检查,申报与实际不符的,检查费用由托运人承担;申报与实际相符的,检查费用由铁路承运人承担,因检查对货物和包裹中的物品造成的损失由铁路承运人赔偿。

托运人因申报不实而少交的运费和其他费用应当补交。铁路承运人按照国务院铁路主管部门的规定加收运费和其他费用。

托运、承运货物必须遵守国家关于禁止或者限制运输物品的规定。

案例链接

一字之差,百里之遥

上海某公司与北京某公司订立了一个买卖合同,货物采取铁路运输的方式,卖方上海某公司将到达栏内的"XX县站"写成"XX站",因此导致货物运错了车站,双方产生合同纠纷。从本合同之纠纷来看,涉及的主要问题是铁路运输合同的条款问题。在本合同纠纷中,造成错发站的原因关键是发货方将"XX县站"写成了"XX站",一字之差,货物发到了百里之外,教训不可谓不深。在此,错发货的主要责任在于发货方,与铁路部门无关,应由发货方承担对收货方的赔偿责任。

(2) 对货物进行包装,以适应运输安全的需要。

托运货物需要包装的,托运人应当按照国家包装标准或者行业包装标准进行包装;没有国家包装标准或者行业包装标准的,应当妥善包装,使货物在运输途中不因包装原因而受损失。对于包装不良的,铁路承运人有权要求其加以改善,如果拒不改善,或者改善后仍不符合运输包装要求,承运人有权拒绝承运。

(3) 托运零担货物,应在每一件货物两端各粘贴或钉固一个用坚韧材料制作的清晰明显的标记(货签)。还应该根据货物的性质,按照国家标准,在货物包装上作好储运图示标志。

(4) 要按照规定支付运费。双方可以约定由托运人在货物发运前支付运费,也可以约定在到站由收货人支付运费。但通常铁路运费都是由托运人在发运站承运货物当日支付。如果托运人不支付运费,铁路承运人可以不予承运。

(5) 自愿保险。托运人可以自愿向保险公司办理货物运输保险,保险公司按照保险合同的约定承担赔偿责任。托运人可以根据自愿的原则办理保价运输,也可以办理货物运输保险,还可以既不办理保价运输,也不办理货物运输保险;不得以任何方式强迫托运人办理保价运输或者货物运输保险。

2. 承运人的义务

(1) 及时运送货物的义务。铁路承运人应当按照铁路运输的要求,及时组织调度车辆,做到列车正点到达。铁路承运人应当按照全国约定的期限或者国务院铁路主管部门规定的期限将货物运到目的站。

(2) 保证货物运输的安全,对承运的货物妥善处理的义务。铁路承运人对于承运的容易腐烂的货物和活动物,应当按照国务院铁路主管部门的规定和双方的约定,采取有效的保护措施。

(3) 以适当方式通知相关人的义务。货物运抵到站后,及时通知收货人领取货物,并将货物交付收货人。对于铁路运输企业发出领取货物通知之日起满30日仍无人领取的货物或者收货人书面通知铁路运输企业拒绝领取的货物,铁路运输企业应当通知托运人。如果托运物是包裹或行李,铁路企业应自通知之日起90日内或者到站之日起90日内公告。

(4) 以适当的方式处置托运物的义务。对于在上述情况下采取了相应的告知义务仍无人领取的托运物,铁路运输企业可以进行变卖。对于危险物品和规定限制运输的物品,应当移交公安机关或者有关部门处理;变卖托运物所得的价款扣除保管等费用后尚有余款的,应退还托运人。无法退还或者自变卖之日起180天内托运人未领回的,上缴国库。

3. 收货人的义务

货物到站后,收货人应当按照国务院铁路主管部门规定的期限及时领取,并支付托运人未付或者少付的运费和其他费用;逾期领取的,收货人应当按照规定交付保管费。

(五) 合同双方当事人的法律责任

1. 托运人的法律责任

(1) 申报的货物和实际不符应承担的法律责任。由于物流企业错报或匿报货物的品名、重量、数量、性质而导致承运人的财产损失的,要承担赔偿责任。由于物流企业对货物的真实情况申报不实,而使承运人少收取了运费,要补齐运费并按规定另行支付一定的费用。

(2) 货物包装不适当应承担的法律责任。承担由于货物包装上的从外表无法发现的缺陷,或者由于未按规定标明储运图示标志而造成的损失。在托运人负责装车的情况下,由于加固材料的不合格或在交接时无法发现的对装载规定的违反而造成的损失,由托运人承担责任。

(3) 由于押运人的过错而造成的损失,由作为托运人的物流企业承担责任。

2. 承运人的法律责任

(1) 货损责任。铁路承运人应当对承运的货物自接受承运时起到交付时止发生的灭失、短少、变质、污染或者损坏,承担赔偿责任。如果物流企业办理了保价运输的话,按照实际损失赔偿,但最高不超过保价额。如果未办理保价运输的话,按照实际损失赔偿,但最高不超过国务院铁路主管部门规定的赔偿限额;如果损失是由于承运人的故意或者重大过失造成的,不适用赔偿限额的规定,按照实际损失赔偿。

(2) 迟延交付的责任。承运人应当按照合同约定的期限或者国务院铁路主管部门规定的期限,将货物运到目的站;逾期运到的,承运人应当支付违约金。违约金的计算以运费为基础,按比例退还。对于超限货物、限速运行的货物、免费运输的货物以及货物全部灭失的情况,则承运人不支付违约金。如果迟延交付货物造成收货人或托运人的经济损失,承运人应当赔偿所造成的经济损失。承运人逾期30日仍未将货物交付收货人的,托运人、收货人有权按货物灭失向承运人要求赔偿。

(3) 承运人的免责事项。由于下列原因造成的货物损失,铁路承运人不承担赔偿责任:① 不可抗力;② 货物本身的自然属性,或者合理损耗;③ 托运人或者收货人的过错。

(六) 无法交付货物时的处理规则

无法交付货物是指货物按期运抵到站后,收货人未在规定期限内及时领取货物或者托

运人没有在规定期限内及时提出具体的处理意见,而导致承运人无法及时地将货物交付出去的情况。

如果自承运人发出领取货物的通知之日起满30日仍无人领取货物,或者收货人书面通知铁路运输企业拒绝领取货物,承运人会通知作为托运人的物流企业,如果物流企业自接到通知之日起满30日未作答复的,该货物将由承运人变卖;所得价款在扣除保管等费用后尚有余款的,退还给物流企业;无法退还的,而自变卖之日起180日内物流企业又未领回的,将上缴国库。对危险物品和规定限制运输的物品,承运人将其移交给公安机关或者有关部门处理,而不应自行变卖。对于不宜长期保存的物品,承运人可以按照国务院铁路主管部门的规定缩短处理期限。

(七)合同的变更和解除

铁路货物运输合同经双方同意,并在规定的变更范围内可以办理变更。物流企业托运人由于特殊原因,经承运人同意,对承运后的货物可以按批在货物的中途站或到站办理变更到站、变更收货人。但在下列情况下,不得办理:

(1)违反国家法律、行政法规、物资流向或运输限制;
(2)变更后的货物运输期限大于货物容许运送的期限;
(3)对一批货物中的部分货物进行变更;
(4)第二次变更到站。

在承运人同意承运货物后至其发货前,经双方协商一致,可以解除铁路货物运输合同。物流企业托运人要求变更或解除合同时,要提交领货凭证和货物运输变更要求书,不能提交领货凭证的时候,要提交其他的有效证明文件,并在货物运输变更要求书内注明。还应该按照规定支付费用。

二、国际铁路货物运输

我国与俄罗斯、蒙古、朝鲜、越南等邻国的通商货物,相当大一部分是通过国际铁路运输的。物流企业在通过国际铁路运送货物时,由于跨越国境的原因,经常与铁路承运人签订货物运输合同,交给它们去完成运输。物流企业因而扮演着托运人的角色,具有托运人的法律地位。

1951年,由苏联、罗马尼亚、匈牙利、波兰等八个国家签订《国际铁路货物联运协定》,我国于1954年1月加入。《国际铁路货物联运协定》是参加国际货物联运协定各国铁路和发、收货人办理货物联运所必须共同遵守的基本文件。由于我国是《国际铁路货物联运协定》(通称国际货协)的缔约国,物流企业在办理国际铁路货物运输时要遵守该公约的规定。该公约与国内铁路货物运输相比,有很多不同之处。

《国际铁路货物联运协定》不仅是办理铁路货物国际联运业务的依据,也是解决国际铁路货物联运中有关纠纷的法律依据。

(一)铁路货物运输单证

铁路的运输单证称为运单。根据《国际铁路货物联运协定》的规定,运单是国际铁路货物联运的运送合同。按照该协定,发货人在托运货物的同时,应对每批货物按规定的格式填写运单和运单副本,由发货人在运单上签字后交始发站,始发站在运单上加盖戳记即视为合同成立并生效。在发货人提交全部货物和付清一切费用后,发站在运单及其副本上加盖发站日期戳记,证明货物业已承运。运单一经加盖戳记就成为运输合同生效的凭证。运单随同货物从始发站到终点站全程附送,最后交收货人。

与国内铁路货物运输不同,国际货协对运单的法律性质作了明确的规定,即铁路始发站签发的运单是缔结运输合同的凭证,而不是合同本身。

根据国内法,国内铁路运输中运单的作用并不明确;而根据国际货协,其作用如下。

(1) 运单是国际铁路货物运输合同的证明;
(2) 运单是铁路方收到货物和承运运单所列货物的内容的表面证据;
(3) 运单是铁路方在终点到站向收货人检收运杂费和点交货物的依据;
(4) 运单是货物出、入沿途各国海关的必备文件;
(5) 运单是买卖合同支付货款的主要单证。

(二) 铁路货物运输合同双方当事人的义务

1. 托运人的义务

(1) 支付运费。

支付运费是托运人的主要义务。根据《国际铁路货物联运协定》的规定,运费的支付规则如下:一是发送国铁路和运送费用按照发送国的国内运价计算,在始发站由发货人支付;二是到达国铁路的费用按到达国铁路的国内运价计算,在终点站由收货人支付;三是如果始发站和到达的终点站属于两个相邻的国家,无需经由第三国过境运输,而且这两个国家的铁路有直通运价规程时,按运输合同订立当天有效的直通运价规程计算;四是如果货物需经第三国过境运输,过境铁路的运输费用应按运输合同订立当天有效的《国际铁路货物联运协定》统一运价规程(即《统一货价》)的规定计算,可由始发站向发货人核收,也可以由到达站向收货人核收。但如果按《统一货价》的规定,各过境铁路的运送费用必须由发货人支付时,这项费用不准转由收货人支付。

(2) 受领货物。

受领货物是收货人的另一项主要义务。《国际铁路货物联运协定》规定,货物运抵到达站,在收货人付清运单所载的一切应付的运送费用后,铁路必须将货物连同运单一起交给收货人,收货人付清运费后应受领货物。

收货人只有在货物因毁损或腐烂而使质量发生变化,以致部分或全部货物不能按原用途使用时,才可以拒绝受领货物。即使运单中所载的货物部分短少时,也应按运单向铁路支付全部款项。但此时,收货人按赔偿请求手续对未交付的那部分货物有权领回其按运单所支付的款项。

如果铁路在货物运到期限届满 30 天内未将货物交付收货人,收货人无需提出证据就可认为货物已经灭失。但货物如在上述期限届满后运到到达站,到达站则应将这一情况通知收货人。如货物在运到期限届满后四个月内到达,收货人仍应领取货物,并将铁路所付的货物灭失赔款和运送费用退还给铁路。此时,收货人对货物的送交或毁损保留提出索赔请

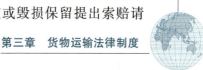

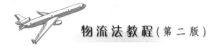

求权。

根据《国际铁路货物联运协定》规定,物流企业作为托运人,除了要遵守国内铁路运输中托运人须遵守的义务以外,还有一项非常重要的义务:必须将在货物运送全程为履行海关和其他规章所需要的添附文件附在运单上,必要时,还须附有证明书和明细书。这些文件只限与运单中所记载的货物有关。如果物流企业不履行这项义务,承运人应拒绝承运。这项义务是由国际铁路货物运输需跨越国境的特点决定的,这也是在国内铁路运输中所不会遇到的。

2. 承运人的义务

国际铁路货物运输中承运人的义务与国内铁路货物运输中承运人的义务基本相同。

(三)承运人的责任及责任免除

1. 承运人的责任

《国际铁路货物联运协定》规定,按照运单承运货物的铁路应对货物负连带责任,即承运货物的铁路应负责完成货物的全部运输。如果是在缔约国一方境内接受货物,铁路的责任直到在到站交货时为止;如果是向非《国际铁路货物联运协定》缔约国转运,按照另一国际铁路货物运输公约,到办完手续时为止。其中每一个继续运送的铁路,自接收附有运单的货物时起即作为运输合同的当事人承担由此而产生的义务。《国际铁路货物联运协定》对赔偿的范围和金额的计算作了详细的规定。

铁路从承运货物时起至在到达站交付货物时为止,对于货物运输逾期以及因货物全部或部分灭失或毁损所产生的损失负责。铁路还应对由于铁路过失而使发货人在运单上记载并添附的文件的遗失后果负责,并对由于铁路过失未能执行有关要求变更运输合同的申请的后果负责。

2. 承运人的赔偿限额

对于货物全部或部分灭失,铁路的赔偿金额应按外国出口方在账单上所开列的价格计算;若发货人对货物的价格另有声明,铁路应按声明的价格予以赔偿。如果货物遭受损毁,铁路应赔偿相当于货物减损金额的款额,不赔偿其他损失。声明价格的货物毁损时,铁路应按照货物由于毁损而减低价格的百分数,支付声明价格的部分赔款。如果货物逾期运到,铁路应以所收运费为基础,按逾期的长短,向收货人支付规定的逾期罚款。如果货物在某一铁路逾期,而在其他铁路都早于规定的期限运到,则确定逾期的同时,应将上述期限相互抵消。对货物全部灭失予以赔偿时,不得要求逾期罚款。如运到逾期的货物部分灭失时,只对货物的未灭失部分,支付逾期罚款。如逾期运到的货物毁损时,除货物毁损的赔款额外,还应加上运到逾期罚款。铁路对货物赔偿损失的金额,在任何情况下,都不得超过货物全部灭失时的数额。

3. 承运人的免责事项

下列情况,免除承运人的责任:

(1) 铁路不能预防和不能消除的情况;

(2) 因货物的特殊自然性质引起的自燃、损坏、生锈、内部腐坏及类似结果;

(3) 由于发货人或收货人过失或者要求而不能归咎于铁路者;

(4) 因发货人或收货人装、卸车原因造成；

(5) 由发送铁路规章许可,使用敞车类货箱运送货物；

(6) 由于发货人或收货人的货物押运人未采取保证货物完整的必要措施；

(7) 由于承运时无法发现的容器或包装缺点；

(8) 发货人用不正确、不确切或不完全的名称托运违禁品；

(9) 发货人在托运时需要按特定条件承运货物时,未按本协定规定办理；

(10) 货物在规定标准内的途耗。

此外,《国际铁路货物联运协定》还规定,如果发生下列情况而使铁路未能将货物按规定的运到期限运达时,铁路也可免责:一是发生雪(沙)害、水灾、崩陷和其他自然灾害,按照有关国家铁路中央机关的指示,期限在 15 天以内；二是因按有关国家政府的指令,发生其他行车中断或限制的情况,以政府规定的时间为准。

(四) 铁路货物运输合同的变更

《国际货协》明确地将合同变更的权利赋予了托运人,因而物流企业对合同可用下列变更：

(1) 在发站将货物领回；

(2) 变更到站,此时,在必要的情况下应注明货物应通过的国境站；

(3) 变更收货人；

(4) 将货物返还发站。

但物流企业在变更合同时,不准将一批货物分开办理,只能变更一次合同。

铁路在下列情况下,有权拒绝变更合同或延缓执行这种变更：

(1) 应执行变更合同的铁路车站,接到申请书或发站或到站的电报通知后无法执行时；

(2) 违反铁路营运管理时,与参加运送铁路所属国家现行法令和规章有抵触时；

(3) 在变更到站的情况下,货物的价值不能抵偿运到新到站的一切费用时,但能立即交付或能保证这项费用的款额时除外。

(五) 关于赔偿请求和诉讼时效

1. 提出赔偿请求的主体和方式

《国际货协》第二十八条规定,发货人和收货人有权根据运输契约提出赔偿请求。在提出赔偿请求时,应附有相应根据并注明款额,以书面方式由发货人向发货站提出,或由收货人向收货站提出。铁路自有关当事人向其提出赔偿请求之日起,必须在 180 天内审查赔偿请求,并予以答复。索赔人也可以直接向受理赔偿请求的铁路所属国家的有管辖权的法院提出诉讼。

2. 提出赔偿请求的期限

当事人依据运输契约向铁路提出的赔偿请求和诉讼,以及铁路对发货人或收货人关于支付运送费用、罚款和赔偿损失的要求和诉讼,以及铁路对发货人或收货人关于支付运送费用、罚款和赔偿损失的要求和诉讼,均应在 9 个月期间内提出；有关货物运到逾期的赔偿请

求和诉讼,应在 2 个月内提出。

具体诉讼时效的起算点如下:

(1) 关于货物毁损或部分灭失以及运到逾期的,自货物交付之日起算;

(2) 关于货物全部灭失的赔偿,自货物运到期限届满后 30 天起算;

(3) 关于补充运费、杂费、罚款的要求,或关于退还此项款额的赔偿请求,或纠正错算运费的要求,应自付款之日起算;如未付款时,应自交货之日起算;

(4) 关于支付变卖货物的余款的要求,自变卖货物之日起算;

(5) 在其他所有情况下,自确定赔偿请求成立之日起算。时效期间已过的赔偿请求的要求,不得以诉讼形式提出。

第四节　水路货物运输法律制度

水路运输是利用船舶运载工具在水路上的运输,它是一种重要的运输方式。对物流企业来说,如果要运送距离远、时间要求不紧的大批货物,水路运输是较好的选择。有的物流企业,尤其是国有航运企业转型而来的物流企业,拥有自己的船舶,可以使用自有船舶来完成货物运输。有些物流企业虽然自己不拥有船舶,但靠租用别人的船舶来完成运输。而货运代理企业转型而来的物流企业,则与专门的航运企业签订水路货物运输合同,把货物运输交给它们去完成。因此,物流企业应对水路运输方面的实务操作和法律法规有基本的了解。

鉴于国际海上货物运输法律制度的重要性、特殊性以及内容的广泛性,本书将单列一章(第四章"海上货物运输法律制度")进行详细介绍。

一、水路货物运输法律制度现状

我国在这方面的法律法规主要有《中华人民共和国海商法》。国内水路货物运输(包括沿海运输)适用《民法典》之运输合同的规定;国际海上货物运输则要适用《海商法》第四章"海上货物运输合同"的规定;租用船舶进行运输的情况下,要适用《海商法》第六章"船舶租赁合同"的规定。另外,《水路危险货物运输规则》是专门调整水上危险品运输方面的规范。

二、水路货物运输合同

(一) 水路货物运输合同的概念

水路货物运输合同,是指承运人收取运输费用,负责将托运人托运的货物经水路由一港(站、点)运到另一港(站、点)的合同。

水路货物运输包括班轮运输和航次租船运输。班轮运输,是指在特定的航线上按照预定的船期和挂靠港从事有规律水上货物运输的运输形式。航次租船运输,是指船舶出租人向承租人提供船舶的全部或者部分舱位,装运约定的货物,从一港(站、点)运到另一港(站、点)的运输形式。这两种运输形式下的运输合同都属于水路货物运输合同。在班轮运输条件下,班轮公司采取的一套适宜小批量接受货物运送的货运程序等,可以为货主提供方便的运输服务,运价也相对稳定;而航次租船运输则更适于大批量货物的运输,租船人可以根据实际业务的需要来选择特定的船舶、航次、港口等来运送特定的货物。

(二)水路货物运输合同的订立

订立水路货物运输合同可以采用书面形式、口头形式和其他形式。

实务中,班轮运输形式下的运输合同一般通过订舱的方式成立。物流企业通过填写订舱单,向班轮公司或其代理机构申请货物运输。订舱单一般应载明货物的品名、种类、数量、重量或体积、装货港、卸货港以及装船期限等内容。班轮公司会根据订舱单的内容,结合船舶的航线、挂靠港、船期、舱位等情况决定是否接受货物的托运。如果班轮公司决定接受托运,双方意思达成一致,合同即告成立。航次租船运输形式下的运输合同订立过程则与船舶租赁合同的订立过程类似,也是往往由双方在租船市场上通过询价、报价、还价等过程,最后签订合同。航次租船合同也常常使用租船合同范本,物流企业也应注意对这些合同范本进行充分的利用。

(三)运输单证

承运人接收货物应当签发运输单证(以下简称运单),运单由载货船舶的船长签发,视为代表承运人签发。

1. 运单的法律性质

(1)运单是水路货物运输合同的证明,而不是合同本身,运单的记载如果与运输合同不一致,可以视为对运输合同的变更。

(2)运单又是承运人已经接收货物的收据,它表示承运人已经按运单记载的状况接收货物。

(3)运单不是承运人据以交付货物的凭证。

2. 运单的主要内容

一般包括下列各项:承运人、托运人和收货人的名称;货物名称、件数、重量、体积;运输费用及其结算方式;船名、航次;起运港、中转港、到达港;货物交接的地点和时间;装船日期;运到期限;包装方式;识别标志;相关事项。

(四)水路货物运输合同当事人的义务

1. 托运人的义务

(1)及时办理港口、海关、检疫、公安和其他货物运输所需的各项手续,并将已办理各项手续的单证送交承运人。

(2)所托运货物的名称、件数、重量、体积、包装方式、识别标志,应当与运输合同的约定相符。

(3)妥善包装货物,保证货物的包装符合国家规定的包装标准;没有包装标准的,货

的包装应当保证运输安全和货物质量。需要随附备用包装的货物,应当提供足够数量的备用包装,交给承运人随货免费运输。

(4) 在货物的外包装或者表面上正确制作识别标志和储运指示标志。识别标志和储运指示标志应当字迹清楚、牢固。

(5) 除另有约定外,应当预付运费。

(6) 托运危险货物时,应当按照有关危险货物运输的规定,妥善包装,制作危险品标志和标签,并将其正式名称和危险性质以及必要时应当采取的预防措施书面通知承运人。未通知承运人或者通知有误的,承运人可以在任何时间、任何地点根据情况需要将危险货物卸下、销毁或者使之不能为害,而不承担赔偿责任。承运人知道危险货物的性质并已同意装运的,仍然可以在该项货物对于船舶、人员或者其他货物构成实际危险时,将货物卸下、销毁或者使之不能为害,而不承担赔偿责任。但是,不影响共同海损的分摊。

(7) 除另有约定外,运输过程中需要饲养、照料的活动物、植物,以及尖端保密物品、稀有珍贵物品和文物、有价证券、货币等,托运人申报并随船押运,在运单内注明押运人员的姓名和证件,但押运其他货物须经承运人同意。

(8) 负责笨重、长大货物和舱面货物所需要的特殊加固、捆扎、烧焊、衬垫、苫盖物料和人工,卸船时拆除和收回相关物料;需要改变船上装置的,货物卸船后应当负责恢复原状。

(9) 托运易腐货物和活动物、植物时,应当与承运人约定运到期限和运输要求;使用冷藏船(舱)装运易腐货物的,应当在订立运输合同时确定冷藏温度。

(10) 托运木(竹)排应当按照与承运人约定的数量、规格和技术要求进行编扎。在船舶或者其他水上浮物上加载货物,应当经承运人同意,并支付运输费用。航行中,木(竹)排、船舶或者其他水上浮物上的人员(包括船员、排工及押运人员)应当听从承运人的指挥,配合承运人保证航行安全。

(11) 承担下列原因发生的洗舱费用:提出变更合同约定的液体货物品种;装运特殊液体货物(如航空汽油、煤油、变压器油、植物油等)需要的特殊洗舱;装运特殊污秽油类(如煤焦油等),卸后须洗刷船舱。在承运人已履行船舶适货义务的情况下,因货物的性质或者携带虫害等情况,需要对船舱或者货物进行检疫、洗刷、熏蒸、消毒的,应当由托运人或者收货人负责,并承担船舶滞期费等有关费用。

2. 承运人的义务

(1) 保证船舶适航的义务,使船舶处于适航状态,妥善配备船员、装备船舶和配备供应品,并使干货舱、冷藏舱、冷气舱和其他载货处所适于并能安全收受、载运和保管货物。

(2) 接收货物的义务。承运人应该按照运输合同的约定接收货物。

(3) 照管货物的义务。承运人应该妥善地装载、搬移、积载、运输、保管、照料和卸载所运货物。

(4) 不得绕行的义务。按照约定或者习惯或者地理上的航线将货物运送到约定的目的港。承运人为救助或者企图救助人命或者财产而发生的绕航或者其他合理绕航,不属于违反上述规定的行为。

(5) 按时交付货物。在约定期间或者在没有这种约定时在合理期间内将货物安全运送到指定地点。承运人在货物抵达后的 24 小时内向收货人发出到货通知。通知形式不局限于信函,也可以是电传、电报或资料电文等形式。承运人发出到货通知后,应当每10天催提一次。满30天收货人不提取或者找不到收货人,承运人应当通知托运人,托运人在接到通知后30天不处理或者找不到托运人的,承运人可将货物提存。

如果承运人没有履行上述义务导致收货人没有在约定时间或者合理期间收到货物的,视为承运人迟延交付货物,承运人为此应当承担违约责任。承运人未能在约定期限届满60日内交付货物的,收货人或者托运人可以认为货物已经灭失。但因不可抗力致使船舶不能在合同约定时间在到达港卸货的,除另有约定外,承运人可以将货物在到达港邻近的安全港口或者地点卸载,视为履行合同。但承运人这样做应当考虑托运人或收货人的利益,并及时通知托运人或收货人。

(五)合同当事人的法律责任

1. 托运人的法律责任

(1) 未按合同约定提供货物,应当承担违约责任。

(2) 因办理各项手续和有关单证不及时、不完备或者不正确,造成承运人损失的,应当承担赔偿责任。

(3) 因托运货物的名称、件数、重量、体积、包装方式、识别标志与运输合同的约定不相符,造成承运人损失的,应当承担赔偿责任。

(4) 因未按约定托运危险货物给承运人造成损失的,应当负赔偿责任。

托运人因不可抗力不能履行合同的,根据不可抗力的影响,部分或者全部免除责任。迟延履行后发生不可抗力的,不能免除责任。

2. 承运人的法律责任

(1) 承运人的赔偿责任。

承运人对运输合同履行过程中货物的损坏、灭失或者迟延交付承担损害赔偿责任。

如果托运人在托运货物时办理了保价运输,货物发生损坏、灭失,承运人应当按照货物的声明价值进行赔偿,但承运人证明货物的实际价值低于声明价值的,按照货物的实际价值赔偿。

货物未能在约定或者合理期间内在约定地点交付的,为迟延交付。对此损失,承运人应当承担赔偿责任。承运人未能在上述期间届满的次日起60日内交付货物,可以认定货物已经灭失,承运人应承担损害赔偿责任。

(2) 承运人的免责事项。

承运人对运输合同履行过程中货物的损坏、灭失或者迟延交付承担损害赔偿责任,但承运人证明货物的损坏、灭失或者迟延交付是由于下列原因的除外:

① 不可抗力;② 货物的自然属性和潜在缺陷;③ 货物的自然减量和合理损耗;④ 包装不符合要求;⑤ 包装完好但货物与运单记载内容不符;⑥ 识别标志、储运指示标志不符合规则的规定;⑦ 托运人申报的货物重量不准确;⑧ 托运人押运过程中的过错;⑨ 普通货物中夹带危险、流质、易腐货物;⑩ 托运人、收货人的其他过错。

货物在运输过程中因不可抗力灭失,未收取运费的,承运人不得要求支付运费;已收取运费的,物流企业可以要求返还。货物在运输过程中因不可抗力部分灭失的,承运人按照实

际交付的货物比例收取运费。

(六)货物的接收与交付

托运人与承运人交接货物应按下列规定进行:除另有约定外,散装货物按重量交接;其他货物按件数交接。散装货物按重量交接的,应当约定货物交接的计量方法;没有约定的,应当按船舶水尺数计量,不能按船舶水尺数计量的,运单中载明的货物重量对承运人不构成其交接货物重量的证据。散装液体货物装船完毕,由托运人会同承运人按照每处油舱和管道阀门进行施封,施封材料由托运人自备,并将施封的数目、印文、材料品种等在运单内载明;卸船前,由承运人与收货人凭舱封交接。托运人要求在两个以上地点装载或者卸载或者在同一卸载地点由几个收货人接收货物时,计量分劈及发生重量差数,均由托运人或者收货人负责。承运人在目的港发出到货通知后,自发出通知满30天收货人不提取或者找不到收货人,会通知作为托运人的物流企业,它应在承运人发出通知后30天内负责处理该批货物。如果它未在规定期限内处理货物的,承运人可以将该批货物作无法交付货物处理。

(七)水路货物运输合同的变更

承运人将货物交付收货人之前,物流企业作为托运人可以要求承运人变更到达港或者将货物交给其他收货人,但应当赔偿承运人因此受到的损失。因不可抗力致使不能在合同约定的到达港卸货的,除另有约定外,承运人可以将货物在到达港邻近的安全港口或者地点卸载,视为已经履行合同。但承运人实施该行为时应当考虑托运人或者收货人的利益,并及时通知托运人或者收货人。

第五节 航空货物运输法律制度

航空运输是一种现代化的运输方式,随着航空工业技术的发展和国际贸易市场对货物供应的要求,航空货物运输在货运中所占的比例越来越大。对物流企业来说,航空运输也是一种重要的运输方式。但由于国家对航空业的控制和管理十分严格,物流企业很难使用自己的航空器进行运输,实践中,物流企业大多与航空公司签订包机合同或航空货物运输合同来完成货物运输。在我国,航空货物运输要受《中华人民共和国民用航空法》(以下简称《航空法》)、《中国民用航空货物国内运输规则》(简称《国内航空运输规则》)、《中国民用航空货物国际运输规则》(简称《国际航空运输规则》)的调整。《国内航空运输规则》适用于出发地、约定的经停地和目的地均在我国境内的民用航空货物运输;《国际航空运输规则》适用于依照我国法律设立的公共航空运输企业使用民用航空器运送货物而收取报酬的或者办理免费的国际航空运输。国际航空货物运输适用的国际公约有《统一国际航空运输某些规则的公约》《华沙公约》《海牙议定书》和《瓜达拉哈拉公约》等。

我国《航空法》是为了维护国家的领空主权和民用航空权利,保障民用航空活动安全和有秩序地进行,保护民用航空活动当事人各方的合法权益,促进民用航空事业的发展而制定的。

一、航空货物运输合同

(一) 航空货物运输合同概述

1. 航空货物运输合同的概念

实践中,物流企业更多的是选择与航空公司签订航空货物运输合同进行运输。

航空货物运输合同是指航空承运人与托运人签订的,由航空承运人通过空运的方式将货物运至托运人指定的航空港,交付给托运人指定的收货人,由托运人支付运费的合同。此时,物流企业是托运人。

2. 航空货运单

航空货运单简称空运单,是航空货运中的重要单证。航空承运人有权要求托运人填写,托运人也有权要求承运人接受空运单。托运人未能出示空运单,空运单不符合规定或者空运单遗失,不影响运输合同的存在或者有效。

托运单应填写空运单,连同货物交给承运人。承运人根据托运人的请求填写航空货运单的,在没有相反证据的情况下,应当视为代托运人填写。

空运单是航空货物运输合同订立、运输条件以及承运人接受货物的初步证据。空运单上关于货物的重量、尺寸、包装和包装件数的说明具有初步证据的效力。除经过承运人和托运人当面查对并在航空货运单上注明经过查对或者书写关于货物的外表情况的说明外,空运单上关于货物的数量、体积和情况的说明不能构成不利于承运人的证据。

(二) 航空货物运输合同的订立

实践中,航空货物运输合同订立的过程,即要约和承诺的过程,主要表现为托运人托运和承运人承运的过程。

1. 托运

托运人托运货物应先填写货物托运书。托运书是指托运人办理货物托运时填写的书面文件,是据以填写航空货运单的凭据。托运人应当对托运书内容的真实性、准确性负责,并在托运书上签字或者盖章。托运人在托运货物时,承运人有权要求其填写航空货运单;同样地,它也有权要求承运人接受该航空货运单。

航空货运单是指托运人或者托运人委托承运人填制的,是托运人和承运人之间为在承运人的航线上承运货物所订立合同的证据。托运人应当正确填写航空货运单,并对航空货运单上关于货物的说明和声明的正确性负责。因航空货运单填写的错误、不完全或不符合规定,而给承运人或承运人对之负责的其他人造成损失的,托运人要负赔偿责任。如果航空货运单是由承运人根据它的请示填写的,在没有相反证据的情况下,视为代它填写。航空货运单正本一式三份,连同货物一起交给承运人。

2. 承运

航空承运人对托运人提供的航空货运单和货物,要进行认真的核查,认定货物与货运单的内容是否一致,并有权在必要时会同托运人开箱进行安全检查。如有不符合规定的,承运

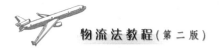

人可以要求托运人加以改善。如其不改善或者改善后仍不符合规定,承运人有权拒绝承运。在检查中发现违禁品或者危险品的,应当按照有关规定处理。经检查,货物与航空货运单一致的,承运人应予以确认,并签发航空货运单。航空承运人同意对货物进行承运后,航空货物运输合同即告成立。

(三)航空货物运输合同当事人的权利和义务

1. 托运人的义务

(1) 应当按照航空货物运输合同的约定提供货物。

(2) 应对货物按照国家主管部门规定的包装标准进行包装。如果没有上述包装标准,则应按照货物的性质和承载飞机的条件,根据保证运输安全的原则,对货物进行包装。如果不符合上述包装要求,承运人有权拒绝承运。托运人必须在托运的货件上标明发站、到站和托运人、收货人的单位、姓名和地址,按照国家规定标明包装储运指示标志。

(3) 如实申报货物的品名、重量和数量。托运人应当对航空货运单上所填关于货物的说明和声明的正确性负责。对航空货运单上所填的货物的品名、重量和数量及其他说明和声明不符合规定、不正确或者不完全,给承运人或者承运人对之负责的其他人造成损失的,托运人应当承担赔偿责任。

(4) 妥善托运危险货物。要遵守国家有关货运安全的规定,妥善托运危险货物,并按国家关于危险货物的规定对其进行包装。不得以普通货物的名义托运危险货物,也不得在普通货物中夹带危险品。

(5) 应当提供必需的资料和文件,以便在货物交付收货人前完成法律、行政法规规定的有关手续。

(6) 及时支付运费、受领货物。除非托运人与承运人有不同约定,运费应当在承运人开具航空货运单时一次付清。货物到达目的地,收货人履行空运单上所列运输条件后,有权要求承运人移交空运单并交付货物。除另有约定外,承运人应当在货物到达后立即通知收货人。

承运人承认货物已经遗失,或者货物在应当到达之日起 7 日后仍未到达的,收货人有权向承运人行使航空货物运输合同所赋予的权利。

(7) 变更运输。托运人在履行航空货物运输合同规定的义务的条件下,有权在出发地机场或者目的地机场将货物提回,或者在途中经停时中止运输,或者要求承运人把货物运回起运地机场,或者在目的地机场把货物交给原指定收货人以外的第三人。但是,托运人不得因行使此种权利而使承运人或者其他托运人遭受损失,并应当偿付由此产生的费用。托运人的指示不能执行的,承运人应当立即通知托运人。

2. 承运人的义务

(1) 保证货物及时运达。按照航空货运单上填明的地点,在约定的期限内将货物运抵目的地。在运输过程中,应按照合理或经济的原则选择运输路线,避免货物的迂回运输。在航空运输中因延误造成的损失,承运人应当承担责任;但是,承运人证明本人或者其受雇人、代理人为了避免损失的发生,已经采取一切必要措施或者不可能采取此种措施的,不承担责任。

(2) 对承运的货物应当精心组织装卸作业,轻拿轻放,严格按照货物包装上的储运指示标志作业,防止货物损坏。

(3) 保证货物运输安全。

(4) 按货运单向收货人交付货物。

(四) 航空货物运输合同当事人的法律责任

1. 托运人的法律责任

(1) 对因在托运货物内夹带、匿报危险物品,错报笨重货物重量,或违反包装标准和规定,而造成承运人或第三人的损失,承担赔偿责任。

(2) 对因没有提供必需的资料、文件;或者提供的资料、文件不充足或者不符合规定造成的损失,除由于承运人或者其受雇人、代理人的过错造成的外,应当对承运人承担责任。

(3) 未按时缴纳运输费用的,应承担违约责任。

2. 承运人的法律责任

(1) 承运人的赔偿责任。因发生在航空运输期间的事件,造成货物毁灭、遗失或者损坏的,承运人应当承担责任。航空运输期间,是指在机场内、民用航空器上或者机场外降落的任何地点,托运行李、货物处于承运人掌管之下的全部期间,不包括机场外的任何陆路运输、海上运输、内河运输过程;但如果此种陆路运输、海上运输、内河运输是为了履行航空运输合同而装载、交付或者转运,在没有相反证据的情况下,所发生的损失视为在航空运输期间发生的损失。

在货物运输中,经承运人证明,损失是由索赔人或者代行权利人的过错造成或者促成的,应当根据造成或者促成此种损失的过错程度,相应免除或者减轻承运人的责任。

货物在航空运输中因延误造成的损失,承运人应当承担责任;但是,承运人证明本人或者其受雇人、代理人为了避免损失的发生,已经采取一切必要措施或者不可能采取任何措施的,不承担责任。

(2) 承运人的免责事项。承运人证明货物的毁灭、遗失或者损坏是由于下列原因之一造成的,不承担责任:

① 货物本身的自然属性、质量或者缺陷;

② 承运人或者其受雇人、代理人以外的人包装货物的,货物包装不良;

③ 战争或者武装冲突;

④ 政府有关部门实施的与货物入境、出境或者过境有关的行为。

(3) 承运人的责任限额。

国内航空运输承运人的赔偿责任限额由国务院民用航空主管部门制定,报国务院批准后公布执行。《中国民用航空货物国内运输规则》规定:"货物没有办理声明价值的,承运人按照实际损失的价值进行赔偿,但赔偿最高限额为毛重每公斤人民币20元。"物流企业在交运货物时,特别声明在目的地交付时的利益,并在必要时支付附加费的,除承运人证明物流企业声明的金额高于货物在目的地交付时的实际利益外,承运人应当在声明金额范围内承担责任。

任何旨在免除承运人责任或者降低承运人赔偿责任限额的条款,均属无效;但是,此种条款的无效,不影响整个航空运输合同的效力。

有关航空运输中发生的损失的诉讼,不论其根据如何,只能依照《航空法》规定的条件和

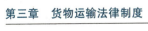

赔偿责任限额提出。经证明,航空运输中的损失是由于承运人或者其受雇人、代理人的故意或者明知可能造成损失而轻率地作为或者不作为造成的,承运人无权援用有关赔偿责任限制的规定;证明承运人的受雇人、代理人有此种作为或者不作为的,还应当证明该受雇人、代理人是在受雇、代理范围内行事。就航空运输中的损失向承运人的受雇人、代理人提起诉讼时,该受雇人、代理人证明他是在受雇人代理范围内行事的,有权援用有关赔偿责任限制的规定。在这种情况下,承运人及其受雇人、代理人的赔偿总额不得超过法定的赔偿责任限额。经证明,航空运输中的损失是由于承运人的受雇人、代理人的故意或者明知可能造成损失而轻率地作为或者不作为造成的,不适用上述规定。

 案例讨论

某年5月19日,托运人王某将一批旧手机配件交到被上诉人上海某航空服务公司南方分公司处托运,该公司的工作人员应上诉人的要求在《航空货运单》上填写有关内容,订明:始发站上海,目的站北京,收货人刘某,计费重量9公斤,货物品名为配件,付款总额为100元(包括航空运费56元,地面运费10元,其他费用25元,保险费9元)。在该货运单上托运人未填写"运输声明价值"和"运输保险价值"。运输过程中,托运的货物发生了破损,其中损坏旧手机配件、翻新手机配件共47件。托运人与承运人对赔偿数额协商未果,托运人王某遂诉至法院。

经法院审理认为:承运人与托运人订立航空货运单是基于《中华人民共和国民用航空法》第一百三十七条第一款的规定,托运人与承运人因航空货运合同关系产生的纠纷应适用该法律。该航空服务公司南方分公司作为缔约承运人应当对合同约定的全部运输负责。民航局制定的《中国民用航空国内货物运输规则》第四十五条规定:货物没有办理声明价值的,承运人按照实际损失的价值进行赔偿,但赔偿最高限额为毛重每公斤人民币20元。(2006年6月赔偿最高限额调整为毛重每公斤人民币100元)

法院判决如下。

一、上海市某航空服务有限公司、上海市某航空服务公司南方分公司在判决发生法律效力之日起3日内赔偿王某损失2180元(货物损失180元,王某以0.4%保险费率投保8万元,赔偿损失2000元)。

二、上海市某航空服务有限公司、上海市某航空服务公司南方分公司在判决发生法律效力之日起3日内退还王某费用100元。

问:你认为该判决适用赔偿最高限额是否合理?为什么?

(五)索赔与诉讼

1. 有关索赔的规定

收货人收受托运货物而未提出异议,将作为货物已经完好交付并与运输凭证相符的初步证据。

托运货物发生损失的,收货人应当在发现损失后向承运人提出异议,至迟应当自收到货物之日起 14 日内提出。托运货物发生延误的,至迟应当自货物交付收货人处置之日起 21 日内提出。任何异议均应当在上述规定的期间内并写在运输凭证上或者另以书面形式提出。除非承运人有欺诈行为,否则收货人未在规定的期间内提出异议的,就不能向承运人提出索赔诉讼。

2. 诉讼时效的规定

航空运输的诉讼时效期间为两年,自民用航空器到达目的地、应当到达目的地或者运输终止之日起计算。

3. 索赔与诉讼时效的对象

由几个航空承运人办理的连续运输,接受货物的每一个承运人都应受《航空法》规定的约束,并就其根据合同办理的运输区段作为运输合同的订约一方。

针对货物的灭失、损坏或者延误,托运人有权对第一承运人提起诉讼,收货人有权对最后承运人提起诉讼,托运人、收货人均可以对发生灭失、损坏或者延误的运输区段的承运人提起诉讼。上述承运人应当对托运人或者收货人承担连带责任。

某一项运输同时存在缔约承运人和实际承运人的情况与连续运输的情况不同。这种情况下缔约承运人应对合同约定的全部运输负责,实际承运人只对其履行的运输负责。对于实际承运人履行运输过程中出现的问题,托运人或收货人既可以向实际承运人也可以向缔约承运人还可以同时对实际承运人和缔约承运人提出索赔与诉讼。

(六) 合同的变更和解除

1. 合同的变更

物流企业作为托运人有变更运输的权利。在履行航空货物运输合同规定的义务的条件下,托运人有权在出发地机场或者目的地机场将货物提回,或者在途中经停时中止运输,或者在目的地或者途中要求将货物交给非航空货运单上指定的收货人,或者要求将货物运回出发地机场;但是,它不得因行使此种权利而使承运人或者其他托运人遭受损失,并应当偿付由此产生的费用。

收货人的权利开始时,托运人的这项权利即告终止;但是,收货人拒绝接受航空货运单或者货物,或者承运人无法同收货人联系的,它将恢复其对货物的处置权。

2. 合同的解除

托运人和承运人如果认为继续运输已经没有必要或者已经不可能,可以协商解除合同。要求解除的一方向对方提出解除合同的要求,经对方同意后即可以解除合同。承运人提出解除合同的,应当退还已经收取的运费;托运人提出解除合同的,应当付给承运人已经发生的费用。任何一方因不可抗力不能履行合同时,也可以解除合同,但应当及时通知对方。由于承运人执行国家交给的特殊任务或由于天气等原因使货物运输合同的履行受到影响,需要变更或者解除运输合同时,承运人应当及时与托运人或收货人商定处理办法。

二、国际航空货物运输

物流企业在进行国际航空货物运输时,各国出于安全方面的考虑而作出了种种限制,包

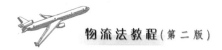

机的空运方式已无法实行,它只能选择作为托运人与航空公司签订国际航空货物运输合同,把货物运输交给航空公司进行。因而,物流企业有必要对在国际航空货物运输方面与国内航空货物运输相比在实务和法律规定方面的特殊之处有所了解。

在国际航空货物运输方面,我国加入了1929年的《关于统一国际航空运输某些规则的公约》(通称《华沙公约》)、1955年的《海牙议定书》、1961年的《瓜达拉哈拉公约》、1971年的《危地马拉议定书》以及1975年的4个《蒙特利尔附加议定书》等8个国际性的法律文件,它们以《华沙公约》为基础组成了"华沙体系",在相当长的一段时期内,构成了航空国际私法的主体。但是"华沙体系"各规则之间多有冲突且各自缔约国也不相同,加之整个体系侧重于保护承运人即航空公司的利益而忽视了消费者的利益,故对其修改势在必行。1999年5月10日—28日,国际民航组织在加拿大蒙特利尔召开"航空法国际会议",以整合、完善原有的法律规则,实现"华沙体系"的现代化与一体化,确保消费者的利益,促进国际航空运输的有序、健康发展以及旅客、行李和货物通畅流通为目标制定并通过了《1999年蒙特利尔公约》(全称《统一国际航空运输某些规则的公约》)。该公约于2003年11月4日正式生效,从而取代了已适用70多年的《华沙公约》及其修正的系列公约、议定书,使国际航空运输规范走向统一完整。我国于2005年6月1日申请加入该公约,得到国际民航组织的批准,从而成为它的第94个缔约国,2005年7月31日,《1999年蒙特利尔公约》对中国正式生效。

(一)货物的托运和承运

国际航空货物运输的托运和承运的过程与国内航空运输基本一致,只是在航空货运单的填写方面,国际航空运输明确要求航空货运单应当由托运人填写;同时明确了承运人根据托运人的请求填写货运单的,在没有相反证据的情况下,应当视为代托运人填写,进一步明确了承运人和托运人之间填制货运单的责任。

(二)合同双方当事人的义务

在托运人和承运人的义务方面,国际航空货物运输并没有作特别规定,与国内航空货物运输是一致的。

(三)承运人的法律责任

就国际航空货物运输来说,在承运人的责任方面,与国内航空货物运输有所不同,主要表现在承运人的免责事项和责任限额方面。

1. 承运人的免责事项

《航空法》虽然没有对承运人的免责事项作特别规定,但《华沙公约》和《海牙议定书》规定,在下列情况下,承运人可以免除或减轻其责任:

(1)如果承运人证明自己和他的代理人为了避免损失的发生,已经采取了一切必要的措施,或者不可能采取这种措施时,即可免责。

(2)如果承运人能证明损失是由受损方引起或助成的,则可视情况免除或减轻责任。

2. 承运人的责任限额

与国内航空货物运输的责任限额不同,《航空法》规定,国际航空货物运输承运人的赔偿责任限额,为每公斤 17 计算单位(特别提款权)。托运人在交运货物时,特别声明在目的地交付时的利益,并在必要时支付附加费的,除承运人证明托运人声明的金额高于货物在目的地交付时的实际利益外,承运人在声明金额范围内承担责任。货物的一部分或者货物中的任何物件毁灭、遗失、损坏或者延误的,用以确定承运人赔偿责任限额的重量,仅为该一包件的总重量。但是,因货物的一部分或者货物中的任何物件的毁灭、遗失、损坏或者延误,影响同一航空货运单所列其他包件的价值的,确定承运人的赔偿责任限额时,此种包件的总重量也应当考虑在内。

《航空法》规定,在国际航空运输中,承运人同意未经填具航空货运单而载运货物的,或者航空货运单上未依照所适用的国际航空运输公约的规定而在首要条款中作出此项运输适用该公约的声明的,承运人无权援用《航空法》第 129 条有关赔偿责任限制的规定。

《华沙公约》规定,货物的灭失、损坏或迟延交付,承运人的最高赔偿限额为每公斤 250 金法郎,但托运人在向承运人交货时,特别声明货物运到后的价值,并已缴付必要的附加费,则不在此限。在这种情况下,承运人的赔偿以声明的金额为限,除非承运人证明该金额高于货物运到的实际价值。同时,《海牙议定书》还规定,如经证明损失系由承运人、其雇佣人或代理人故意或明知可能造成损失而漠不关心的行为或不行为,并证明他是在执行其受雇职务范围内的行为造成的,则不适用公约的责任限额。

第六节　国际货物多式联运法律制度

集装箱运输的发展、贸易结构的变化、科学技术的进步以及电子商务的推广,为多式联运这一新兴运输方式的产生和发展提供了客观条件,货主对运输服务的高要求对它的发展产生了巨大的推动力,在这样的背景下,多式联运迅速地发展起来。对物流企业来说,选择多式联运的方式来运送货物可以缩短运输时间,保证货运质量,节省运输费用,实现真正的运输合理化。我国的《海商法》对多式联运的相关事项都作了规定。关于国际货物多式联运的国际公约主要有《联合国国际货物多式联运公约》(以下简称公约)和《1991 年联合国贸易和发展会议/国际商会多式联运单证规则》等。

一、多式联运合同

（一）多式联运合同的概念

多式联运合同是指多式联运经营人与托运人签订的,由多式联运经营人以两种或者两种以上不同的运输方式将货物由接管地运至交付地,并收取全程运费的合同。物流企业在选择与多式联运经营人签订多式联运合同时,则为托运人。

（二）多式联运合同的订立

订立多式联运合同的程序与其他订立单一运输方式的运输合同一样,要经过要约和承

诺两个阶段。所不同的是,与托运人直接订立合同的是多式联运经营人,其他区段承运人并不直接参与合同的订立。托运人可以与某一多式联运经营人进行谈判协商,双方意思达成一致,即可订立合同。但在实践中,很多多式联运经营人有专门的业务机构或代理机构为其办理揽货事务,并对其联运路线、运价本、联运单据等情况加以宣传。托运人在向其业务机构或代理机构托运货物时,可以以托运单或订舱单的形式提出运输申请,多式联运经营人根据运输申请的内容决定是否承运,如果他决定承运的话,多式联运合同即告成立。

如果是长期稳定的货物运输,托运人还可以与多式联运经营人签订长期的多式联运协议,在货物发运时,以装运通知或托运单的形式通知多式联运经营人或指定的代理人,以便安排运输。

(三) 多式联运单据

多式联运中通常采用的运输单证是多式联运单据,当多式联运的运输方式之一是海运,尤其是第一种运输方式时,多式联运单据多表现为多式联运提单。多式联运经营人收到托运人交付的货物时,应当签发多式联运单据。

多式联运单据应当载明下列事项:

货物名称、种类、件数、重量、尺寸、外表状况、包装形式;多式联运经营人名称和主营业所;托运人名称;收货人名称;接收货物的日期、地点;交付货物的地点和约定的日期;多式联运经营人或其授权人的签字及单据的签发日期、地点;运费的交付;预期运输经由路线、运输方式以及换装地点等。

(四) 多式联运合同当事人的义务

1. 托运人的义务

(1) 按照合同约定的货物种类、数量、时间、地点提供货物,并交付多式联运经营人。

(2) 认真填写多式联运单据的基本内容,并对其正确性负责。

(3) 按照货物运输的要求妥善包装货物。

(4) 按照约定支付各种运输费用。

2. 多式联运经营人的义务

(1) 及时提供适合装载货物的运输工具。

(2) 按照规定的运到期间,及时将货物运至目的地。

(3) 在货物运输的责任期间内安全运输。

(4) 在托运人或收货人按约定缴付了各项费用后,向收货人交付货物。

(五) 多式联运经营人的法律责任

1. 责任期间

多式联运经营人的责任期间是指多式联运经营人对所运输保管的货物负责的期间。托运人可以要求多式联运经营人对在其责任期间发生的货物灭失、损坏和迟延交付负赔偿责任。我国《海商法》第103条规定:"多式联运经营人对多式联运货物的责任期间,自接收货物时起至交付货物时止。"

2. 责任形式

多式联运经营人的责任形式决定了托运人可以要求多式联运经营人对哪些损失负责以及负什么样的责任，因而，物流企业对多式联运经营人的责任形式要有充分的了解。

3. 多式联运的责任制类型

目前，多式联运责任制类型有以下四种。

（1）责任分担制。在这种责任制下，多式联运经营人和各区段承运人在合同中事先划分运输区段。多式联运经营人和各区段承运人都仅对自己完成的运输区段负责，并按各区段所应适用的法律来确定各区段承运人责任。这种责任制实际上是单一运输方式损害赔偿责任制度的简单叠加，并没有真正发挥多式联运的优越性，不能适应多式联运的要求，故目前很少采用。

（2）统一责任制。在这种责任制下，多式联运经营人对全程运输负责，各区段承运人对且仅对自己完成的运输区段负责。不论损害发生在哪一区段，均按照同一责任进行赔偿的一种制度，多式联运经营人和各区段承运人均承担相同的赔偿责任。这种责任制有利于货方，但对多式联运经营人来说责任负担则较重，目前世界上对这种责任制的应用并不广泛。

（3）修正后的统一责任制。有些学者也称之为"可变性的统一责任制"，是由《公约》所确立的以统一责任制为基础，以责任限额为例外的一种责任制度。根据这一制度，不管是否能够确定货运事故发生的实际运输区段，都适用公约的规定。但是，若货运事故发生的区段适用的国际公约或强制性国家法律规定的赔偿责任限额高于公约规定的赔偿责任限额，则应该按照该国际公约或国内法的规定限额进行赔偿。很明显，这种责任制度不利于货主而利于多式联运经营人，因《公约》尚未生效，所以实践中适用该责任制的情况也较少。

（4）网状责任制。在这种责任制下，由多式联运经营人就全程运输向货主负责，各区段承运人对且仅对自己完成的运输区段负责。无论货物损害发生在哪个运输区段，托运人或收货人既可以向多式联运经营人索赔，也可以向该区段的区段承运人索赔。但各区段适用的责任原则和赔偿方法仍根据调整该区段的法律予以确定。多式联运经营人赔偿后有权就各区段承运人过失所造成的损失向区段承运人进行追偿。网状责任制是介于统一责任制和责任分担制之间的一种制度，故又称为混合责任制。目前，国际上大多采用的是网状责任制。

4. 我国所采用的责任形式

我国的法律法规在多式联运经营人的责任形式方面一致采用了网状责任制。《海商法》规定，多式联运经营人负责履行或者组织履行多式联运合同，并对全程运输负责。多式联运经营人与参加多式联运的各区段承运人，可以就多式联运合同的各区段运输，另以合同约定相互之间的责任。但此项合同不得影响多式联运经营人对全程运输所承担的责任。货物的灭失或者损坏发生于多式联运的某一运输区段的，多式联运经营人的赔偿责任和责任限额，适用调整该区段运输方式的有关法律法规。货物的灭失或者损坏发生的运输区段不能确定的，多式联运经营人应当依照《海商法》第4章中有关承运人赔偿责任和责任限额的规定负赔偿责任。《国际集装箱多式联运管理规则》则作了如下规定，货物的灭失、损坏或迟延交付发生于多式联运的某一区段的，多式联运经营人的赔偿责任和责任限额，适用该运输区段的

有关法律、法规。不能确定所发生的区段时,多式联运经营人承担赔偿责任的赔偿责任限制为:多式联运全程中包括海运的适用《海商法》的规定,多式联运全程中不包括海运的适用相关法律、法规的规定。

二、《国际集装箱多式联运管理规则》的相关规定

国际多式联运基本上都是国际集装箱多式联运。为了加强国际集装箱多式联运的管理,促进通畅、经济、高效的国际集装箱多式联运的发展,满足对外贸易发展的需要,我国于1997年制定并施行了《国际集装箱多式联运管理规则》。该规则的主要内容如下。

(一) 有关托运人的相关规定

1. 提供约定货物的义务

托运人将货物交给多式联运经营人,所提供货物的名称、种类、包装、件数、重量、尺寸、标志等应准确无误,如系特殊货物,还应说明其性质和注意事项。

2. 托运人应承担赔偿责任的事项

由于下列原因造成货物灭失、损坏或对多式联运经营人造成损失,托运人应自行负责或承担赔偿责任:(1) 箱体、封志完好,货物由托运人装箱、计数、施封或货物装载于托运人的自备箱内;(2) 货物品质不良,外包装完好而内装货物短损、变质;(3) 运输标志不清,包装不良。

由于托运人的过失和疏忽对多式联运人或第三方造成损失,即使托运人已将多式联运单据转让,仍应承担赔偿责任。多式联运经营人取得这种赔偿权利,不影响其根据多式联运合同对托运人以外的任何人应负的赔偿责任。

 案例讨论

我国某出口公司按CPT条件,凭不可撤销即期信用证以集装箱出口服装100箱,装运条件是CY BY CY。货物交运后,我国某出口方取得清洁已装船提单,提单上表明:"shippers load and count"。在信用证规定的有效期内,我国某出口方及时办理了议付结汇手续。20天后,接进口方来函称:经有关船方、海关、保险公司、公证行会同时到货开箱检验,发现其中有20箱包装严重破损,每箱均有短少,共缺服装500件。各有关方均证明集装箱完好无损。为此,进口方要求我国某出口方赔偿短缺的损失,并承担全部检验费2 000美元。

问:进口方的要求是否合理,为什么?

3. 托运人托运危险货物应注意的问题

托运人托运危险货物,应当依照该种货物运输的有关规定执行,并妥善包装、粘贴或拴挂危险货物标志和标签,将其正式名称和性质以及应采取的安全防护措施书面通知多式联

运经营人;未通知或通知有误的,多式联运经营人可以根据情况将货物卸下、销毁或者采取相应的处理手段,而不负赔偿责任。托运人对多式联运经营人因运输该种货物所受到的损失,应当负赔偿责任。

多式联运经营人知道危险货物的性质并已同意装运的,在发现该种货物对于运输工具、人员或者其他货物构成实际危险时,仍然可将货物卸下、销毁或者使之不能发生危害。多式联运经营人的责任适用所发生区段的有关法律法规。

(二)有关多式联运经营人的相关规定

1. 多式联运经营人应签发多式联运单据

多式联运经营人签发多式联运单据后,即表明多式联运经营人已收到货物,对货物承担多式联运责任,并按多式联运单据载明的交接方式办理交接手续。

2. 多式联运经营人的责任期间

多式联运经营人的责任期间自接管货物时起至交付货物时止。接收是指货物已交给多式联运经营人运送,并由其接管。交付是指按多式联运合同将货物交给收货人或根据交付地适用的法律或贸易做法将货物置于收货人的支配下或必须交给的当局或第三方。

3. 多式联运经营人的保留事项

多式联运经营人在接收货物时已知道或有合理的根据怀疑托运人陈述或多式联运单据上所列货物内容与实际接收货物的状况不符,但无适当方法进行核对时,有权在多式联运单据上作出保留、注明不符之处、怀疑的根据或无适当核对方法的说明。

多式联运经营人未在多式联运单据上对货物或集装箱的外表状况加以批注,则应视为他已收到外表状况良好的货物或集装箱。

4. 多式联运单据的证明功能

除依照规定作出保留外,多式联运经营人签发的多式联运单据是多式联运经营人已经按照多式联运单据所载状况收到货物的初步证据。

5. 多式联运经营人的通知义务

多式联运经营人有义务按多式联运单据中收货人的地址通知收货人货物已抵达目的地。

6. 多式联运经营人的交货义务

收货人按多式联运单据载明的交接方式接收货物,在提货单证上签收。多式联运经营人收回正本多式联运单据后,多式联运经营人责任即告终止。

7. 多式联运经营人的赔偿责任

货物的灭失、损坏或迟延交付发生在多式联运经营人责任期间内,多式联运经营人应依法承担赔偿责任。

货物在明确约定的交货日期届满后连续60日仍未交付,收货人则可认为该批货物已灭失。货物的灭失、损坏或迟延交付发生于多式联运的某一区段的,多式联运经营人的赔偿责任和责任限额适用该运输区段的有关法律法规。

货物的灭失、损坏不能确定所发生的区段时,多式联运经营人承担赔偿责任的赔偿责任限制为:多式联运全程中包括海运的适用于《海商法》,多式联运全程中不包括海运的适用

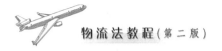

于有关法律法规的规定。

8. 货物的迟延交付责任

货物的迟延交付不能确定所发生的区段时,多式联运经营人对迟延交付承担的赔偿责任限制,在多式联运全程中包括海运段的,以不超过多式联运合同计收的运费数额为限。

货物的灭失或损坏和迟延交付同时发生的,多式联运经营人的赔偿责任限额按货物的灭失或损坏处理。

因货物灭失、损坏或迟延交付造成损失而对多式联运经营人提起的任何诉讼,不论这种诉讼是根据合同还是侵权行为或其他理由提起的,均适用第7、第8条规定的赔偿责任限制。

由于货物灭失、损坏或迟延交付造成损失而对多式联运经营人的受雇人提起诉讼,该受雇人如能证明其是在受雇范围内行事,则该受雇人有权援用多式联运经营人的辩护理由和赔偿责任限制。

如能证明货物的灭失、损坏或迟延交付是多式联运经营人有意造成或明知有可能造成而毫不在意的行为或不行为所致,多式联运经营人则无权享受第7和第8条所规定的赔偿责任限制。

多式联运经营人可以与有关各方签订协议,具体商定相互之间的责任、权利和义务及有关业务安排等事项,但不得影响多式联运经营人对多式联运全程运输承担的责任,法律、法规另有规定者除外。

(三) 索赔

(1) 多式联运经营人向收货人交付货物时,收货人未将货物灭失或者损坏的情况书面通知多式联运经营人的,此项交付视为多式联运经营人已经按照多式联运单据的记载交付以及货物状况良好的初步证据。

货物灭失或者损坏的情况非显而易见的,整箱货物交付的次日起连续15日内,货物拆箱交付的次日起连续7日内,收货人未提交书面通知的,适用前款规定。

(2) 货物交付时,如收货人已经会同多式联运经营人对货物的状况进行联合调查或检验,无需就查明的灭失或损坏的情况提交书面通知。

(3) 多式联运经营人自向收货人交付货物的次日起连续60日内未收到收货人就货物因迟延交付造成经济损失而提交书面通知的,不负赔偿责任。

(4) 本条有关书面通知提出时间,并不妨碍在所确定货物灭失、损坏发生区段法规所适用的书面通知提出的时效。

(四) 诉讼时效

(1) 多式联运全程包括海运段的,对多式联运经营人的诉讼时效期间为1年。多式联运全程未包括海运段的,对多式联运经营人的诉讼时效时间为2年。

(2) 时效时间从多式联运经营人交付或应当交付货物的次日起计算。

(3) 诉讼时效的规定不妨碍索赔人在能确定货物发生灭失、损坏区段时,根据该区段法规所规定的有权提起的诉讼时效。

(4) 多式联运经营人对第三人提起追偿要求的时效期限为 90 日，自追偿的请求人解决原赔偿请求之日起或者收到受理对其本人提起诉讼的法院的通知日起。

三、国际货物多式联运公约

物流企业在自己组织国际货物多式联运的时候，要注意遵守前面所提的各种运输方式在国际货物运输中的特别规定，而在作为托运人与多式联运经营人签订国际货物多式联运合同时，则应对合同中有可能选择适用的几个国际公约的特殊规定有所了解。

在国际货物多式联运领域内，较有影响的国际公约主要有三个：1980 年的《联合国国际货物多式联运公约》、1973 年的《联合运输单证统一规则》以及 1991 年的《多式联运单证规则》。但第一个公约至今尚未生效，而后两个则是民间规则，而非强制性的公约，仅供当事人选择适用。

（一）《联合国国际货物多式联运公约》

《联合国国际货物多式联运公约》又称为《东京规则》，该公约于 1980 年 5 月 24 日在联合国贸易与发展会议上获得通过。我国是该公约的缔约国。公约的主要内容如下。

1. 公约的适用范围

公约的各项规定适用于两国境内各地之间的所有多式联运合同，但多式联运合同规定的多式联运经营人接管货物或交付货物的地点必须位于缔约国境内。公约不得影响任何有关运输业务管理的国际公约或国家法律的适用或与之相抵触。同时，公约不得影响各缔约国在国家一级管理多式联运业务和多式联运经营人的权利，具体包括就下列事项采取措施的权利：多式联运经营人、托运人、托运人组织以及各国主管当局之间就运输条件进行协商，特别是在引用新技术开始新的运输业务之前进行协商；颁发多式联运经营人的许可证；参加运输；为了本国的经济和商业利益而采取一切其他措施。公约还明确规定，多式联运经营人除了应遵守本公约的规定外，还应遵守其业务所在国的法律。

2. 多式联运经营人的责任

（1）多式联运经营人的责任期间。

公约规定多式联运经营人的责任期间自接管货物之时起到交付货物时为止。

（2）多式联运经营人的赔偿责任原则。

公约实行完全推定过错责任原则，多式联运经营人对于在责任期间所发生的货物灭失、损坏或延迟交付引起的损失应负赔偿责任，包括其受雇人、代理人或为履行多式联运合同而使用其服务的任何其他人。除非多式联运经营人证明其本人、受雇人或代理人为避免事故的发生及其后果已采取一切所能合理要求的措施，否则，便推定损坏是由于其本人、受雇人或代理人的过错行为所致，并由其负赔偿责任。

（3）多式联运经营人的赔偿责任限制。

多式联运经营人对货物的灭失或损坏造成的损失负赔偿责任，赔偿标准为：按灭失或损坏的货物的每包或其他货运单位计不得超过 920 特别提款权（SDR），或按毛重每公斤计不得超过 2.75 特别提款权，以较高者为准。

① 如果货物是用集装箱、货盘或类似的装运工具集装,经多式联运单据列明装在这种装运工具中的包数或货运单位数应视为计算限额的包数或货运单位数。否则,这种装运工具中的货物应视为一个货运单位。

② 如果装运工具本身灭失或损坏,而该装运工具并非为多式联运经营人所有或提供,则应视为一个单独的货运单位。

③ 多式联运合同如果不包括海上或内河运输,则多式联运经营人的赔偿责任按灭失或损坏货物毛重每公斤计不得超过8.33特别提款权。

④ 迟延交付货物造成损失所负的赔偿责任限额为该货物应付运费的2.5倍,但不得超过多式联运合同规定的应付运费的总额。

⑤ 多式联运经营人赔偿责任的总和(同时发生货损和迟延交付)不得超过按货物全部灭失所计算的赔偿责任限额。

⑥ 如果多式联运经营人和发货人之间订有协议,则多式联运单据中可规定超过上述各款规定的赔偿限额。

⑦ 如果货物的灭失或损坏发生于多式联运的某一特定阶段,而对这一阶段适用的一项国际公约或强制性国家法律规定的赔偿限额高于上述各款所得出的赔偿限额,则应按照该公约或强制性国家法律予以确定赔偿限额。

(4) 多式联运经营人赔偿责任限制权利的丧失。

如经证明,货物的灭失、损坏或迟延交付是由于多式联运经营人或其代理人、受雇人有意造成或明知可能造成而毫不在意的行为或不行为所引起,则多式联运经营人丧失享受本公约所规定的赔偿责任限制的权利。

3. 发货人的义务和法律责任

发货人是指其本人或以其名义或其代表同多式联运经营人订立多式联运合同的任何人,或指其本人或以其名义或其代表按照多式联运合同将货物实际交给多式联运经营人的任何人。

(1) 发货人应保证在多式联运单据中对所提供的货物品类、标志、件数、重量和数量,如属危险货物,则包括对其危险性等事项的说明,概述准确无误。

(2) 发货人必须赔偿多式联运经营人因前款所指各事项的不准确或不当而造成的损失。即使发货人已将多式联运单据转让,仍需负赔偿责任。

(3) 由于发货人的过失或疏忽或者发货人的受雇人或代理人在其受雇范围内行事时的过失或疏忽造成货物损害的,发货人应负赔偿责任。

(4) 发货人应以合适的方式在危险货物上标明危险标志或标签。发货人将危险货物交给多式联运经营人或其任何代表时,应告知货物的危险特性,必要时并告知应采取的预防措施。否则,发货人应对多式联运经营人由于载运这类货物而遭受的一切损失负赔偿责任。如果未经发货人告知而多式联运经营人又无从得知货物的危险特性,多式联运经营人视情况需要,可随时将货物卸下、销毁或使其无害而无须给予赔偿。

4. 收货人的义务和法律责任

收货人是指有权提取货物的人。公约规定,货物运到合同规定的交货地点后,收货人应及时提取货物。如果收货人不向多式联运经营人提取货物,则按照多式联运合同或按照交货地点适用的法律或特定行业惯例，多式联运经营人可以将货物置于收货人支配之下，或者将货物交给根据交货地点适用的法律或规章必须向其交付的当局或者第三方，这时，多式联运经营人即已履行其交货义务。

5. 多式联运单据

公约对多式联运单据的内容及填写做了规定。

如果多式联运经营人或其代表知道或有合理的根据怀疑多式联运单据所列货物的品类、主要标志、包数或件数、重量或数量等事项没有准确地表明实际接管货物的状况，或无适当方法进行核对，则该多式联运经营人或其代表应在多式联运单据上作出保留，注明不符之处、怀疑的根据或无适当核对方法。如果多式联运经营人或其代表未在多式联运单据上对货物的外表状况加以批注，则应视为该单据注明货物的外表状况良好。

 拓展资料

集装箱跌落海中，清洁提单下船方可以免责

清洁提单所载明的货物，在港口惯例中是不允许在甲板上积载的。换言之，对于出具清洁提单，货方可以认为，船方宣布将货物装入舱内；如果由于并未装入舱内而造成了损失，船方是应对其损失负责的。但是，在提单没有载明集装箱可以装在甲板上的条件下，港口习惯与航贸习惯是允许在甲板上装载集装箱的。船货双方对专用集装箱甲板上可以装载集装箱一事是熟知的，也视为舱内货。这种做法无需在提单上特别注明的，除提单另有规定者外，不得作为违规处理，集装箱跌落入海所造成的损失，船方可以免责。

公约对多式联运单据的签发也做了规定：

（1）多式联运经营人接管货物时，应签发一项多式联运单据，该单据应发货人的选择，或为可转让单据，或为不可转让单据。

（2）多式联运单据应由多式联运经营人或经他授权的人签字。

（3）多式联运单据上的签字如不违背签发多式联运单据所在国的法律，可以是手签、手签笔迹的复印、盖章、符号或用任何其他机械或电子仪器打出。

（4）多式联运单据以可转让的方式签发时，应列明按指示或向持票人交付；如列明按指示交付，须经背书后转让；如列明向持票人交付，无须背书即可转让；如签发一套一份以上的正本，应注明正本份数；如签发任何副本，每份副本均应注明"不可转让副本"字样。

只有交出可转让多式联运单据，并在必要时经正式背书，才能向多式联运经营人或其代表提取货物。如签发一套一份以上的可转让多式联运单据正本，而多式联运经营人或其代表已正当地按照其中一份正本交货，该多式联运经营人便已履行其交货责任。

（5）多式联运单据以不可转让的方式签发时，应指明记名的收货人。多式联运经营人将货物交给此种不可转让的多式联运单据所指明的记名收货人或经收货人通常以书面正式指定的其他人后，该多式联运经营人即已履行其交货责任。

除对单据准许保留的事项作出保留的部分之外,多式联运单据应是该单据所载明的货物由多式联运经营人接管的初步证据;如果多式联运单据以可转让方式签发,而且已转让给正当地信赖该单据所载明的货物状况的、包括收货人在内的第三方,则多式联运经营人提出的反证不予接受。如果多式联运经营人意图诈骗,在多式联运单据上列明相关货物的不实资料或漏列按规定应载明的任何资料,则该联运人不得享有本公约规定的赔偿责任限制,而需负责赔偿包括收货人在内的第三方因信赖该多式联运单据所载明的货物状况行事而遭受的任何损失、损坏或费用。

6. 关于索赔与诉讼

(1) 灭失、损坏或迟延交货的通知。

① 如果货物存在着明显的灭失或损坏,收货人应不迟于在货物交给他的次一工作日,将说明此种灭失或损坏的一般性质的书面通知送交多式联运经营人。如果货物灭失或损坏不明显,收货人应在收到货物之日后连续6日内提出书面通知。在上述规定时间内若未提出书面通知,则此种货物的交付即为多式联运经营人交付多式联运单据所载明的货物的初步证据。

② 如果货物的状况在交付收货人时已经当事各方或其授权在交货地的代表进行了联合调查或检验,则无须就调查或检验所证实的灭失或损坏送交书面通知。

③ 对迟延交货造成损失的索赔,收货人必须在收到货后连续60日内向多式联运经营人送交书面通知,否则多式联运经营人对迟延交货所造成的损失无须给予赔偿。

(2) 诉讼时效。

① 根据本公约,有关国际多式联运的任何诉讼,如果在2年期间内没有提起诉讼或交付仲裁,即失去时效。但是,如果在货物交付之日或应当交付之日后6个月内,没有提出书面索赔通知说明索赔的性质和主要事项,此期限届满后即失去诉讼时效。

② 时效期间自多式联运经营人交付货物或部分货物之日的次一日起算,如货物未交付,则自货物应当交付的最后一日的次一日起算。

③ 被索赔方可在时效期间内随时向索赔人提出书面声明,延长时效期间。此种期间可用另一次声明或多次声明再度延长。

④ 除非一项适用的国际公约另有相反规定,根据本公约负有赔偿责任的人即使在上述各款规定的时效期间届满后,仍可在起诉地国家法律所许可的期限内提起诉讼,要求追偿。而此项所许可的限期,自提起此项追偿诉讼的人已清偿索赔要求或接到对其本人的诉讼传票之日起算,不得少于90日。

(3) 关于仲裁。

公约规定,合同双方可以达成书面协议,将争议提交仲裁。申诉方有权选择仲裁地点,但应在有管辖权的法院所在国提交仲裁。

7. 管辖权

公约规定,原告有权选择向有管辖权的法院提起诉讼,并规定下列地点所在国有管辖权:

① 被告主要营业所或者被告的经常居所。

② 订立多式联运合同的地点,而且合同是通过被告在该地的营业所、分支或代理机构

订立。

③ 货物接管地或交付地。

④ 多式联运合同中指定并在多式联运单据中载明的任何其他地点。

(二) 三项国际公约的比较

这三项公约与我国的规定之间相比较,主要的不同点在于多式联运经营人的责任制度。

1. 多式联运经营人的责任基础

我国采用了网状责任制,而三个公约则分别采取了不同的责任制度。

(1)《联合国国际货物多式联运公约》的规定。

该公约实行修正后的统一责任制。多式联运经营人对全程运输负责。不管是否能够确定货运事故发生的实际运输区段,都适用公约的规定。但是,若货运事故发生的区段适用的国际公约或强制性国家法律规定的赔偿责任限额高于公约规定的赔偿责任限额,则应该按照该国际公约或国内法的规定限额进行赔偿。

该公约实行推定过失责任制,即如果造成货物灭失、损坏或迟延交付的事故发生在联运责任期间,联运经营人就应负赔偿责任,除非联运经营人能证明其本人、雇佣人或代理人等为避免事故的发生及后果已采取了一切所能采取的措施。

(2)《联合运输单证统一规则》的规定。

该规则实行网状责任制。如果能够确定灭失、损坏发生的运输区段,多式联运经营人的责任适用该运输区段的强制性国内法或国际公约的规定办理。如不能确定灭失、损坏发生的区段,则按本规则的规定办理。

该规则对多式联运经营人实行推定过失责任制,具体规定类似于《汉堡规则》的承运人推定过失责任制。

(3)《多式联运单证规则》的规定。

该规则实行一种介于网状责任制和统一责任制之间的责任形式。总体上采用推定过失责任原则,但是对于水上运输的区段,实际上仍采用了《海牙—维斯比规则》的不完全过失责任制。该规则规定,多式联运经营人对海上或内河运输中由于下列原因造成的货物灭失或损坏以及迟延交付,不负赔偿责任:船长、船员、引航员或受雇人在驾驶或管理船舶中的行为、疏忽或过失;火灾(除非由于承运人的实际过失或私谋而造成)。

2. 多式联运经营人的赔偿责任限额

各公约在责任限额方面的规定也都不尽相同。

(1)《联合国国际货物多式联运公约》的规定。

该公约规定,多式联运包括水运者,每包或其他货运单位的最高赔偿额不得超过920特别提款权,或者按毛重每公斤不得超过2.75特别提款权计算,以其中较高者为准;如联运中不包括水运,则按毛重每公斤不超过8.33特别提款权计算,单位限额不能适用。关于迟延交付的限额为所迟延交付的货物应付运费的总额。

如经证明,货物的灭失、损坏或迟延交付系多式联运经营人的故意或者明知可能造成损失的轻率作为或不作为所引起,多式联运经营人便丧失引用上述责任限制的权利。

(2)《联合运输单证统一规则》的规定。

该规则规定,如果能够知道货物损失发生的运输区段,多式联运经营人的责任限额依据该区段适用的国际公约或强制性国内法的规定确定。如果不能确定损失发生的区段,责任限额为货物毛重每公斤 30 金法郎,除非经联运经营人同意,发货人已就货物申报较高的价值,则不在此限。但是,在任何情况下,赔偿金额都不应超过有权提出索赔的人的实际损失。

(3)《多式联运单证规则》的规定。

该规则规定,如果能够确定货物损失发生的运输区段,则应适用该区段适用的国际公约或强制性国内法规定的责任限额。如不能确定损失发生的区段,如果运输方式中包含水运,其责任限额为每件或每单位 666.67 特别提款权或者按毛重每公斤 2 特别提款权计算,以其中较高者为准;如果不包含水运,责任限额则为每公斤 8.33 特别提款权。如果发货人已对货物价值作出声明的,则应以声明价值为限。

学习重点和难点

- 货物运输合同的含义、法律特征和效力
- 各种运输方式下的合同当事人的权利、义务和责任
- 国际运输中的规则适用和责任承担

练习与思考

(一) 名词解释

货物运输合同 多式联运合同

(二) 填空

1. ＿＿＿＿＿＿＿＿＿是货物运输合同的一方当事人,是把货物交给承运人运输的人。

2. 水路货物运输包括＿＿＿＿＿＿＿＿＿和航次租船运输。

(三) 单项选择

1. (   )不得拒绝旅客、托运人通常、合理的运输要求。
   A. 所有从事运输的承运人   B. 承运人
   C. 从事公共运输的承运人   D. 司机

2. 我国的法律法规在多式联运经营人的责任形式方面一致采用了(   )。
   A. 责任分担制   B. 统一责任制
   C. 修正后的统一责任制   D. 网状责任制

3. 《铁路法》规定,自铁路运输企业发出领取货物通知之日起满(   )仍无人领取的货物,或者收货人书面通知铁路运输企业拒绝领取的货物,铁路运输企业应当通知托运人,托运人自接到通知之日起满 30 日未作答复的,由铁路运输企业变卖。
   A. 10 日   B. 20 日   C. 30 日   D. 一个月

4. 依《国际铁路货物联运协定》的规定,为了保证核收运输合同项下的一切费用,铁路当

局对货物可行使留置权。留置权的效力以（　　）国家的法律为依据。

　　A. 货物起运地　　　　　　　　　B. 货物留置地

　　C. 运费支付地　　　　　　　　　D. 货物交付地

5. 依《国际铁路货物联运协定》的规定，当事人依运输合同向铁路提出的赔偿请求和诉讼，以及铁路对发货人和收货人有关支付运费、罚款和赔偿损失的要求和诉讼应在（　　）内提出。

　　A. 6个月　　　　B. 9个月　　　　C. 12个月　　　　D. 24个月

6. 承运人知道危险货物的性质并已同意装运的，仍然可以在该项货物对于船舶、人员或者其他货物构成实际危险时（　　）。

　　A. 将货物卸下、销毁或者使之不能为害，而不承担赔偿责任

　　B. 将货物卸下、销毁或者使之不能为害，但应承担赔偿责任

　　C. 将货物卸下、销毁或者使之不能为害，酌情承担赔偿责任

　　D. 将货物卸下、销毁或者使之不能为害，适当承担赔偿责任

7. 《民用航空法》规定，国际航空货物运输承运人的赔偿责任限额，为每千克（　　）计算单位（特别提款权）。

　　A. 10　　　　　　B. 17　　　　　　C. 20　　　　　　D. 30

（四）多项选择

1. 汽车货物运输合同的分类包括（　　）。

　　A. 定期运输合同　　B. 一次性运输合同　　C. 道路货物运单　　D. 长期运输合同

2. 汽车货物运输的其他费用包括（　　）。

　　A. 调车费　　　　B. 延滞费　　　　C. 排障费　　　　D. 装卸费

3. 多式联运的责任制类型包括（　　）。

　　A. 责任分担制　　　　　　　　　B. 统一责任制

　　C. 修正后的统一责任制　　　　　D. 网状责任制

4. 以下不是运输合同承运人的义务的是（　　）。

　　A. 安全运输义务　　　　　　　　B. 支付票款或者运输货物的义务

　　C. 填写托运单的义务　　　　　　D. 按照约定的方法包装货物的义务

5. 以下（　　）是托运人托运易燃、易爆、有毒、有腐蚀性、有放射性等危险物的义务。

　　A. 对危险物妥善包装

　　B. 作出危险物标志和标签

　　C. 提交给承运人有关危险物的名称、性质和防范措施的书面材料

　　D. 派人押运

6. 汽车承运人举证后可不负赔偿责任的情形有（　　）。

　　A. 不可抗力

　　B. 货物本身的自然性质变化或者合理损耗

　　C. 包装体外表面完好而内装货物毁损或灭失

　　D. 包装内在缺陷，造成货物受损

7. 航空货物运输合同承运人的义务有（　　）。

A. 按照航空货运单上填明的地点,在约定的期限内将货物运抵目的地

B. 按照合理或经济的原则选择运输路线,避免货物的迂回运输

C. 对承运的货物应当精心组织装卸作业,轻拿轻放,严格按照货物包装上的储运指示标志作业,防止货物损坏

D. 对货物按照国家主管部门规定的包装标准进行包装;如果没有包装标准的话,则应按照货物的性质和承载飞机的条件,根据保证运输安全的原则,对货物进行包装

(五)简答

1. 简述货物运输合同的法律特征
2. 简述多式联运的责任制类型

(六)思考题

1. 在法治环境下,运输企业在合同项下需要履行的义务和承担的责任有哪些?
2. 为了保护各方的合法权益,运输企业遵守相关法律法规的意义和价值有哪些?
3. 在习近平新时代中国特色社会主义思想指引下,中国可以为推动运输方面的国际公约的发展做哪些贡献?

案例分析

(一)某贸易公司把一批易自燃物品委托某汽车运输公司从甲地运往乙地,在途中此货物自燃,引起汽车和其他货物燃烧,损失达 30 万元。经调查发现,此货物的自燃点是 8℃,托运人某贸易公司在托运单中未说明,汽车运输公司在运输过程中没有进行降温处理。

问题:该损失应由谁赔偿?为什么?

(二)某百货公司与某铁路分局签订了一份家电运输合同,合同规定由该铁路分局(承运人)在合同生效后的一周内提供 5 节 55 吨闷罐车皮抵达某仓库的专用铁路第二月台,由托运人负责装车。装车时间不超过 12 小时。承运人在 4 天之内将此 5 节车皮运抵指定车站。由于该批百货价值比较高,承运人要求托运人派员押车。

签订合同后一周,托运人即向承运人提交家电(货物)运单,承运人在运单上加盖了车站日期章后,该合同即告成立,托运人在某仓库月台等候车皮,经屡屡电话催促后,承运人在合同生效后第 9 天才将车皮驶到某仓库月台,铁路方面派员监督装车,按时装完车后其中 4 节车皮加了铅封,一节车皮未封,留给托运人的押运人乘坐。因运输困难,铁路编组花了 4 天时间才将该 5 节车皮编组发出,运抵指定地点时已是第 7 天,比合同规定的时间晚了 3 天。在卸货时,收货人发现有 3 节车皮的家电外包装被老鼠啃咬,损坏严重,部分录音机的塑料机壳也被咬坏,里面的线路被咬断,基本上报废了。收货人立即电话询问托运人。得知货物装车时完好,是在运输途中被老鼠咬坏的,要求主承运人赔偿相关损失计 15 万元,另外,支付逾期到达的违约金,数额为运费总额的 20%。

问题:承运人是否应该对托运人的经济损失负责赔偿?为什么?

(三)A 货运代理公司空运部接受货主的委托,将一台重 12 千克的红外线测距仪从沈

阳空运至香港。该批货物价值6万余元人民币,但货物"声明价值"栏未填写。A货运代理公司按照正常的业务程序,向货主签发了航空分运单,并按普通货物的空运费率收取了运费。由于当时沈阳无直达香港的航班,所有空运货物必须在北京办理中转。为此A货运代理公司委托香港B货运代理公司驻北京办事处办理中转业务。但是,由于航空公司工作疏忽,致使该货物在北京至香港的运输途中遗失。根据以上案情,请回答如下问题:

(1) A货运代理公司和B货运代理公司处于什么样的法律地位?他们是否应对货物遗失承担责任?

(2) 本案是否适用国际航空货运公约?为什么?

(3) 货主认为应按货物的实际价值进行赔偿的主张是否有法律依据,为什么?

(四)某年12月12日,原告某保险公司接受某公司(托运人)对其准备空运至纽约的20箱服装的投保,保险金额为8万美元。同日,由被告A航空公司的代理B航空公司出具了航空货运单一份。该航空货运单注明:第一承运人为A航空公司,第二承运人为C航空公司,货物共20箱,重500千克,该货物的"声明价值"未填写。A航空公司于12月25日将货物由杭州运抵北京。12月28日,A航空公司在准备按约将货物转交C航空公司运输时发现货物灭失。第二年,原告对投保人(托运人)进行了全额赔偿并取得权益转让书后,于5月5日向B航空公司提出索赔请求。B航空公司将原告索赔请求材料转交A航空公司。A航空公司表示愿意以每千克20美元限额赔偿原告损失,原告要求被告进行全额赔偿,不接受被告的赔偿意见,遂向法院起诉。

如果你是法官,你认为A航空公司应该赔偿保险公司10 000美元吗?你怎么判?

(五)某年10月4日,某托运人将一集装箱服装交由某船务公司甲公司所属某轮承运。甲公司加封铅后,签发了一式三份正本全程多式联运提单。该份清洁记名提单载明:收货地厦门,装货港香港,卸货港布达佩斯,记名收货人为乙公司。货抵香港后,甲公司将其转至丙公司所属另一船承运。托运人凭正本提单提货时打开箱子发现里面是空的,集装箱封铅及门锁已被替换,后获知布达佩斯马哈特集装箱终点站货物被盗之事。收货人向海事法院起诉。

问题:此案中,应由谁来承担责任,为什么?

实践活动

撰写一份货物运输合同
参考范本

货物运输合同

托 运 方:_____
地 址:_____ 邮码:_____
电 话:_____
法定代表人:_____ 职务:_____
承 运 方:_____
地 址:_____ 邮码:_____

电　　　话：_____
法定代表人：_____　职务：_____

根据国家有关运输规定,经过双方充分协商,特订立本合同,以便双方共同遵守。
第一条　货物名称、规格、数量、价款
第二条　包装要求
　　托运方必须按照国家主管机关规定的标准包装;没有统一规定包装标准的,应根据保证货物运输安全的原则进行包装,否则承运方有权拒绝承运。
第三条　货物起运地点
　　　　货物到达地点
第四条　货物承运日期
　　　　货物运到期限
第五条　运输质量及安全要求
第六条　货物装卸责任和方法
第七条　收货人领取货物及验收办法
第八条　运输费用、结算方式
第九条　各方的权利义务
　　一、托运方的权利义务
　　1. 托运方的权利：要求承运方按照合同规定的时间、地点把货物运输到目的地。货物托运后,托运方需要变更到货地点或收货人,或者取消托运时,有权向承运方提出变更合同的内容或解除合同的要求。但必须在货物未运到目的地之前通知承运方,并应按有关规定付给承运方所需费用。
　　2. 托运方的义务：按约定向承运方交付运杂费。否则,承运方有权停止运输,并要求对方支付违约金。托运方对托运的货物,应按照规定的标准进行包装,遵守有关危险品运输的规定,按照合同中规定的时间和数量交付托运货物。
　　二、承运方的权利义务
　　(1) 承运方的权利：向托运方、收货方收取运杂费用。如果收货方不交或不按时交纳规定的各种运杂费用,承运方对其货物有扣押权。查不到收货人或收货人拒绝提取货物,承运方应及时与托运方联系,在规定期限内负责保管并有权收取保管费用,对于超过规定期限仍无法交付的货物,承运方有权按有关规定予以处理。
　　(2) 承运方的义务：在合同规定的期限内,将货物运到指定的地点,按时向收货人发出货物到达的通知。对托运的货物要负责安全,保证货物无短缺、无损坏、无人为的变质,如有上述问题,应承担赔偿义务。在货物到达以后,按规定的期限,负责保管。
　　三、收货人的权利义务
　　(1) 收货人的权利：在货物运到指定地点后有以凭证领取货物的权利。必要时,收货人有权向到站,或中途货物所在站提出变更到站或变更收货人的要求,签订变更协议。
　　(2) 收货人的义务：在接到提货通知后,按时提取货物,缴清应付费用。超过规定期限提货时,应向承运人交付保管费。

第十条 违约责任

一、托运方责任

(1) 未按合同规定的时间和要求提供托运的货物,托运方应按其价值的_____％偿付给承运方违约金。

(2) 由于在普通货物中夹带、匿报危险货物,错报笨重货物重量等招致吊具断裂、货物摔损、吊机倾翻、爆炸、腐蚀等事故,托运方应承担赔偿责任。

(3) 由于货物包装缺陷产生破损,致使其他货物或运输工具、机械设备被污染腐蚀、损坏,造成人身伤亡的,托运方应承担赔偿责任。

(4) 在托运方专用线或在港、站公用线、专用线自装的货物,在到站卸货时,发现货物损坏、缺少,在车辆施封完好或无异状的情况下,托运方应赔偿收货人的损失。

(5) 罐车发运货物,因未随车附带规格质量证明或化验报告,造成收货方无法卸货时,托运方应偿付承运方卸车等存费及违约金。

二、承运方责任

(1) 不按合同规定的时间和要求配车、发运的,承运方应偿付甲方违约金_____元。

(2) 承运方如将货物错运到货地点或接货人,应无偿运至合同规定的到货地点或接货人。如果货物逾期达到、承运方应偿付逾期交货的违约金。

(3) 运输过程中货物灭失、短少、变质、污染、损坏,承运方应按货物的实际损失(包括包装费、运杂费)赔偿托运方。

(4) 联运的货物发生灭失、短少、变质、污染、损坏,应由承运方承担赔偿责任的,由终点阶段的承运方向负有责任的其他承运方追偿。

(5) 在符合法律和合同规定条件下的运输,由于下列原因造成货物灭失、短少、变质、污染、损坏的,承运方不承担违约责任:

① 不可抗力;

② 货物本身的自然属性;

③ 货物的合理损耗;

④ 托运方或收货方本身的过错。

本合同正本一式两份,合同双方各执一份;合同副本一式____份,送_____等单位各留一份

托运方:_____

代表人:_____

_____年_____月_____日

承运方:_____

代表人:_____

_____年_____月_____日

第四章 海上货物运输法律制度

■ 知识目标 ■

学习完本章,你能够掌握的知识点:
1. 熟记海运承运人的义务和责任
2. 描述提单的法律性质
3. 区分海上货物运输的国际公约

■ 能力目标 ■

学习完本章,你能够熟悉的技能:
1. 分析问题、解决问题、培养法律思维
2. 使用提单
3. 运用国际规则

■ 思政目标 ■

1. 遵守规则和行业惯例
2. 义务和责任意识
3. 尊重国际规则、推动"涉外"法治

■ 基本概念 ■

承运人　海上货物运输合同　提单

■ 案例导入 ■

1. 某货轮起航后,船员在检查船舶和货物时,发现货舱 A 内有水声,担心海水渗入浸泡货物,速打开舱门,发现是货舱内水管中水流动的声音,后关上舱门离开,船到目的港卸货时发现货舱内的货物全部被渗入的海水浸泡,全部损失,调查原因得知是舱门无法关严,船舶航行中颠簸,打在甲板上的海水渗入所致,货主提出货物损失赔偿。

2. 某货轮起航后,船员在检查船舶和货物时,发现货舱 A 内有水声,担心海水渗入浸泡货物,速打开舱门,发现是货舱内水管中水流动的声音,后关上舱门离开,船到目的港卸货时发现货舱内的货物全部被渗入的海水浸泡,全部损失,调查原因得知是船员没有将舱门关严,船舶航行中颠簸,打在甲板上的海水渗入所致,货主提出货物损失赔偿。

问题:1. 上述两个案例中,承运人是否需要对货主的货损负赔偿责任?
   2. 如果需要,请指出承运人分别违反了哪项义务,为什么?

  海上货物运输是指使用船舶通过海上航道在不同的国家和地区的港口之间运送货物的一种运输方式,因为具有国际性,通常也称之为国际海上货物运输。海上货物运输是国际货物运输最重要的方式,也是物流企业在国际物流中最常用的运输方式。物流企业在使用自有船舶或者租用船舶进行国际海上货物运输时,从法律适用到权利义务方面与进行国内水路货物运输并无区别,但是,在它作为托运人而与国际海上货物运输的承运人签订海上货物运输合同时,无论是法律适用还是运输单据以及承运人的责任等方面与国内水路货物运输相比都具有显著的不同。

第一节 《中华人民共和国海商法》概述

  《中华人民共和国海商法》(以下简称《海商法》)于1992年11月7日由第七届全国人民代表大会常务委员会第二十八次会议通过,1993年7月1日起实施。《海商法》是一部以调整国际海上运输过程中发生的运输关系、船舶关系为中心的特别法。

拓展资料

《海商法》立法背景

  随着新中国航运事业的发展,制定新的海商法成为当务之急。共和国成立初期,便开始着手海商法的起草工作,1951年,正式成立中华人民共和国海商法起草小组,从1952—1963年,海商法草案九易其稿。但由于历史原因,起草工作一度被迫中断,1982年才恢复起草工作。国务院对此十分重视,专门成立海商法审查小组,广泛征求意见,反复论证,多次修改草案。1992年11月7日,由第七届全国人民代表大会常务委员会第二十八次会议通过并公布了历经40余载才得以制定的《中华人民共和国海商法》(以下简称《海商法》),该法自1993年7月1日起施行。《海商法》共15章278条,主要内容是对船舶所有权、船舶抵押权、船舶优先权、海上货物运输合同、海上旅客运输合同、船舶租用合同、海上拖航合同、船舶碰撞、海难救助、共同海损、海事赔偿责任限制、海上保险合同等做了明确的规定。

  我国的立法者在制定海商法时,采用了法律移植的形式。《海商法》的制定不是以一个或几个国家的海商法为蓝本,而是以国际公约、国际民间规则和具有广泛影响的国际常用的标准合同为蓝本。例如,《海商法》的全部十五章内容当中,海上货物运输合同这一章是在《海牙规则》《海牙—维斯比规则》和《汉堡规则》两个公约的基础上拟定的。《海商法》是一部涉外性很强的法律,理应和国际上通行的做法保持一致。中国海商法科学移植了国际海商立法的最新成就,使之具备了更高的先进性和国际统一性。就我国而言,1993年实施的《海商法》就有90%以上规定来自各国法律或国际公约,这一法律,从颁布之日起便受到世界各国的赞同及欢迎。由此可见,我国现行的海商法是一部较为成熟的法律,它是在总结我国40多年海运实践的基础上产生的。为了保护和发展我国的远洋运输事业,在借鉴和移植国际公约、规则的同时,立法者立足我国国情,根据我国航运的实际状况,考虑到我国当时的经济发展水平和企业的实际承受能力,对参照的国际公约、规则和惯例等作了一些变通。实践证明,自1993年7月1日以来,海商法的实施对调整我国海上运输关系,促进海上运输和经济贸易的发展发挥了非常重要的作用。

一、海上货物运输的概念

海上货物运输,是指使用船舶经过海路或与海相通的可航水域,将货物从一个港口运送到另一个港口的运输方式。由海商法所调整的海上运输主要是国际海上运输,并且限于商业行为。

海上货物运输通常是通过订立海上货物运输合同实现的。所谓海上运输,实质上就是海上货物运输合同行为。

二、海上货物运输合同

(一)海上货物运输合同的概念和特征

我国《海商法》第41条规定:"海上货物运输合同,是指承运人收取运费,负责将托运人托运的货物经海路由一港运至另一港的合同。"这里所指的海上货物运输不包括我国港口间的海上货物运输,即沿海运输,而单指国际海上货物运输。

在海上货物运输合同中,承运人是一方当事人,通常称为船方,托运人是另一方当事人,称为货方,海上货物运输合同的标的物是海上货物,包括活动物和由托运人提供的用于集装货物的集装箱、货盘或者类似的装运器具。

海上货物运输合同与其他合同一样,是当事人根据法律规定,设立、变更、终止民事法律关系的协议。但海上货物运输合同除了具有所有合同的共同特征之外,还具有下列特征:

1. 双务合同

海上货物运输合同的双方当事人都享有权利,同时负有义务。船方享有收取运费的权利,同时负有安全运送货物的义务;货方享有接受货物或向船方索赔的权利,同时负有支付运费的义务。

2. 有偿合同

船方提供运输服务同时取得运费报酬,货方享有船方的运输服务,同时以支付运费为代价。

3. 直接涉及他人

海上货物运输合同的当事人虽然只有两方,但它却直接涉及他人,即第三者——收货人。收货人是指有权提取货物的人,它虽然不参加合同的签订,但根据合同约定却有权直接取得合同约定的利益,并受合同的约束。

4. 通常属于要式合同

一般说来,海上货物运输合同既可采用书面形式也可以采用口头形式。但我国《海商法》明确规定航次租船合同应当书面订立。而且,海上货物运输合同多采用承运人或航次租船的出租人或多式联运经营人事先拟定的标准合同格式。

(二)海上货物运输合同的种类

海上货物运输合同主要包括件杂货运输合同(班轮运输合同)和航次租船合同(租船运输合同)两种。

(1) 件杂货运输合同又称零担运输合同,是指承运人在不出租船舶的情况下负责将件杂货由一港运至另一港,而由托运人支付运费的协议。

件杂货运输合同,通常是班轮公司所采用的,也可以称作班轮运输合同。按照这种运输方式,承运人接受众多托运人的零星货物,将它们装于同一船舶,按规定的船期表,在固定的航线上,以规定的港口顺序运输货物。件杂货运输合同大多数是以提单的形式表现和证明的,因此件杂货运输又被称作提单运输。班轮公司在件杂货运输合同中居于强势地位,运输合同往往是根据班轮公司的固定格式签订,并体现在承运人签发的提单中。班轮运输中货主一般只需负责将货物交到船上或承运人指定的港口的某一地点,并在卸货港从船上或指定地点接受货物,具体的海上运输都是由承运人进行的。

(2) 航次租船合同又称航程租船合同或程租合同。它是船舶出租人向承租人提供船舶或者船舶的部分舱位,装运约定的货物,从一港运至另一港,并由承租人支付约定运费的合同。

航次租船合同属于租船运输合同的一种,租船运输是指货主有较多的货物,需要船舶的全部或部分舱位,与船东单独磋商,签订船舶租赁合同而进行的运输。根据租用条件的不同,货主要负担一部分运输有关的工作,如装卸货物,甚至指挥船舶商业营运。

租船合同又分为定期租船合同和航次租船合同。前者适用于一定期间,后者适用于一定航次。还有一种租船合同称为光船租赁合同,主要内容是关于船舶租赁的规定,不属于运输合同。

(三)海上货物运输合同的订立

海上货物运输合同是平等主体的船货双方的一种商事法律关系。这种商事法律关系的产生始于海上货物运输合同的成立,而合同的成立必须借助于双方当事人订立合同的商事法律行为。海上货物运输合同的订立在法律上与其他合同一样,其订立的过程就是双方当事人协商一致的过程,要经过要约和承诺两个阶段。但从实务的角度来看,就订立的具体方式和程序而言,件杂货运输合同与航次租船合同又各具特色。

从事件杂货运输的班轮公司,为了从事正常经营,通常在其航线经过的地方或其他地方

设有营业场所或代理机构,货物托运人及其代理人向班轮公司或其上述机构申请货物运输时,通常要填写订航单,并载明货物的品种、数量、装船期限、卸货港等项内容,承运人根据上述内容并结合情况决定是否接受。如果接受托运,即在订舱单上指定船名并签字,至此双方协商一致,运输合同即告成立。我国各专业进出口公司出口货物时,通常采取的办法是,由中国对外贸易运输公司作为托运人向中国船务代理公司或中国外轮代理公司办理托运手续。班轮运输的特点决定了件杂货运输合同一般通过订舱的方式成立。

航次租船合同与件杂货运输合同不同,它除了由船舶出租人和承租人直接洽谈协商外,通常还通过船舶经纪人达成。船舶经纪人受出租人或承租人的委托,代表出租人或承租人磋商租船事宜,在航运实践中,一些航运组织、船公司、货主组织和大货主,为了省时省力和满足自身利益的需要,事先根据不同航线或货种的需要,拟定租船合同标准格式,以供订约时参考。这些标准合同条款比较齐备,当事人只需按自己的需要适当修订便可使用。实际上,几乎所有的租船合同,都是双方当事人在协议选用的标准合同基础上,订立附加条款,对原有条款进行修改、删减和补充而达成的。根据合同法的原则,如果附加条款与原格式合同的印刷内容相抵触,则应以附加条款为准。

无论是件杂货运输合同,还是航次租船合同,都要采取一定的形式才能成立。对货物运输合同所采用的形式,《海商法》对航次租船合同有特殊的要求,《海商法》第43条规定:"承运人或者托运人可以要求书面上货物运输合同的成立。但是,航次租船合同应当书面订立。电报、电传和传真具有书面效力。"即航次租船合同应当以书面形式订立。

上述规定包括三层含义:第一,件杂货海上货物运输合同的形式没有要求,听凭当事人自便。在实践中,法律不禁止当事人口头订立海上货物运输合同,但当事人对于合同是否成立产生争议时,海事法院通常要求主张口头订立的合同成立的一方负举证责任,举证的范围包括提供证明海上货物运输合同成立的书面证明文件和其他证据、证言等。但一方要求书面确认的,合同经书面确认方为成立。第二,航次租船合同必须采用书面形式,此为合同成立的形式要件,这是由航次租船合同自身的特点决定的,与大多数国家的有关规定也是一致的。第三,书面形式不仅包括普通的书面合同格式和条款,而且海上货物运输合同的订立和修改过程中,当事人为合同的要约或承诺之目的而经常采用的电报、电传和传真也具有书面合同的效力。

(四)海上货物运输合同的效力

海上货物运输合同一经有效成立,就对合同当事人产生法律效力。海上货物运输合同的效力表现为三个方面:第一,双方当事人必须按照法律规定和合同约定的内容自觉履行合同义务,并享受相应的权利;第二,一方当事人不履行合同义务或擅自解除合同的,应承担违约责任;第三,在双方当事人发生纠纷时,合同是确定当事人权利义务,划分责任的基本法律依据。

但是,双方当事人订立的海上货物运输合同并不一定都能有效成立。按照《民法典》的规定,合同有效成立必须满足三个条件:第一,订立合同的行为人具有相应的民事行为能力;第二,双方意思表示真实;第三,不违反法律和社会公共利益。我国《海商法》第44条,结合海上货物运输合同的特点,规定了海上货物运输合同条款无效的两种情形:一是海上货物运输合同和作为合同凭证的提单或者其他运输单证中的条款,违反《海商法》中货物运输合同规定的,无效。二是将货物的保险利益转让给承运人的条款或者类似条款,无效。货物的保险利益,是指由于保险事故的发生会使被保险人失去某种对于货物的经济利益或者由于货物而引起的经济利益或者承担某种经济责任,从而具有的经济上的利害关系。

根据海上保险法的保险利益原则,被保险人具有对于货物的保险利益的,货物保险合同方为有效,或者保险人方可承担保险责任。因此,当货物的保险利益转让给承运人时,承运人即可据以向保险人索赔,或者对抗保险人的代位权,最终使自己免除对货物的运输责任,并使此种责任转嫁给了货物保险人。显然,海上货物运输合同中订立"将货物的保险利益转让给承运人的条款或者类似条款"的目的,旨在保护承运人,其结果必将损害合同以外的第三人,即保险人的利益。这属于《民法典》第154条所指"恶意串通,损害他人合法权益"的民事法律行为,理应视为无效条款。同时《海商法》还规定,部分条款的无效,不影响该合同和提单或者其他运输单证中其他条款的效力。

三、海上货物运输合同主体

海上货物运输合同主体又称"海上货物运输合同权利主体",是指依法享有海上货物运输合同的权利和承担义务的法律关系的参加者,是海上货物运输合同法律关系的构成要素之一。

在海上货物运输合同中,承运人是一方当事人,通常称为船方,托运人是另一方当事人,称为货方。

(一)承运人

承运人是指本人或者委托他人以本人名义与托运人订立海上货物运输合同的人。实践中,经常区分为"实际承运人"和"契约承运人"

实际承运人是指接受承运人委托,从事货物运输或者部分运输的人,包括接受转委托从事此项运输的其他人。

契约承运人是指与委托人订立运输合同,并签发运输单证(FCT、FBL等),对运输负有责任的人。但是,由于他们一般并不拥有或掌握运输工具,只能通过与拥有运输工具的承运人订立运输合同,由他人实际完成运输,这种承运人在实际业务中只是契约承运人,而实际完成运输的承运人是实际承运人。

(二)托运人

托运人是指:(1)本人或者委托他人以本人名义或者委托他人为本人与承运人订立海上货物运输合同的人;(2)本人或者委托他人以本人名义或者委托他人为本人将货物交给与海上货物运输合同有关的承运人的人。在实践中,往往区分为货物所有权人即货主和辅助货主完成海运托运事宜的货运代理人。

除此之外,还有"与海上货物运输合同主体相关的人",即:收货人和提单持有人、出租人和承租人、船代和货代。收货人是指有权提取货物的人,往往与海上货物运输合同有直接的利益关系。

第二节 海上货物运输合同当事人的权利、义务和责任

本节中的海上货物运输合同当事人特指承运人和托运人,而承运人的义务和责任是《海商法》规定的主要内容,在海上货物运输合同中起到了举足轻重的作用。

一、承运人的义务

(一)提供船舶并保证适航的义务

船舶是海上货物运输的工具。承运人应提供约定的船舶,并保证适航。这是承运人在海上货物运输合同中最主要的义务,对此,各国海商法无不做出明确规定,其宗旨就在于谋求安全航运。我国《海商法》第47条所作的具体规定是:"承运人在船舶开航前和开航时,应当谨慎处理,使船舶处于适航状态,妥善配备船员、装备船舶和配备供应品,并使货舱、冷藏舱、冷气舱和其他载货处所适于并能安全收受、载运和保管货物。"承运人在这方面的义务又称为"适航义务",具有法定义务的性质。其具体内容包括以下方面。

(1)适航义务的时间界限是"船舶开航前和开航时",通常不要求在全部航程的存续期间均履行该项义务;

(2)适航义务的主观状态是"谨慎处理",即承运人应当考虑预定航次的风险、船舶的技术状态和货物的性质等因素后,对船舶采取合理措施,适用于"妥善配备船员、装备船舶和配备供应品"等三个具体行为或措施;

(3)适航义务的客观标准是"使货舱、冷藏舱、冷气舱和其他载货处所适于并能安全收受、载运和保管货物"。

 案例链接

某年6月,天津市某贸易有限公司和某船务有限公司签订运输协议,从美国运输一套设备至天津,包干运费30 000美元。货物运至上海港后,天津市某船务有限公司安排某航运公司所属某轮进行转船运输。同年8月6日,某轮在驶往天津途中货舱进水,船体倾斜,被救助于某港,经天津出入境检验检疫局检验,货物残损金额25 000美元。经青岛成诚船舶技术咨询有限公司对船舶进行检验,某轮船体开裂进水是由船舶结构缺陷和船舶材质问题所致。

天津海事法院经过审理认为,承运人在开航前和开航时应当谨慎处理,使船舶处于适航状态,使货舱适于并能安全收受、载运和保管货物。某轮虽然进行了年检,取得适航证书,但青岛成诚船舶技术咨询有限公司验船师在验船时拍摄的照片显示,该轮货舱

锈蚀特别严重,船底上有一条裂口,痕迹较旧并用木塞塞住。另外被核对抗风能力8级的该轮在遭遇6级风浪时即造成船体损坏、货舱进水。以上两条均证明该轮在开航时实际上已不适航。被告某航运公司作为上海港至天津港的区段承运人,没有提供适航的船舶,对由此给原告造成的损失应承担赔偿责任。第一被告天津市某船务有限公司作为全程承运人应对全程运输负责,对于原告的损失应与第二被告承担连带赔偿责任。据此,天津海事法院依据我国《海商法》的有关规定判决两被告连带赔偿原先货物损失、残损检验费,货物在某港产生的堆存费、装卸费,外国专家来天津检查设备费用,原先重新定购被损坏设备的运输费用及其保险费,共计人民币35 000元。天津海事法院作出一审判决后,原告、被告均未上诉。

(二) 装卸、运送和交付货物的义务

我国《海商法》第48条规定:"承运人应当妥善地、谨慎地装载、搬移、积载、运输、保管、照料和卸载所运货物。"

 知识拓展

积　　载

积载是指根据货物特点和船舶承受能力,将已装上船的货物谨慎而适当地堆放的作业行为,是《海牙规则》所规定的承运人货物管理的一项内容。从货物的安全出发,积载时应注意防止各种货物之间的串味、污染及重货压轻货等情况发生;从船舶安全出发,积载时应避免船体局部受载过重、易燃易爆等危险货物靠近机舱,还要使积载后的船舶在首尾吃水及稳定性方面符合航行要求。对积载不当造成的货损,承运人负赔偿责任。

管货义务的时间界限没有加以限制,应解释为适用于整个航程的存续期间,即该法第46条关于承运人责任期间的规定。管货义务的主观状态要求承运人做到"妥善"和"谨慎",并且要求此种主观状态具体地适用于装载、搬移、积载、运输、保管、照料和卸载等七种管理货物的行为或措施。管货义务的客观标准应依据预定航程的海上危险、船舶的技术标准和状态及货物的性质和航运习惯等因素确定,该条未作具体规定。

(三) 合理速遣义务

"承运人应当按约定的或者习惯的或者地理上的航线将货物运往卸货港。"《海商法》第49条的上述规定,又称"合理速遣义务",也属于法定义务,包括按顺序选择航线和不得非合理绕航等两方面的内容。据此,在班轮运输的情况下,承运人应当按照船期表的规定,使船舶按时在装货港停泊并将托运人早已备好的货物装船积载。货物装载妥当后,船舶应按船期表的规定,准时启航。船舶启航后,应按约定的或者习惯的或者地理上的航线航行,除了为救助或者企图救助人命或者财产而绕航或者其他合理绕航外,不得发生不合理的绕航。同时,在航行过程中,承运人还应妥善保管和照料所载货物。货到目的港后,承运人应将船舶停泊在适于卸货的地点,并将货物卸下交付给提单中载明的收货人、提单受让人或其代理人。

二、承运人的责任

海上货物运输合同中规定的双方当事人的权利、义务固然重要,但是由于义务本身不具有强制性,它们是通过法律规定或合同约定的违约责任获得强制性的保证的,因此,如果缺少关于违约责任的规定,整个合同将难以约束当事人。从这个意义上讲,当事人的违约赔偿责任是合同的核心内容之一,对此,无论是立法者还是合同的双方当事人都应该予以高度重视。我国《海商法》对承运人违约的损害赔偿责任也作了详细、系统的规定,分述如下。

(一) 承运人的责任期间

承运人的责任期间是指承运人对货物运送负责的期间。我国《海商法》第46条对承运人的责任期间作了如下具体规定:"承运人对集装箱装运的货物的责任期间,是指从装货港接收货物时起至卸货港交付货物时止,货物处于承运人掌管之下的全部期间。承运人对非集装箱装运的货物的责任期间,是指从货物装上船时起至卸下船时止,货物处于承运人掌管之下的全部期间。在承运人的责任期间,货物发生灭失或者损坏,除本节另有规定外,承运人应当负赔偿责任。前款规定,不影响承运人就非集装箱装运的货物,在装船前和卸船后所承担的责任,达成任何协议。"

上述规定表明,我国《海商法》以承运人掌管之下的全部期间作为确定承运人责任期间的基本原则,同时又根据是否使用集装箱的装运方式对这一期间作了具体的不同规定。并且在原则规定之外,就非集装箱装运的货物,又允许当事人就这一责任期间之外的责任达成协议。这充分体现了原则性与灵活性相统一,强制性与任意性相结合的立法指导思想。

(二) 承运人的免责范围和赔偿责任原则

我国《海商法》第51条规定,在责任期间货物发生的灭失或者损坏是由于下列原因之一造成的,承运人不负赔偿责任:

① 船长、船员、引航员或者承运人的其他受雇人在驾驶船舶或者管理船舶中的过失;
② 火灾,但是由于承运人本人的过失所造成的除外;
③ 天灾,海上或者其他可航水域的危险或者意外事故;
④ 战争或者武装冲突;
⑤ 政府或者主管部门的行为、检疫限制或者司法扣押;
⑥ 罢工、停工或者劳动受到限制;
⑦ 海上救助或者企图救助人命或者财产;

⑧ 托运人、货物所有人或者他们的代理人的行为；
⑨ 货物的自然特性或者固有缺陷；
⑩ 货物包装不良或者标志欠缺、不清；
⑪ 经谨慎处理仍未发现的船舶潜在缺陷；
⑫ 非由于承运人或者承运人的受雇人、代理人的过失造成的。

承运人依照前款规定免除赔偿责任的，除第 2 项规定的原因外，应负举证责任。

上述十二项内容，说明我国《海商法》规定的承运人的赔偿责任原则是不完全的过失责任制，亦即没有彻底坚持过失责任原则。

 知识拓展

不完全过失责任制

不完全过失责任制是指民事责任归责原则中的一种。原则上民事行为人应当对因其过错所造成的损害承担赔偿责任，对于非因其过错所造成的损失不承担责任，但对于法律规定或者合同约定的特定过错其同样可建立免责的制度。中国《海商法》以及"海牙规则"在规定承运人过错责任时，明确对于船长、船员和引航员等驾驶和管理船舶方面的过失和非由承运人本人的过失所造成火灾而导致货物损失等情况承运人可免责的规定即体现了"不完全过失责任制"。

（三）承运人赔偿责任范围及赔偿责任限制

1. 承运人赔偿责任范围

承运人赔偿责任范围是指赔偿责任所包括的具体内容，或者说就是承运人赔偿额的大小。按照合同法律制度原理，违约方的赔偿责任可以包括两项内容，一是违约给受害方造成的直接损失，即财产价值的减少，如货物灭失、损坏；二是违约给受害方造成的间接损失，即可得利益的减少，如受害方的利润损失等。

我国《海商法》第 55 条关于承运人赔偿责任范围的规定是："货物灭失的赔偿额，按照货物的实际价值计算；货物损坏的赔偿额，按照货物受损前后实际价值的差额或者货物的修复费用计算。"

货物的实际价值，按照货物装船时的价值加保险费加运费计算。

前款规定的货物实际价值，赔偿时应当减去因货物灭失或者损坏而少付或者免付的有关费用。由此可见，承运人的赔偿责任范围仅限于直接损失，而不包括间接损失，这是与海上运输风险的特殊性有密切关系的。

2. 承运人赔偿责任限制

承运人（船舶所有人）赔偿责任限制，又称"单位责任限制"，是指承运人应承担的赔偿责任，按计算单位计算，限制在一定范围之内的责任限制制度，即法律规定一个单位最高赔偿额，超过限额的部分承运人不负赔偿责任。单位责任限制的主体是承运人、实际承运人及其

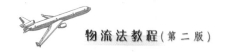

代理人等;其限制的债权仅为根据海上货物运输合同而产生的"对货物的灭失或者损坏"的赔偿责任,以及对"货物因迟延交付造成经济损失"的赔偿责任;其适用的责任限额制是"货物件数或重量金额制"以及"运费金额制"等,这些均不同于海事赔偿责任限制制度,因而后者被称为"综合责任限制"。在赔偿责任限制实际发挥作用的情况下,它实际上是对承运人赔偿责任的一种部分免除。就立法目的而言,它与前述12项承运人免责事项相同,都是为了保护承运人的利益而规定的。

我国《海商法》第56条规定:"承运人对货物的灭失或者损坏的赔偿限额,按照货物件数或者其他货运单位数计算,每件或者每个其他货运单位为666.67计算单位,或者按照货物毛重计算,每公斤为2计算单位,以两者中赔偿限额较高的为准。但是,托运人在货物装运前已经申报其性质和价值,并在提单中载明的,或者承运人与托运人已经另行约定高于本条规定的赔偿限额的除外。"

货物用集装箱、货盘或者类似装运器具集装的,提单中载明装在此类装运器具中的货物件数或者其他货运单位数,视为前款所指的货物件数或者其他货运单位数;未载明的,每一装运器具视为一件或者一个单位。

装运器具不属于承运人所有或者非由承运人提供的,装运器具本身应视为一件或者一个单位。这里的"计算单位"即特别提款权(下同)。

同时,该法第57条还规定:"承运人对货物因迟延交付造成经济损失的赔偿限额,为所迟延交付的货物的运费数额。货物的灭失或者损坏和迟延交付同时发生的,承运人的赔偿责任限额适用本法第56条第1款规定的限额。"

上述规定中货物件数或其他货运单位的计算,计算单位系数的确定及确定赔偿限额的两种计算方式的适用都在保护承运人利益的同时,兼顾了托运人的利益,并尽量避免出现显失公平的结果。特别是,为了防止承运人赔偿责任限制的滥用,避免出现不合理的结果,该法第59条还特意作出下列限制性规定:"经证明,货物的灭失、损坏或者迟延交付是由于承运人的故意或者明知可能造成损失而轻率地作为或不作为造成的,承运人不得援用本法第56条或者第57条限制赔偿责任的规定。"

"经证明,货物的灭失、损坏或者迟延交付是由于承运人的受雇人、代理人的故意或者明知可能造成损失而轻率地作为或者不作为造成的,承运人的受雇人或者代理人不得援用本法第56条或者第57条限制赔偿责任的规定。"

(四)承运人赔偿责任的承担和分担

承运人赔偿责任的承担和分担是承运人赔偿责任的一个重要方面,它同上述其他内容一样,都直接关系着海上运输合同当事人和关系人的利益平衡。

对此,我国《海商法》第60条规定:"承运人将货物运输或者部分运输委托给实际承运人履行的,承运人仍然应当依照本章规定对全部运输负责。对实际承运人承担的运输,承运人应当对实际承运人的行为或者实际承运人的受雇人、代理人在受雇或者受委托的范围内的行为负责。"

该条还规定,"在海上运输合同中明确约定合同所包括的特定的部分运输由承运人以外的指定的实际承运人履行的,货物在指定的实际承运人掌管期间发生的灭失、损坏或者迟延交付，承运人不负赔偿责任"，此外，还规定，"对承运人责任的规定，适用于实际承运人"，"承运人与实际承运人都负有赔偿责任的，应当在此项责任范围内负连带责任。"在此种场合，实际承担了赔偿责任的一方，在承担赔偿责任后有权向应当承担责任的另一方追偿。

三、承运人的权利

（一）运费、共同海损分摊、损害赔偿的请求权

此项权利是承运人最重要的权利，它与托运人支付运费的义务是对应的。

（二）留置权

此种留置权是货物留置权，它与船舶留置权的性质相近而权利之主体、客体及优先受偿性等方面相异，是法律为保障承运人的上一项主权利而规定的一种从权利。对此，我国《海商法》第 87 条规定："应当向承运人支付的运费、共同海损分摊、滞期费和承运人为货物垫付的必要费用以及应当向承运人支付的其他费用没有付清，又没有提供适当担保的，承运人可以在合理的限度内留置其货物。"同时，第 88 条还规定："承运人根据本法第 87 条规定留置的货物，自船舶抵达卸货港的次日起满 60 日无人提取的，承运人可以申请法院裁定拍卖；货物易腐烂变质或者货物的保管费用可能超过其价值的，可以申请提前拍卖。"

根据该条的规定，拍卖所得价款，用于清偿保管、拍卖货物的费用和运费以及应当向承运人支付的其他有关费用；不足的金额，承运人有权向托运人追偿；剩余的金额，退还托运人；无法退还的，并且自拍卖之日满 1 年又无人领取的，应上缴国库。

（三）享有损害赔偿责任的免除和赔偿责任限制的权利

如前所述，承运人享有损害赔偿责任免除和赔偿责任限制的权利，但同时承运人应按照法律规定承担一定的举证义务。

四、托运人的义务

（一）提供约定货物和运输所需各项单证的义务

提供约定的货物和单证，是托运人的首项义务。我国《海商法》第 67 条和第 68 条第 1 款分别规定：

"托运人应当及时向港口、海关、检疫、检验和其他主管机关办理货物运输所需要的各项手续，并将已办理各项手续的单证送交承运人；因办理各项手续的有关单证送交不及时、不完备或者不正确，使承运人的利益受到损害的，托运人应当负赔偿责任。"

"托运人托运危险货物，应当依照有关海上危险货物运输的规定，妥善包装，作出危险品标志和标签，并将其正式名称和性质以及应当采取的预防危害措施书面通知承运人；托运人未通知或者通知有误的可以在任何时间、任何地点根据情况需要将货物卸下、销毁或者使之

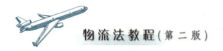

不能为害,而不负赔偿责任。托运人对承运人因运输此类货物所受的损害,应当负赔偿责任。"

(二) 妥善包装货物的义务

托运人托运货物,应当对货物妥善包装,并向承运人保证货物装船时所提供的货物的品名、标志、包数或者件数、重量或者体积的正确性;由于包装不良或者上述资料不正确对承运人造成损失的,托运人应当负赔偿责任。

(三) 危险货物的通知义务

托运人托运危险货物,应当依照有关海上危险货物运输的规定,妥善包装,作出危险品标志和标签,并将其正式名称和性质以及应当采取的预防危害措施书面通知承运人;托运人未通知或者通知有误的,承运人可以在任何时间、任何地点根据情况需要将货物卸下、销毁或者使之不能为害,而不负赔偿责任。托运人对承运人因运输此类货物所受到的损害,应当负赔偿责任。

承运人即使知道危险货物的性质并已同意装运的,仍然可以在该项货物对于船舶、人员或者其他货物构成实际危险时,将货物卸下、销毁或者使之不能为害,而不负赔偿责任。

 案例链接

托运人告知义务案

托运人托运了一批煤,虽然他如实申报了货物的品名,但并未告诉承运人,在煤里有一种由粉尘组成的有害废料,通常这种物质需在水下保存,否则在接触空气后容易引起燃烧。法官认为,托运人在知道货物的危险性质的情况下不通知承运人,应对事故承担赔偿责任。

(四) 支付运费及其他费用的义务

我国《海商法》第69条规定:"托运人应当按照约定向承运人支付运费。托运人与承运人可以约定运费由收货人支付;但是,此项约定应当在运输单证中载明。"

在班轮运输的情况下,托运人支付运费通常有预付和到付两种方式。前者托运人应在货物装船后,承运人及其代理人或船长签发提单之前付清;后者则在货物安全抵达目的港由收货人提取货物之前支付。

(五) 收受货物的义务

在货物运抵目的港后,收受货物既是托运人的一项义务,同时又是其一项重要权利。我国《海商法》第八十六条规定:在卸货港无人提取货物或者收货人迟延、拒绝提取货物的,船长可以将货物卸在仓库或者其他适当场所,由此产生的费用和风险由收货人承担。该条所指收货人,应当适用于托运人本人为收货人的场合。

五、托运人的权利

(一)托运人享有在目的港提取货物的权利

在班轮运输的情况下,托运人在货物装船后取得提单,凭此在目的港提货。货物抵达目的港后,托运人或收货人有权并应及时在船边或承运人指定的码头仓库提取货物。

(二)损害赔偿请求权

在承运人违反合同及法律规定的义务并给托运人造成损失时,托运人有权请求损害赔偿。承运人可能给托运人造成损失的情形主要是指:承运人单方面解除海上货物运输合同;违反适航义务、管货义务,或合理速遣等法定义务使货物遭到损害或灭失;违反合同约定使货物遭到损害或灭失;因货物的迟延交付使托运人或收货人遭受经济损失等等。

六、海上货物运输合同的解除

海上货物运输合同是双方当事人为了各自的经济利益而订立的,它所要实现的经济利益只有通过合同的履行才能圆满实现。因此,海上货物运输合同大多都因履行而终止。但是由于从订立合同到履行完毕往往需要一段时间,在这一期间与合同有关的各种情势很可能发生重大变化。这又往往使得合同履行成为不可能或者对当事人的商业来说不经济,随之也就可能发生合同解除。根据法律规定,合同的解除是指对已有效成立但尚未履行或者尚未履行完毕的合同,当事人依据法律规定或双方约定提前终止合同效力的行为。

根据合同法原理,合同的解除具有三个特征:一是合同解除的行为是当事人根据合同或法律而为的合法行为,它本身不同于违约行为;二是合同解除应符合一定条件,不能随意为之;三是解除合同不影响一方要求另一方赔偿损失的权利。合同的解除可以根据提起的原因不同分为约定解除和法定解除两种。此外,合同的解除还可以根据提起当事人的不同分为一方当事人有权提起的合同解除和双方当事人都有权提起的合同解除。

我国《海商法》第 89 条对一方当事人有权提起的合同解除作了明确规定。其内容是:"船舶在装货港开航前,托运人可以要求解除合同。但是,除合同另有约定外,托运人应当向承运人支付约定运费的一半;货物已经装船的,并应当负担装货、卸货和其他与此有关的费用。"这种合同解除具有三个特点:一是有权提出解除合同的当事人只能是托运人;二是解除合同的要求应在船舶开航前提出;三是原则上托运人应当向承运人支付约定运费的一半作为给对方的损害赔偿。在货已装船的情况下,托运人还应负担与此有关的装卸费用。

同时,我国《海商法》第 90 条还对当事人双方均可提出的合同解除作了规定,即"船舶在装货港开航前,因不可抗力或者其他不可归责于承运人和托运人的原因致使合同不能履行的,双方均可以解除合同,并互相不负赔偿责任。除合同另有约定外,运费已经支付的,承运人应当将运费退还给托运人;货物已经装船的,托运人应当承担装卸费用;已经签发提单的,

托运人应当将提单退还承运人。"这种合同解除具有四个特点：一是有权提出合同解除的当事人不仅包括托运人，而且还包括承运人；二是解除合同的要求也应在船舶开航前提出；三是必须在船舶开航前发生了不可抗力及其他不可归责于双方当事人而又致使合同不能履行的情况；四是不存在因合同解除而产生的一方向另一方请求损害赔偿的问题。

考虑到海上货物运输合同履行过程中风险的特殊性，为了避免不适当地扩大合同解除的范围，并兼顾船、货双方的利益，我国《海商法》第91条还特别规定："因不可抗力或者其他不能归责于承运人和托运人的原因致使船舶不能在合同约定的目的港卸货的，除合同另有约定外，船长有权将货物在目的港邻近的安全港口或者地点卸载，视为已经履行合同。船长决定将货物卸载的，应当及时通知托运人或者收货人，并考虑托运人或者收货人的利益。"

第三节　提　　单

提单是作为承运人和托运人之间处理运输合同中双方权利和义务的主要依据。虽然一般它不是由双方共同签字的一项契约，但就构成契约的主要项目如船名、开航日期、航线、靠港以及其他有关货运项目是众所周知的；关于运价和运输条件也是承运人事先规定的。因此在托运人或其代理人向承运人订舱的时候就被认为契约即告成立，所以虽然条款内容是由承运人单方拟就，托运人也应当认为双方已认可即成为运输契约。因此，习惯上也就成了日后处理运输中各种问题的依据。

一、提单概述

（一）提单的内涵

关于提单的含义，在许多法律文件中都有表述。

《1978年联合国海上货物运输公约》（简称《汉堡规则》）第1条规定："提单，是指一种用以证明海上货物运输合同和货物由承运人接管或装船，以及承运人据以保证交付货物的单证。单证中关于货物应交付指定收货人或按指示交付，或交付提单持有人的规定，即构成了这一保证。"

我国《海商法》第71条对提单所作的解释是："提单，是指用以证明海上货物运输合同和货物已经由承运人接收或者装船，以及承运人保证据以交付货物的单证。提单中载明的向记名人交付货物，或者按照指示人的指示交付货物，或者向提单持有人交付货物的条款，构成承运人据以交付货物的保证。"

通过比较，我们不难发现，两者规定的内容是完全一致的。它们都概括了提单的本质属性，即：海上货物运输合同的证明，证明承运人已接管货物或货已装船和保证据以交付货物。提单的上述本质属性则决定了提单在海上货物运输关系中的法律地位。

（二）提单的由来

作为海上货物运输中被广泛应用的凭证，提单有其自身产生和发展的历史过程。

早期的贸易与运输为"船货合一",没有专门从事海上运输的职业船东,船东与货主往往是同一个人,他们把到海外进行商品交换作为航运的目的,这种航运通常带有自运自销的性质。在这种情况下,自然不需要提单。

后来,随着贸易和航运事业的不断发展,贸易与运输也开始分离。运输逐渐脱离贸易而成为一个独立的行业,并随之出现了托运制,这就为提单的产生提供了基本前提。当时,当货主把货物交给海上承运人装船以后,按习惯一般都要求提供一份证明承运人已接管货物的单证。这种单证就是最初的提单,提单经过不断发展,不仅具有货物收据的职能,而且还载明运输合同的内容。

在1794年"利克巴诉梅森"一案中,提单作为物权凭证首次得到英国法院的承认。从此提单作为流通的有价证券,开始被抵押或背书转让。进入19世纪以后,生产和贸易的发展以及航海技术的进步,给提单的发展带来了新的巨大的影响。一方面,使得提单与船舶间的关系变得淡薄了;另一方面,使提单与其所代表的货物有了明显分离的倾向,进而更强化了提单有价证券的属性。

(三) 提单的法律地位

从上述提单的定义和它的由来不难看出,提单具有如下三个基本属性,而这些构成其法律地位的核心内容。

1. 提单是承运人出具的已接收货物的收据

提单是承运人应托运人的要求签发的货物收据,以此确认承运人已收到提单所列的货物。无论是《海牙规则》还是我国《海商法》均规定,承运人对于非集装箱运输货物的责任期间是从"货物装上船时起",并在货物装船后签发"已装船提单",表明"货物已处于承运人掌管下",所以提单具有货物收据的性质。但是,提单的货物收据的属性,在班轮运输的实践中,通常不以将货物装船为条件。通常的作法是,当托运人将货物送交承运人指定的仓库或地点时,根据托运人的要求,先签发备运提单,而在货物装船完毕后,再换发已装船提单。

提单中属于收据性的内容主要是提单正面所载的有关货物的标志、件数、数量或重量等。当提单在托运人手中时,它是承运人按照提单的上述记载收到货物的初步证据。原则上承运人应按照提单所载事项向收货人交货。但允许承运人就清洁提单所列事项以确切的证据向托运人提出异议。当提单转让给善意的受让人时,除非提单上订有有效的"不知条款",承运人对于提单受让人不能就提单所载事项提出异议。此时,提单不再是已收到货物的初步证据,而是已收到货物的最终证据。

2. 提单是承运人与托运人之间订立的运输合同的证明

提单不仅包括上述收据性内容,而且还载明一般运输合同所应具备的各项重要条件和条款,这些内容从法律上讲,只要不违反国家和社会公共利益并不违背法律的强制性规定,对承运人和托运人就应具有约束力。同时,当承、托双方发生纠纷时,它还是解决纠纷的法律依据。基于这些原因,可以说提单在一定程度上起到了运输合同的作用。但是,由于提单是由承运人单方制定,并在承运人接收货物之后才签发的,而且在货物装船前或提单签发前,承、托双方就已经在订舱时达成了货物运输协议。所以,它还不是承运人与托运人签订的运输合同本身,而只是运输合同的证明。原则上,提单上的条款应与运输合同相一致;当

它与运输合同的规定发生冲突时,应以后者为准。

另外,为保护善意的提单受让人的利益,也为了维护提单的可流通性,《海商法》第78条又规定:"承运人同收货人、提单持有人之间的权利、义务关系,依据提单的规定确定。"也就是说,一旦提单流转到运输合同当事人以外的收货人或提单持有人手中时,提单可成为海上货物运输合同本身,但它此时是个新的合同,其效力优先于承运人和托运人之间在订舱时达成的协议。

3. 提单是承运人船舶所载货物的物权凭证

由于加速商品流转和便利资金筹措的需要,国际贸易中出现了"单证买卖"。单证持有人只要将代表一定财产或资产的单证转让给他人,就意味着该财产或资产所有权的转移,让与人便可及时获得价款,以加速资金周转。提单既然是货物已由承运人接收的收据,为了适应上述要求,自然也应具有承运人船舶所载货物的物权凭证的效力。据此,提单就代表货物,谁持有提单,谁就有权要求承运人交付货物并对该货物享有所有权。除不可转让的提单外,持有提单的人还享有转让、抵押提单的权利。

作为物权凭证的提单,其效力要受到一定的限制:一是提单的转让必须在承运人在目的港交付货物前才有效,如果承运人凭一份提单正本交付了货物,其他几份也就失去效力,提单则不能再行转让。二是提单持有人必须在货物运抵目的港的一定时间内,与承运人洽办提货手续;货物过期不提,即视为无主,承运人可对不能交付的货物行使处分权,从而限制了提单作为物权凭证的效力。

 知识拓展

物 权 凭 证

物权凭证是指代表所有权的凭证。如仓库、提单(B/L)、提货单、债券(bonds)、股票及息票等,以及在通常的商业或融资过程中认为可以作为证明持有人有权受领、占有及处分该凭证及其有关货物的任何其他凭证。一般提单是货物所有权的凭证(即物权凭证),谁持有提单,谁就可以提货。提单持有人,不管他是否真是该货的主人,只要他能递交提单,就可提货。物权凭证可分为流通或转让与不流通或不转让两类,一般使用的属于可转让凭证。

二、提单的种类

按照不同的划分标准,提单可划分为许多种类。

(一) 按提单抬头分类

提单的抬头就是指提单上填写的收货人栏目,提单因抬头填写的内容不同而分类如下:

1. 记名提单

记名提单是由托运人指定收货人的提单,又称收货人抬头提单。这种提单由托运人在提单正面收货人一栏中注明特定的收货人。承运人只能将货物交给托运人指定的收货人。如果承运人擅自将货物交给提单指定的收货人以外的人,那么,即使该人占有提单,承运人也应承担责任。

收货人不能将记名提单背书转让,如要转让货物,收货人只能按照一般的财产转让手续办理。

使用记名提单,如果货物的交付不涉及贸易合同项下的义务,则可不通过银行而由托运人将其邮寄给收货人,或由船长随船带交。这样,提单就可以及时送达收货人,而不致延误。因此,记名提单在短途运输中使用较有优势。

记名提单虽然因其不能转让而避免了转让中的风险,但却同时失去了流通性,使其使用受到很大限制。因而,在国际贸易中较少使用,一般只用于运输展览品或贵重物品。

2. 指示提单

指示提单是指提单正面收货人一栏填有"凭指示"或"凭某某指示"字样的一种提单。它通常又可分为记名指示提单和不记名指示提单。

记名指示提单是在提单收货人栏内载明"凭某人指示"字样。依据发出指示人的不同,有托运人指示、收货人指示和进口方银行指示三种情况。但不论是凭何人的指示,只要提单持有人确实无误,符合提单中的指示,承运人就应向他交付货物。不记名指示提单,是在提单收货人一栏内不具体写明凭某人的指示,而只载明"凭指示"字样,通常它被视为凭托运人指示。

指示提单是一种可转让提单。提单的持有人可以通过背书的方式把它转让给第三者,而不须经过承运人认可。所以这种提单为买方所欢迎。而不记名指示提单与记名指示提单不同,它没有经提单指定的人背书才能转让的限制,所以其流通性更大。指示提单在国际海运业务中使用较广泛。

3. 不记名提单

不记名提单,又称空白提单,是指在提单正面收货人一栏内不具体填写收货人或凭某人指示,而只注明"持有人"或"交与持有人"字样,日后凭提单取货的提单。使用不记名提单,承运人交付货物仅凭提单不凭人,谁持有提单,谁就有权提货。它不加背书即可转让,手续简便,但这种提单对买卖双方的风险都很大,一旦发生遗失或被盗,以致再转到善意的第三者手中就极易发生纠纷,所以在国际贸易中已使用不多。

(二)按货物是否已装船分类

1. 已装船提单

已装船提单是指货物装船后由承运人签发给托运人的提单。如果承运人签发了已装船提单,就是确认他已经将货物装在船上。这种提单除载明一般事项外,通常还必须注明装载货物的船舶名称及装船日期。在航运实践中,除集装箱货物运输外,现在大都采用已装船提单。

由于已装船提单对于收货人及时收到货物有保障,所以在买卖合同中一般都要求卖方提供已装船提单。如根据国际商会 1990 年修订的《国际贸易术语解释通则》的规定,凡以 CIF 或 CFR 条件成交的货物,卖方应提供已装船提单。在以跟单信用证为付款方式的国际

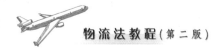

贸易中,更是要求卖方必须提供已装船提单。国际商会1993年重新修订的《跟单信用证统一惯例》规定,如信用证要求海运提单作为运输单据时,银行将接受注明货物已装船或已装指定船只的提单。

2. 备运提单

备运提单又称待运提单。它是承运人在收到托运人交付的货物但还没有装船时应托运人的要求而签发的提单。承运人签发了备运提单,只说明他确认货物已交给他保管并存入他所控制的仓库,而不能说明他确实已将货物装到船上。这种提单通常要载明货物拟装某船,但若预定船舶不能按时到港,则承运人对此不负责任,并有权另换他船。

当货物装上预定船舶后,承运人可以在备运提单正面加注"已装船"字样和装船日期,并签字盖章,从而使之成为已装船提单;同样,托运人也可以用备运提单向承运人换取已装船提单。

备运提单首先出现于19世纪晚期的美国,从历史上看,它的产生晚于已装船提单。这种提单的优点在于,对托运人来说,他可以在货物交给承运人保管之后至装船前的期间,尽快地从承运人手中取得可转让提单,以便融通资金,加速交易进程。而对于承运人来说,则有利于招揽生意,拓宽货源。

但备运提单同时也存在一定缺陷。一方面,备运提单没有装船日期,很可能因到货不及时而使货主遭受损失;另一方面,备运提单上没有确定的装货船名,致使提单持有人在承运人违约时难以向法院申请扣押船舶。此外,备运提单签发后和货物装船完毕前发生的货损、货差由谁承担责任?也是提单所适用的法律和提单条款本身通常不能明确规定的问题,实践中常因此引起责任纠纷。基于上述原因,在贸易实践中,买方一般不愿意接受备运提单。

近年来,集装箱运输和多式联运的发展,使备运提单的用途不断扩展,因为集装箱航运公司或多式联运经营人通常在内陆收货站收货,而不是在装运港收货,所以,承运人只能在此签发备运提单,而不能签发已装船提单。

(三)按提单上有无批注分类

1. 清洁提单

清洁提单是承运人未加批注的提单。这种提单,由于托运人交付的货物"外表状况良好",所以承运人在签发提单时,未加任何有关货物减损、外表包装不良或其他影响结汇的批注。

所谓"外表状况良好"仅意味着在目力所及的范围,货物是在外观良好的情况下装上船的,但它并不排除货物存在着内在瑕疵及其他目力所不及的缺陷。

使用清洁提单在贸易实践中非常重要。买方要想收到完好无损的货物,首先必须要求卖方在装船时保持货物外观良好,并要求卖方提供清洁提单。根据国际商会《跟单信用证统一惯例》第34条规定:"清洁运输单据,是指货运单据上并无明显地表明货物及包装有缺陷的附加条文或批注者;银行对有该类附加条文或批注的运输单据,除信用证明确规定可接受外,应当拒绝接受。"可见,在以跟单信用证为付款方式的贸易中,通常卖方只有向银行提交清洁提单才能取得货款。清洁提单是收货人转让提单时必须具备的条件,同时也是履行货物买卖合同规定的交货义务的必要条件。

承运人一旦签发了清洁提单就得对此负责。货物在卸货港卸下后,如果发现残损,除非是由于承运人可以免责的原因所致,承运人应对收货人负责赔偿,而不得借口签发清洁提单之前就存在包装不良的情况而推卸责任。

2. 不清洁提单

不清洁提单又称有批注提单,是指被承运人加有批注的提单。这种提单,承运人因在货物装船时发现并非"外观状况良好",而加上诸如"包装箱损坏""渗漏""破包""锈蚀"等形容货物的外观状态的批注。但是,并非加上任何批注的提单都属于不清洁提单。如果提单上只是批注如"重量、数量不详"等内容,视为"不知条款",不能视为不清洁提单。

在提单上进行批注,是承运人自我保护的有效措施。在交货时如发现货物损害可以归因于这些批注的事项,可以减轻或免除承运人的责任。另一方面,不清洁提单对于托运人显然不利。买方由于担心包装不良会使货物在运输中受损,所以通常都拒绝接受不清洁提单。在跟单信用证贸易中,银行通常对提交不清洁提单者拒付货款。因此,在托运人得知承运人欲在提单上进行批注时,总是努力争取承运人不加批注,而签发清洁提单。

托运人争取承运人不签发不清洁提单大致有两种途径:一是在货物外表状况并非良好的情况下,向承运人出具保函,确保由此引起的损失不涉及承运人,而由自己承担。但出于对自身利益的考虑,实际上承运人一般不愿接受托运人这种保函。二是更换包装以使货物处于外表良好状况。

 知识拓展

保　　函

保函(letter of guarantee,L/G)又称保证书,是指银行、保险公司、担保公司或个人应申请人的请求,向第三方开立的一种书面信用担保凭证。银行出具的保证通常称为保函,其他保证人出具的书面保证一般称为保证书。保证在申请人未能按双方协议履行其责任或义务时,由担保人代其履行一定金额、一定期限范围内的某种支付责任或经济赔偿责任。保函即为保证书,为了方便,一般公司及银行都印有一定格式的保证书,其作用包括凭保函交付货物、凭保函签发清洁提单、凭保函倒签预借提单等。

凭保函签发提单则使得托运人能以清洁提单、已装船提单顺利地结汇。关于保函的法律效力,海牙规则和维斯比规则都没有作出规定,考虑到保函在海运业务中的实际意义和保护无辜的第三方的需要,汉堡规则第一次就保函的效力问题作出了明确的规定,保函是承运人与托运人之间的协议,不得对抗第三方,承运人与托运人之间的保函,只是在无欺骗第三方意图时才有效;如发现有意欺骗第三方,则承运人在赔偿第三方时不得享受责任限制,且保函也无效。

(四)按运输方式分类

1. 直达提单

直达提单,又称直运提单,是指货物自装货港装船后,中途不转船,直接运至卸货港的提单。直达提单上不得有"转船"或"在某港转船"的批注。但有时提单条款内虽无"转船"批注,但却列有承运人有权转装他船的所谓"自由转船条款",这种提单通常也属于直达提单。

使用直达提单,货物由同一船舶直运目的港,对买方来说,比中途转船有利得多,它既可以节省费用,减少风险,又可以节省时间,及早到货。因此,通常买方只有在无直达船时才同意转船。在贸易实务中,如信用证规定不准转船,则买方必须取得直达提单才能结汇。

2. 海上联运提单

海上联运提单又称转运提单,是指货物从装货港装船后,在中途转船,交由其他承运人用船舶接运至目的港的提单。通常签发联运提单的联运承运人又是第一程承运人,但他应对全程运输负责,其他接运承运人则应分别对自己承担的那部分运输负责。在实践中,也有的联运提单规定,联运承运人仅对自己完成的第一程运输负责,并且对于第二程运输期间发生的货损不负连带责任。这种责任划分的方式虽然可以充分保护联运承运人的利益,但通常使托运人难以接受,不利于承运人参与航运市场的竞争。

3. 多式联运提单

多式联运提单是指多式联运承运人将货物以包括海上运输在内的两种以上运输方式,从一地运至另一地而签发的提单。这种提单通常用于国际集装箱货物运输。

（五）特殊提单

除了上述分类外,经常遇到的还有以下各种提单。

1. 倒签提单

倒签提单是指以早于货物实际装船的日期为提单签发日期的提单。通常,提单签发日期应为该批货物全部装船完毕的日期,或者是按照航运惯例的开装日期。但有时由于种种原因,不能在合同或信用证规定的装船期内完成装运,而又来不及修改合同及信用证时,为了符合合同或信用证关于装运期限的规定,承运人应托运人的请求,在一定条件下并取得托运人的保函后,才签发这种提单。但因这种作法既不合法又要承担很大的责任风险,所以承运人应尽量避免。

 案例链接

倒签提单案

某年4月,中国某贸易公司和日本某贸易有限公司签订了一项出口货物的合同,合同中双方约定货物的装船日期为该年的8月,以信用证方式结算货款。合同签订后,中国某贸易公司委托某海上运输公司运送货物到目的港日本东京。由于某贸易公司没有能够很好地组织货源,直到11月才将货物全部备妥,并于11月15日装船。中国某贸易公司为了能够如期结汇取得货款,要求海上运输公司按8月的日期签发提单,并凭借提单和其他单据向银行办理了议付手续,收清了全部货款。当货物运抵东京时,日本收货人某贸易有限公司对装船日期产生了怀疑,要求查阅航海日志,运输公司的船方被迫交出航海日志。日本某贸易公司在审查航海日志之后,发现该批货物真正的装船日期是11月15日,比合同约定的装船日期要迟延达三个多月。日本某贸易公司向当地法院起诉,控告中国某贸易有限公司和海上运输公司串谋伪造提单,进行欺诈,既违背了双方合同约定,也违反法律规定,要求法院扣留运输公司的运货船只。这是一宗有关倒签提单的案件。收货人一旦有证据证明提单的装船日期是伪造的,就有权拒绝接受单据和拒收货物。收货方不仅可以追究卖方(托运方)的法律责任,而还可以追究轮船公司的责任。

2. 预借提单

预借提单是指在货物装船前或装船完毕之前,托运人为了及时结汇而向承运人预先借用的已装船提单。这种提单一般是在信用证规定的装船日期和交单结汇日期即将届满时,应托运人的要求签发的。签发这种提单,比倒签提单具有更大的责任风险。因为货物在装船前可能因各种原因发生灭失、损坏或退关。而按照不少国家的法律和判例,承运人对于货损将丧失享受责任限制的权利,也不能援引免责条款,即使货物在装船前因不可抗力等原因受损,承运人也必须承担货损的赔偿责任。更为严重的是,签发预借提单有时被认为是承运人与托运人双方共同的欺诈行为,是非法的。

鉴于上述原因,承运人一般不愿签发预借提单,即使签发也必须要求托运人出具保函并承担一切责任。

3. 舱面货提单

舱面货提单又称甲板货提单,是指承运人对装于船舶甲板上的货物所签发的提单。承运人通常要在这种提单上打印或书写"舱面上"字样,以表明提单所列货物装在舱面上的事实。

在贸易实践中,有些体积特别庞大的货物以及某些有毒货物和危险物品不宜装于舱内,只能装在船舶舱面上,在这种情况下托运人接受的是舱面货提单,但应注意加保舱面货险。

《海牙规则》和我国《海商法》均规定,舱面货不包括在承运人负责的"货物"范围内,承运人对其在海上运输中发生的任何性质的灭失或损坏不负责任。舱面货不仅遭受损害的可能性较大,而且还不能在发生共同海损时得到分摊,所以对托运人的保障较差。为了减少风险,买方一般不愿意把普通货物装在舱面上,有时甚至在合同和信用证中明确规定,不接受舱面货提单。银行为了维护开证人的利益,对这种提单一般也予以拒绝。

三、提单的内容及提单的签发

(一) 提单的内容

提单通常是由各航运公司自行制定的,虽然没有统一标准,但其内容却大同小异,都包括正面内容和背面条款两部分。

1. 提单正面的内容

为确保提单发挥应有的作用,维护收货人和提单受让人的合法权益,国际公约和各国海

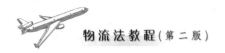

商法都对提单必须记载的事项作了明确规定。《海牙规则》第3条第3款对此规定了3项，《汉堡规则》第15条第1款则规定了15项。

我国《海商法》第73条规定的提单内容，包括：货物的品名、标志、包数或者件数、重量或者体积，以及运输危险货物时对危险性质的说明；承运人的名称和主营业所；船舶名称；托运人的名称；收货人的名称；装货港和在装货港接收货物的日期；卸货港；多式联运提单增列接收货物地点和交付货物地点；提单的签发日期、地点和份数；运费的支付；承运人或者其代表的签字。

提单缺少其中的一项或者几项的，不影响提单的性质；但是应当符合《海商法》第71条有关提单的定义和法律地位的规定。

2. 提单的背面条款

提单的背面规定有承运人与托运人或收货人之间的权利、义务和责任的条款，它是处理双方争议的直接法律依据。虽然各种提单背面条款多少不一，内容也不尽相同，但一般都包括下列条款。

(1) 管辖权条款。这一条款规定双方发生争议时由何国法院行使管辖权，即由何国法院审理。提单一般都有此种条款，并且通常规定对提单产生的争议由船东所在国法院行使管辖权。如我国中远公司提单就规定，根据本提单或者与其有关的一切争议均应在有关公司主要营业所在地的广州、上海、天津、青岛或大连的海事法院诉讼解决。

(2) 首要条款或法律适用条款。这一条款指明提单受某一国际公约或某一国内法的制约，即该提单根据什么法律制定，发生纠纷时用什么法律作准据法。如我国中远公司提单规定，该提单受中华人民共和国法律的制约。

(3) 承运人责任条款。这一条款通常规定承运人在货物运送中应承担的责任及其免责事项。它类似于首要条款，如果在首要条款中已经规定了承运人的责任适用某一公约或国内法，这一条款就无需另订。中远提单规定，"有关承运人的义务、赔偿责任、权利及豁免应适用海牙规则……"。

(4) 责任期间条款。这一条款通常明确规定承运人的责任期间。如我国中远公司提单就规定，承运人的责任自货物装上船之时开始至货物卸离船之时为止，并规定，"承运人对于货物在装船之前及卸离船之后发生的灭失或损坏，不负赔偿责任"。

(5) 装货、卸货和交付条款。这一条款是对托运人在装货港提供货物，以及收货人在卸货港提取货物等方面义务所作的规定。通常规定托运人或收货人应以船舶所能装卸的速度尽快昼夜不间断地提供或提取货物，并应对违反这一规定所引起损失承担赔偿责任。

(6) 赔偿责任限额条款。这一条款规定的是承运人对货物的灭失或损坏的赔偿责任的每件或每计费单位的限额。但首要条款中已规定了适用某国际公约或国内法的，应按该公约或国内法办理。

(7) 舱面货条款。由于这类货物按照《海牙规定》不视为海上运输的货物，因此，提单上一般订有此条款，以确定双方当事人的权利、义务和责任。通常规定由于这些货物的收受、装载、运输、保管和卸载均由货方承担风险，承运人对其灭失或损坏不负赔偿责任。

(8) 共同海损条款。这一条款通常规定共同海损的理算地点和理算所依据的规则。国际上一般采用《1974年的约克—安特卫普规则》。我国中远公司提单则规定按《中国国际贸易促进委员会共同海损理算规则》(2022年)在中国理算。

(二)提单的签发

1. 提单的签发人

提单的签发人一般包括承运人、承运人的代理人和船长。在国际航运实践中,提单通常由船长签发。船长是承运人的当然代理人,不需经承运人的特别授权便可签发提单。但如提单由承运人的代理人签发,则代理人必须得到承运人的合法授权,否则代理人无权签发。

提单往往是根据大副收据及其他有关单证,在与提单记载的各项内容核对无误后才签发的。如果大副收据上有批注,则签发人应如实转批在提单上。提单只有经过签字才产生效力,它一经签发就对承运人具有法律约束力。上述几种人签发的提单具有同等效力。

2. 签发提单的份数

提单分为正本和副本。正本提单通常是一式几份,以防提单的遗失、被窃或延迟到达。由于正本提单是一种物权凭证,可以流通和转让,因此,承运人为防止出现利用多式正本提单进行损害提单当事人利益的非法活动。一是要求收货人凭承运人签发的全套正本提单在目的港提货;二是在正本提单上注有"承运人或其代理人已签发正本提单一式 X 份,其中一份经完成提货手续后,其余各份失效"等内容。据此,一经收货人在目的港向承运人出示一份正本提单并提走货物,其余各份正本提单也随即失去效力。

副本提单的份数视需要而定。它虽然没有法律效力,不能据以提货,但却是装运港、中转港及目的港的代理人和载货船舶不可缺少的补充货运文件。

承运人只能在目的港向持有正本提单的人交付货物。如果承运人在目的港以外或向其他人交付了货物,则应向持有正本提单的人承担赔偿责任。

3. 签发提单的地点和日期

签发提单的地点应当是货物的装船港。签发提单的日期应当是货物实际装船完毕的日期,并且与大副收据的日期一致。但实际上当装运散装货物时,只要装船开始,就可按开装日期签发提单,而不必等到货物全部装船完毕。

在国际货物买卖中,提单的签发日期非常重要。因为货物买卖合同大都规定了卖方货物的装船日期,而且信用证也规定了货物的装船期限。所以卖方货物装船日期一旦超过规定时间,就可能遇到买方在目的港拒收货物并请求赔偿损失和银行拒付货款的问题。

第四节 海上货物运输国际公约

在国际海上货物运输领域中,最重要的国际公约主要有四个:1924年的《统一提单的若干法律规则的国际公约》(通称《海牙规则》)、经1968年《修改统一提单若干法律规定的国际公约议定书》修订后的《海牙规则》(通称《维斯比规则》)、1978年的《联合国海上货物运输公约》(通称《汉堡规则》)和2008年《联合国全程或部分海上国际货物运输合同公约》(简称《鹿特丹规则》)。前三个公约主要是有关提单的,所以通常称之为提单公约。现今这三个公约都在生效,处于并存的状态。《鹿特丹规则》由联合国大会于2008年12月11日第63/122号决议通过,该公约尚未生效。我国虽然没有参加上述四个公约中的任何一个,但我国在制

定《海商法》的时候也参照并吸收了上述前三个公约的合理内容。前三个公约对国际海上货物运输具有重要的意义和深远的影响,将在本节中着重介绍,鉴于《鹿特丹规则》的特殊情况,也将单独予以介绍。

一、提单公约产生的背景

有关提单的国际公约的产生是历史发展的客观要求,同时它也经历了一个漫长的演化过程。

早期的提单,无论是内容还是格式,都比较简单,而且提单的作用也较为单一。随着国际贸易和海上货物运输的逐步发展,提单的性质、作用和内容特别是其中的背面条款都发生了巨大变化。

在提单产生的早期,即自货物托运形式出现后的很长一个时期,在海上航运最为发达的英国,一方面,从事提单运输的承运人(即英国习惯上所谓的"公共承运人")必须按照普通法对所承运的货物负绝对责任,即托运人把货物交付承运人后,承运人就负有义务把货物安全送达目的港,承运人除非能证明货损是天灾、公敌行为、货物固有缺陷以及不良包装和共同海损所致,对运输中发生的一切货损均应负责。但另一方面,法律对私人合同却采取契约自由原则,这就为承运人逃避普通法上的法律责任打开了方便之门。承运人正是凭借他们在航运方面的强大实力和契约自由原则,在提单中规定各种免责条款,强加给货主各种不公平的条件和不应承担的风险。

这种情况到19世纪后半期更为严重。承运人极力缩小他们对承运货物的责任,不仅把责任限于本身过失所引起的货物损害,而且又增加了一系列免责事项,使提单中的免责条款甚至多达六七十项。承运人滥用契约自由,无限扩大免责范围的作法使当时的国际贸易和运输的法律秩序陷于极度的混乱,其直接后果不但使货方的正当权益失去了起码的保障,而且还出现了保险公司不敢承保,银行不肯汇兑,提单在市场上难以转让流通的不良局面。这不仅损坏了货主、保险商和银行的利益,而且也严重阻碍了航运业自身的发展。因此,通过立法程序抑制船主势力的呼声日益高涨,实现提单规范化就成为一个不可回避的历史任务。

在以英国为代表的船东国在提单上滥用免责条款的时期,以美国为代表的货主国利益受到了极大的损害。为了保护本国商人的利益,美国颁布了著名的1893年"哈特法案",通过其国内立法对在提单上滥用免责条款的行为予以抵制。

"哈特法案"的主要内容是规定提单运输中承运人不可推卸的最低义务及承运人可以免责的事项。它规定承运人对其掌管的货物,应妥善地装载、积载、保管、照料和交付,以及适当和谨慎地使船舶在各方面适航,并能完成预期的航次;妥善地配备船员,装备船舶和配备供应品。凡承运人在提单上加注使上述义务得以免除者,均属无效。同时还规定,对于因船舶航行或管理的某些过失、天灾、公敌行为、货物固有缺陷、不良包装、政府扣押、托运人或货主行为或不行为、海上救助等造成的货物灭失或损害,承运人可以免责。

"哈特法案"是把过失明确分为管理货物过失和航海过失的立法首创。它对承运人或其船长、船员的航海过失和管船过失免责予以肯定,而对他们的管货过失免责予以否定。这对以后各国航运立法和国际航运法规产生了重大影响。继美国制定"哈特法案"后,不少国家都制定法律,并仿效"哈特法案",用法律形式规定承运人的责任。如1904年澳大利亚制定的《海上货物运输法》,1908年新西兰颁布的《航运及海员法》和1910年加拿大颁布的《水上货物运输法》等。

尽管上述法律都曾发挥过不可低估的作用,但是,要想妥善解决承运人不合理的免责条款问题,只靠个别国家的努力显然是不够的,还必须寻求国际社会的协作。而这一问题往往与一个国家的航运政策紧密相关,这就使得建立国际统一的提单制度的努力面临重重阻力。

第一次世界大战的爆发虽然延缓了制定国际统一规则的进程,但同时又给制定国际统一规则带来了新的机遇。战后由于全球性的经济危机,货主、银行、保险界与船主的矛盾更加激化,在这种情况下,以往对限制合同自由,修正不合理免责条款问题一直不感兴趣的英国,为了和其殖民地在经济上、政治上进行妥协,也主动与其他航运国家和组织一起寻求对上述问题的有效解决办法。正是在这种历史背景下,《海牙规则》诞生了。

二、《海牙规则》

国际法协会于1921年在海牙召开会议,草拟了第一个有关提单的重要的国际公约——《海牙规则》。该规则当时属于民间协议,后来几经修改才于1924年8月经布鲁塞尔外交会议讨论通过,并正式定名为《统一提单的若干法律规则的国际公约》。由于该规则最初是在海牙起草的,所以人们通常简称《海牙规则》。《海牙规则》于1931年6月正式生效,现已有缔约国近80个。而且早在1924年英国就已通过立法程序,将《海牙规则》国内法化。嗣后,有的国家仿效英国的作法,直接把它作为国内法的一部分,也有的国家根据《海牙规则》的基本精神,另行制定了相应的国内法。我国虽然没有加入该公约,但却把它作为制定我国《海商法》的重要参考依据。所以,《海牙规则》堪称现今海上货物运输方面最重要的国际公约。

(一)《海牙规则》的主要内容

《海牙规则》共16条,除第11条至16条是有关公约的批准、加入和修改的程序性条款外,其余均为实质性条款。其主要内容包括承运人最低限度的义务,应享受的免责范围,以及对货物灭失或损坏的索赔通知、诉讼时效和赔偿限额等。

1. 承运人的义务

《海牙规则》对承运人不可推卸的最低限度的义务作了明确的规定。

《海牙规则》第3条第1款规定:"承运人须在开航前和开航时克尽职责:(1)使船舶适于航行;(2)适当地配备船员、装备船舶和供应船舶;(3)使货舱、冷藏舱和该船其他载货处所能适宜和安全地收受、运送和保管货物。"

该条第2款又规定:"除遵照第四条规定外,承运人应适当和谨慎地装卸、搬运、配载、运送、保管、照料和卸载所运货物。"

以上两款规定的内容,即提供适航船舶和管理货物,是承运人必须履行而且不能通过提单条款予以免除的两项最主要的义务。可以看出,它们与"哈特法案"中的规定基本上是一致的。

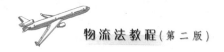

(1) 关于承运人提供适航船舶的义务。

① 适航船舶的标准。《海牙规则》要求承运人必须在开航前和开航当时克尽职责使船舶适航。这里首先提出了一个船舶适航标准的问题。依《海牙规则》第3条第1款可以推断出，船舶适航包括三项标准：第一，船舶适于航行，即具有狭义的适航能力；第二，船员配备、船舶装备及船舶供应适当，即具有航海能力；第三，货舱、冷藏舱和该船其他载货处所能适宜和安全地接受、运送和保管货物，即具有适货能力。任何船舶，只有同时符合了这三项标准，才具备适航性。现具体解释如下。

a. 狭义的适航能力。它是指船舶的船体、构造、性能和设备等方面具备在特定航次中安全航行并能抵御通常出现的或能合理预见的海上风险的能力。这种能力是具体的和相对的。

具有狭义的适航能力的船舶，必须具有相应的有效适航证书，但其并不能在法律上作为船舶适航的终结性证据。判断船舶是否适航，应着眼于船舶在每一航次开航时的实际航行能力。船舶不适航的情况通常有船体强度不够、吨位过小、船舶设计有缺陷等。

b. 航海能力。航海能力由船员配备适当、船舶装备适当和供应品配备适当三项内容构成。

所谓船员配备适当包括数量和质量两方面的要求，它是指配备善于完成该项航海，使用船舶运输货物的合格的船长，以及足够的、合格的和能胜任船上各种职务并完成本航次运输任务的船员。关于这一点，国际海事组织于1978年通过了《海员培训、发证和值班标准国际公约》，在国际上它被认为是一个能够接受的有关船员技术水平的最低要求。有学者认为，如果远洋船员未达到公约规定的要求，可能会推定承运人未做到适当地配备船员，因而构成不适航。我国已加入了该公约。

所谓装备适当，是指船舶要适当地备有航海所需要的各种仪器设备及必要的文件包括海图等。

所谓供应适当，是指船舶在航行中要备有适当的燃料、淡水、粮食、药品及其他给养。这类供应品的多少可以根据航次情况和习惯而定。如在长途航行时，不可能一次储备全航程所需的给养，习惯上允许在中途港补给，在这种情况下，承运人应当在航行前预先妥善安排，否则视为船舶不适航。

c. 适货能力。正如《海牙规则》第3条第1款(3)所规定的那样，适货能力是指"使货舱、冷藏舱和该船其他载货处所能适宜和安全地收受、运送和保管货物。"

要使船舶具有适货能力，首先遇到的是货物装载问题。如果装载不当，致使一种货物沾污另一种货物，或者因船舱不洁使所载货物受损，都可视为没有适货能力。另外，还存在一个载货处所的冷藏或通风问题。运输特定货物的，船舶应符合特殊要求，如保持一定温度或连续通风等，否则应视为船舶没有适货能力。

总之，上述狭义的适航能力、航海能力和适货能力共同构成了广义的船舶适航概念。

② 关于"克尽职责"。《海牙规则》要求承运人"克尽职责"使船舶适航，这里就存在一个如何理解"克尽职责"的问题。

首先，《海牙规则》要求承运人克尽职责使船舶适航，表明《海牙规则》在这一点上实行的是完全的过错责任制。它意味着，在履行使船舶适航的义务上，只要求承运人作为具有通常要求的技能并能谨慎行事的人,应采取各种力所能及的合理措施。也就是说,如果船舶存在通过采取上述措施仍不能发现的潜在缺陷,则不视为承运人违反了克尽职责使船舶适航的义务。

其次,是关于"克尽职责"适用的主体范围。对此,通常的解释是,"克尽职责"的要求不仅适用于承运人的行为,而且还适用于承运人的代理人或雇佣人的某些行为。

最后,是"克尽职责"的标准。它是一个具有很大伸缩性,在理论上不易统一规定的问题。在具体案件中,承运人是否已克尽职责,必须根据具体案情进行分析,而且常常要参加实践中采用的通常标准。

③ 船舶适航的时间。承运人应该在什么时间使船舶处于适航状态,是有关船舶适航义务的范围问题。《海牙规则》要求承运人应克尽职责使船舶适航的时间并不是船舶的整个航程,而只是船舶"开航前"和"开航当时"。

开航前,是指开始装货之时;开航当时,则指船舶离开锚地之时。适航的时间,并不仅指这两个孤立的时间,而是指从开始装货到开航的一整段时间。

按照《海牙规则》,只要承运人在船舶开航时使船舶适航,就算尽到了使船舶适航的义务,而不必保证船舶在整个航程内都具适航性。如果船舶在开航前和开航当时是适航的,只是开航以后出现了不适航的情况,承运人可以免于承担因船舶不适航而应承担的赔偿责任。中国远洋运输总公司(集团)提单条款规定了承运人的责任应适用《海牙规则》,而在我国《海商法》中关于承运责任的规定与《海牙规则》是基本一致的。

(2) 关于承运人合理管理货物的义务。

《海牙规则》第3条第2款对承运人合理管理货物义务的具体规定是:"应适当和谨慎地装载、搬运、积载、运输、保管、照料和卸载所运货物。"这里所谓"适当"可解释为船方应该满足货物装运的适当要求;"谨慎"则是指承运人从装船到卸船这一整个运送期间要对货物予以应有的注意。

① 适当和谨慎地装载。它是指承运人要对装船工作负责,在装船时,应按装货港的习惯做法和货物的具体特性,使用相适应的装货工具谨慎操作,不使货物损坏。

② 适当和谨慎地搬运、积载。它是指承运人对货物在船上的搬运和放置加以合理的注意。对积载总的要求就是合理,如注意隔热,不使货物在船舱内互相碰撞;注意不在不能承受重压的货物上堆放其他重物等。

③ 适当和谨慎地运送。将货物安全运至目的港是承运人的义务。为了履行这一义务,对未事先通知承运人而装船的危险货物,以及对于装船时虽已通知货物的危险性,但在运输途中确实发生了危及船、货安全的危险的货物,船长可采取使之无害或随时将其卸岸、销毁等措施。另外,承运人应使用装货港装货船舶将货直接运至目的港,除非另有约定,不得擅自转船。再者,除非有海上救助人命和财产等正当理由,承运人不得无故绕航。

④ 适当和谨慎地保管、照料。承运人在货物运输途中,负有适当和谨慎地保管和照料货物的义务,如遇到下雨时应防止雨淋,对有些货物应注意通风等。

⑤ 适当和谨慎地卸货。承运人应适当和谨慎地卸货,如因卸货不当导致货物受损,承运人应承担赔偿责任。

如上所述,承运人在开航前和开航当时克尽职责使船舶适航以及承运人适当和谨慎地管理货物,这是《海牙规则》规定的承运人的两项最低义务。它们是强制性的,因此,凡是在提单中规定解除或降低承运人的上述义务的条款,都应根据该规则第3条第8款的规定确认无效。

2. 承运人的责任期间

所谓承运人的责任期间,是指承运人对货物运送负责的期间。尽管《海牙规则》关于承运人责任期间的规定不够明确,但是根据该规则第1条第5项规定的"货物运输"是指自货物装上船时起,至卸下船时止的一段时间,结合该规则第7条"本公约中的任何规定,都不妨碍承运人或托运人就承运人或船舶对海运船所载货物于装船以前或卸船以后所受灭失或损害,或与货物的保管、照料和搬运有关的灭失或损害所应承担的责任与义务,订立任何协议、规定、条件、保留或免责条款"的规定,可以说《海牙规则》所规定的承运人的责任期间是"自货物装上船至货物卸下船止"的一段时间。

承运人的上述责任期间可以理解为:在使用船舶吊杆装卸货物时为"钩到钩"期间,即自货物挂上船舶吊杆的吊钩时起至脱离吊钩时止;在使用岸上吊货索具时,则为"舷到舷"期间,即自货物在装货港越过船舷时起,至卸货港越过船舷时止,在此期间,承运人应对货物负责。

至于承运人的具体责任期间,则应根据承运人接收货物和交付货物的地点,特别是承运人与托运人之间就装船前和卸船后这两段期间的义务和责任是否另有协议来确定。如果没有协议,承运人就不对这两段期间承担运输责任。

3. 承运人的免责事项

《海牙规则》第4条第2款对承运人的免责事项作了17项具体规定。这些规定,既有过失免责的情形,又有无过失免责的情形,内容相当广泛。现分述如下。

(1) 航行或管理船舶的过失。《海牙规则》规定,对因船长、船员、引水员或承运人的受雇人,在航行或管理船舶中的行为、疏忽或不履行义务所造成的货物损失,承运人不负责任。

本项规定是上述所有免责事项中最重要的一项,也是承运人经常引用的一项。同时它还是《海牙规则》中免除承运人的雇员全部疏忽责任的唯一条款。它是参照了"哈特法案"有关规定制定的。

所谓航行过失,是指船舶开航后,船长、船员在船舶驾驶上的错误或操纵错误。如船舶碰撞、触礁、搁浅等事故往往是由于航行过失所引起。所谓管理船舶的过失,是指在航行中,船长、船员对船舶缺乏应有的注意,如因使用水泵不当、进水阀门关闭不严等致使海水进舱就属于管船过失。

在实践中,管船问题往往同管货问题相联系,有时管船过失与管货过失很难区分,但它们的法律责任却截然不同,承运人对管船过失可以免责,但对管货过失则需负责。

航行和管理船舶过失的免责条款,从主体方面来看,只适用于承运人的雇员,包括船长、船员、引水员或承运人的其他受雇人的过失,如属承运人本身的过失,则不能免责。另外,在主观方面只能是过失行为,而不包括故意行为。

上述免责条款,起初只是适用于船舶碰撞、触礁、搁浅等责任事故,但后来其适用范围不断扩大,并涉及船舶管理的各个方面,结果给货物运输带来了很大的危害。因此,货方一直要求对此予以修改。

(2) 火灾。船舶发生火灾的原因多种多样,可能是因海难或来源不明的原因,也可能是因货物的自然属性、承运人及其雇员的故意或者疏忽等。《海牙规则》关于承运人对火灾造成的货物损失可以免责的规定是有条件的,即火灾并非"由于承运人的实际过失或私谋引起"。这里所谓承运人的实际过失或私谋,通常仅指承运人的过失,而不包括承运人的雇佣人或代理人的过失,据此,对船长、船员的过失引起的火灾所造成的货物损失,承运人是可以免责的。

(3) 海难。《海牙规则》规定的"海上或其他通航水域的灾难、危险和意外事故"的免责事项,就是航海界通常所说的"海难"。海难作为一项古老的免责条款,早在《海牙规则》通过之前就已出现在提单中。《海牙规则》第4条第2款在表达上用较长的表述来替代"海难"这一术语,说明它丰富和精确了以前使用的"海难"一词的内容。

就海上常见的情况而言,海难通常包括不能预见的海上灾难性风暴、没有过失的船舶碰撞以及不可控制的恶劣天气影响造成的船舶搁浅等等。

适用海难免责条款,必须同时符合两个条件:一是这种危险是承运人在航程开始前无法预料并在发生后无法避免和抵御的;二是其因船舶不适航或承运人的管货过失造成的。

(4) 天灾。天灾是指承运人在航程开始前无法预料,并在发生后无法避免和抵御的,直接造成货物损失的自然灾害,如暴风、海啸、冰冻等。它与海难相类似,有时甚至难以区分,只是它不涉及人为因素,且不像前者那样经常为承运人引用。

(5) 战争行为。在国际法上,战争行为是指国家之间的武装冲突或公开的敌对行为。但在这里,战争一词就不能按上述国际法观点而应按商业观点来解释。在这种意义上,战争包括的范围很广,它不仅包括一国政府向另一国政府正式宣布的战争,而且包括战争状态、敌对行动、内战以及军事封锁港口、布雷等行动。

因战争行为对承运人来说,也是无法预料和避免的,所以承运人不负由此引起的货物损失的责任。如两伊战争期间,时常出现第三国货轮被袭现象,承运人就可以援引此项规定免除自己的责任。

(6) 公敌行为。公敌行为是指与船旗国为敌的国家的敌对行为。它比战争行为的范围要窄,例如在两伊战争期间,交战双方的伊朗和伊拉克的商船遭到对方袭击就属于公敌行为,它有别于第三国商船被袭的战争行为。除此之外,海盗行为通常也被视为公敌行为。当船舶遇有公敌行为时,只有在无法避免的情况下造成的货物损失承运人才可以免责,因此,承运人应设法避免。

(7) 政府的依法扣押。《海牙规则》规定的"君主、当权者或人民的扣留或管制,或依法扣押",事实上就是政府的依法扣押。例如两国关系突然恶化,一国政府下令扣押在该国口岸的另一国商船的行为即是,承运人对此无法合理地预见和控制,所以不承担责任。但是由债务纠纷引起的法院依法对船舶实施的扣押行为却不应包括在内,承运人对此也不能免责。

(8) 检疫限制。各国港口一般都规定有检疫制度,如果发现疫情,有权命令外来船舶暂停进港以便对船、货采取熏蒸等消毒措施。由于检疫船舶推迟进港造成的货损和检疫货损,只要检疫不是起因于承运人而且是承运人无法予以避免的,他就对此不负责任。

(9) 货方的行为或不行为。对因托运人或货主或其代理人的过失行为或不行为,如提供的标志、件数、数量或重量不正确,或包装不牢、货物的标志不清或不适当,错报货物的性质或价值以及未通知承运人危险品的性质等所造成的货物损失,承运人可援引此项免责。

(10) 罢工。罢工通常是由于劳资纠纷等原因引起,由于它被认为是承运人不可抗拒的行为,因而承运人对由此造成的货物损失可以免责。但是,如果罢工是船上船员所为,而且是由于承运人应负责的原因引起的,承运人就不能免除责任。

(11) 暴动和骚乱。暴动和骚乱是指聚众采取的暴力行为或非法制造混乱的行为。因此使货物不能及时装卸而受损或延迟到货或直接破坏货物所造成的损失,承运人可以免责。但由承运人有意挑起的或其未采取合理防范措施的除外。

(12) 救助或企图救助海上人命或财产。船舶在航行中碰到遇难船或接到其求救讯号后,航行至出事地点对遇难船舶、货物和生命施救,这就是救助海上人命或财产。有时一艘救助船抵达遇难船附近时,另一艘救助船正对遇难船只进行救助,后到者没有直接实施救助,但应遇难船的请求,守候在遇难船附近,以备必要时实施救助,这就是企图救助。

不论是救助还是企图救助海上人命或财产,都是国际法规定的人道主义义务。基于上述义务,不论是因救助还是企图救助海上人命或财产造成的货物损失或延迟交货,承运人均可免责。因此而发生的船舶绕航属于合理绕航,如因绕航使本船货物受损,也在承运人免责范围之内。

(13) 货物的固有缺陷。货物的固有缺陷是指货物本身的质量存在缺陷,包括隐蔽缺陷和潜在缺陷两种,前者是指用通常的方法从外部不能发现的货物缺陷;后者则是指货物固有的或自然的不易保管、运输的缺陷。对因货物固有缺陷导致的货物损失,承运人可以免责。虽然货物存在固有缺陷,但却是因承运人管货不当而导致的货物损失,仍由承运人负责。

(14) 包装不良。托运人应保证向承运人托运的货物包装牢固,使其包装的方式、强度或状态能够承受装卸和运送中的正常风险。在办理货物托运手续时,承运人如发现货物包装不良就应如实批注在提单上,承运人对日后交付包装不良的货物乃至因包装不良货物损失,可援引此项免除责任。但如承运人明知货物包装不良,却未在提单上加以批注的则无权援引此项免责条款。

(15) 标志不清或不当。货物标志不清或不当,使承运人对货物无法辨认时,很容易造成交错、错卸、混票等;另外当货物上缺少关于禁止倒置、易碎品、防湿等标志时也很容易造成货物损害,对此承运人均可援引此项免责。如果货物的主标志不清或不当,但未在提单上批注的,则根据《海牙规则》第3条第3款的规定,承运人不能免责。

(16) 船舶的潜在缺陷。所谓船舶的潜在缺陷,是指承运人虽克尽职责使船舶适航,但仍难发现的缺点。它通常是船舶结构方面的缺点,即船壳、机器及船舶附属设备的缺点。对由此引起的货物损失,承运人可以免责。

这一免责条款与前述承运人在开航前和开航当时克尽职责使船舶适航的要求是一致的。既然《海牙规则》只要求承运人在开航前和开航当时克尽职责使船舶适航,承运人对那些虽克尽职责仍不能发现的船舶缺点不负责任就很自然。在航运实践中,该条款经常被承运人引用。因有时它会实际掩盖承运人的疏忽行为,所以宜于从严解释。

(17) 承运人没有过失或私谋的其他任何原因。这是一项概括性条款,或者说是"杂项免责条款"。既不是像前述16项那样具体,又不是对它们的衬托,而是对它们之外的其他原因规定了一般条件。

这里所谓"没有过失和私谋"不仅指承运人本人没有实际过失或私谋,而且也包括承运人的代理人或雇佣人没有过失或私谋。另外,援引这一免责条款,承运人还应负举证责任。即要求证明货物的灭失或损坏既非由于自己的实际过失或私谋,也非自己的代理人或受雇人的过失或私谋所导致。

4. 承运人的赔偿责任限制

承运人的赔偿责任限制,又称承运人单位责任限制,是指对承运人不能免责的原因造成的货物灭失或损坏,通过规定单位最高赔偿额的方式,将其赔偿责任限制在一定的范围内。这一制度实际上是对承运人造成货物灭失或损坏的赔偿部分免除,充分体现了对承运人利益的维护。另外,对未声明价值的货物规定赔偿限额,既利于明确赔偿责任,也便于据此投保并计算运输成本。

《海牙规则》第4条第5款规定,不论承运人或船舶,在任何情况下,对货物或与货物有关的灭失或损害,每件或每计费单位超过100英镑或者等值的其他货币的部分,都不负责;但托运人于装货前已就该项货物的性质和价值提出声明,并已在提单中注明的,不在此限。

上述规定表明,承运人的赔偿责任限制,在主体方面,不仅适用于承运人,而且船舶所有人在被诉讼或索赔时也有权适用。就适用的条件来说,也没有加以任何限制,即"在任何情况下"都可适用。承运人的赔偿责任限制适用的排除条件是托运人在货物装运前已将其性质和价值进行了申报并且已被提单注明。

上述规定还表明,承运人单位最高赔偿额为100英镑,按照该规则第9条的规定它应为100金英镑。这一规定明显地存在两方面问题:一是随着金本位被放弃,适用《海牙规则》并采用英镑为赔偿货币的国家因英镑币值的浮动而产生的差异。起初英国航运业习惯按100英镑纸币来支付,后来英国各方虽通过协议把它提高到200英镑,但还是不能适应当前的实际情况。同时在《海牙规则》制定后,不少非英镑国家纷纷把100英镑折算成本国货币,而且不受黄金计算价值的约束。经过几十年国际金融市场的变幻和各种货币不同程度的升贬,以致现今各国规定的不同赔偿限额的实际价值相距甚远。二是《海牙规则》对什么是"件"和"计费单位"没作明确解释,各国认识又很不一致,以致判决结果相差很大。

5. 索赔通知与诉讼时效

索赔通知是收货人在接收货物时,就货物的短少或残损状况向承运人提出的通知,它是索赔的程序之一。收货人向承运人提交索赔通知,意味着收货人有可能就货物短损向承运人索赔。当然,没有或没有及时提出索赔通知并不使收货人丧失索赔权,只是他的举证义务会加重。

根据《海牙规则》第3条第6款的规定,承运人将货物交付给收货人时,如果收货人未将索赔通知用书面形式提交承运人或其代理人,则这种交付应视为承运人已按提单规定交付货物的初步证据。如果货物的灭失或损坏不明显,则收货人应在收到货物之日起3天内将索赔通知提交承运人。

在这里,所谓书面通知,并不是指必须另外书写通知。一般的作法是在提货收据上注明短缺或残损的情况,就可起到索赔通知的作用。如果货方与船方在货物收受时已对货物状

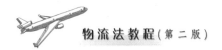

况进行了联合检验,则货方无须再提交书面通知。

《海牙规则》有关诉讼时效的规定是:"除非从货物交付之日或应交付之日起1年内提起诉讼,承运人和船舶,在任何情况下,都应免除对灭失或损坏所负的一切责任。"

6. 托运人的义务和责任

① 保证货物说明正确的义务。《海牙规则》第3条第5款规定:"托运人应向承运人保证他在货物装船时所提供的标志、号码、数量和重量的正确性,并对由于这种资料不正确所引起或造成的一切灭失、损害和费用,给予承运人赔偿。"

② 不得擅自装运危险品的义务。《海牙规则》第4条第6款规定,如托运人未经承运人同意而装运属于易燃、易爆或其他危险性货物,应对因此直接或间接地引起的一切损害和费用负责。

③ 损害赔偿的责任。根据《海牙规则》第4条第3款规定,托运人对他本人或其代理人或受雇人因过错给承运人或船舶造成的损害,承担赔偿责任。

7. 运输合同无效条款

根据《海牙规则》第3条第8款的规定,运输合同中的任何条款或协议,凡是解除承运人按该规则规定的责任或义务,或以不同于该规则的规定减轻这种责任或义务的,一律无效。有利于承运人的保险利益或类似的条款,应视为属于免除承运人责任的条款。这是国际公约拘束提单条款和运输合同条款的一项重要规定。

8. 公约的适用范围

《海牙规则》第5条第2款规定:"本公约的规定,不适用于租船合同,但如果提单是根据租船合同签发的,则它们应符合本公约的规定。"同时该规则第10条还规定:"本公约的各项规定,应适用于在任何缔约国内所签发的一切提单。"

按照上述规定,当提单是在缔约国内签发或者有载明适用该规则的首要条款时,就应适用《海牙规则》。

(二) 对《海牙规则》的评价

1924年制定的《海牙规则》,自30年代生效以来,已经得到了大多数航运国家的承认,并成为国际海上货物运输方面一个举足轻重的国际公约。它对促进提单规范化无疑起到了积极作用,其历史进步性是不容抹杀的。但同时也应看到,《海牙规则》在总的指导思想上有偏袒承运人利益的倾向,在具体规定上一些条款不够公平合理,在内容上有些已难以适应当前形势的需要。

《海牙规则》的主要缺陷表现如下。

1. 没有完全贯彻过失责任制

《海牙规则》以过失责任制作为基本赔偿责任原则。据此,如果货物的灭失或损坏是由于承运人或其雇员的过失所造成,承运人应负责任。但同时《海牙规则》的过失责任制是不完全的,以过失为基础的赔偿原则并未贯穿于规则的各项条款,它的适用范围实际上受到很大限制。如承运人对于船长、船员、引水员或承运人的受雇人在航行或管理船舶上的疏忽或过失引起的货物损失不负责任;又如承运人对因船长和船员的过失引起的火灾造成的货物损失也不负责任。这两项规定都是承运人对其雇员应承担过失责任的例外,这是不合理的。

它们在理论上违背了过失责任原则,从而使理论难以贯彻始终;在实际中则严重损害了货方的正当利益,从而有失公平。

2. 责任期间的规定欠周密

《海牙规则》规定,承运人对货物运输负责的期间是从装船到卸船,据此承运人对装船前和卸货后发生的货物损失不负责任。但实际上,货物在装船前和卸货后都还分别有一段时间处于承运人的控制之下,在这两个期间发生的货物损失,除非承托双方另有协议,承运人不负责任,而托运人或货主又难以找到其他的适当责任人,这样势必在装船前和卸货后出现两个实际上无人负责的空白期间。它在立法上是欠周密的,在实际上极不利于维护货方的合法权益。

3. 单位赔偿限额太低

《海牙规则》规定,承运人的最高赔偿额应为1924年的100金英镑,而目前承运人至多按200英镑纸币支付赔偿。因英镑贬值,它已远远低于该规则规定的最高赔偿额的价值,而且各国按英镑折算的以本国货币计算的最高赔偿额,也因同样的原因而普遍低于该规则规定的价值。不仅如此,因汇率的不同变化,它们之间相比还相差悬殊。这种状况既不符合《海牙规则》的本意,也不利于对货主的保护。

4. 诉讼时效期间过短

《海牙规则》规定的诉讼时效期间是从货物交付之日或应交付之日起1年。这比我国《民法典》规定的普通诉讼时效还少1年,与实际需要相比显然太短。因为货方要想起诉,必须进行一系列准备工作,而且通常涉及不同国家,一年时间通常不够;虽然按照1950年黄金条款协议,可以把诉讼时效期间延长为两年,但因有些国家未参加协议,所以这种状况终难改变。

5. 适用范围偏窄

《海牙规则》规定,该规则仅适用于缔约国签发的提单。它的适用范围显然过窄,而且对缔约国的承运人极为不便。为了拓展该规则的适用范围,承运人只得在提单上订立适用该规则的首要条款。

三、《维斯比规则》

鉴于《海牙规则》的上述缺陷,特别是现代海运技术的发展带来的新问题,国际海事委员会于1959年召集会议考虑对《海牙规则》进行修改,1963年该委员会草拟了一个修改《海牙规则》的议定书草案,经过斯德哥尔摩外交会议,通过了《修改统一提单若干法律规定的国际公约议定书》,为了借用中古时期维斯比海法的名声,该议定书简称《维斯比规则》或称为《海牙—维斯比规则》,它是我国制定《海商法》的最重要的参考依据。

《维斯比规则》已于1977年6月23日生效,在《海牙规则》缔约国中,有20多个国家参加。该规则共17条,主要在以下几个方面对《海牙规则》作了修改和补充。

(一)提高了单位赔偿限额

《维斯比规则》第2条第1款规定,凡属未申报价值的货物,其灭失或损坏的最高赔偿限

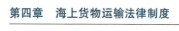

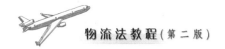

额为每件或每单位 10 000 金法郎,或毛重每公斤 30 金法郎,两者中以较高的数额为准。

这一修改规定,不但提高了《海牙规则》每件 100 金英镑的限额,而且创造了一项新的双重限额制度,妥善地解决了集装货和轻泡货的限额问题,维护了货主的合法利益。

为了解决集装箱运输出现的问题,该规则还对集装箱的责任限制做了专门规定,即如果提单上列明集装箱、托盘或类似装运工具所装货物的件数,则此件数可用做计算责任限制额,否则,此种装运工具应作为一件或一个单位。

另外,该规则还规定了丧失赔偿责任限制权利的条件,即"如经证实损失是由于承运人蓄意造成损失而作出的行为或明知可能会产生损失而仍不顾后果作出的行为或不行为产生的,则承运人或船舶无权享受本款所规定的责任限额的利益。"

由于《维斯比规则》规定的承运人责任限额的计算单位改为金法郎,而金法郎又以黄金作为定值标准,受黄金价格自由涨落的影响,承运人限制金额的实际价值也难以稳定。针对这一情况,1979 年在布鲁塞尔召开的外交会议上,通过了修订《海牙—维斯比规则》的议定书。议定书将承运人责任限制的计算单位,从金法郎改为特别提款权,并规定承运人责任限制金额为每件或每单位 666.67 特别提款权,或按货物毛重每公斤 2 特别提款权计算,两者中以较高者为准。但国内法规定不能使用特别提款权的缔约国,仍可以金法郎作为计算单位。该议定书已于 1984 年 4 月生效。

(二)规定了提单最终证据效力

《海牙规则》第 3 条第 4 款规定,提单作为收到所载货物的初步证据。这意味着承运人有相反的证据用以证明货物实际并未装船而且自己对此又无过失时,可以不对提单持有人负责。

《维斯比规则》为了弥补上述规定的缺陷,在第 1 条第 1 款用但书补充规定:"当提单已经转让给善意行事的第三者时,与此相反的证据不予接受。"这表明对于善意行事的提单受让人来说,提单载明的内容具有最终证据的效力。所谓"善意行事"是指提单受让人在接受提单时并不知道装运的货物与提单的内容有何不符之处,而是出于善意完全相信提单记载的内容。上述补充规定,有利于进一步保护提单的转让和流通,也有利于维护提单受让人或收货人的合法权益。

(三)拓展了责任限制的保护范围

一般来说,海上货物运输合同当事人的涉讼多因违约引起,而侵权行为之诉则常源于与合同无关的对第三者的侵害,如船舶碰撞等。但有些国家却有一种双重请求权的程序制度。据此,货物受损既可以以违约为由提起诉讼,也可以以侵权行为为由提起诉讼,而按后者起诉时,承运人便不能享受《海牙规则》关于赔偿责任限制的利益。为杜绝索赔人规避《海牙规则》赔偿责任限制条款的现象,维护承运人的合法权益,《维斯比规则》第 3 条第 1 款规定:"本公约规定的抗辩和责任限制,应适用于就运输合同所涉及的有关货物灭失的损害对承运人所提起的任何诉讼,不论该诉讼是以合同为根据还是以侵权行为为根据。"

如果托运人向承运人提起诉讼,因为双方有运输合同关系,承运人可以享受《海牙规则》中赔偿责任限制的利益。但如果托运人向承运人的雇佣人或其代理人提起诉讼,按《海牙规则》的规定,他们却不能享受责任限制利益,这是不合理的。为了避免托运人规避上述规定,保护承运人的雇佣人和代理人的利益,《维斯比规则》第3条第2款规定:"如果这种诉讼是对承运人的雇佣人员或代理人提出的,则该雇佣人员或代理人适用按照本公约承运人所援引的各项答辩和责任限制。"

上述两项规定,无疑拓展了责任限制的适用范围。

(四)延长了诉讼时效期间

《海牙规则》规定的诉讼时效期间是从货物交付之日或应交付之日起一年。据此,即便承运人与货方在货损发生后一致同意延长诉讼时效,但只要承运人日后反悔,法庭往往很难认定承运人原先关于延长诉讼时效的承诺有效。针对这一情况,《维斯比规则》补充规定:"诉讼事由提出后,如经当事方同意,该期限可以延长。"据此,承运人一旦作出同意延长诉讼时效的承诺,该承诺就具有法律效力,日后不得反悔。它实际上突破了《海牙规则》任何情况下诉讼时效都不得超过一年的限制。

同时,《维斯比规则》还增加了一个关于追偿期限的规定。即"即使在前款规定的时效届满后,如果在受理该案的法院的法律准许的时间内,仍可以对第三者提出赔偿诉讼,但是,准许的时间不得少于3个月,自提出这种赔偿诉讼的人已经解决了对他本人的索赔或者从起诉传票送达他本人之日起算。"这项规定的意义在于,如果货物在承运人保管期间发生损失,而另一承运人必须予以赔偿,并且货方有权向承运人提起诉讼时,不致使承运人因《海牙规则》规定的1年时效期限届满而解除责任。

(五)扩大了适用范围

《海牙规则》仅适用于在缔约国签发的提单。《维斯比规则》将其适用范围扩大为:提单是从一个缔约国签发或货物是从一个缔约国起运,或提单中订有接受公约约束的首要条款等原本不能适用《海牙规则》的场合。

《维斯比规则》只是对《海牙规则》的修改和补充。人们对它的评价很不一致,一种观点认为它比较符合当前国际海运的现状;另一种观点认为它对《海牙规则》的修改仍未触及要害问题,集中表现为保留了承运人对船长、船员的航海与管船过失免责的规定。

四、《汉堡规则》

《汉堡规则》的全称是《1978年联合国海上货物运输公约》,它于1978年在汉堡通过,因而简称《汉堡规则》。

《汉堡规则》全文共34条,主要特点是扩大了承运人的义务和责任,更多地保护了货方的利益。它已于1992年11月1日生效。

《汉堡规则》和《维斯比规则》一样,都是对《海牙规则》进行修改的产物,但它们却是不同修改方案的结果。后者代表了英国、北欧及船方的利益,所以只对《海牙规则》作了些非实质性修改,而前者则代表了广大发展中国家及货方的利益,所以对《海牙规则》进行了彻底修改。它的某些内容已被我国《海商法》借鉴、吸收。

《汉堡规则》对《海牙规则》的修改和补充主要体现在以下方面。

（一）承运人责任基础的变更

如前所述，《海牙规则》规定的承运人的责任基础是不完全过失责任制。它一方面规定承运人必须对自己的过失负责，另一方面又规定了承运人对航行过失及管船过失的免责条款。

《汉堡规则》废除了《海牙规则》中承运人对航行过失及管船过失的免责条款，也没有像《海牙规则》那样列举若干免责事项，而只是在第5条第1款概括规定：如果引起货物灭失、损害或延迟交付的事故，发生在第4条所述的承运人掌管货物的期间，则除非承运人证明，其本人及其受雇人员和代理人已为避免事故的发生及其后果而采取了一切所能合理要求的措施，否则，承运人应对由于货物灭失、损害以及延迟交付所造成的损失负赔偿责任。可见，《汉堡规则》规定的承运人责任是完全过失责任制，而且适用的是推定过失原则，即通常由承运人负举证义务，如其不能举证证明，则推定承运人有过失。它实现了对《海牙规则》的彻底修改。

此外，上述规定还表明，承运人除了对货物的灭失、损害应负赔偿责任外，还须对因延迟交付所致的损失负赔偿责任。所谓货物的延迟交付，是指货物没有在约定的时间内，或若无此种约定则没有在按照具体情况对一个勤勉的承运人所能合理要求的时间内，在规定的卸货港交付。该规则规定，如果货物在延迟交付后的60天内仍未交付，有权对货物的灭失提出索赔的人，可以认为货物已经灭失。

（二）承运人责任期间的延长

《汉堡规则》第4条第1款规定："按照本公约，承运人对货物的责任期间包括在装货港、在运输途中以及在卸货港，货物在承运人掌管之下的全部期间。"

这一规定明显地不同于《海牙规则》关于承运人责任期间从货物装上船至卸下船的规定，从而延长了《海牙规则》规定的承运人的责任期间。据此，在装船前和卸船后，货物在装卸港处于承运人掌管之下时，承运人仍要对货物负责。

应当注意的是，承运人对货物的掌管期间，存在着一个区域限制，即仅包括装运港、运输途中和卸货港，如果承运人接收与交付货物是在远离港口的地点进行，自然不能适用。

至于何谓货物在承运人的掌管之下，《汉堡规则》第4条第2款通过罗列不同的接收与交付货物的方式予以明确。接收货物的方法有两种：

① 承运人从托运人或代其行事的人手中接收货物。在这种方式下，一旦承运人接管货物，便认为它已在承运人的掌管之下。

② 根据装货港适用的法律和规章，承运人必须从有关当局接收货物。在这种方式下，承运人的责任期间，自有关当局处接管货物时开始。

承运人交付货物的方式，有三种情况：

① 将货物直接交给收货人，承运人的责任自交付给收货人时结束。

② 遇收货人延迟提货时，承运人可以根据合同或卸货港适用的法律或特定的贸易惯例，将货物置于收货人支配之下。在这种方式下，将货物置于收货人支配之下时承运人便不

再承担责任。

③ 根据卸货港适用的法律或规章,将货物交给必须交付的有关当局或其他第三方。在这种方式下,承运人的责任自交付有关当局或第三方时终止。

(三) 责任限额的提高

《汉堡规则》第6条第1款规定:① 承运人对货物的灭失或损害的赔偿责任,以灭失或损害货物相当于每件或其他装运单位835计算单位(特别提款权)或毛重每公斤2.5计算单位的数额为限,以其较高者为准。② 承运人对延迟交付的赔偿责任,以相当于该迟延交付货物应付运费的2.5倍的数额为限,但不得超过海上货运合同规定的应付运费总额。③ 无论如何,承运人根据本款①、②两项的总赔偿责任,不得超过根据本款第①项对货物全部灭失引起的赔偿责任所确定的限额。

从上述规定不难看出,《汉堡规则》对货物灭失或损害的责任限额既高于《海牙规则》的规定,又高于《维斯比规则》的规定。而且还首次明确了延迟交付的责任限额以及以上两项总的责任限额。

(四) 索赔通知及诉讼时效期间的延长

《海牙规则》要求,索赔通知必须由收货人在收到货物之前或收货当时提交。如果货物的损失不明显,则这种通知限于收货后3日内提交。

《汉堡规则》延长了上述通知时间。它规定,收货人可在收到货物后的第一个工作日将货物索赔通知送交承运人或其代理人,当货物灭失或损害不明显时,收货人可在收到货物后的15天内送交通知。同时,《汉堡规则》还规定,对货物延迟交付造成的损失,收货人应在收货后的60天内提交书面通知。

关于诉讼时效,《汉堡规则》第20条第1款和第4款分别规定:"按照本公约有关运输货物的任何诉讼,如果在两年内没有提出司法或仲裁程序,即失去时效。""被要求赔偿的人,可以在时效期限内的任何时间,向索赔人提出书面声明,延长时效期限。还可以再一次或多次声明再度延长该期限。"可见,与《海牙规则》和《维斯比规则》的有关规定相比,上述诉讼时效期间的规定既作了延长,又较为灵活。

(五) 对管辖权和仲裁的规定

《海牙规则》和《维斯比规则》对管辖权和仲裁均未规定。而按照提单背面条款的有关规定显然对托运人、收货人不利。为了弥补这一缺失,《汉堡规则》第21条规定,原告可在下列法院选择其一提起诉讼:① 被告主要营业所在地,或无主要营业所时被告通常居住地;② 合同订立地,而合同是通过被告在该地的营业所、分支或代理机构订立的;③ 装货港或卸货港;④ 海上运输合同规定的其他地点。同时该规则第22条还对仲裁地点作了与上述类似的规定。

(六) 适用范围的进一步扩大

《汉堡规则》在《维斯比规则》的基础上,又进一步扩大了适用范围,即除了《维斯比规则》

规定的几种适用场合外,《汉堡规则》还适用于运输合同规定的卸货港位于一个缔约国内,或者备选的卸货港之一是实际卸货港并位于一个缔约国内的情形。

五、《鹿特丹规则》

2008年12月11日,联合国第63届大会第67次会议通过了联合国贸法会提交的《联合国全程或部分海上国际货物运输合同公约》(United Nations Convention on Contracts for the International Carriage of Goods Wholly or Partly by Sea)。此次会议授权2009年9月23日在荷兰鹿特丹举行新公约开放签署仪式,因此该公约又被简称为《鹿特丹规则》(The Rotterdam Rules)。截至目前,已有20个国家签署该公约。根据公约的规定,《鹿特丹规则》将在20个国家批准或者加入一年后生效,目前尚没有一个国家批准或加入,该公约尚未生效。

从内容上看,《鹿特丹规则》是当前国际海上货物运输规则之集大成者,不仅涉及包括海运在内的多式联运、在船货两方的权利义务之间寻求新的平衡点,而且还引入了如电子运输单据、批量合同、控制权等新的内容,此外公约还特别增设了管辖权和仲裁的内容。从公约条文数量上看,公约共有96条,实质性条文为88条,是《海牙规则》的9倍,《汉堡规则》的3.5倍。因此,该公约被称为一部"教科书"式的国际公约。

联合国贸法会制定该公约的目的主要是取代现行的三个国际海上货物运输公约——1924年《海牙规则》、1968年《海牙—维斯比规则》和1978年《汉堡规则》,以实现海上货物运输和包括海运区段的国际货物多式联运法律制度的国际统一,是国际海上货物运输立法的重大变革。

为了解其将对航运企业产生的重大影响,下面对该规则与船公司密切相关的"承运人责任制度"的有关规定作一简单介绍。

《鹿特丹规则》与现在国际上普遍采用的《海牙规则》《海牙—维斯比规则》以及我国的《海商法》相比较,大大加重了承运人的责任。

(一)承运人责任期间的变化

《鹿特丹规则》规定承运人责任期间是"收货—交货",并且不限定接收货物和交付货物的地点。因此,该规则适用于承运人在船边交接货物、港口交接货物、港外交接货物或者"门到门"运输。与《海牙规则》《海牙—维斯比规则》、我国《海商法》规定的"装货—卸货"和《汉堡规则》规定的"装港—卸港"相比,《鹿特丹规则》扩大了承运人的责任期间。这一承运人责任期间的扩大,一方面将有利于航运业务尤其是国际货物多式联运业务的开展,但同时在一定程度上将增加承运人的责任。

(二)承运人责任基础与免责的变化

承运人责任基础的规定,在海上货物运输法律中始终处于核心地位,是船货双方最为关注的条款。与现存法律制度比较,《鹿特丹规则》主要有以下变化。

(1)采用承运人完全过错责任,高于我国《海商法》和《海牙规则》、《海牙—维斯比规则》

的不完全过失责任,与《汉堡规则》采用的承运人责任原则相同。

(2) 废除了承运人"航海过失"免责和"火灾过失"免责。而《海牙规则》《海牙—维斯比规则》及我国《海商法》规定承运人对由于船长、船员、引航员或者承运人的其他受雇人在驾驶船舶或者管理船舶中的过失("航海过失")和火灾中的过失("火灾过失")而导致的货物灭失、损坏或迟延交付免责。

(3) 承运人谨慎处理使船舶适航的义务扩展至整个航次期间;而我国《海商法》和《海牙规则》《海牙—维斯比规则》要求的承运人对船舶的适航义务仅限于在船舶开航前和开航当时。

《鹿特丹规则》使承运人对货物的灭失、损坏可以免责的情形大大减少,甚至承运人几乎没有免责的机会,并延长了承运人对船舶适航义务的期间,从而将大大加重承运人的责任,并对航运及海上保险产生如下影响。

(1) 取消航海过失免责,实务中承运人由于很难证明何种货损由于航海过失造成,何种货损是由于海上意外风险造成,使承运人几乎没有免责的机会。

(2) 承运人责任基础的变化势必要对承运人和货物的利害关系人之间划分海运风险做出重要调整,从而将对海上保险业务产生重大影响。

(3) 虽然承运人对国际海上货物运输中货物灭失、损坏的赔偿责任由船东互保协会承保,但如果适用《鹿特丹规则》,由于承运人责任的加重,将导致保赔保险的保险费大幅度增加,从而增加船公司经营船舶的成本。

(4) 决定运费水平的关键因素是航运市场运力的供求关系,而非承运人承担的责任大小,因此《鹿特丹规则》不会对海运运费水平产生大的影响。但是,船公司因该规则生效而多付的保险费不见得能通过提高运费来获得补偿,从而会增加船公司经营船舶的成本。

(5) 保赔协会为了规避过大的责任风险,将不会承保船龄大、技术状况差的船舶或者由管理水平不高的公司管理的船舶,而这势必会给这些船舶及公司的生存带来重大影响。

(三) 承运人赔偿责任限制提高

《鹿特丹规则》使承运人赔偿责任限制大大提高。

(1)《鹿特丹规则》规定承运人对货物的灭失或损坏的赔偿限额为每件或者每一其他货运单位 875 个特别提款权,比《海商法》和《海牙—维斯比规则》666.67 特别提款权提高 31%,比《汉堡规则》835 特别提款权提高 5%;或货物毛重每公斤赔偿 3 个特别提款权,比我国《海商法》和《海牙—维斯比规则》规定的 2 个特别提款权提高了 50%,比《汉堡规则》2.5 个特别提款权提高了 20%。

(2) 与以往三大公约及我国《海商法》不同,《鹿特丹规则》对承运人赔偿责任的规定并不限于货物灭失或者损坏的情形,也适用于除迟延交付之外的其他情形。

(3)《鹿特丹规则》对承运人丧失责任限制的情形,与现行公约和我国《海商法》相比没有变化。即:经证明,货物的灭失、损坏或者迟延交付是由于承运人的故意或者明知可能造成损失而轻率地作为或不作为造成的,承运人不得援用限制赔偿责任的规定。

《鹿特丹规则》规定承运人赔偿责任限制适用于违反该公约规定的承运人义务所应负赔偿责任的所有情况(迟延交付除外),使承运人可以适用责任限制的范围有所扩大。但《规则》使承运人对于货物的灭失或者损坏能够援引责任限制的机会将极少,在绝大多数情况下需全部赔偿,从而使传统的国际海上货物运输法律赋予承运人的赔偿责任限制权利几乎不再发挥作用,会大大加重承运人责任。

(四)货物索赔举证责任的变化

货物索赔的举证责任,是指发生货物灭失、损坏或者迟延交付后,提供证据证明其原因以及责任或免责的责任,《海牙—维斯比规则》和我国《海商法》对此规定不够明确,《汉堡规则》采用了推定承运人有过错的原则。《鹿特丹规则》对船货双方的举证责任分担作了分层次的详细规定,在举证的顺序和内容上构建了"三个推定"的立法框架:(1)推定承运人有过失,承运人举证无过失;(2)承运人举证免责事项所致,推定其无过失;(3)船舶不适航,推定承运人有过失,承运人举证因果关系或者已谨慎处理。

《鹿特丹规则》规定的举证责任分配,与《海牙规则》《海牙—维斯比规则》《汉堡规则》和我国《海商法》相比较,以承运人推定过失为基础,明确了船货双方各自的举证内容与顺序,举证责任分配体系层次分明,具有较好的可操作性,比《汉堡规则》对承运人有利。但《鹿特丹规则》加重了承运人的举证责任,排除了承运人利用举证责任规定不明确可能具有的抗辩利益。

(五)货物迟延交付的规定

《海牙规则》和《海牙—维斯比规则》没有明确规定迟延交付以及承运人的赔偿责任。《鹿特丹规则》规定,"未在约定时间内在运输合同规定的目的地交付货物,为迟延交付。"这与我国《海商法》的相关规定基本相同,没有像《汉堡规则》采用的"合理时间"标准。而《鹿特丹规则》规定的货物迟延交付责任限额为2.5倍运费,这与《汉堡规则》的规定相似。

《鹿特丹规则》对货物迟延交付的规定具有可操作性的优点,比《汉堡规则》对承运人有利。因为如果采用"合理时间"标准,对于何为承运人应当将货物运抵目的港的合理时间,很容易产生争议,并且不同的法院可能对该用语作广义解释,造成法律适用的不确定性,从而有损国际立法的统一性目标。

《鹿特丹规则》与我国《海商法》及现在国际上普遍采用的《海牙规则》《海牙—维斯比规则》相比较,对承运人责任制度的规定有很大的变化,扩大了承运人责任期间,改变了承运人的责任基础,取消了传统的承运人免责事项,提高了承运人责任限额,如果该规则生效,将大大加重承运人的责任,可以预见其对航运业及保险业将会带来重大影响,尤其是对一些经营船龄较大、管理水平不高的中小航运企业带来较大冲击。

虽然国际社会对《鹿特丹规则》的前景,即是否能够生效,主要航运和贸易国家是否能够批准加入,是否能够在国际上发挥重要作用,存在不同看法,但毋庸置疑的是,《鹿特丹规则》必将引发国际海上货物运输立法的一场革命。该公约一旦生效,将会对船东、港口营运商、货主等各个国际海上货物运输相关方带来重大影响;也将会对船舶和货物保险、共同海损制度等带来影响。该公约即使未能生效,因其代表最新的国际立法趋势,其有关规定也将通过渗透进国内法等途径,对国际海上货物运输产生一定的影响。

学习重点和难点

- 海上货物运输合同的含义、特征及效力
- 海上货物运输承运人的义务和责任
- 海上货物运输国际公约的规定
- 无单放货的理论分析和问题处理

练习与思考

（一）名词解释

托运人　承运人　海上货物运输合同　提单

（二）单项选择

1. 我国《海商法》第56条规定："承运人对货物的灭失或者损坏的赔偿限额，按照货物件数或者其他货运单位数计算，每件或者每个其他货运单位为（　　）计算单位，或者按照货物毛重计算，每公斤为2计算单位，以两者中赔偿限额较高的为准。"

　　A. 666.67　　　　B. 580　　　　C. 666　　　　D. 800

2. 《海商法》规定的承运人的赔偿原则是（　　）。

　　A. 过失责任制　　　　　　　　B. 严格责任制
　　C. 公平责任制　　　　　　　　D. 不完全的过失责任制

3. 《海商法》第89条规定，船舶在装货港开航前，托运人可以要求解除合同。但是，除合同另有约定外，托运人应当向承运人支付约定运费的（　　）。

　　A. 全部　　　　B 二分之一　　　　C. 三分之一　　　　D. 四分之一

4. 按提单有无不良批注分类，提单可分为（　　）。

　　A. 已装船提单和备运提单　　　　B. 清洁提单和不清洁提单
　　C. 记名提单、不记名提单和指示提单　　D. 直达提单、转船提单和联运提单

5. 承运人对货物的灭失或者损坏的赔偿限额，按照货物件数或者其他货运单位数计算，每件或者每个其他货运单位为666.67计算单位，或者按照货物毛重计算，每千克为2计算单位，以（　　）为准。

　　A. 两者中赔偿限额较高的
　　B. 两者中赔偿限额较低的
　　C. 两者中赔偿限额计算的平均数
　　D. 收货人或者发货人在两者之间自由选择

（三）多项选择

1. 海上货物运输合同主要包括（　　）。

　　A. 件杂货运输合同　　　　　　B. 航次租船合同
　　C. 班轮运输合同　　　　　　　D. 租船运输合同

2. 在国际海上货物运输领域中，最重要的公约包括（　　）。

　　　　A.《海牙规则》　　　　　　　　　　B.《维斯比规则》
　　　　C.《汉堡规则》　　　　　　　　　　D.《维也纳公约》
　　3. 提单的性质有（　　）。
　　　　A. 提单是货物收据　　　　　　　　B. 提单是物权凭证
　　　　C. 提单是运输合同　　　　　　　　D. 提单是运输合同的证明
　　4. 提单分为正反两方面，正面规定（　　）货名、件数等有关货物运输的事项。
　　　　A. 船名、航次　　　　　　　　　　B. 托运人、收货人
　　　　C. 起运地、目的地　　　　　　　　D. 承运人和托运人双方的权利义务
　　5. 以下（　　）是国际海上货物运输中承运人的免责事项。
　　　　A. 船长、船员，引航员或者承运人的其他受雇人在驾驶船舶或者管理船舶中的过失
　　　　B. 天灾，海上或者其他可航水域的危险或者意外事故
　　　　C. 政府或者主管部门的行为、检疫限制或者司法扣押
　　　　D. 在海上救助或者企图救助人命或者财产
　　6. 以下（　　）是规范提单的国际公约。
　　　　A.《海牙规则》　　B.《维斯比规则》　　C.《汉堡规则》　　D.《纽约规则》
　　7. 以下单证不具有物权凭证的功能的是（　　）。
　　　　A. 海运提单　　　　B. 铁路运单　　　　C. 航空货运单　　　　D. 多式联运单据

（四）简答

1. 简述海上货物运输合同承运人的义务。
2. 简述《海牙规则》的主要内容。
3. 简述《汉堡规则》对《海牙规则》的修改和补充主要体现在哪些方面。

（五）思考题

1. 通过查找资料，分析《鹿特丹规则》未生效的主要原因。
2. 在习近平新时代中国特色社会主义思想指引下，中国可以为推动国际公约的发展做哪些贡献？

 案例分析

　　（一）上海A贸易公司与美国B贸易公司签定国际贸易合同，出口一批毛绒玩具，上海A贸易公司委托C货运代理公司处理货物运输事项，C货运代理公司以自己的名义与D船务公司签订海上货物运输合同，并在托运人一栏中签上了自己公司的名字，之后D船务公司与E海运公司签订合同，由E海运公司负责实际运输，结果货物在运输过程中丢失。

　　请问：1. 本案中，有哪些主体参与到海上货物运输过程中？
　　　　　2. 本案中，订立海上货物运输合同的主体分别是谁？

　　（二）原告：上海A贸易公司
　　被告：B货运代理公司
　　案情简介：上海A贸易公司与巴西C贸易公司签订设备买卖合同，由A贸易公司指定

承运人,于是A贸易公司与B货运代理公司联系进口运输事宜,随后,B货运代理公司与D海运公司联系运输,签订合同,D海运公司委托E公司负责装卸船。经证实,货物在装货港装运船舶一侧的装卸过程中遭受损坏。

请问:

1. 本案中,谁将为货损承担损害赔偿责任?

2. 承担损害赔偿责任的主体能否享受赔偿责任限制?

(三)承运人公司签发了一套将一辆机动车从德国汉堡运到日本东京的记名提单,提单上收货人一栏中写有收货人名字,但没有注明"凭指示"字样。此提单共签发一式三份,由托运人持有。船到东京,在没有出示正本记名提单的情况下,承运人将汽车交给收货人。收货人未按汽车购货价格向托运人付款,托运人遂起诉承运人错误交付。

问题: 本案中,承运人是否需要承担法律责任?为什么?

(四)进出口公司委托外运公司办理一批服装出口运输,从上海运至东京。外运公司租用了远洋运输公司的船舶承运,但以自己名义签发提单。货物运抵目的港后,部分服装受损。于是收货人向保险公司索赔。保险公司依据保险合同赔偿了收货人,取得了代位求偿权,进而向外运公司提起诉讼。外运公司认为自己是代理人,不应当承担赔偿责任。法院审理认为,外运公司以自己的名义签发提单,成为了契约承运人,从而应承担承运人的责任和义务,应对因承运人责任范围内的原因造成的损失负赔偿责任。在本案中,双方合同纠纷不是货运代理合同纠纷,而是运输合同纠纷。同时,在外运公司承担责任后,有权依据其与远洋运输公司即实际承运人签订的运输合同,向远洋运输公司进行追偿。

问题: 本案中,法院对案件的处理是否适当?为什么?

(五)某轮满载货物从广州黄埔港启程开往日本的横滨,船舶在航行途中由于货物移位,船舶失去重心与他船发生碰撞,某轮抵达目的港后,船长递交了海事声明:由于船员管船过失可以根据《海商法》第51条第1款的规定免除责任,假设你是审理该案的法官,应如何处理此案?

(六)某托运人将一集装箱服装交由某船务公司(甲公司)所属某轮承运。甲公司加封铅后,签发了一式三份的正本全程提单。这份清洁记名提单载明:收货地:厦门,装货港:香港,卸货港:布达佩斯;记名收货人:乙公司。货抵香港后,甲公司将其转至丙公司所属另一船承运。托运人凭正本提单提货时打开箱子发现里面是空的,集装箱封铅及门锁已被替换,后获知布达佩斯马哈特集装箱终点站货物被盗之事。收货人向海事法院起诉。

问题: 本案中,应由谁来承担责任?为什么?

(七)某进出口公司委托某轮船公司将货物从上海运往意大利,托运人在起始港交货时,承运人发现货物外包装有明显破损和污渍,但托运人为了结汇使用保函请求承运人签发清洁提单,轮船到达目的港时,收货人发现货物部分受潮发霉,并被外来物质沾污,并重量减少,故收货人要求赔偿。

问题:
1. 收货人的经济损失应该由谁承担?为什么?
2. 承运人持有保函的意义如何?
3. 本案给我们什么启示?

（八）国内 A 贸易公司出口货物，并通过 B 货代公司向某国外班轮公司 C 公司订舱出运货物，货装船后，C 公司向 A 公司签发一式三份记名提单。货到目的港口，记名提单上的收货人在未取得正本提单的情况下，从 C 公司手中提走货物。A 公司以承运人无单放货为由，在国内起诉 C 公司。

根据以上案情，请回答：承运人是否应承担无单放货责任？为什么？

实践活动

模拟法庭活动，具体操作和案例见第十一章。

第五章 货物仓储法律制度

■ 知识目标 ■

学习完本章,你能够掌握的知识点:
1. 仓储合同的概念和法律特征
2. 仓单的概念和法律性质
3. 仓储合同当事人的权利、义务和责任

■ 能力目标 ■

学习完本章,你能够熟悉的技能:
1. 撰写仓储合同
2. 判断仓储的种类、分析合同项下各当事方的权利、义务和责任
3. 结合学习的知识点进行案例分析讨论

■ 思政目标 ■

1. 合同制度中的诚实守信原则,引导学生树立规则意识和契约精神
2. 遵守市场经济和法治经济,合法经营,维护各方合法权益
3. 享受权利、履行义务和承担责任的重要价值

■ 基本概念 ■

合同仓储　保管合同　仓储合同　仓单　保税仓库

■ 案例导入 ■

　　某储运公司与某食品加工厂签订了食品原料仓储合同,约定由储运公司储存食品加工厂的生产原料。在合同履行期间食品厂发现从仓库提取的原材料有变质现象,致使食品厂生产原料供应不上,影响了生产。经查,仓库的通风设备发生故障,因不能按时通风导致食品原料变质。

　　问题:1. 储运公司提供的仓储属于哪种类型的仓储?为什么?
　　　　　2. 造成的损失由谁承担?为什么?
　　　　　3. 请界定责任承担方赔偿损失的范围。

仓储是物流业的重要内容,据估算,仓储保管和装卸搬运成本约占物流总成本的1/4,同时也是很容易发生法律纠纷的物流环节。与货物运输不同,仓储保管主要发生在物流网络的节点处。在货物整个物流过程中,仓储保管通常占用相当长的时间,因此需要对货物进行保管养护、适当的进出库管理和仓库管理等,以防止出现交接差错、货物短少和货物变质等现象。

第一节 仓储法律制度概述

毫无疑问,仓库(warehouse)或分销中心(distribution center)的运营效率是物流以至供应链管理的重要环节。虽然在制造商的眼里,从提高供应链过程的效率和应对客户对产品和服务的各种各样的需求来看,仓库或分销中心的设立和运作是一个不得不面对的难题,但要取消仓库并实现所谓的"零库存"运营,对于大多数企业来说恐怕在相当长的时间里只能是一种理念、一个愿望或要求企业终身追求的物流管理目标。

一、仓储的概念

货物仓储是现代物流服务系统中的一个重要环节,静态的仓储即物品在仓库中的储存,是仓库储存和保管的简称;动态的仓储是指在物流过程中利用仓库对货物进行保护、管理、贮藏等经营服务活动的行为。储存就是保护、管理和贮藏物品。保管就是对物品进行保存和数量、质量管理控制的活动。物流中的仓储主要发生在物流网络的节点处,它以货物的进库为起点,以货物的出库为终点。仓储利用仓库对货物进行养护、仓库管理和进出库管理等,以防止出现交接差错、货物变质和短少的情况。在物流仓储经营活动中,当事人主要是通过仓储保管合同来明确职责和实现经济利益的。

二、仓储的类型

按不同的标准可以将仓储进行不同的分类。

1. 自营仓储

即物品的仓储业务由本企业自己来经营或管理的一种仓储形式。我国大多数外贸公司都是自营仓储。自营仓储具体又可分为自有仓储和租赁仓储两种形式。

(1) 自有仓储。就是企业使用自建或购买的仓库仓储自己的产品。利用自有仓库进行仓储活动,企业对仓库拥有所有权,企业与仓库所有人为同一人,不存在第二个民事主体。在法律关系上,企业与仓库部门是上下级的行政关系,而不是平等的民事法律关系。

(2) 租赁仓储。就是企业使用租用的仓库仓储自己的产品。在租赁仓储中,企业对仓库不具有所有权,但有使用权和经营权,企业自行经营和管理物品的仓储业务。因此,企业和仓库所有人之间是一种财产租赁关系,其中,企业是承租人,仓库所有人是出租人,双方之间的权利义务应按有关财产租赁方面的法律规定确定。

2. 公共仓储

就是企业委托提供营业性服务的公共仓库储存物品的一种仓储方式。公共仓库是一种专门从事经营管理的,面向社会的,独立于其他企业的仓库。国外的大型仓储中心、货物配送中心在性质上就属于公共仓库。在公共仓储中,企业不仅是单纯租用仓库这个场所,同时还利用了其所提供的仓储服务。因而,企业与仓库不是单纯的财产租赁关系,而是一种仓储合同关系。在这种关系中,企业不是仓库的所有人或经营人,而是存货人,公共仓库为保管人,双方的权利义务按有关仓储合同方面的法律规定确定。

3. 合同仓储

又称为第三方仓储,指企业将仓储作为物流活动的一部分转包给外部公司,由外部公司为企业提供综合物流服务。合同仓储公司能够提供专业化、高效、经济和准确的分销服务和配送服务。合同仓储不同于一般的公共仓储,它是公共仓储发展的一个趋势。合同仓储的设计水平更高,并且符合特殊商品的高标准、专业化的搬运要求,诸如药品、电子产品等。企业若想得到高水平的质量和服务,而不是一般水平的搬运服务,就应利用合同仓储。合同仓储是一种定制的公共仓储形式,在这种形式中,仓储公司为客户提供通常由客户自身提供的物流服务。这些服务主要包括:储存、将整装货物分装或分装货物整装、按订单对货物分类搭配、在途配货、存货控制、安排运输、物流信息系统以及客户所要求的任何附加的物流服务。合同仓储公司通过提供客户要求的整套的物流服务来支持客户公司的物流渠道,而不仅限于提供存储服务。

 拓展资料

第三方仓储

第三方仓储不同于一般的租赁仓库仓储,它能够提供专业化的、高效、经济和准确的分销服务。企业若想得到高水平的质量和服务,则可利用第三方仓储,因为这些仓库设计水平高,并且符合特殊商品的高标准、专业化的搬运要求;如果企业只需要一般水平的搬运服务,则可以选择租赁仓储。

从本质上看,第三方仓储是生产企业和专业仓储之间建立的伙伴关系;正是由于这种伙伴关系,第三方仓储公司与传统仓储公司相比,能为货主提供存储、装卸、拼箱、订货分类、现货库存、在途混合、存货控制、运输安排、信息和货主要求的其他一整套物流服务。

第三方仓储的优势:

① 有效利用资源。利用第三方仓储比自建仓储更能有效处理季节性生产普遍存在的产品的淡、旺季存储问题,能够有效地利用设备与空间。同时,第三方仓储的管理具有专业性,管理专家拥有更具有创新性的分销理念、掌握更多降低成本的方法,因此物流系统的效率更高。

② 扩大市场。第三方仓储企业具有经过战略性选址的设备与服务,货主在不同位置得到的仓储管理和一系列服务都是相同的。许多企业将其自有仓库数量减少到有限的几个,而将各地区的物流转包给合同仓储公司。通过这种自有仓储与合同仓储相结合的网络,企业在保持对集中仓储设施的直接控制的同时,利用合同仓储来降低直接人力成本,扩大市场的地理空间。

③ 降低运输成本。第三方仓储企业同时处理不同货主的大量商品,经过拼箱作业后可通过大规模运输大大降低运输成本。

④ 新市场的测试。货主企业在促销现有产品或推出新产品时,可以利用短期第三方仓储来考察产品的市场需求。当企业试图进入一个新的市场区域时,要花费很长时间建立一套分销设施,而通过第三方仓储网络,企业就能比较方便地达到目的。

尽管第三方仓储具有一定的优势,但也存在一些不利因素,其中对物流活动失去直接控制是最令人担心的问题。企业合同仓储对运作过程和雇佣员工等的控制较少,这一因素成为商品价值较高的企业利用合同仓储的最大障碍和担忧。

三、仓储法律制度

仓储法律制度是指国家规范在物流过程中的仓储保管经营行为的法律规范的总称。目前,我国没有仓储单行法规,散见于其他法律法规和技术操作规范中。如,仓储行为主要体现为民事活动,我国的《民法典》之合同编中都有对仓储行为的法律规定,其主要体现为仓储合同。国家为了改善贸易进口条件、提高贸易出口效率,以《海关法》等形式建立了保税仓库制度。同时,国家为了加强安全生产监督管理,防止和减少生产安全事故,保障人民群众生命和财产安全,对储存危险物品的经营场所制定了强制性法律规范,即2002年11月1日实施的《中华人民共和国安全生产法》(后经三次修正),对经营危险物品的仓储企业的市场准入、安全设施、安全经营管理和从业人员都作出了严格的规定。

法律链接

《中华人民共和国民法典》之仓储合同

第九百零五条 仓储合同自保管人和存货人意思表示一致时成立。

第九百零六条 储存易燃、易爆、有毒、有腐蚀性、有放射性等危险物品或者易变质物品的,存货人应当说明该物品的性质,提供有关资料。

存货人违反前款规定的,保管人可以拒收仓储物,也可以采取相应措施以避免损失的发生,因此产生的费用由存货人负担。

保管人储存易燃、易爆、有毒、有腐蚀性、有放射性等危险物品的,应当具备相应的保管条件。

第九百零七条 保管人应当按照约定对入库仓储物进行验收。保管人验收时发现入库仓储物与约定不符合的,应当及时通知存货人。保管人验收后,发生仓储物的品种、数量、质量不符合约定的,保管人应当承担赔偿责任。

第九百零八条 存货人交付仓储物的,保管人应当出具仓单、入库单等凭证。

第九百零九条 保管人应当在仓单上签名或者盖章。仓单包括下列事项:

(一)存货人的姓名或者名称和住所;

（二）仓储物的品种、数量、质量、包装及其件数和标记；
（三）仓储物的损耗标准；
（四）储存场所；
（五）储存期限；
（六）仓储费；
（七）仓储物已经办理保险的，其保险金额、期间以及保险人的名称；
（八）填发人、填发地和填发日期。

第九百一十条　仓单是提取仓储物的凭证。存货人或者仓单持有人在仓单上背书并经保管人签名或者盖章的，可以转让提取仓储物的权利。

第九百一十一条　保管人根据存货人或者仓单持有人的要求，应当同意其检查仓储物或者提取样品。

第九百一十二条　保管人发现入库仓储物有变质或者其他损坏的，应当及时通知存货人或者仓单持有人。

第九百一十三条　保管人发现入库仓储物有变质或者其他损坏，危及其他仓储物的安全和正常保管的，应当催告存货人或者仓单持有人作出必要的处置。因情况紧急，保管人可以作出必要的处置；但是，事后应当将该情况及时通知存货人或者仓单持有人。

第九百一十四条　当事人对储存期限没有约定或者约定不明确的，存货人或者仓单持有人可以随时提取仓储物，保管人也可以随时请求存货人或者仓单持有人提取仓储物，但是应当给予必要的准备时间。

第九百一十五条　储存期限届满，存货人或者仓单持有人应当凭仓单、入库单等提取仓储物。存货人或者仓单持有人逾期提取的，应当加收仓储费；提前提取的，不减收仓储费。

第九百一十六条　储存期限届满，存货人或者仓单持有人不提取仓储物的，保管人可以催告其在合理期限内提取；逾期不提取的，保管人可以提存仓储物。

第九百一十七条　储存期内，因保管不善造成仓储物毁损、灭失的，保管人应当承担赔偿责任。因仓储物本身的自然性质、包装不符合约定或者超过有效储存期造成仓储物变质、损坏的，保管人不承担赔偿责任。

第九百一十八条　本章没有规定的，适用保管合同的有关规定。

第二节　仓储合同法律制度

一、仓储合同的概念和法律特征

（一）仓储合同的概念

仓储合同，又称仓储保管合同，是指双方当事人约定一方接受报酬而为他方提供仓储保

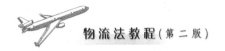

管服务的合同。仓储合同一方称为存货方,是仓储服务的需求者;另一方称为保管方(也称仓库营业人),是仓储服务的提供者;仓储物是存货人交由保管人进行储存的物品;仓储费是保管人向存货人提供仓储服务取得的对价。

仓储活动是为他人货物储存、流通、运输过程提供储藏和保管的一种活动。在现代物流不断发展的今天,仓储活动已成为国际、国内商品流转中一个不可或缺的环节。仓储活动对于加速物资流通、减少仓储保管的货物的损耗、节省仓库的基建投资、提高仓库的利用率,增加经济效益,都具有重要意义。

仓储合同是一种特殊的保管合同,它属于商事合同的范畴,在合同主体、保管对象、成立条件等方面不同于一般保管合同。

(二)仓储合同的法律特征

1. 仓储合同的保管方须是有仓储设备并专门从事保管业务的人

仓储合同区别于一般保管合同的一个重要标志就是仓储合同主体的特殊性,即仓储合同中为存货人保管货物的一方必须是仓库营业人。仓库营业人可以是法人,也可以是个体工商户、合伙、其他组织等,但必须具备一定的资格,即必须具备仓储设备和专门从事仓储保管业务的资格。所谓仓储设备,是指可以用于储存和保管仓储的必要设施,这是保管人从事仓储经营业务必不可少的基本物质条件。所谓从事仓储业务的资格,是指保管人必须取得专门从事或者兼营仓储业务的营业许可,这是国家对保管人从事仓储经营业务的行政管理要求。在我国,仓储保管人应当是在工商行政管理机关登记,从事仓储保管业务,并领取营业执照的法人或其他组织。经工商行政管理机关核准,是一切民事主体从事仓储经营业务的必要资格条件。仓储保管人应具备的仓储设备,虽然没有什么特别要求,但是,该设备须能充分保证仓储物存货人的货物保管的基本目的,即应当至少满足储藏和保管物品的需要。

2. 仓储合同所保管的标的物须为动产且是特定物或特定化的种类物

在仓储合同中,存货人应当将仓储物交付给保管人,由保管人按照合同的约定进行储存和保管,因此,依合同性质而言,存货人交付的仓储对象必须是动产。换言之,不动产不能成为仓储合同的标的物。

《民法典》之合同编规定,储存期限届满,仓单持有人应当凭仓单提取仓储物。由此可以看出,仓储合同的标的物都是特定的,即使原属于种类物的标的物,通过仓单也被特定化了。因此,当储存期限届满后,仓单持有人有权领取原物,仓储经营人不得擅自调换、动用。另外,仓储合同的性质决定,仓储物应是能够放置或储存在仓库等仓储设备内的,只有仓储物能够完整地入库、出库,才能保证仓储人利用仓储设备不断地运入、运出货物,从而不断地开展其他业务。而不动产不能完整地入库、出库,从而不能成为仓储合同的标的物。

3. 仓储合同中货物的交付与归还以仓单作为凭证

仓单是仓储合同履行过程中重要的单证之一,保管方在收到仓储货物后,经检验无误后签发的收货凭证,仓储合同期满,存货方提取货物时要向保管方出示仓单,保管方见仓单交付货物。

4. 仓储合同是诺成合同

《民法典》之合同编规定,仓储合同自成立时起生效,但是法律另有规定或者当事人另有约定的除外。即双方根据存货方的委托储存计划及保管方的仓储能力,依法就合同的主要条款协商一致,由双方的法定代表人或授权的经办人签字,单位盖公章或合同专用章,合同即成立。也就是说,并不以存货人实际交付存储的货物为成立和生效条件。当然,如果在合同订立同时存货人就把货物交付保管人保管,此时保管人就应当给付仓单。虽然这两个行为同时发生,但合同在双方当事人达成合意时就已成立、生效,以后的存货人交付货物,保管人给付仓单的行为是合同的履行行为,与合同的成立、生效无关。

法律这样规定是由仓储合同的主体特征决定的。如前所述,仓储合同当事人一方是保管人——专门从事仓储业务的民事主体,也就是说,其存在的目的就是从仓储业中获利。正因为保管人的专业性和营业性,在保管货物入库前,保管人必然会为履行合同做一定的准备,支出一定的费用。若认定仓储合同为实践合同,就意味着一旦存货人在交存货物前改变交易的意愿,即不再要求存储货物,不向保管人交付货物,保管人就只能就其受到的损失依缔约过失责任或侵权责任向存货人主张损害赔偿。这对保管人是很不利的。而如果承认仓储合同为诺成合同,使保管人在前述情况下,可能以违约责任主张损害赔偿,这将有效保护保管人的权益。同时,仓储合同中的存货人一般为营利性法人,若认定仓储合同为实践合同,其在交付货物前合同不能成立,那么在存货人交付货物时,保管人违约,如没有仓位或认为价格过于便宜而不能使存货人的货物入库,此时存货人也不能以违约责任请求损害赔偿,这对存货人也是不利的。

5. 仓储合同是双务、有偿合同

保管方提供仓储服务,存货方给付报酬和其他费用。仓储合同的双方当事人互负给付义务,一方提供仓储服务,另一方给付报酬和其他必要费用,一方的义务即是对方的权利。仓储合同是双务有偿合同,是由提供仓储服务的一方为专业的仓库营业人的性质所决定的。一方面,仓储合同所进行的保管,不同于日常生活中的保管,储存量一般很大,而保管人付出的劳动量也很大;另一方面,保管人是以营利为目的的法人、其他组织和个人,在建立之初,便需要有较大的投资,才能经过工商行政管理机关的批准,在经营过程中,仓储业务是保管人的营业项目,是以营利为目的,这样才能保证保管人的顺利运营。在保管人依照合同约定履行完合同义务,把仓储物完整归还仓单持有人时,存货人或仓单持有人应当给付规定的保管费用(仓储费),而仓储费并非仅指保管人为储存货物而支出的费用,而且包括合同约定的入库及出库在内的一切必要的保管费用。

6. 仓储合同一般是格式合同

经营公共仓库的保管人为了与多数相对人订立仓储合同,通常事先拟定并印刷了大部分条款,如存货单、入库单、仓单等,在实际订立仓储合同时,再由双方把通过协商议定的内容填进去从而形成仓储合同,而不另行签订独立的仓储合同。

7. 仓储合同是保管合同的变种

仓储合同不同于保管合同,是《民法典》之合同编规定的一类独立的合同,两者有着不同的性质,如保管合同是实践合同,仓储合同是诺成合同。但两者都以保管行为为标的,极有相似之处。所以,对仓储合同《民法典》之合同编中没有规定的,适用保管合同的有关规定。

案例链接

仓储保管合同案

某年6月6日,某市服装公司与该市储运公司签订一份仓储保管合同。合同主要内容:由储运公司为服装公司储存保管6万套服装,保管期限为同年7月1日—12月31日,储存费用为5万元,任何一方违约,均按储存费用的20%支付违约金。合同签订后,储运公司即开始清理其仓库,并拒绝其他有关部门在这三个仓库存货的要求。同年6月25日,服装公司书面通知储运公司:因生产的衣服迟延,故不需存放贵公司仓库,双方于6月6日所签订的仓储合同终止履行,请谅解。储运公司接到服装公司书面通知后,遂电告服装公司:同意仓储合同终止履行,但贵公司应当按合同约定支付违约金1万元。服装公司拒绝支付违约金,双方因此形成纠纷,储运公司于同年11月向人民法院提起诉讼,请求判服装公司支付违约金1万元。

二、仓储合同的订立与内容

(一)仓储合同的订立

仓储合同与其他合同一样,仓储合同的订立也要经过要约和承诺两个阶段。仓储合同的要约既可以由保管人根据自己的仓储能力来发出,也可以由存货人根据自己的委托存储计划发出。由于仓储合同是诺成合同,因而一方发出的要约,经双方协商,对方当事人承诺后,仓储合同即告成立。

《民法典》之合同编没有对仓储合同的形式作出明确规定,双方当事人不仅可以订立书面的仓储合同,也可以选择订立口头的或其他形式的仓储合同。但在实践中,仓储合同一般都采用书面形式。无论当事人采取什么样的形式订立仓储合同,当事人填写的入库单、仓单、出库单等,均可以作为仓储合同的证明。如果当事人采用合同书形式订立仓储合同的,通常情况下,自保管人和存货人签字或者盖章后合同才告成立。但如果存货人在此之前就将仓储物交付至保管人,而保管人又接受该仓储物入库储存的,仓储合同自仓储物入库时成立。

(二)仓储合同的基本内容

仓储合同的内容是明确保管人和存货人双方权利、义务关系的根据,通常体现在合同的条款上。一般来说,仓储合同应当包含以下主要条款:

(1)保管人、存货人的姓名或者名称和住所。
(2)仓储物的品名、品种、规格。
(3)仓储物的数量、质量、包装、件数和标记。

在仓储合同中,应明确规定仓储物的计量单位、数量和仓储物质量,以保证顺利履行合同,同时,双方还要对货物的包装、件数以及包装上的货物标记作出约定,对货物进行包装,与货物的性质、仓库中原有货物的性质、仓库的保管条件等有着密切关系。

(4) 仓储物验收的项目、标准、方法、期限和相关资料。

对仓储物的验收,主要是指保管人按照约定对入库仓储物进行验收,以确定仓储物入库时的状态。仓储物验收的具体项目、标准、方法和期限等应由当事人根据具体情况在仓储合同中事先作出约定。保管人为顺利验收需要存货人提供货物的相关资料的,仓储合同还应就资料的种类、份数等作出约定。

(5) 仓储物的储存期间、保管要求和保管条件。

储存期间即仓储物在仓库的存放期间,期间届满,存货人或者仓单持有人应当及时提取货物。保管要求和保管条件是针对仓储物的特性,为保持其完好所要求的具体条件、因素和标准。为便于双方权利义务和责任的划分,应对储存期间、保管要求和保管条件作明确具体的约定。

(6) 仓储物进出库手续、时间、地点和运输方式。

仓储物的入库,即意味着保管人保管义务的开始,而仓储物的出库,则意味着保管人保管义务的终止。因此,仓储物进出库的时间、地点对划清双方责任非常关键。而且,仓储物的进出库有多种不同的方式,会影响到双方的权利、义务关系,也会影响到双方的责任划分。因此,双方当事人也应对仓储物进出库的方式、手续等作出明确约定,以便于分清责任。

(7) 仓储物的损耗标准和损耗处理。

仓储物在储存、运输、搬运过程中,由于自然的原因(如干燥、风化、挥发、黏结等)和货物本身的性质以及度量衡的误差等原因,不可避免地要发生一定数量的减少、破损或者计量误差。对此,当事人应当约定一个损耗的标准,并约定损耗发生时的处理方法。当事人对损耗标准没有约定的,应当参照国家有关主管部门规定的相应标准。

(8) 计费项目、标准和结算方式。

这是仓储合同的重要条款之一,需要写清结算方式和结算时间、数额,若是分期结算,还要将每期的结算额和结算时间写清。

(9) 违约责任条款。

即对当事人违反合同约定义务时应如何承担违约责任,承担违约责任的方式等进行的约定。违约责任的承担方式包括继续履行、支付违约金、赔偿损失等。

除此之外,双方当事人还可就变更和解除合同的条件、期限,以及争议的解决方式等作出约定。

三、仓储合同双方当事人的义务

仓储合同当事人的权利和义务是合同当事人在履行合同过程中有权要求对方采取的行为和自身需要进行的作为或不作为。当事人的权利和义务来自合同的约定和法律的规定。由于仓储合同是双务有偿合同,双方当事人的权利和义务是相对的,存货方的义务相对保管方就是权利,存货方的权利相对保管方就是义务。

(一) 保管方的义务

1. 提供合适的仓储条件

保管方经营仓储保管的先决条件就是具有合适的仓储保管条件,有从事保管货物的保

管设施和设备,包括适合的场地、容器、仓库、货架、作业搬运设备、计量设备、保管设备、安全保卫设施等条件。同时还应配备一定的保管人员、商品养护人员,制定有效的管理制度和操作规程等。同时保管方所具有的仓储保管条件还要适合所要进行保管的仓储物的相对仓储保管要求,如保存粮食的粮仓、保存冷藏货物的冷库等。保管方若不具有仓储保管条件,则构成根本违约。

2. 签发、给付仓单的义务

保管方签发仓单,既是其接收客户所交付仓储货物的必要手段,也是其履行仓储合同义务的一项主要内容。根据《民法典》之合同编规定,存货人交付仓储物的,保管人应当给付仓单。物流企业在向客户给付仓单时,应当在仓单上签字或者盖章,保证仓单的真实性。

3. 及时接收货物并验收入库的义务

根据《民法典》之合同编规定,保管人应当按照约定对入库货物进行验收。保管人对货物进行验收时,应当按照仓储合同约定的验收项目、验收标准、验收方法和验收期限进行。

(1) 验收项目和标准。

验收项目一般包括:货物的品名、规格、数量、外包装状况,以及无须开箱拆捆、通过直观就可以识别和辨认的质量状况。外包装或货物上无标记的,以客户提供的验收资料为准。保管方一般无开拆包装进行检验的义务,但如果客户有此要求,保管方也可根据与客户签订的协议进行检查。对于散装货物,则应当按照国家有关规定或者合同所确定的标准进行验收。

(2) 验收方法。

验收方式有实物验收(逐件验收)和抽样验收两种。在实物验收中,保管方应当对客户交付的货物进行逐件验收;在抽样验收中,保管方应当按照合同约定的比例提取样品进行验收。验收方法有仪器检验和感官检验两种,实践中更多的是采用后者。如果根据客户要求要开箱拆包验收,一般应有两人以上在场。对验收合格的货物,在外包装上印贴验收合格标志;对不合格的货物,应作详细记录,并及时通知客户。

(3) 验收期限。

即自货物和验收资料全部送达保管人之日起,到验收报告送出之日止的一段时间。验收期限应依合同约定,保管方应当在约定的时间内及时进行验收。

4. 通知义务

保管方验收时发现入库货物与约定不符合的,应当及时通知客户,即保管方应在验收结束后的合理期限内通知。保管方未尽通知义务的,客户可以推定验收结果在各方面都合格。

保管方没有按合同约定接货的,应承担违约责任。仓储保管方验收时发现与合同约定不符的,应当及时向存货人提出;保管方接收货物时未提出异议的,视为货物品种、数量和质量符合合同约定。保管物入库后,发生仓储物的损害和灭失,保管人应当承担损害赔偿责任。保管人应按合同约定或国家规定的验收项目、验收方法、验收期限进行验收。保管人未能按照合同约定或国家有关规定进行验收,以致验收不准确的,因此造成的损失,由保管人负责。货物的验收期限,合同有约定的依约定;没有约定的,依仓储保管合同规定,国内货物不超过10天,国外到货不超过30天。自货物和验收资料全部送达保管方之日起计算。

案例讨论

某家外贸出口公司将一批海鲜交由某仓库储存,仓单上注明了需低温保存。仓库按要求进行了处理。外贸公司提货时发现部分海鲜腐烂,遂要求赔偿。仓库认为仓库的冷藏设备没有问题,其他冷藏食品都没有发生变质的现象,腐烂的海鲜一定是在进库前就已经开始变质,只是在入库验收时未能查验出来。

问:上述情况中,仓库方是否应当承担责任?

5. 妥善保管仓储物的义务

保证被储存物的质量,是完成储存功能的根本要求,保管方要按照约定的储存条件和要求保管货物,尽到管理人的义务,特别是对于危险品和易腐物品,要按国家和合同规定的要求操作、储存。保管方因保管不当造成仓储物灭失、短少、变质、污染的,应当承担赔偿责任。但由于不可抗力或货物本身性质发生的毁损,保管方可以免责。

6. 同意客户或者仓单持有人及时检查货物和提取样品的义务

存货方或仓单持有人在储存期间请求检查储物或提取样品的,保管方应予以准许。根据《民法典》之合同编规定,保管人根据存货人或者仓单持有人的要求,应当同意其检查仓储物或者提取样品,物流企业具有容忍客户或者仓单持有人及时检查货物或者提取样品的义务,以便于客户或者仓单持有人及时了解、知悉货物的有关情况及储存、保管情况,发现问题后及时采取措施。

7. 危险通知义务

当货物或外包装上标明了有效期或合同上申明了有效期的,保管方应在货物临近失效期 60 天前通知存货方;若发现货物有异状,或因第三人主张权利而起诉或被扣押的,亦应及时通知存货方,便于客户或者仓单持有人及时处理或者采取相应的措施,以避免损失的进一步扩大。

8. 催告和紧急处置的义务

为了保证客户或仓单持有人对变质或损坏的货物的利益不致继续受损,保护其他货物的安全和正常的保管,根据《民法典》之合同编规定,保管人对入库仓储物发现有变质或其他损坏,危及其他仓储物的安全和正常保管的,应当催告存货人或者仓单持有人作出必要的处置。如果保管人怠于催告,则应对其他货物的损失(如腐蚀、污染等损害)负责,对自己遭受的损失则自负责任。因情况紧急,保管人可以作出必要的处置,但事后应当将该情况及时通知存货人或仓单持有人。

9. 按期如数出库义务

仓储合同中,保管人对货物不具有所有权和处分权,保管期限届满,保管方应按约定的时间、数量将货物交给存货方或仓单持有人;保管期限未到,但存货方要求返还保管货物的,保管方应及时办理交货手续。保管方没有按约定的时间、数量交货的,应承担违约责任;未按货物出库原则发货而造成货物损坏的,应负责赔偿实际损失。此外,合同约定有保管方代办运输保管货物的,保管方有义务按期发货,妥善代办运输手续。如果保管方没有按合同规定的期限和要求发货或错发到货地点,应负责赔偿由此造成的实际损失。

一般来说,仓储合同对储存期间有约定的,在储存期限届满前,保管人不得要求存货人取回仓储物。但是,在存货人要求返还时,保管人不得拒绝返还,但可以就其因此所受到的损失请求存货人赔偿。另外,仓储合同对储存期间没有约定或者约定不明确的,保管人随时可以向存货人或仓单持有人要求提取货物,但应当给予必要的准备时间。

(二)存货方的义务

1. 提交储存货物的义务

存货方要按合同约定的品名、时间、数量向保管方提交储存货物,并向保管方提供必要的入库验收资料。存货方不能全部或部分按合同约定入库时,应承担违约责任;因未提供验收资料或提供的资料不齐全、不及时,造成验收差错及贻误索赔期的,由存货人负责。存货人交付货物有瑕疵或者按货物的性质需要采取特殊保管措施的,应当告知保管人。存货方因过错未告知保管方瑕疵或者特殊保管要求,致使保管方受到损害的,应承担损害赔偿责任。储存易燃、易爆、有毒、有放射性等危险物品或者易腐物品,存货方应当说明货物的性质和预防危险、腐烂的方法,提供有关资料,并采取相应的防范措施,存货人未履行这些义务的,保管人可以拒收该货物;保管人因接收该货物造成的损失,由存货方负责赔偿。

2. 负责包装货物的义务

存货方应按照规定负责货物的包装。包装标准,有国家或专业标准的,按国家或专业标准规定执行;没有国家或专业标准的,按双方约定的标准执行。包装不符合国家或合同规定,造成货物损坏、变质的,由存货方负责。

3. 说明危险物品或易变质物品的性质并提供相关资料的义务

《民法典》之合同编规定,"储存易燃、易爆、有毒、有腐蚀性、有放射性等危险物品或者易变质物品,存货人应当说明该物品的性质,提供有关资料。""存货人违反前款规定的,保管人可以拒收仓储物,也可以采取相应措施以避免损失的发生,因此产生的费用由存货人承担。"

4. 配合保管人对货物进行验收并提供验收资料的义务

在保管人对入库货物进行验收时,存货人应当对保管人的验收行为给予配合。如果保管人对入库货物的验收,需要存货人提供验收资料,存货人提供的资料应当完备和及时,如果因资料不全面或迟延造成验收差错及其他损失,应由存货人承担责任。

案例讨论

某水果批发商与某仓库签订了一份储存保管 10 吨香蕉的合同,储存期间为 20 天。水果批发商如期将香蕉送到仓库,仓库未予验收即入了库。20 天后,水果批发商提货时发现香蕉短缺 1 吨,而且有近 30% 的香蕉已经腐烂,不能食用。

问:这短缺的 1 吨香蕉和腐烂的香蕉分别由谁承担责任?

5. 支付报酬和必要费用的义务

仓储合同均为有偿合同,因此,存货方在提取货物时应向保管方支付保管费及因保管货物所支出的必要费用。否则,保管方有权对储存物行使留置权。

(1) 仓储费。仓储费即保管人因其所提供的仓储服务而应取得的报酬,根据《民法典》之合同编规定,应由存货人支付。存货人支付仓储费的时间、金额和方式依据仓储合同的约定。仓储费与一般保管费有所不同,当事人通常约定由存货人在交付货物时提前支付,而非等到提取货物时才支付。根据《民法典》之合同编规定,存货人或者仓单持有人逾期提取货物的,应当加收仓储费;而提前提取的,不减收仓储费。

(2) 其他费用。其他费用是指为了保护存货人的利益或者避免其损失而发生的费用,例如存货人所储存的货物发生变质或者其他损坏,危及其他货物的安全和正常保管的,在紧急情况下,保管人可以作出必要的处置,因此而发生的费用,就应当由存货人承担。

 知识拓展

保管方的留置权和提存权

保管方的留置权:存货方不支付仓储费和其他必要费用的,除当事人另有约定外,保管方对仓储物享有留置权。若仓储物是可分物的,保管方所留置的仓储物应相当于存货人债务的金额,而不能就全部仓储物行使留置权。

保管方的提存权:储存期间届满,存货人或者仓单持有人不提取货物的,保管方可以催告其在合理期限内提取,逾期不提取的,保管方可以提存仓储物。

一般来说提存首先应由保管方向提存机关呈交提存申请书。在提存书上应当载明提存的理由,标的物的名称、种类、数量以及存货人或提单所有人的姓名、住所等内容。其次,仓管人应提交仓单副联、仓储合同副本等文件,以此证明保管方与存货方或提单持有人的债权债务关系。此外保管方还应当提供证据证明自己催告存货方或仓单持有人提货而对方没有提货,致使该批货物无法交付其所有人。

6. 对变质或者有其他损坏的货物进行处置的义务

为了确保其他货物的安全和正常的保管活动,根据《民法典》之合同编规定,当入库货物发生变质或者其他损坏,危及其他货物的安全和正常保管,保管人催告时,物流企业或仓单持有人有作出必要处置的义务。对于存货人或仓单持有人的这种处置义务,应当注意以下几点:① 以能够保证其他货物的安全和正常保管为限;② 如果保管人对存货人或者仓单持有人对货物的处置要求过高,存货人或者仓单持有人可以拒绝;③ 如果存货人或者仓单持有人对货物的处置已主动地超过必要的范围,由此而给保管人造成不便或带来损害的,保管人有权要求赔偿;④ 如果存货人或者仓单持有人怠于处置,则应对这些损失承担赔偿责任。

7. 容忍保管人对变质或者有其他损坏的货物采取紧急处置措施的义务

保管人的职责是储存、保管货物,一般对货物并无处分的权利。然而在货物发生变质或其他损坏,危及其他货物的安全和正常保管,情况紧急时,根据《民法典》之合同编规定,保管人可以作出必要的处置,但事后应当将该情况及时通知存货人或者仓单持有人。在这种情况下,存货人和仓单持有人事后不得对保管人的紧急处置提出异议,但保管人采取的紧急处置措施必须符合下列条件：① 必须是情况紧急，即保管人无法通知存货人、仓单持有人的情况；保管人虽然可以通知，但可能会延误时机的情况。② 处置措施必须是有必要的，即货物已经发生变质或者其他损坏，并危及其他货物的安全和正常保管。③ 所采取的措施应以必要的范围为限，即以能够保证其他货物的安全和正常保管为限。

8. 按合同规定及时提取货物的义务

合同期限届满，存货方应按合同约定及时提取货物。如因存货方的原因不能如期出库时，存货方应承担违约责任。提前提取的，除当事人另有约定外，不减少其仓储费。出库货物由保管方代办运输的，存货方应按合同规定提供有关材料、文件，未及时提供包装材料或未按期变更货物的运输方式、到站、收货人的，应承担延期的责任和增加的费用。

储存期间届满，仓单持有人应当凭仓单提取仓储物，并向保管人提交仓储验收资料。仓单持有人逾期提取的，应当加收仓储费；提前提取的，不减收仓储费。储存期间届满，仓单持有人不提取仓储物的，保管人可以催告其在合理期限内提取，逾期不提取的，保管人可以提存该物。保管人在储存期间届满后，仓单持有人不提取仓储物的情况下，也可以在通知的期间内加收仓储费，而不通知仓单持有人。

 案例链接

某年8月8日，原告水果公司与被告所属的冷库签订了租库协议，约定原告因经营加工需租用冷库，期限为同年8月10日—12月10日，共计4个月；入库货物按月计费，货物必须在商定的10天内入库；原告必须按期交纳储存费；冷库为原告提供24小时服务。协议签订后，同年8月10日至8月25日，原告先后将3 000袋苹果（其中2 000袋为编织袋包装、1 000袋为网袋包装）存入冷库。同时原告于同年8月10日至8月20日分3次向冷库支付仓储费共15 000元。同年9月11日至9月23日，原告分别从冷库提走600袋（其中3袋为编织袋包装、597袋为网袋包装）苹果进行销售。此后原告发现苹果变质，遂拒绝继续提走剩余苹果和支付剩余的保管费，向法院提起诉讼。被告根据双方约定对已经腐烂变质的苹果进行了处理。法院查明苹果变质原因是原告的包装超过储存期，故判决被告冷库不承担法律责任。

（三）保管人的法律责任

(1) 存储期间，因保管不善造成货物毁损、灭失的，保管人应承担损害赔偿责任。

货主将货物储存的目的是使货物得到妥善适当的保管，以保持货物的品质，以便于日后生产、消费或交易。因而，保管人应按国家有关规定和合同的约定进行保管及必要的仓库储存、堆码、装卸与操作。在存储期间，保管人没有适当履行保管义务而造成货物毁损、灭失的，应承担相应的违约责任。

(2) 因货物的性质、包装不符合约定或超过储存期造成货物变质、损坏的，保管人不承担损害赔偿责任。

根据传统的交易习惯，货物几乎都是货主自行包装，所以，货物在交付之时，均已包装妥当，保管人没有包装的义务，因而不应由其承担因包装不符合约定造成损失的赔偿责任。物流业的兴起使传统的生产和流通理念发生了变化，仓储经营者根据客户的需要同时从事包装服务已不少见，所以，如果当事人约定货物入库前由保管人负责包装，则相应的责任由保管人承担。货物超过有效储存期造成货物变质、损坏的，保管人不承担损害赔偿责任。货主对于自己货物的内在品质应予充分考虑，因为货物的内在品质是保管人无法处置的。

第三节 仓 单

一、仓单的概念

《民法典》之合同编规定，存货人交付仓储物的，保管人应当出具仓单、入库单等凭证。所谓仓单是由保管人在收到仓储物时向存货人签发的、表明已收到一定数量的仓储物的法律文书。仓单记载的事项，直接体现当事人的权利义务，是仓储合同存在以及合同内容的证明。仓单的签发要以仓储合同的有效成立和存货人交付仓储物为条件。不符合这两个条件，保管人有权不签发仓单；但当符合这两个条件时，签发仓单是保管人的一种义务，该义务的履行无须以存货人的请求为条件。

二、仓单的法律性质

案例讨论

某水果公司与某仓储公司签订了一份仓储合同，合同约定仓储公司为水果公司储存水果5吨，仓储期间为1个月，仓储费为5 000元，自然耗损率为4%，水果由存货人分批提取。合同签订后，水果公司按照约定将水果交给仓储方储存，入库过磅为50 100千克。仓储公司在接受货物以后，向水果公司签发了仓单。在按照双方的仓储合同填写仓单过程中，由一人读合同的条款，另一人填写。由于读合同的工作人员有方言，填写人将自然耗损率误写为10%，存货人也没有注意到就将仓单取走。合同到期后，存货方持仓单向储存公司提货，出库过磅时发现水果仅余46 000千克，扣除4%的自然耗损以后还短缺2 096千克。于是，水果公司要求仓储公司赔偿损失。仓储公司认为仓单上写明的自然损耗率为10%，剩余46 000千克并没有超过自然损耗的范围，因此不存在赔偿问题。双方争执不下，水果公司向法院起诉，要求仓储公司赔偿。

问：法院会支持谁的主张？为什么？

1. 仓单是一种有价证券

仓单是在存货人交付仓储物时，保管人应存货人的请求所填发的有价证券。

2. 仓单是一种交付指示证券

交付指示证券的性质即存货人对保管人予以指示，向仓单持有人支付仓储物的全部或一部分的指示证券；基于仓单的这一性质，仓单可以通过背书方式进行转让。

3. 仓单是一种物权凭证

仓单代表存储物品，仓单的占有即意味着物品本身的占有，仓单的转移即意味着仓储物品占有的转移。

4. 仓单是一种文义证券

即以仓单上文字记载的内容为准，如果仓单上文字记载的内容与实际情况不符，保管人也有义务按仓单上所记载内容履行义务。即仓单上记载有某批货，而实际仓库中并没有，保管人对仓单持有人也有交付该批货物的义务。

5. 仓单是一种要因证券

即仓单上记载的权利以仓储合同为基础，如果没有仓储合同，也就无所谓仓单的存在，这样的仓单只能是一种假仓单。

6. 仓单是一种要式证券

根据《民法典》之合同编规定，保管人须在仓单上签字或盖章，仓单上必须有法定的必须记载的事项。没有法定的完备的形式，保管人出具的仓单是无效的。

而一般保管合同的成立，有当事人之间的合意即可，不以特别方式为必要；保管合同的形式由当事人自由选择，可以选择口头形式、书面形式和公证形式等。

7. 仓单是一种换取证券

即保管人按仓单持有人的要求交付了仓储物以后，可要求仓单持有人缴还仓单，因此，又称为缴还证券。如果仓单持有人拒绝缴还仓单，保管人可拒绝交付仓储物。

三、仓单的法律效力

由于仓单上所记载的权利义务与仓单密不可分，因此，仓单具有如下效力。

1. 提取仓储物的效力

仓储合同是以仓储物的储存为目的，存货人将仓储物交付给仓储保管人，仓储物的所有权并没有发生转移，仍然属于存货人。仓储保管人与存货人交付仓储物时，应向存货人交付仓单。仓单持有人有权根据仓单要求仓储保管人交付仓储物。因此，仓单代表着仓储物，是提取仓储物的凭证。对于仓单持有人而言，持有仓单就可以主张权利，提取仓储物；对于仓储保管人来说，认仓单而不认人，同时收回仓单。也就是说仓储保管人和仓单持有人之间的法律关系，应以仓单为准。

2. 转移仓储物所有权的效力

仓单作为一种有价证券，可以自由流通，由于仓单是提取仓储物的凭证，代表着仓储物，所以，仓单的交付就意味着物品所有权的转移，与仓储物的交付发生同一效力。也就是说，仓单的转移就意味着仓单所代表的仓储物所有权的转移。理所当然，仓储物所有权随仓单的转移而转移，仓储物的风险也会随之转移。

3. 出质的效力

根据我国《民法典》之物权编的相关规定，仓单还具有出质的效力，即仓单持有人可在仓单上设立质权,由于是以仓单为标的所设的质押,所以它在性质上属于权利质押。仓单质押合同由出质人与质权人以书面形式订立并自仓单移交于质权人占有时生效。仓单设质时,出质人必须在仓单上背书,注明"出质"或"设质"等字样,以此来证明该仓单是用于设质的,还是用于转移仓储物的所有权。

四、仓单上的记载内容

根据《民法典》之合同编规定,仓单包括下列事项。

(1) 存货人的姓名或者名称和住所。存货人为法人或者其他社会组织、团体的,应当写明其名称。名称应写全称。存货人为自然人的,则应写明姓名。

(2) 仓储物的品种、数量、质量、包装、件数和标记。这些内容是经过保管人验收确定后再填写在仓单上的。需注意的是保管人和存货人订立仓储合同时,对仓储物的上述情况的约定,不能作为填写仓单的依据。

(3) 仓储物的损耗标准。一般地,仓储合同中约定有仓储物的损耗标准,仓单上所记载的损耗标准通常与该约定相同。当然,当事人也可以在仓单上对仓储合同中约定的标准进行变更。当仓储合同约定的标准与仓单上所记载的标准不一致时,一般以仓单的记载为准。

(4) 住址场所。即表明仓储物所在的具体地点。

(5) 储存期间。在一般情况下,存货人与保管人在仓储合同中商定储存期间,仓单上的储存期间与仓储合同中的储存期间一般是相同的。

(6) 仓储费。即存货人向保管人支付的报酬。

(7) 仓储物已经办理保险的,写明其保险金额、期间及保险人的名称。

(8) 填发人、填发地和填发日期。填发人也就是仓储合同的保管人,填发地一般是仓储物入库地。

五、仓单的制作要求

仓单作为收取仓储物的凭证和提取仓储物的凭证,依据法律规定还具有转让或出质的记名物权证券的流动属性,它应当具备一定的形式,其记载事项必须符合《民法典》之合同编及物权凭证的要求,使仓单关系人明确自己的权利并适当行使自己的权利。仓单的制作应当包括法律规定的必要内容,因此,仓单的制作中应注意下列事项。

(1) 仓单上必须有保管人的签字或者盖章,否则不产生仓单法律效力。

(2) 仓单是记名证券,应当明确记载存货人的名称及住所。

(3) 仓单应明确详细记载仓储物的品种、数量、质量、包装、件数和标记等物品状况,以便作为物权凭证,代物流通。

(4) 仓单上应记载仓储物的损耗标准。损耗标准的确定对提取仓储物和转让仓储物中当事人的物质利益至关重要,也是处理和避免仓储物数量、质量争议的必要环节。

(5) 仓单上应明确记载储存场所和储存期间,以便仓单持有人及时提取仓储物,明确仓单利益的具体状况。

(6) 仓单上应记载仓储费及仓储费的支付与结算事项，以使仓单持有人明确仓储费用支付义务的归属及数额。

(7) 若仓储物已经办理保险的，仓单中应写明保险金额、保险期间及保险公司的名称，以便明确仓单持有人的保险情况。

(8) 仓单应符合物权凭证的基本要求，记载仓单的填发人、填发地和填发的时间。

六、仓单的转让

仓单的最重要特征，是作为物权凭证的有价证券，具有流通性。《民法典》之合同编规定，仓单是提取仓储物的凭证。存货人或者仓单持有人在仓单上背书并经保管人签字或者盖章的，可以转让提取仓储物的权利。这一规定表明了仓单的可转让性及其法律要求。

（1）仓单作为有价证券，可以流通。

流通的方式可以是转让仓单上代表的仓储物的所有权，即转让仓单；还可以是按照《民法典》之物权编的规定，以仓单出质，即以仓单设定权利质押，使质权人在一定条件下享有提取仓单下仓储物的权利。

（2）仓单转让或者仓单出质，均须符合法律规定的形式，才能产生相应的法律效力。

存货人转让仓单必须在仓单上背书并经保管人签字或者盖章，若只在仓单上背书但没有保管人签字或者盖章，即使交付了仓单，转让行为也不能生效。因而，背书与保管人签章是仓单转让的必要的形式条件，缺一不可。背书是指存货人在仓单的背面或者仓单上记载被背书人(受让人)的名称或姓名、住所等有关事项的行为。保管人的签字或盖章则是确保仓单及仓单利益，明确转让仓单过程中法律责任的手段。

存货人以仓单出质，应当与质权人签订质押合同，在仓单上背书并经保管人签字或者盖章，将仓单交付质权人，质押合同生效。当债务人不履行被担保债务时，质权人就享有提取仓储物的权利。

 知识拓展

仓单丧失后的法律救济

《民事诉讼法》规定："按照规定可以背书转让的票据的持有人，因票据被盗、遗失或者灭失，可以向票据支付地的基层人民法院申请公示催告。"因此，仓单持有人丧失仓单的，可以依据《民事诉讼法》规定的公示催告程序确认其权利，请求保管人补发新的仓单。

七、仓单持有人在提取仓储物时应遵循的原则

（1）仓单持有人应当在储存期间届满时提取仓储物。

（2）仓单持有人逾期提取仓储物的，应当支付超期保管的仓储费。

(3) 对超过储存期间的仓储物,虽经保管人采取必要的措施,仍无法避免仓储物出现损坏、变质等现象的,其损失由仓单持有人承担。

(4) 仓单持有人提前提取仓储物的,不减收仓储费。

(5) 仓单是提取仓储物的凭证,仓单持有人提取仓储物时应当出示仓单,并缴回仓单。

第四节 涉外仓储业务法律制度

一、涉外仓储业务概述

(一) 涉外仓储业务的概念和法律特征

涉外仓储业务是指在物流过程中依法接受海关的监管并利用仓库对进出口货物提供仓储服务的经营活动。涉外仓储业务是各国推动国际贸易发展和提高国际物流效益的一项重要内容。

根据我国涉外仓储实施内容不同,涉外仓储业务可分为广义的涉外仓储业务和狭义的涉外仓储业务。广义的涉外仓储业务包括保税仓库业务、涉外工业加工业务和特殊监管区业务等;狭义的涉外仓储业务仅指利用仓库提供涉外仓储业务,即我国实施的保税仓库业务和出口监管仓库业务。涉外仓储业务具有以下法律特征。

(1) 涉外仓储业务发生的环节仅仅局限于货物进出口环节。如保税仓库是针对货物在入境时所提供的仓储业务;出口监管仓库是针对货物在出口时所提供的仓储业务。

(2) 涉外仓储业务享有货物进出口特殊的法律待遇。保税仓库货物虽然入境,但对其暂缓实施关税的法律保护机制。出口监管仓库货物虽然尚未装入国际货物运输工具,但该批货物的发货人或其代理人须依法办理出口退税和结汇等手续。

(3) 涉外仓储业务接受海关机关的监督管理。涉外仓储业务的对象是尚未办理关税手续或者已报关但尚待装运出口的货物,为了维护国家海关秩序和国家主权,海关要对涉外仓储业各个环节进行监督管理。

 案例链接

上海某外商投资企业进口一台机器设备(免税),海关给予14天的申报期限,他们开始委托一间报关行报关,因为减免税表申请不下来,所以导致每天要多交0.05%的滞报金(2 000元/天)。后来听说保税仓库可以解决这一问题,便委托在保税区报关,快速将货物转入保税仓库作保税仓储,每天只要交少量的仓储费用,从而减少了大量的损失。

(二) 涉外仓储法律制度

涉外仓储法律制度是指国家制定的规范涉外仓储业务的法律制度的总称。它是仓储业法律制度的重要组成部分。

我国涉外仓储法律制度主要包括保税制度和出口监管仓库制度。其中,保税制度又可分为保税仓库制度、涉外工业加工制度和特殊监管区域制度。我国现行的涉外仓储法律制度主要有《海关法》、《中华人民共和国海关对保税仓库及所存货物的管理规定》(以下简称《海关对保税仓库及所存货物的管理规定》)。

二、保税仓库制度

保税货物是指经过海关批准未办理纳税手续进境,在境内储存、加工、装配后复运出境的货物。一般需要储存的保税货物包括来料或进料加工的料件、补偿贸易进口的设备、寄售维修零配件、供应国际航行船舶的燃料和零配件、外商寄存或暂存的货物、转口贸易货物、免税品商店进口的货物等。

国际上通行的保税制度是,进境存入保税仓库的货物可暂时免纳进口税款,免领进口许可证或其他进口批件,在海关规定的存储期内复运出境或办理正式进口手续。我国已经确立了比较完善的保税制度,方便了与贸易相关的生产、加工、仓储和运输,提高了保税仓库的服务功能。

根据我国《海关法》的规定,保税货物的仓储有许多具体的要求,尤其是针对保税仓库的要求。

1. 保税仓库的概念

保税仓库是经海关核准的专门存放保税货物的专用仓库。设立保税仓库的主要目的是暂缓执行关税的保护机制,以便于因经济或者技术的需要而在保税仓库暂时存放,等待最终进入贸易或者生产环节的货物流动,所以只适用于准备输入关境的货物。

存放于保税仓库的货物虽然已入我国关境,但可以暂时不缴纳进口税费以及办理相关的海关手续。保税仓库的特征就在于其存放的货物被视为仍处于关境以外,只有当货物经海关核准内销时,才被要求办理进口海关手续,从而才实际进入我国关境。保税仓库除对所存货物免交关税外,保税仓库还可能提供其他的优惠政策和便利的仓储、运输条件,以吸引外商的货物储存和从事包装等业务。

2. 保税仓库的功能

保税仓库的功能比较单一,主要是货物的保税储存,一般不进行加工制造和其他贸易服务。除了另有规定外,货物存入保税仓库,在法律上意味着在全部储存期间暂缓执行该货物投入国内市场时应遵循的法律规定,即这些货物仍被看作处于境外。如果货物从保税仓库提出而不复运出境,则将被当作直接进口的货物对待。保税仓库内的货物在海关规定的存储期内未复运出境的,也需办理正式的进口手续。

3. 保税仓库的类型

(1) 专用保税仓库。是指国家贸易企业,经海关批准后,自己建立的自营性质的保税仓库,以储存本企业经营的保税货物。由于储存地就是收货人的所在地,这类保税仓库可以享受较宽松的监管方式,海关手续也可按简化的方式和就地结关程序办理。

(2) 公共保税仓库。是指具有法人资格,由专营仓储业务的经济实体所建立的保税仓库。其本身不经营进出口贸易,而为社会提供保税货物的仓储服务。

（3）海关监管仓库。是一种主要存放已经进境、而无人提取的货物，或者无证到货、单证不齐、手续不全以及违反海关有关规定等，而海关不予放行，需要暂存在海关监管下的仓库里等候处理的货物。

三、我国海关对保税仓库的监管

（一）我国保税仓库制度的发展

自我国海关总署首次颁布实施了《中华人民共和国海关对保税仓库及所存货物的管理规定》（简称《保税仓库管理规定》），全国陆续建立了一批保税仓库。我国签订了《关于简化和协调海关业务制度的国际公约》（简称《京都公约》）的《关于保税仓库的附约》，并结合《海关法》，于2018年重新修订并公布了《保税仓库管理规定》，扩大了保税仓库的业务范围，规定凡属加工贸易复出口的进口货物、国际转运货物以及经海关批准可以缓税的货物，均可存入保税仓库。

（二）保税仓库储存货物的规定

根据《保税仓库管理规定》的相关规定，一般贸易进口货物不允许存入保税仓库，我国保税仓库存放的货物仅限于以下几种情况。
（1）存放供来料加工、进料加工复出口的货物；
（2）暂时存入后再复运出口的货物；
（3）经海关批准缓办纳税手续进境的货物。

（三）设立保税仓库应具备的条件

保税仓库是经海关核准的专门存放保税货物的专用仓库。设立保税仓库应具备以下条件。
（1）申请单位应具备一定的资格、条件。申请单位应为有独立经济能力、能承担税负的法人或由外经贸主管部门及其授权机关批准并享有对外贸易经营权的企业。
（2）具有专门储存、堆放进口货物的安全设施。
（3）建立健全的仓储管理制度和详细的仓库账册。
（4）配备经海关培训认可的专职管理人员。
（5）保税仓库的经营者应具备向海关缴纳税款的能力。

 法律链接

《海关对保税仓库及所存货物的管理规定》

第七条　保税仓库应当设立在设有海关机构、便于海关监管的区域。
第九条　保税仓库应当具备下列条件：（一）符合海关对保税仓库布局的要求；（二）具备符合海关监管隔离设施、监管设施和办理业务必需的其他设施；（三）具备符

> 合海关监管要求的保税仓库计算机管理系统并与海关联网;(四)具备符合海关监管要求的保税仓库管理制度;(五)公用保税仓库面积最低为2 000平方米;(六)液体危险品保税仓库容积最低为5 000立方米;(七)寄售维修保税仓库面积最低为2 000平方米;(八)法律、行政法规、海关规章规定的其他条件。

(四)申请设立保税仓库的程序

仓库经营者向海关申请设立保税仓库应履行以下手续。

(1)经营人应持工商行政管理部门颁发的营业执照;如果是租赁仓库,还应提供仓库经营人的营业执照;

(2)申请人填写《保税仓库申请书》,包括仓库名称、地址、负责人、管理人员、储存面积及存放何种保税货物等项目;

(3)交验外经贸主管部门批准经营有关业务的批文;

(4)向海关提供其他资料。

海关审核仓库经营人提交的有关文件并派员实地调查后,对符合要求的批准其设立保税仓库,颁发保税仓库登记证书。

(五)对保税仓库的日常监管

(1)保税仓库对所存的货物,应有专人负责,并于每月的前五天内将上月转存货物的收、付、存等情况列表报送当地海关核查。

(2)保税仓库中不得对所存货物进行加工。如需改变包装,必须在海关监管下进行。

(3)海关认为必要时,可以会同保税仓库经理人双方共同加锁。海关可以随时派员进入仓库检查货物的储存情况和有关账册,必要时可派员驻库监管。保税仓库经理人应当为海关提供办公场所和必要的方便条件。

(4)保税仓库经理人应按章交纳监管手续费。

(5)保税仓库进口供自己使用的货架、办公用品、管理用具、运输车辆、搬运、起重和包装设备以及改装用的机器等,不论是价购的或外商无价提供的,应按规定交纳关税和产品税或工商统一税。

学习重点和难点

- 保管合同的概念、法律特征及当事人的义务
- 仓储合同的概念、法律特征
- 仓单的概念和法律性质
- 仓储合同当事人的义务
- 仓单的法律问题分析

练习与思考

(一) 名词解释
合同仓储　保管合同　仓储合同　仓单　保税仓库

(二) 填空
1. ＿＿＿＿＿＿＿＿是一种专门从事经营管理的，面向社会的，独立于其他企业的仓库。
2. ＿＿＿＿＿＿＿＿是物品的仓储业务由本企业自己来经营或管理的一种仓储形式。

(三) 单项选择
1. 保管合同的索赔时效一般为（　　）。
   A. 1年　　　　　B. 2年　　　　　C. 3年　　　　　D. 4年
2. （　　）是指企业将仓储作为物流活动的一部分转包给外部公司，由外部公司为企业提供综合物流服务。
   A. 自有仓储　　　B. 租赁仓储　　　C. 公共仓储　　　D. 合同仓储
3. 关于"张某将10吨钢材交仓储公司保管、储存"这个行为，以下说法正确的是（　　）。
   A. 张某为自然人，则保管合同无效
   B. 张某为自然人，则仓储合同无效
   C. 仓储合同是诺成合同
   D. 仓储合同可以适用保管合同的全部规定
4. 根据相关规定，仓储合同存货人或者仓单持有人提前支取仓储物的，下列说法正确的是（　　）。
   A. 保管人应减收50%的仓储费
   B. 保管人应减收30%的仓储费
   C. 保管人应按提前支取的天数相应减收仓储费
   D. 保管人不减收仓储费
5. 由主营仓储业务的我国境内独立企业法人经营，专门向社会提供保税仓储服务的保税仓库是（　　）。
   A. 公用型保税仓库　　　　　　　B. 公共保税仓库
   C. 自用型保税仓库　　　　　　　D. 专用型保税仓库
6. 仓单是提取仓储物的凭证，（　　）可以转让提取仓储物的权利。
   A. 存货人或者仓单持有人在仓单上背书并经保管人签字或者盖章的
   B. 存货人或者仓单持有人在仓单上背书
   C. 保管人在仓单上签字或者盖章的
   D. 仓单持有人

(四) 多项选择
1. 仓储的类型包括（　　）。
   A. 自有仓储　　　B. 租赁仓储　　　C. 公共仓储　　　D. 合同仓储
2. 仓单的法律性质包括（　　）。

A. 有价证券　　B. 物权凭证　　C. 要因证券　　D. 要式证券
3. 自营仓储具体又可分为(　　)。
   A. 自有仓储　　B. 租赁仓储　　C. 公共仓储　　D. 合同仓储
4. 仓储合同的法律特征包括(　　)。
   A. 诺成合同　　B. 双务合同　　C. 有偿合同　　D. 格式合同
5. 下列说法正确的是(　　)。
   A. 转让时仓单只需交付,持有人即可凭此单提取货物
   B. 仓储合同可以适用保管合同的有关规定
   C. 仓储合同原则上既可以有偿,也可以无偿
   D. 仓储保管人可以按约定不返还原物而返还相同种类、品质、数量的物品
6. 仓储合同中,保管人的义务有(　　)。
   A. 给付仓单的义务　　B. 对货物异状的通知义务
   C. 催告义务　　　　　D. 返还货物的义务
7. 专用型保税仓库包括(　　)。
   A. 液体危险品保税仓库　　B. 备料保税仓库
   C. 寄售维修保税仓库　　　D. 其他专用型保税仓库

(五) 简答

1. 简述保管合同当事人的义务。
2. 简述仓单的法律性质。
3. 简述仓储合同当事人的义务。

(六) 思考题

1. 仓储合同在订立和履行过程中的诚实信用原则体现在哪些方面?
2. 如何预防和避免危险物品仓储事故和损失的发生,一旦发生,相关责任人将承担哪些法律责任?
3. 仓储企业尤其是危险物品仓储企业避免危险生产事故应注意哪些问题,企业和生产者的安全生产意识的提高有哪些重要作用和价值?

案例分析

(一) 甲公司为专门从事仓储保管业务的公司,乙公司则为电冰箱制造商。双方经协商,于3月5日签订了仓储保管合同。合同规定,甲为乙保管木底纸箱等包装材料,保管期限没有约定,保管费也没有注明,仅说明保管一天,交费人民币50元。合同成立后,乙公司于3月10日送来大批纸箱,同时还送来了合同中没有规定的生产用纸板。甲公司当天接收该物时没有表示异议。三个月后,乙公司提出续签合同两个月,甲公司表示不同意。一个月后,甲公司接到另一项要约,保管费比乙公司出价高,遂以库房另有安排为由,把生产用纸板全部挪到库外。后来,因天降大雨,乙公司那些生产用纸板全部被淋透,导致无法使用,造成损失2万多元。乙公司向甲公司提出赔偿,甲公司则称合同中没有规定保管纸板的义务,

因而对纸板的损失不负责任。双方协商未果,发生纠纷,乙公司诉至法院。现问:

(1) 本仓储合同于何时成立?
(2) 甲公司是否负有保管生产用纸板的义务?为什么?
(3) 甲公司是否有权要求乙公司提走仓储物?为什么?
(4) 乙公司2万元损失应由谁负担?为什么?
(5) 设甲、乙约定合同的保管期间为90天,则乙公司于5月10日提走仓储物,甲公司应至少收费多少元?

(二) 甲公司为某化工厂,乙公司为化工原料专业仓储公司,并为甲公司长期提供化工原料仓储服务。某年11月,甲公司将其购回的化工原料存入乙公司仓库。第二年1月,甲公司在乙公司储存的化工原料因供应紧张而价格飞涨,乙公司为牟取暴利而擅自将甲公司所存放的货物出售给丙公司。甲公司得知此事后,于同年2月5日要求乙公司承担责任,乙公司答应按甲公司存入仓库时的进价予以赔偿,甲公司拒绝接受,遂起纠纷。

问题:

(1) 本案中,乙公司应该向甲公司承担什么责任?
(2) 乙公司承担责任的形式有哪些?

(三) 上海某公司到湖南收购了一批干辣椒,价值8万元,准备用于出口。因收购时没有组织好运输,故在当地与湖南某储运公司签订了一份仓储合同,约定上海公司将该批干辣椒在湖南公司仓库存放7天(5月10日—16日),待原告派车来运。公司支付了仓储费后即回去组织车辆来运。没想到从5月11日开始,湖南连下暴雨,由于仓库年久失修,暴雨形成的积水将库存货物严重浸湿,等上海公司前来提货时,辣椒已变质。湖南仓库以遭受不可抗力为由拒绝进行赔偿。

问题:(1) 本案中的暴雨是否构成不可抗力?请说明理由。
　　　(2) 本案应当如何处理?

(四) 某外贸公司将一批出口货物储存于某物流公司仓库,在合同约定的提货日该公司未将货物提走,使得该物流公司的仓库不能使用,造成另一家已签订合同的公司的货物无法及时入库。为了不违反合同,物流公司只好高价租用本市的一家仓库。几天后,外贸公司前来提货,称是由于管理人员的疏忽未提前告知延期提货,愿意支付增加天数的仓储费。但物流公司却要求外贸公司支付高价租用仓库的费用及其他费用,同时支付违约金并赔偿损失。

问题:外贸公司应该赔偿损失吗?

实践活动

撰写一份仓储合同
参考范本

仓　储　合　同

甲方:存货人:＿＿＿＿＿＿＿＿＿＿(以下简称甲方)
乙方:保管人:上海共青仓储有限公司　　　(以下简称乙方)
　　　为适应市场经济发展、提高企业经济效益,在乙方具备法人资格、拥有仓库所有权的前

提下,双方就甲方所有的仓储物资在乙方仓库储存的相关事宜进行协商,本着互惠互利、双方自愿、真诚合作、共同发展的原则,达成如下协议:

一、标的:_____采购的各种钢材。

二、数量:仓储物资的具体品种、规格、数量由甲方提供。

三、仓储物资的交付、验收方式及期限。

1. 甲方的仓储物资在交付给乙方仓库保管前,应事先将有关仓储物资的到货信息资料以书面形式及时通知乙方,以便乙方能及时安排货位和做好接货的准备工作。

2. 甲方的铁路、水路运单收货人栏内填写:

收货人:上海共青仓储有限公司(代_____)

整车到站:杨浦车站;整船到站:复兴岛木材码头。

3. 为了方便联系,乙方应配备基本的通信设备:长途电话机、传真机。乙方根据甲方验收单的内容及时组织入库验收并在货到3个工作日内验收完毕,验收完毕后将验收结果填写在验单上加盖乙方公章及经办人章(或签字)后转给甲方,以作为甲方的入库验收凭证,乙方对甲方发到仓库的仓储物资要建立单独的收、发、存台账。

4. 对甲方入库的存储物资,乙方必须一车一位存放、集中摆放整齐、设置标志、专人管理,并按国家同类物资存放的标准存放,以确保钢材在存放期间的质量。

四、仓储费及结算方式。

1. 收费标准。

(1)货物出库费15元/吨,如需装船加收装船费10元/吨。

(2)货物到达乙方仓库全部费用由乙方实行包干,① 铁路运输卸车费780元/车皮,短驳运输费320元/车皮;② 船进起驳费10元/吨;③ 每月20日之前向甲方结清上月所发生费用。

(3)货物加工,开平费____元/吨(免出库费);切边费____元/吨;厚度超过12.00 mm加工费另议。

2. 结算方式:转账。

五、数量及质量异议提出期限。

1. 乙方在接受甲方交付的仓储物资入库时,应当按照合同的约定对仓储物资进行验收,验收中出现与甲方提供的入库验收单不符现象,乙方应在3个工作日内以书面形式通知甲方,以便甲方核实。

2. 验收中出现盈亏、残损及外观质量问题,乙方应在仓储物资到库的3个工作日内,以书面形式及时通知甲方(按标准允许的交货公差除外),并提供盈亏磅码单或残损单等有关资料,由甲方负责处理,乙方负责处理异议时的复磅及进库物资的商检等工作。

3. 仓库物资在规定的期限内验收完毕后,在以后的储存和出库过程中发生的残损、短重量等数量、质量等问题,由乙方负责。

4. 甲方验收应与质保书的验收方式相同。

六、仓库物资出库的手续。

1. 甲方在乙方处留存_____公司物资出库单的票样(见附件1)。

2. 乙方凭甲方出具的_____公司物资出库单(原始件),经核实无误后,方可出库,并_____公司物资出库单上加盖乙方公章及经办人签字,出库单发生涂改或印鉴不全的为无效出库单,乙方不得擅自出库或者拖延出库时间,由于乙方业务差错造成甲方的损失,由乙方负责赔偿。

3. 乙方协助甲方办理铁路运输、汽车及水路运输工作,其运输费用由货物买方承担。

七、其他约定。

1. 甲方对交付给乙方存储的仓储物资拥有所有权。乙方在未经甲方同意的情况下,不得擅自动用、扣留、质押、留置甲方的仓储物资。

2. 乙方对甲方的仓储物资负有妥善保管的义务,无论货物位于室内还是室外,都负有防止仓储物资污染、变质的责任。

3. 乙方在仓储物资存储期间,不得擅自将仓储物资转交第三人保管。乙方的仓库经营权及法定代表人等有关权属、人员方面发生变动时,乙方应及时以书面形式通知甲方,但不得以变动为由变更或解除仓储合同,否则由此给甲方造成的实际经济损失,由乙方承担。

4. 对甲方在乙方仓库内仓储物资,双方应按月核对库存,并提供月收、发、存报表。

八、违约责任:

甲、乙双方任何一方不履行合同义务或履行合同义务不符合约定,给对方造成损失的,应赔偿实际损失。

1. 乙方不能按合同约定的时间、品种、数量接受仓储物资入库或者违反货物出库规定的,必须向甲方交付违约金。违约金的数额为违约所涉及那部分货物的实际损失及由此造成的其他费用。

2. 乙方提供的货位不符合要求,或者在仓储物资存储期间因保管不善以及非因不可抗力造成仓储物资损毁、灭失、短少、变质的,应当承担损害赔偿责任。赔偿金按甲方进货金额赔偿。

3. 由乙方负责发运的货物,不能按期发货,应赔偿甲方逾期交货的损失;错发到货地点,除按合同规定无偿运到规定地点外,并赔偿甲方因此造成的损失。

九、因执行本协议而发生的争执,双方应通过协商解决,协商不成,申请包头仲裁委员会裁决。

十、本合同一式四份,双方各执两份,经双方签字、加盖公章后生效。

十一、附加条款:本协议有效期自____年____月____日至____年____月____日止。

合同期满双方均无书面材料要求终止合同,本合同有效期可顺延壹年。

甲方: 乙方:上海共青仓储有限公司
法定代表人: 法定代表人:
地址: 地址:
邮政编码: 邮政编码:
电话: 电话:
传真: 传真:
　　　　　　　　　签订日期:

第六章 货物配送法律制度

■ 知识目标 ■

学习完本章,你能够掌握的知识点:
1. 配送合同的概念和种类
2. 配送合同当事人的权利、义务和责任
3. 配送合同的主要内容

■ 能力目标 ■

学习完本章,你能够熟悉的技能:
1. 撰写配送合同
2. 分析合同项下各当事方的权利、义务和责任
3. 结合学习的知识点进行案例分析讨论

■ 思政目标 ■

1. 市场经济就是法治经济,引导学生要遵纪守法
2. 诚实守信原则,引导学生树立规则意识和契约精神
3. 享受权利、履行义务和承担责任的重要价值,引导学生维护国家、集体和个人的合法权益

■ 基本概念 ■

配送　配送中心　配送合同　配送服务合同　销售配送合同

■ 案例导入 ■

甲公司为某商贸公司,乙公司为某货物配送服务公司,某年6月,乙为甲向其用户配送自行车零件150套,价值21 400元。双方签订配送合同后,甲办理了托运单,交纳了运费1 420元。同年6月18日,乙用自有车队开始进行运输,当汽车刚刚驶离甲处5 km时突然起火,将大部分自行车零件烧毁,甲遂向某区人民法院起诉,要求乙赔偿损失并退回运费。

问题:乙公司是否应该赔偿甲公司的经济损失?为什么?

第一节　货物配送法律制度概述

配送活动是现代物流的重要组成部分,是物流企业的业务内容。大吨位、高效率的运输力量的出现实现了干线运输低成本化目标,但对支线运输和小搬运来说,却出现了运力利用不合理、成本过高等问题。货物配送则可以将支线运输和小搬运统一起来,使支线运输过程得以优化和完善。在货物配送活动中,当事人应当遵守货物配送活动所涉及的相关法律制度,从而实现各方在物流活动中所追求的经济目标。由于货物配送活动自身的复杂性,货物配送所涉及的法律问题也很复杂。对此,国家出台的《商品代理配送制行业管理若干规定》等对货物配送的规范和发展起到指导作用。货物配送的核心内容是货物配送企业为满足用户的需要而提供的配送服务,这也是货物配送活动中需要法律规范的重要领域。货物配送活动的完成依赖货物配送者与用户之间具有法律效力的货物配送合同。

一、配送概述

(一) 配送的概念

配送是物流中一种特殊的、综合的活动形式,是物流的一个缩影或在某一范围内物流全部活动的体现。根据《中华人民共和国国家标准:物流术语》的解释,配送(distribution)指根据客户要求,对物品进行分类、拣选、集货、包装、组配等作业,并按时送达指定地点的物流活动;分拣(sorting and picking)指将物品按一定目的进行分类、拣选的相关作业;组配货(grouping allocation)指根据客户、流向及品类,对货物进行组合、配货,以便合理安排装载的活动。

(二) 配送的种类

1. 供应配送

供应配送即用户为了自己的供应需要所采取的配送形式。这种配送形式一般由用户组建配送据点,集中组织大批量进货,然后在本企业内部组织配送。在大型企业或企业集团及联合公司中,被广泛采用。例如,商业中广泛采用的连锁商店,常常采用这种配送形式组织对本企业的供应。在这种配送中,用户拥有自己的配送中心,该配送中心只为企业内部提供配送服务,不存在外部配送法律关系。

2. 销售配送

在这种配送方式中,配送人是销售企业,它们为了扩大销售量、扩大市场占有率,获得更多销售收益,将配送作为销售战略的一个环节而进行促销型配送。这种配送的对象一般是不固定的,配送对象和用户取决于市场的占有情况,因此,配送的随机性较强,大部分商店配送就属于这一类。

在这种配送中,用户就是商品购买者,销售企业为用户提供的配送服务是其履行销售合同的一部分,不存在独立的配送合同。双方的权利义务主要根据销售合同约定,或由双方作为销售合同的附属合同进行约定。这种配送,实际上就是销售合同加送货上门。

 **拓展资料**

配送与快递的关系

快递又称速递或快运,是指物流企业(含货运代理)通过自身的独立网络或以联营合作(联网)的方式,将用户委托的文件或包裹,快捷而安全地从发件人送达收件人的门到门(手递手)的新型运输方式。快递有广义和狭义之分。广义的快递是指任何货物(包括大宗货物)的快递;而狭义的快递专指商务文件和小件的紧急递送服务。从服务的标准看,快递一般是指在48小时之内完成的快件送运服务。从经济类别看,快递是物流产业的一个分支行业,快递研究从属于物流学的范畴。从业务运作看,快递是一种新型的运输方式,是供应链的一个重要环节。从经营性质看,快递属于高附加值的新兴服务贸易。

国家邮政局发布数据显示,2021年1—11月,全国快递服务企业业务量累计完成980.5亿件,同比增长32.3%;业务收入累计完成9414.7亿元,同比增长19.6%。其中,同城业务量累计完成127.6亿件,同比增长15.7%;异地业务量累计完成833.6亿件,同比增长35.7%;国际/港澳台业务量累计完成19.3亿件,同比增长17.4%。

配送与快递的区别:

从定义上,配送是指在经济合理区域范围内,根据用户的要求,对物品进行拣选、加工、包装、分割、组配等作业,并按时送达指定地点的物流活动,包括实物分配、货物配送等。所以快递也会被认为配送货物,于是就容易将配送和快递混淆到一起,但其实两者是有区别的,快递是物流企业通过自身具备的功能,将客户的文件或包裹送达收件人手中的新型运输方式。

从服务对象来看,配送和快递的区别也比较明显,配送服务的对象主要以工厂、商贸企业为主,快递服务对象主要以个人为主,比如网络购物。从速度和时效来看,配送实际会比快递慢很多,而且快递公司主要运送文件或个人物品等小批量包裹,但配送的基本上都是大型货物。

另外,在价格和费用上,物流和快递的区别更显著,快递的单位价格一般比配送高,适用于文件类的包裹,或是小件货物、少量货物,但如果货物量比较大的话,人们就会选择走物流配送,找物流公司,这样价格也会比较划算。

3. 销售-供应一体化配送

对于基本固定的用户和基本确定的配送产品,销售企业可以在自己销售的同时,承担用户有计划配送者的职能。这种配送方式对用户来说,能获得稳定的供应,可以大大节约组织供应所耗用的人力、物力、财力,甚至可以减除自己的供应机构。销售企业则能获得稳定的用户和销售渠道。在这种配送中,销售企业与用户有着长期的配送服务关系,同时居于卖方和配送人的地位,而用户则居于买方的地位。销售企业与用户双方可能分别签订销售合同和配送服务合同,也可能只签订一个统一的合同,我们称之为销售配送合同。

4. 第三方配送

它是配送人从工厂、转运站接受用户(卖方或买方)的货物后,为用户储存、保管货物,按用户要求分拣、配货,并运送至用户指定地点的一种配送方式。与上述几种方式不同的是,这种配送的配送人既不是第一方——销售方(卖方),也不是第二方——买方,而是一个独立的物流企业。

由于这种配送方式的配送人员是独立于买方与卖方之外的第三人,因此称为第三方配送。第三方配送通过由第一方卖方或第二方买方与第三方物流企业签订配送合同来实现。用户与第三方物流企业之间的权利义务受配送合同调整。

二、货物配送法律制度现状

货物配送法律制度是国家规范和管理货物配送活动的相关法律制度的总称。

货物配送业务集装卸、包装、保管、运输于一身,通过这一系列活动完成将物品送到用户的目的。特殊的配送还要以加工活动为支撑,包括的内容更为广泛。配送活动除要涉及运输和仓储外,还要涉及分拣、配货、加工等,以送货为目的的运输则是最后实现配送的主要手段。可以说配送几乎包括了所有的物流功能要素,是物流的一个缩影或者在较小范围内物流全部活动的体现。因此,规范货物配送法律制度的范围也几乎包括现代物流各环节,如货物配送企业法律制度、物流仓储法律制度、物流包装法律制度、物流装卸法律制度、物流加工法律制度、物流运输法律制度、合同法律制度等。

第二节　货物配送企业

一、货物配送企业的概念

货物配送企业是指依法从事配送业务的经济组织。货物配送企业是货物配送活动的承担者和实施者。在实践活动中,货物配送企业的表现形式主要是配送中心。

根据《中华人民共和国国家标准:物流术语》的解释,配送中心(distribution center, DC)指具有完善的配送基础设施和信息网络,可便捷地连接对外交通运输网络,并向末端客户提供短距离、小批量、多批次配送服务的专业化配送场所。

配送中心和仓库都是物流节点的重要形式,两者具有很多共同点。但总体上,配送中心是以配送为主,储存为辅;而仓库则以储存为主,配送等其他物流服务为辅。配送中心在现代装备和工艺方面远强于传统的仓库,是集商流、物流、信息流于一身的全功能流通设施。随着综合性的第三方物流的广泛发展,许多传统的仓库都在逐渐向配送中心转变。

案例链接

美国沃尔玛公司的配送中心是典型的零售商型配送中心,由沃尔玛公司独资建立,

专为该公司的连锁经营网点提供货物,确保各店稳定经营。该配送中心设在连锁经营网点的中央位置,服务半径达 300 多公里,中心经营的货物达 4 万种。在库存货物中,畅销货物和滞销货物各占 50%,库存货物期限超过 180 天为滞销货物。中心 24 小时运转,每天为其连锁店配送货物。配送中心的运营,为沃尔玛连锁经营在激烈的市场竞争中取胜提供了有力的保障。

二、货物配送企业的基本业务

货物配送企业的业务由一套完整的作业流程所组成,基本作业包括如下内容。

1. 集货作业

集货就是集中用户的需求进行一定规模的集货。它将分散的或者小批量的物品集中起来,以便进行运输、配送作业。集货是配送的准备工作或者基础工作,也是配送的优势之一。集货作业主要包括订货、接货和验货三个环节。

订货是货物配送企业收到并汇总需求者的订单以后,确定配送货物的种类及数量,然后根据库存货物情况,再确定向供应商进货的品种和数量。对于流动速度快的货物,为了及时供货,货物配送企业也可以根据需求情况提前组织订货。对供应商的供货,货物配送收货人要及时到指定地点接货。在接到货物后,货物配送企业应按合同约定进行检查验收,以保证合同的全面履行。

2. 保管作业

对于验收合格的货物,根据保管要求应进行开捆、堆码和上架。此外,货物配送企业为了保证货源供应,通常都会有一定数量的安全库存。因此,在货物堆码和上架时,应注意按品种、出入库先后顺序进行分门别类堆放。在货物保管期间,货物配送企业还要加强货物的保管保养,以保证货物的质量完好、重量和数量准确。

3. 理货配货作业

理货配货作业是货物配送企业的核心作业,根据不同用户的订单要求,主要进行货物的拣选、流通加工和包装等作业。

拣选就是按订货单或者出库单的要求,从储存场所选出货物,并放置在指定地点的作业。流通加工是指按照用户的要求所进行的加工。配送加工应取决于用户的要求,所以其在货物配送中不具有普遍性,但却非常重要,因为根据用户要求所进行的配送加工可以提高用户的满意程度。包装是指配送企业将需要配送的货物进行重新包装或者捆扎,并在包装物上贴上标签,以便运输和识别不同用户的货物。当然,在理货配货时,货物配送企业应进行配货检验,保证送货的准确性。

4. 出货作业

出货作业包括配装和送货两个环节。配装作业是指将不同用户配送的货物进行有效搭配装载,以充分利用运能和动力,降低送货成本,提高送货效率。送达作业是指将货物运送到用户所指定的地点,并将货物移交于用户。

第三节　货物配送合同法律制度

一、货物配送合同的概念

现代物流企业将货物配送作为业务的重要组成部分,而货物配送的顺利开展离不开货物配送合同。

货物配送合同是指配送人与用户之间达成的关于配送人按照要求为其配送货物,用户向配送人支付配送费的协议。在配送商业服务活动中,用户是配送服务的需求者,配送人是配送服务的提供者。

作为配送服务需求者的用户,既可能是销售合同中的卖方,也可能是买方,甚至可能是与卖方或买方签订了综合物流服务合同的物流企业。这类综合物流企业与卖方或买方签订综合物流服务合同后,由于自身不拥有配送中心,需要将配送业务外包给其他具有配送中心的物流企业,因而成为配送的需求者,即用户。

作为配送服务提供者的配送人,则既可能是销售合同中的卖方,也可能是独立于买卖双方的第三方物流企业。自身不拥有配送中心的综合物流企业,虽然相对与之签订配送合同为其提供配送服务的其他拥有配送中心的物流企业而言,是配送服务的需求者;但相对与之签订综合物流服务合同的买方或卖方而言,则为配送服务的提供者。

配送费是配送人向用户配送商品而取得的对价。根据配送的具体方式不同,配送费可能包括商品价款和配送服务费两个部分。如果配送人为用户提供的是综合性物流服务,配送服务费也可能包含在用户支付的物流服务费中。

 案例链接

某年9月16日,成都某货物配送公司(以下称原告)与民生物资公司(以下称被告)签订了粮食配送服务合同。合同条款规定:"原告配送被告物资30吨,配送时间为10月上旬,配送费每吨300元,总配送费9 000元。被告在启程前应预付配送费5 000元,余款在货物配送完毕后主动结清。"合同签订后,被告由于资金不够,仅预付配送费2 000元。同年10月10日,原告将货物装车配送,10月12日配送完毕。双方于当日办理了装货、卸货交接手续,但在违约责任问题上发生了纠纷。

在诉讼中,原告认为:我公司按合同约定完成了配送义务,而被告除了预付2 000元配送费外,其余7 000元逾期6个月尚未给付,被告应立即付清配送费和滞纳金。被告认为:我方与原告签订的货物配送合同中规定配送时间为10月上旬,而货物配送完毕时间为10月12日,并给被告造成了损失,因此原告违约在先,理应承担违约责任。

法院审理认为:原被告双方所签订的货物配送合同,合法有效,双方应全面履行合

同。其中,合同中的关于"配送时间为10月上旬"按字面解释应为配送完毕时间即10月1—10日。虽然原告认为其是指配送开始时间,也可能符合货物运输常规,但是双方未明确规定,也不能推定被告已经理解并接受了这种解释。因此,原告应该承担由于约定不明而逾期到达的违约责任。最后,在法院的调解下,双方解决了合同纠纷。

二、配送合同的种类

(一)配送服务合同

配送服务合同是指配送人接收用户的货物,予以保管,并按用户的要求对货物进行拣选、加工、包装、分割、组配作业后,最后在指定时间送至用户指定地点,由用户支付配送服务费的合同。

这是一种单纯的提供配送服务的合同,双方当事人仅就货物的交接、配货、运送等事项规定各自的权利、义务,不涉及货物所有权。在配送服务实施过程中,货物所有权不发生转移,自始至终均属于用户所有;只发生货物物理位置的转移和物理形态的变化。配送人不能获得商品销售的收入,仅因提供了存储、加工、运送等业务而获得服务费收益。

(二)销售配送合同

销售配送合同,是指配送人在将物品所有权转移给用户的同时为用户提供配送服务,由用户支付配送费(包括标的物价款和配送服务费)的合同。

1. 销售企业与买受人签订的销售配送合同

在销售-配送及销售-供应一体化配送中,销售企业与买受人签订的合同就是销售配送合同。销售企业出于促销目的,在向用户出售商品的同时又向买受人承诺提供配送服务。在这种配送合同中,销售企业向用户收取配送费时,可能只收取商品的价款金额,而不另收配送服务费,如为促销而进行的一次性配送服务;也可能在商品价款之外,再收取一定数额的配送服务费,如销售-供应一体化配送服务。

2. 物流企业与用户签订的销售配送合同

这是一种商流合一的配送服务形式。在物流企业与用户签订的配送合同中,除约定物流企业的配货、送货等流通服务义务外,还约定物流企业应负责订货、购货。具体地说,就是由用户将自己需要的产品型号、种类、各部件的要求、规格、颜色、数量等信息提供给物流企业,由物流企业负责按此订货、购货(包括原材料、零部件等)、配货及送货。

在这种方式中,物流企业与用户签订的配送合同,除约定配送人向用户提供配送服务外,还会就特定货物的交易条件达成一致,实质是买卖合同与配送服务合同紧密结合的有机体。在这一合同中,商流与物流紧密结合。在订货、购货阶段,货物的所有权一直属于物流企业。货物的所有权何时转移至用户,由物流企业与用户在配送合同中约定。

物流企业向用户收取的配送费中,既包括了因提供配送服务而应获得的配送服务费,还包括因出售商品而应收取的商品价款。

三、配送合同的法律适用

配送合同的性质直接影响了该类合同的法律适用。配送合同只能适用《民法典》之合同编通则的规定,并可就相关问题参照《民法典》之合同编典型合同或其他法律最相类似的规定。具体地说,在不违反法律规定的情况下,配送合同双方当事人的权利义务主要依据双方的约定。其中,配送人向用户提供配送服务部分,根据服务的具体内容可分别适用运输合同、加工承揽合同、仓储合同、保管合同以及委托合同的规定。就销售配送合同来说,关于商品所有权转移的部分则可以参照买卖合同的规定。

四、配送合同的主要内容

配送合同中的约定是明确配送人和用户双方权利、义务关系的最主要根据。双方当事人除就合同的一般条款进行约定外,还应特别根据配送合同的特征就配送合同中的特别事务进行明确约定,以避免不必要的纠纷。

配送合同是商流分离的合同,是单纯提供配送的合同。一般来说,配送合同主要有以下条款。

1. 配送人与用户的名称或者姓名和住所

这是配送合同应具备的一般条款,以确定双方当事人的身份、联系方式。明确配送人与用户的名称或者姓名和住所,是履行配送服务合同的前提,也是处理合同纠纷司法管辖权的重要依据。

2. 服务目标条款

服务目标条款表明双方当事人在配送服务活动中的共同目标和宗旨,特别是用户特定的经营管理和财务目标等。

3. 服务区域条款

此即约定配送人向用户提供运送服务的地理范围的条款。货物配送服务是支线运输式的服务,由于运输能力的限制和成本控制等因素,根据配送人的要求,双方应在合同中约定配送服务的区域范围,配送人据此安排其运力。

4. 配送服务项目条款

配送服务不但涉及运输、保管,还要涉及分拣、配货、加工、包装等,因此在服务项目条款中应对配送人的服务项目进行具体的约定,主要包括用户需要配送人提供的配送货物品种、规格、数量,需要配送人提供的加工、组配或者包装的服务及标准,需要配送人对货物运输和保管的要求和标准,配送人对配送特别是加工、包装的货物的质量保证等。在配送服务项目中,应当注意配送服务的后续服务内容。配送服务项目条款是配送服务合同中最复杂的内容,直接关系到配送服务合同的履行质量。

5. 服务资格管理条款

此款规定配送人为了保证配送业务的实现所应当具备的条件,例如从事配送服务相关的法律资格,具备开展相应业务的人员、场地、设施,具有加工、运输和技术服务能力,具备法律、法规规定的其他条件。

6. 交货条款

既包括用户将货物交付给配送人的环节,也包括配送人将货物配送交付给用户或其指定的其他人这一环节。双方应就交货的方式、时间、地点等进行约定。本条款的明确规定有助于配送服务的时效性和准确性。

7. 检验条款

在销售配送合同中,配送人不但提供了配送服务,而且还提供了货物的销售服务。配送人提供的配送服务是否符合合同约定,直接涉及配送服务合同双方当事人的切身利益。因此,在本合同中应当明确规定检验货物条款,即规定验收的时间、检验的标准、检验的主体,以及验收时发现货物残损、短少的处理方式。

8. 配送费结算条款

配送费是配送人向用户提供配送服务后收到的劳务报酬,是用户的基本合同义务。配送费结算条款约定配送人向用户出售商品的价格和配送服务报酬的支付。双方当事人可以将配送费计入商品价格统一计算,也可以分别约定。本条款应当约定用户向配送人支付配送报酬或者价款的计算依据、计算标准和支付的时间、方式等。

9. 合同变更与终止条款

配送服务合同的期限一般较长,由于主客观情况的变化,有时需要对合同进行变更或者终止合同。当事人可以约定合同变更和终止的条件。

10. 违约责任条款

违约责任是当事人违反合同义务应当承担的法律责任,其责任形式有定金、违约金、损害赔偿责任和解除合同等。当事人可以依法约定双方违约时承担责任的形式。

11. 争议解决条款

配送服务合同属于民事合同,合同纠纷处理方式可以是协商、调解、仲裁和诉讼。当事人可以在合同中明确约定具体的处理方式。

 法律链接

《商品代理配送制行业管理若干规定》

第十五条 在配送合同条款中,应当明确:(一)供货企业与用户企业的名称和通信地址;(二)商品名称、商标、型号、规格,以及质量标准;(三)加工标准、包装要求、有关配货的数量和批次、送货时间和地点等的配送计划;(四)结算方式;(五)售后技术服务;(六)权益、职责和义务;(七)违约责任;(八)合同变更和终止的条件;(九)调解、仲裁程序。

五、货物配送合同当事人的权利和义务

根据货物配送活动中作为配送活动的提供者即配送人的性质不同,可将货物配送合同分为配送服务合同和销售配送合同。在不同类型的合同中,配送人和用户的权利和义务的

具体内容也各不相同。关于配送人与用户在配送合同中的义务,可以由当事人协商订立。当合同未规定或者规定不明确的,应依照合同条款所适用的法律规定来确定当事人的义务。

(一)配送人与用户在配送服务合同中的义务

 案例讨论

某贸易公司(以下称用户)与某货物配送中心(以下称配送人)订立了配送服务合同,合同约定由用户组织进货并交由配送人保管,配送人按用户的要求对货物进行拣选、加工、包装、分割、组配等作业后,在指定的时间送至用户指定地点,用户支付配送费。在合同履行过程中,先后出现了以下情况:8月5日,配送人检查发现用户从国外采购的货物在入库时有破损;9月10日,用户发现配送货物中有错送事件;10月8日,用户发现包装内货物不是包装说明的货物,但用户交付保管的原包装良好,无破损状况。

问:对于上述问题,谁应当承担责任?为什么?

1. 配送人的主要义务

(1)提供配送服务的义务。

配送的准确性和时效性直接关系到用户的切身利益。配送的一个重要意义就是提高用户的供应保证能力,用最小的成本,降低供应不及时的风险,减少由此造成的生产损失或对下家承担的违约责任。因此,在配送合同中,用户都要求配送人按照约定提供准确、及时、有效的配送服务。安全性和准时性是配送人的首要义务。当然,配送人也把其作为履行合同的承诺,以取得用户的信任和支持。按照约定的时间、地点并准确地提供配送服务,是配送人供应保障能力的体现,是提高配送人经济效益的基本途径,也可避免配送人的生产损失和违约责任。对此,物流企业应做到:

① 取得相应的配送经营资格;② 有良好的货物分拣、管理系统,以便在用户指令下达后,在最短时间内备齐相关物品;③ 有合理的运送系统,包括车辆、运输人员、装车作业、运送路线等各方面;④ 有保障配送顺利进行的组织和从业人员。

但要注意的是,在多用户配送中,物流企业应对每一用户负责,即物流企业不得以其向其他用户配送为由,来免除其对某一用户的违约责任。

(2)按约定理货的义务。

理货是配送业务的一个特殊环节,在此环节,物流企业必须严格按照用户的要求对货物进行加工,使货物最终以用户希望的形态被送至指定地点。在消费品领域,个性化的商品具有更高的商业价值,能更好地实现销售者的销售目标,物流企业的理货活动对商品的增值功能在此得到体现。因此经过物流企业组配的物品,应具有用户所要求的色彩、大小、形状、包装组合等外部要求,否则因此给用户造成的损失,物流企业应承担责任。

在履行理货义务时,配送人应取得相应的资格,配备相关的设施和工作人员。此项义务不但是合同义务,也涉及相关的法定义务。对货物进行加工和包装,配送人也就成为货物的生产者。换言之,为了保护用户和消费者的合法权益,配送人应履行生产者根据《中华人民共和国产品质量法》等规定的法律义务。

(3) 妥善保管的义务。

货物配送以配送为主，以仓储为辅。配送离不开仓储保管，并以其作为履行义务的基础。在配送服务合同中，货物所有权属于用户，用户将货物交付给配送人时要求配送人提供保管和配送两项基本服务。因此，无论根据合同的规定还是行业惯例，从接收用户货物时起至交付货物时止，配送人都应当妥善地照看、保护、管理货物，以保证货物的数量和质量。在货物的仓储阶段，妥善保管货物同样是配送人在配送服务合同中的一项基本义务。因此，配送人应对货物的库存保存、数量和质量进行管理控制，除合同另有约定外，配送人应对其保管期间货物的数量短少和质量变质等承担违约责任。

(4) 履行通知的义务。

履行通知义务是指根据合同约定或者行业惯例，配送人在履行配送合同的过程中，应将履行的情况、可能影响用户利益的事件等，及时、如实地告知用户，以便采取合理的措施防止或减少损失的发生，否则物流企业应承担相应的责任。对于通知义务，可以在合同中予以明确规定；无约定的，配送人应根据配送合同的履行要求和诚信原则履行通知义务。例如物流企业在接收货物时，应仔细核对货物与清单记载是否一致，检查货物是否完好。如发现货物包装出现破损、短量、变质等情况，应及时通知用户，物流企业在合理时间内未通知用户的，视为物流企业接收的货物完好，与合同约定一致；在货物仓储过程中，对于即将到期的货物，配送人应及时通知用户提取或者处理货物；在配送货物时，配送人应及时通知用户接收货物的时间、地点等。

物流企业在理货、运送时，无论任何原因，无法按用户要求及时完成义务时，应立即通知用户，并按用户合理指示妥善处理，否则物流企业不仅要承担其违反配送义务的违约责任，对由于未及时通知而造成用户的其他损失，也应承担赔偿责任。

法律链接

《商品代理配送制行业管理若干规定》

第九条　对于国家统购统销、专卖的商品，国家或地方政府统一管理的商品，以及法律、法规规定经营资格的重要商品，应当具备政府有关法规规定的经营条件，并需要按照法律、法规的规定，获得相应的经营许可批准文件，方可进行代理和配送。

2. 用户在配送服务合同中的义务

(1) 支付配送费的义务。

配送服务合同是有偿合同，配送人提供了配送服务后，用户应当支付配送费即配送服务费。在配送服务活动中，配送费是配送人提供货物保管、加工、包装、运送等服务的劳务报酬。物流企业通过提供配送服务获得收入，按照约定支付配送费，是用户在配送服务合同中的基本义务，是物流企业订立配送合同的目的所在。为了顺利地履行此项义务，在合同中应当明确约定配送费的支付时间、地点和支付方式。配送项目中的配货、包装、运输、送货等服务费用原则上应分别计算。同时，为了保障配送人的利益，增强用户履约意识，合同中还可约定违反支付配送费义务的违约责任。

(2) 提供配送货物的义务。

由于配送服务合同是商物分离的合同,要求物流企业配送的原始货物(如零部件)等都是由用户提供的,配送人仅仅提供配送服务。提供配送货物是配送服务的前提和基础,也直接关系到仓储的使用率和配送的效率。如果用户未按约定及时提供配送货物,会增加仓储的闲置和运输能力的浪费。因此,用户应当按照约定向配送人提供配送货物。在配送服务合同中,除了明确规定用户提供配送货物的义务外,还要约定用户相关的违约责任。

(3) 接收配送服务的义务。

配送人按照约定将货物运送到用户指定地点时,用户应当及时接收配送服务,并与配送人办理配送货物的交接手续。在履行接收配送服务义务时,用户应当一方面要采取一切理应采取的行动,以便配送人交付货物;另一方面要及时接收货物。用户迟延接收配送服务造成配送人损失的,应承担赔偿其损失的法律责任。

(4) 及时检验配送服务质量的义务。

及时检验配送货物和配送服务的各项指标,以便确定配送人的配送服务质量和相关的法律责任。按照约定检验货物是用户的权利,也是用户的义务。根据合同的约定或者法律的规定,用户未及时检验货物的,视为用户接收了符合合同所规定的货物,用户对配送服务质量的异议权也归于消灭。

在配送服务合同中,用户检验的范围主要涉及货物的数量、货物库存包装的破损状况、配送服务的及时性、配送服务的准确性等相关服务内容;如果货物本身还涉及配送人加工、包装的,检验范围还涉及货物加工、包装部分的质量和数量等内容。由于货物是用户交付配送人保管的,对于货物自身的内在质量问题,配送人原则上不承担责任。在配送服务合同中,应规定用户检验货物的时间、地点和方式以及未检验的法律后果。

(5) 履行协助的义务。

配送人如想按约定履行其义务,在很大程度上依赖于用户的协助配合。用户履行协助的义务,可以是合同规定的义务,也可以是根据诚信原则产生的法定义务。例如,用户将货物交付配送人保管或者运输时,应当提供货物的品名、型号、数量等相关资料;对于特殊货物如危险货物和对货物保质有特殊要求的,用户应当提供充分的说明,应向配送人提供有关配送业务的单据文件,以便配送人采取合理措施。主要包括:

① 品名、型号、数量等有关货物资料。如果涉及危险品,用户还应将有关危险品的正式名称和性质,以及应当采取的预防措施书面通知物流企业。用户违反此项义务造成物流企业损失的,应承担赔偿责任。

② 送货时间、送货地址、联系电话、联系人等与货物交接有关的资料。用户还应指派专人负责与物流企业联系,并协调配送过程中有关事宜,以便双方更好地合作。

案例讨论

某客户从春风空调器连锁专卖店购买了立式空调机 20 台,价值人民币 24 万元。电器配送中心接到订单后将此空调机送到专卖店,并由专卖店负责送给客户。在专业人

第六章 货物配送法律制度

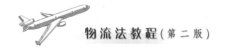

员为客户安装时,发现其中 4 台因运输途中倒置而造成空调压缩机故障,经原生产厂商检修才得以恢复正常,专卖店为此支付了修理费和材料费近 1.4 万元。专卖店送货人声称:空调机的包装箱没有不能倒置的警示标志,也无文字说明,所以没有特别注意,造成了装货时的倒置。后又查明,配送中心为了保护货物,专门为货物提供了新的包装,由于工作失误,漏印了不能倒置的警示标志,对费用偿付问题,专卖店与配送中心发生了争议。

问题:对费用的偿付问题应当如何处理?为什么?

(二) 配送人和用户在销售配送合同中的义务

在销售配送合同中,配送人与用户义务的内容虽然在许多方面与配送服务合同相似,但配送人负有向用户转移货物所有权的义务,因此还有许多差异。在此,主要探讨销售配送合同中当事人义务不同之处。

1. 配送人在销售配送合同中的主要义务

(1) 及时提供符合合同约定服务的义务。

配送人应当采取一切合理措施及时有效地向用户提供配送服务。在销售配送活动中,配送人的职责所涉及的范围比较广泛。物流企业不仅要按用户要求组配货物,使其物理形态满足用户需要,更应当保证商品内在质量符合约定。例如,根据合同约定,配送人应当做好货物的采购工作,以保障配送货物的充足性;配送人同时也是货物的卖方,应保证货物在交付时符合合同要求的质量标准;根据用户要求需要加工、包装货物的,配送人应当按照约定提供加工、包装的服务;根据配送合同的规定,配送人应当按照合同规定准确、及时地将货物送交用户;等等。与一般销售合同不同的是,销售配送合同对交付货物时间性要求较高。因此物流企业除了在配送环节应安排好相关事务外,在组织货源环节上也应充分考虑其时间性。物流企业违反此项义务,应向用户承担替换货物、退货、减价、赔偿损失等买卖合同中的责任。

(2) 转移货物所有权的义务。

这是销售配送合同区别于配送服务合同之处。物流企业除了向用户提供配送服务,还要将货物的所有权由己方转移给用户,实现货物所有权的转移。为实现所有权的转移,物流企业应向用户提交有关单证,如发票、检验证书等。

(3) 移交与货物相关单据的义务。

销售配送合同涉及货物买卖内容。按照商务活动的惯例,配送人作为卖方在向用户交付货物时,应当向用户即买方提交有关货物的各种单据,例如,货物销售时需向其他用户或者消费者提供相关单据等。货物的有关单据直接涉及用户的切身利益,在许多情况下,用户也将配送人移交单据作为支付货款的条件。在销售配送合同中,配送人应当履行此项义务。这也是销售配送合同不同于配送服务合同的体现。

(4) 对货物负有品质和权利的担保义务。

在销售配送合同中,因为货物是由配送人负责采购,并在配送前由其进行仓储保管,配送人还应当履行对货物的品质和权利担保的义务。在配送服务合同中,由于配送人只提供仓储保管和配送服务,配送人原则上只对货物的外包装的破损及由此引起的损失承担法律责任;在销售配送合同中,由于配送人也是货物的卖方,其要对货物的本身质量承担法律责任。同时,配送人还要根据法律的规定,保障货物不存在侵犯他人权利的行为。这也是销售配送合同不同于配送服务合同的重要之处。

(5) 告知义务。

物流企业在履行销售配送合同的过程中,应将履行的情况、可能影响用户利益的事件等,及时、如实地告知用户,以便采取合理的措施防止或减少损失的发生,否则物流企业应承担相应的责任。

2. 用户在销售配送合同中的义务

(1) 按照约定支付配送费的义务。

在销售配送活动中,支付配送费是用户的基本合同义务。由于销售配送合同除了配送服务外,还包括货物买卖内容,配送费包括货物的价款和配送服务费两部分。为了顺利地履行此项义务,应当在合同中明确约定配送费的支付时间、方式和地点以及违反规定时应当承担的违约责任。

(2) 接受配送服务和接收货物的义务。

配送人按照约定将货物运送到用户指定的地点时,用户应当及时接受配送服务,并与配送人办理配送货物的交接手续。在履行接受配送服务和货物时,用户一方面要采取一切理应采取的行动,以便配送人交付货物;另一方面要及时接受货物,用户迟延接收配送服务造成配送人损失的,应当承担相应责任。

(3) 及时检验货物和配送服务质量。

及时检验配送货物和配送服务的各项指标,以便确定配送人的配送服务质量和货物质量是否符合合同的规定。按照约定实施检验是用户的权利,也是用户的义务。根据合同的约定或者法律的规定,用户未及时检验货物,视为用户接受了符合合同所规定的货物和配送人提供了符合合同所要求的配送服务。值得注意的是,在销售配送合同中,用户的检验范围不但涉及配送服务的质量和配送货物的数量,而且还涉及配送货物是否符合合同的质量标准。对配送货物进行检验,应当是用户检验权中最主要的内容。

(4) 履行协助。

配送人提供配送服务同样依赖于用户的协助配合。用户履行协助的义务,可以是合同规定的义务,也可以是根据诚信原则产生的法定义务。用户协助义务的范围比较广,包括了配送服务中的相关内容。同时,在销售配送活动中,用户没有充足的库存,而是根据用户的信息及时组织货源。因此,根据合同的规定提前向配送人提供其所需要采购的货物的品名、型号、数量等相关信息,自然成为用户的一项重要义务。

 阅读资料

快递行业"十"规范

快递行业作为邮政业的重要组成部分,具有带动产业领域广、吸纳就业人数多、经济附加值高、技术特征显著等特点。它将信息传递、物品递送、资金流通和文化传播等多种功能融合在一起，关联生产、流通、消费、投资和金融等多个领域，是现代社会不可替代的基础产业。

一、包装要求

(1) 对包装的基本要求是箱子内要实，不能有空隙。标准是无晃动声，并用力摁箱子的接缝口，而不至于胶带脱落，同时要考虑到从2米高度自然坠地确保不至于损坏。

(2) 空运物品的包装要特别加强，因为公路运输一般就1~2次装卸，而空运则可能会有6~7次的装卸过程。

(3) 单件重量不超过50公斤；标杆类货物的单件长度不得超出180厘米；板类货物长宽相加不得超出150厘米；对于过小的物品最小包装不能小于运单大小。

(4) 严格禁止子母包发运(指2个独立的物品通过简单捆绑、缠绕方式组合到一起成为一件物品)。

(5) 一般不怕摔和软质的物品(如衣物、包、毛绒玩具)可采用塑料袋(PAK袋)包装方式降低运输成本，但是要注意封口。

(6) 所有的内件物品先用塑料薄膜或塑料纸做一层包装。

(7) 对于本来带有销售包装的物品，一般商家都已考虑到运输的风险，可在外面加包1层发泡薄膜后，再加2~3层牛皮纸并用胶带反复缠绕。

(8) 自己包装时可根据内件物品的不同情况选择3~5层箱，为降低成本可通过团购的方式定制一批不同规格的纸箱。

(9) 对于自己包装的一般物品，可准备些废旧报纸撕开揉碎了在箱内做垫充(当然用海绵或泡沫塑料碎片更好)。

(10) 圆桶状物品的外包装不得短于内件，尺寸较长且易折断的物品，应内衬坚实圆棍或硬质塑料的圆桶作为外包装物。

注：若没有严格按照包装要求的标准进行包装，将有可能会导致得不到赔偿，需要根据不同快递公司规章制度行事。

二、隐私保护

伴随着快递业务量的不断上涨以及快递实名制的普及，快递面单上个人隐私的泄露问题引起了广泛关注。为防止个人信息泄露，市场上部分快递采用了隐私面单形式包装，收货人的姓名和电话号码会被打上马赛克；但这样的隐私面单仍未得到全面普及。快递隐私面单技术并不难，但会降低快递员的投递效率。

三、实名制

快递实名制不但有利于保证收件人、快递人员以及快递公司三者的安全，还有利于规范快递市场。不过，快递公司因此而增加的成本，则有可能由消费者自己来买单。

2015年10月22日，中央综治办、公安部、工信部、安监总局等15部门召开电视电话会议，决定从2015年10月22日起至2016年3月底，在全国范围内集中开展危爆物品、寄递物流清理整顿和矛盾纠纷排查化解专项行动。15部门要求寄递物流行业全面落实寄运物品先验视后封箱、寄递物流活动实名登记、邮件快件 X 光机安检 3 项制度，提升行业规范管理水平。

四、签收新规

2012 年 5 月 1 日起实施的《快递服务》国家标准明确叫停了"先签字后验货"的规定，一直被消费者所诟病的"先签字后验货"行为有望终结。

于 2012 年 5 月 1 日起实施的《快递服务》国家标准规定，快递公司收派员将快件交给收件人时，应告知收件人当面验收快件。对于代收货款快件，网络购物、电视购物和邮购等快件，收件人可先验收内件再签收。验收时，可对内件外观和内件数量进行清点，但不能对内件进行试用或进行产品功能测试。这一规定意味着，快递公司将无权要求消费者"先签字后验货"。

五、延误索赔

2012 年 5 月 1 日起，《快递服务》系列国家标准正式实施。该标准规定，同城 3 天、异地 7 天快递还没有到就算彻底延误，可向快递企业索赔。

2012 年 5 月 28 日起，由中国快递协会牵头，全国 9 大快递企业与国内最大电商网购平台——天猫签署战略合作协议，共同打造电商社会化物流新标准。

2012 年 5 月 28 日，签署战略协议的包括国内 EMS、顺丰、申通、圆通、中通、韵达、宅急送、百世汇通、海航天天，基本上全面涵盖了国内物流的一线阵营，其快递业务量占整个国内网购快递市场份额超过 90%。协议包括即日起开通的超过 5 000 多条城市间线路的"次日达"与近 4 000 条的"1～3 日限时达"服务。如未送达，将补偿消费者 5～10 元快递费。

延误赔偿应为免除本次服务费用(不含保价等附加费用)，由于延误导致内件直接价值丧失，应按照快件丢失或损毁进行赔偿。

消费者如遇快件延误、丢失及损毁，可先向快递企业投诉。如企业推诿、对处理结果不满意，消费者可向管理部门申诉。

六、野蛮分拣

国家邮政局正式公布的《快递市场管理办法》于 2013 年 3 月 1 日起正式实施。其中，"野蛮分拣"被纳入规管，最高可罚 3 万元。市民投诉快递企业后，邮政管理部门将及时处理，并在 30 日内作出答复。

七、智能快件箱

2019 年 6 月 20 日，国家邮政局对外发布《智能快件箱寄递服务管理办法》，自 2019 年 10 月 1 日起施行。该《管理办法》共 35 条，明确智能快件箱是指提供快件收寄、投递服务的智能末端服务设施，不包括自助存取非寄递物品的设施、设备。根据该管理办法，用快件箱投递应征得收件人同意；生鲜产品不得使用智能快件箱投递；智能快件箱未标明信息将受处罚；保管期限内不得向收件人收费。

八、快递进村

2020 年，中国国家邮政局印发了《快递进村三年行动方案(2020—2022 年)》。《行动方案》明确，到 2022 年底，中国农村快递服务深度显著增强，县、乡、村快递物流体系逐步建立，城乡之间流通渠道基本畅通，农村综合物流服务供给力度明显加大，快递服务"三农"成果更加丰硕，广大农民可以享受到更加便捷高效的快递服务，符合条件的建制村基本实现"村村通快递"。为实现此工作目标，《行动方案》提出要坚持统筹规划、政策引领、市场配置、创新驱动，因地制宜、分类推进的原则，鼓励邮快合作、快快合作、驻村设点、交快合作、快商合作及其他合作等多种方式推进。

九、不告而投

2022年2月16日，太原市邮政管理局发布消息：国家邮政局近日就《快递市场管理办法(修订草案)》面向公众征求意见。按照该办法规定，快递小哥如擅自把快递放到快递柜或服务站，快递企业可能面临最高3万元的罚款。

很多网购的市民，曾遇到这样的情况：收件地址写得很详细，事先没打一个电话，快递员就直接把包裹送到了驿站或快递柜，物流状态上显示"已签收"。对于这种不告而投的情况，此次征求意见的新规中明确：未经用户同意以代为确认收到快件或者擅自使用智能快件箱、快递服务站等方式投递快件的，由邮政管理部门责令改正，通报批评，并可处3 000元以上1万元以下的罚款；情节严重的，处1万元以上3万元以下罚款。对直接责任人员，由邮政管理部门予以警告，并可处以相应罚款。

十、安全法规

2018年4月27日，《中华人民共和国反恐怖主义法》规定了邮政、快递等物流运营单位应当实行安全查验制度，对客户身份进行查验，依照规定对运输、寄递物品进行安全检查或者开封验视。

2019年3月2日，《快递暂行条例》对禁限寄物品、收寄开箱验视、快件安全检查有了全新的要求。

学习重点和难点

- 配送合同的概念、种类
- 配送合同当事人的权利义务和责任
- 配送法律责任的确定

练习与思考

(一) 名词解释

配送　配送中心　配送合同　配送服务合同　销售配送合同

(二) 填空

1. ＿＿＿＿＿＿＿就是指从事配送业务的物流场所或组织。

2. ＿＿＿＿＿＿＿是物流中一种特殊的、综合的活动形式，是物流的一个缩影或在某一范围内物流全部活动的体现。

(三) 单项选择

1. ( )是一种单纯的提供配送服务的合同,双方当事人仅就货物的交接、配货、运送等事项规定各自的权利、义务,不涉及货物所有权。

   A. 配送服务合同　　　　　　　　B. 销售配送合同

   C. 配送合同　　　　　　　　　　D. 配送仓储合同

(四) 多项选择

1. 以下( )是配送人在配送服务合同中的义务。

   A. 安全并及时供应的义务　　　　B. 按约定理货的义务

   C. 妥善保管货物的义务　　　　　D. 告知义务

(五) 简答

1. 简述配送合同当事人的权利义务和责任。

(六) 思考题

1. 市场经济环境下,在依法治国理念指导下,如何规范和治理配送和快递行业?

案例分析

(一) 吉祥公司(以下称用户)与顺风货物配送中心(以下称配送人)订有销售配送合同,合同约定由配送人组织进货,并按用户的要求对货物进行拣选、加工、包装、分割、组配等作业后,在指定的时间送至用户指定地点,用户支付配送费。在合同履行过程中,先后出现了以下情况:7月10日,用户检查配送货物出现了漏送事件;9月10日,用户接收货物后第五天发现包装货物不符合合同要求,属于次品。

问题:上述情况应当如何处理?为什么?

(二) 某公司把从国外进口的原材料运到甲配送企业的仓库,甲配送企业负责确定分货、配货计划和每日的配送数量,然后将配好的货物直接送到生产厂的流水线。一日,仓库在接货时发现原材料有部分锈蚀。

问题:1. 损失由谁负责?

      2. 如果在配送企业将原材料送到生产厂时发现的又由谁负责?

实践活动

撰写一份配送合同

参考范本

配 送 合 同

配送方(甲方):深圳市 XX 有限公司

订购方(乙方):

    甲、乙双方本着公正、诚信、互惠互利、友好合作的原则,就由甲方负责向乙方提供 XX

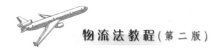

产品配送服务事宜,为保证双方的权益,特订立本合同。

第一条：配送服务期限及内容

1. 自____年____月____日起至____年____月____日止,届期如需继续合作另行订立合同。

2. 在合同期内,甲方按乙方订购的品种、数量、质量及单价准时向乙方提供配送服务,否则乙方有权拒收。

3. 乙方向甲方订购的商品,必须提前一天以书面、传真、电话方式向甲方下订单,订单内容应清楚说明品名、数量、质量、时间及特殊要求等。

第二条：配送商品质量、数量、时间及验收

1. 配送商品质量：

2. 数量：应保证斤两的准确性,原则上以乙方验货数量为准。

3. 时间：甲方须按乙方要求每天____前将所订购的货物送至乙方所在地,送货时间迟到三十分钟以上,甲方向乙方支付当天货款3％的违约金。

4. 验收：甲方每次随货送上一式两份的送货清单,乙方验收后由乙方人员签字核认,作为送货凭证。对不符合质量的品种,乙方有权退货和要求甲方换货。

第三条：商品价格

甲方根据市场行情,每____天向乙方提供一次价格表经乙方确认后执行。

第四条：付款方式

1. 送货款项每____天结算一次,并于结算后____天内乙方以支票或现金方式向甲方支付货款。

2. 乙方必须将货款付给甲方指定的收款员或转入甲方指定的账号,甲方指定的收款人应持甲方所出具的"法人代表授权委托书",否则,如发生损失由乙方承担。

第五条：违约责任

1. 如因货物质量不符或不对板,所造成的损失由甲方承担。

2. 如经卫生检疫部门确认甲方因送货质量问题造成乙方人员食物中毒或损害健康的,由甲方负全部责任。

3. 乙方逾期未向甲方支付货款,甲方有权随时终止向乙方供货,并按每天0.3％收取违约金。

第六条：合同生效及其他

1. 本合同经双方代表签字加盖公章后生效。

2. 本合同一式两份,双方各执一份。

3. 经双方签字核认的送货清单,作为本合同附件同具法律效力。

4. 本合同未尽事宜,双方协商解决,发生纠纷时如双方协商不成可申请法院裁决。

甲方：（盖章）　　　　　　　　　　乙方：（盖章）
法定代表人：　　　　　　　　　　　法定代表人：
委托代理人：　　　　　　　　　　　委托代理人：
电话：　　　　　　　　　　　　　　电话：

第七章 货物包装法律制度

■ 知识目标 ■

学习完本章,你能够掌握的知识点:
1. 普通货物运输包装的基本要求
2. 危险货物运输包装的基本要求
3.《国际海运危险货物规则》中对于危险货物包装的基本要求

■ 能力目标 ■

学习完本章,你能够熟悉的技能:
1. 认识货物包装标志
2. 判断包装尺寸合规性
3. 结合学习的知识点进行案例分析讨论

■ 思政目标 ■

1. 物流包装中绿色环保和节能减排理念
2. 安全生产作业保障
3. 知识产权保护意识

■ 基本概念 ■

包装　包装法律法规　普通货物　危险货物

■ 案例导入 ■

某年9月14日,某市一农具厂,向鹤岗市纸制品厂订购2台印刷机,分别用木制包装从清水埠港托运发出,途经上海港、大连港、大连、哈尔滨、佳木斯站中转换装,水陆联运,11月8日抵达鹤岗站。卸车时发现其中1台损坏,据佳木斯站《货运记录》记载,系11月4日中转卸仓时,吊起移出车厢后,两根托木在螺丝孔处折断,货物脱落被摔坏、断茬处木质腐朽。三分之一呈暗黑色,并有木节。11月12日,被告鹤岗站会同鹤岗市纸制品厂在佳木斯站负责货物安全人员参加下,对损坏的印刷机及其包装进行了目测鉴定,结果认为印刷机已破损报

废,无修复价值,损坏的原因是包装托木腐朽;螺丝孔处有木节。货重1.5吨,底座边正压在螺丝孔处,重量过于集中而折断脱钩摔坏。火车站意见应由收发货方自行处理。鹤岗市纸制品厂与农具厂交涉,发货方拒不承认包装木质腐朽,于次年5月移送铁路运输法院审理。

问题:1. 本案当事人的损失应该由谁承担?为什么?
      2. 铁路运输法院应该如何处理?

第一节 货物包装法律制度概述

包装是为了在流通过程中保护产品、方便储运、促进销售,按一定的技术方法而采用的容器、材料和辅助物等的总体名称。

商品包装根据其目的分为商业包装和工业包装,前者主要是为了方便零售和美化商品,因此又称为销售包装,后者主要为保护商品在流通过程不受外力的作用或环境影响而损坏,同时便于运输与储存时的交接计数、堆码、搬运以及合理积载,因此又称为运输包装。

从物流的角度看,应该还有为方便使用而进行的包装。比如,在配送中心,可以对货物进行重新包装或分成小包装等的加工作业。

货物包装通常是由货主负责,它已成为物流经营者从事增值服务的一个重要内容。由于包装影响到货物的保护以及有效利用运输工具,也影响仓储、运输的安全性以及使用的方便性,因此有关销售、运输、仓储的法律法规及国际公约对货物的包装均有相应规定,技术上也要求包装执行一定的标准。有国家标准的按国家有关强制性标准执行;没有强制性标准的,按行业标准;没有国家标准或行业标准的,按照合同要求执行。总之,要在保证运输和储存安全的前提下,妥善包装。

一、货物包装的概念和种类

(一)货物包装的概念

货物包装是指在流通过程中保护商品、方便运输、促进销售,按一定的技术方法而采用的容器、材料及辅助物的总体名称,以及为了上述目的而在采用容器材料和辅助物的过程中施加一定技术方法的操作活动。包括静态的包装物和动态的包装过程两个方面。静态的包装物即用来进行包装的容器或其他材料;动态包装即是指为保护产品、方便储运、促进销售,按一定的技术方法而采用的容器、材料及辅助物包装,并在包装物上附加有关标志的过程。在物流活动中,除散装货物和裸装货物外,大多数商品在运输、装卸、储存、使用的过程中都需要一定的包装。特别是在国际物流中,进口商通常要求卖方的出口商品应有一定规格的包装,否则不予接受。

(二)货物包装的种类

根据包装在流通过程中所起的作用不同,包装分为销售包装和运输包装。销售包装是指直接接触商品并进入零售点和消费者直接见面的包装;运输包装是以强化运输、保护产品为目的的包装。运输包装在物流过程占有重要位置。运输包装又有以下种类划分。

(1) 按照包装方式不同,可分为单件运输包装和集合运输包装。前者是指货物在运输过程中作为一个计件单位的包装;后者是将一定数量的单件商品组合成一个大的包装或者装入一个大的包装容器内的包装,主要有集装箱、集装袋和托盘。

(2) 按照包装外形不同,可分为包、箱、桶、袋等不同形状的包装。

(3) 按照包装使用材料不同,可分为纸质包装、木质包装、金属包装、棉麻包装、草制包装、陶制包装等。

(4) 按照包装质地不同,可分为软性包装、半硬性包装、硬性包装。

二、货物包装的基本原则

物流企业提供的包装除了遵守与客户的特别约定外,还应当遵守包装基本原则,由于包装不当造成损失的,要承担相应的法律责任。货物包装的基本原则主要有以下几项。

1. 安全原则

安全原则是指物品的包装应该保证物品本身以及相关人员的安全。具体包括两个方面的安全。

(1) 商品的安全。

包装第一大功能就是保护物品不受外界伤害,保证物品在物流的过程中保持原有的形态,不致损坏和散失。生产的商品最终要通过物流环节送到消费者手中,在这个过程中,商品通常会遇到一系列的威胁:外力的作用,如冲击、跌落;环境的变化,如高温、潮湿;生物的入侵,如霉菌、昆虫的入侵;化学侵蚀,如海水、盐酸等侵蚀;人为的破坏,如偷盗等。而包装则成为对抗这些危险,保护商品的一道屏障。

一般要注意以下几个问题。

① 适度包装。对货物进行包装时,要根据货物尺寸、重量和运输特性选用合适大小的包装箱及包装填充物。要尽力避免不足包装造成的货物破损和过度包装造成的包装材料的浪费。

② 保护产品与防盗。包装特别是对于高值货物的包装在保证内容产品的使用特性和外观特性不被损坏的情况下,更要注意防盗。

③ 包装成一体。外包装要和由产品和保护材料、缓冲材料组成的内有物成为一体,内有产品之间(一个包装内有多个产品时)或者产品与外包装内壁之间不应有摩擦、碰撞和挤压(使用气体缓冲的充气包装除外)。

④ 注意方向。对于货物的放置方向,在包装、储存和运输过程中必须保证货物按照外包装上的箭头标识正确放置,杜绝倒放和侧放。

⑤ 重心中心合一。包装件的重心和其几何中心应该合一或者比较接近,这样可以防止在运输中起动、拐弯和刹车时包装翻滚造成损失。

(2) 相关人员的人身安全。

一些危险的商品如农药、液化气等具有易燃、易爆、有毒、腐蚀及放射性等特征,如果包

装的性能不符合要求或者使用不当很可能引发事故,对于这些商品,包装除起到保护商品不受损害的作用外,还可保护与这些商品发生接触人员的人身安全,如搬运工人、售货人员等。包装如果不符合要求将会造成严重的后果。1982年,我国的"莲花城"号轮船在印度洋爆炸沉没,造成了重大人员伤亡,原因就是包装的质量差,导致危险货物的泄漏。1990年,商业部颁布的《商业、供销社系统商品包装工作规定》中将安全放在总则中,原则性地规定商品包装工作必须认真贯彻执行国家的政策、法律,坚持"科学、安全、美观、经济、适用"的原则。

2. "绿色"原则

即对物品或货物的包装应符合环境保护的要求。环境保护是当今世界经济发展的主题之一,在包装行业中也有所体现。世界上几乎所有国家用来包装食品和药品的材料,绝大多数为塑料制品。让人担忧的是在一定的介质环境和温度条件下,塑料中的聚合物单体和一些添加剂会溶出,并且极少量地转移到食品和药物中,从而引起急性或慢性中毒,严重的甚至会致癌。而且,由于世界每年消耗的塑料制品很多,它们被使用后遭人抛弃成为垃圾,很难腐烂,作为食品包装工具之一的一次性快餐盒已变成"白色污染",成为全球性公害。绿色包装是一个迫切需要解决的问题,在国外,已经有许多国家和地区开始行动。它们颁布法律,在包装中全面贯彻绿色意识。我国的包装立法处于起步阶段,更应该顺应国际包装的发展趋势,将绿色包装作为包装法的基本原则之一。

 知识拓展

绿色包装(符合可持续发展的包装)

绿色包装(green package)又可以称为无公害包装和环境之友包装(environmental friendly package),指对生态环境和人类健康无害,能重复使用和再生,符合可持续发展的包装。

它的理念有两个方面的含义:一个是保护环境,另一个是节约资源。这两者相辅相成,不可分割。其中保护环境是核心,节约资源与保护环境又密切相关,因为节约资源可减少废弃物,其实也就是从源头上对环境的保护。

从技术角度讲,绿色包装是指以天然植物和有关矿物质为原料研制成对生态环境和人类健康无害,有利于回收利用,易于降解、可持续发展的一种环保型包装。也就是说,其包装产品从原料选择、产品的制造到使用和废弃的整个生命周期,均应符合生态环境保护的要求,应从绿色包装材料、包装设计和大力发展绿色包装产业三方面入手实现绿色包装。

绿色包装分为A级和AA级。A级绿色包装是指废弃物能够循环复用、再生利用或降解腐化,含有毒物质在规定限量范围内的适度包装。AA级绿色包装是指废弃物能够循环复用、再生利用或降解腐化,且在产品整个生命周期中对人体及环境不造成公害,含有毒物质在规定限量范围内的适度包装。上述分级主要是考虑首先要解决包装使用后的废弃物问题,这是世界各国保护环境过程中关注的污染问题,是一个需持续关注和解决的问题。

一、包装废弃物对城市自然环境的破坏

包装废弃物对城市造成的污染在总的污染中占有较大的份额,有关资料统计显示,包装废弃物的排放量约占城市固态废弃物重量的1/3,体积的1/2。例如在中国,城市固态废弃物所占比重是其重量的15%,体积的25%。正基于此,实行绿色包装是世界包装整体发展的必然趋势。谁先认识到这一点,谁就在未来世界包装市场的竞争中处于主动地位和不败之地。

二、包装废弃物对人体健康的危害和自然资源的损耗

随着包装工业的日益规模化,一次性塑料包装材料被广泛应用,手提塑料袋、一次性泡沫饭盒等材料一旦被人们随手丢弃之后,就形成了大量难以处理的垃圾。铁路、公路、街头巷尾的"白色污染"十分严重,微风一吹,带有各种病菌的包装纸、塑料等包装废弃物随风飘舞,把各种病菌吹进千家万户,严重危害了人们的身体健康,全世界呼吸道疾病的高患病率与固体废弃物的大量排放有着很大的关系。为了确保全人类的身体健康,世界急切呼唤着绿色包装的发展。

包装废弃物造成的自然资源的浪费与损耗同样也是一个值得关注的问题。据美国中西部研究所对1958—1966年包装工业情况的一份审慎的报告记载,按美国当时人口每人每年消耗的包装材料由1958年的183公斤增加到1966年的238公斤,耗费美国公众250亿美元,占当时全国总产值的3.4%,总计1966年23 503吨包装材料中大约90%是扔掉的固体包装废弃物、垃圾,其中包装纸占42%。若每吨废纸重新利用可抵17棵用于造纸原料的树木。基于此,保护蓝天碧水、绿色资源已成为人类生活追求的共同目标。

优先选择的常用包装材料有纸、纸板、铝、玻璃、塑料、铁皮等。从绿色包装的角度,最优先的选择为:没有包装或最少量的包装,它从根本上消除了包装对环境的影响;其次是可返回、可重填利用的包装或可循环的包装,它的回收效益和效果取决于回收体系和消费者的观念。

3. 经济原则

包装应该以最小的投入得到最大的收益。包装成本是物流成本的一个重要组成部分,昂贵的包装费用将会降低企业的收益率,奢华的包装不仅会造成社会资源的极大浪费,还会产生不良的社会影响。但包装过于低价或者粗糙,也会降低商品的吸引力,造成商品销售的障碍。经济原则即是在两者之间达到平衡,使包装既不会造成资源浪费,又不会影响商品的销售。

 拓展资料

重复再利用包装材料

大地和森林是人类生态平衡的基础,对木材的肆意砍伐给人类社会带来的灾难是

不可估量的。针对这种现状人们可以考虑采用可重复再用和再生的包装材料,如啤酒、饮料、酱油、醋等包装采用玻璃瓶反复使用,聚酯瓶在回收之后可以用一些方法再生。再生利用包装,可用两种方法再生:物理方法是指直接彻底净化粉碎,无任何污染物残留,经处理后的塑料再直接用于再生包装容器;化学方法是指将回收的PET(聚酯薄膜)粉碎洗涤之后,在催化剂作用下,使PET全部解聚成单体或部分解聚,纯化后再将单体重新聚合成再生包装材料。包装材料的重复利用和再生,仅仅延长了塑料等高分子材料作为包装材料的使用寿命,当达到其使用寿命后,仍要面临对废弃物的处理和环境污染问题。

纸的原料主要是天然植物纤维,在自然界会很快腐烂,不会造成污染环境,也可回收重新造纸。因此许多国际大公司使用可回收纸用于年报、宣传品制作,用回收纸制成信笺、信纸以体现其关注环境的绿色宗旨,同时又树立了良好的企业形象。纸材料还有纸浆注型制件、复合材料、建筑材料等多种用途。纸浆模塑制品除具有质轻、价廉、防震等优点外,还具有透气性好,有利于生鲜物品的保鲜等优点,在国际商品流通上,被广泛用于蛋品、水果、玻璃制品等易碎、易破、怕挤压物品的周转包装上。

三、包装法律制度的概念和特征

包装法律制度指的是一切与包装有关的国际公约和法律法规的总称。目前我国的包装法律法规散见在各类有关的国际公约和法律法规中,例如:《联合国国际货物销售合同公约》《中华人民共和国民法典》之合同编中的买卖合同、仓储合同和运输合同,《国际贸易术语解释通则》《中华人民共和国海商法》《中华人民共和国食品安全法》等。

包装法律制度具有如下特征。

1. 强制性

即在进行包装的过程中必须按照相应法规的要求进行,不得随意变更。包装法规具有这一特点是由于大部分包装法规都属于强制性法律规范,如《中华人民共和国食品安全法》《一般货物运输包装通用技术条件(GB/T9174—2008)》《危险货物运输包装通用技术条件(GB12463—2009)》等,这些标准都是强制性的,是必须遵守的技术规范。

2. 标准性

即包装法规多体现为国家标准或行业标准。标准化是现代化生产和流通的必然要求,也是现代化科学管理的重要组成部分。我国的包装立法也体现了这一点。中国包装业协会制定了包装标准体系,主要包括以下四大类:(1)包装相关标准主要包括集装箱、托盘、运输、储存条件的有关标准。(2)综合基础包装标准包括标准化工作导则、包装标志、包装术语、包装尺寸、运输包装件基本试验方法、包装技术与方法、包装管理等方面的标准。(3)包装专业基础标准包括包装材料、包装容器和包装机械标准。(4)产品包装标准有建材、机械、轻工、电子、仪器仪表、电工、食品、农畜水产、化工、医疗器械、中药材、西药、邮政和军工等14大类,每一大类产品中又有许多种类的具体标准。

3. 技术性

即包装法规中包含大量以自然科学为基础而建立的技术性规范。包装具有保护物品不受损害的功能,特别是高精尖产品和医药产品,采取何种技术和方法进行包装将对商品有重要的影响,因此国家颁布的包装法规含有很强的技术性。

4. 分散性

即包装法规以分散的形态分布于各个相关法律规范中。我国的包装法规不仅分散于各类与包装有关的法律法规中,例如《中华人民共和国食品安全法》《中华人民共和国商标法》,还广泛地分布于有关主管单位的通知和意见中,例如国家铁路局颁发的一系列关于铁路运输包装的通知和规定等。

 案例链接

运输包装不当案

某年,北京某金属材料企业委托北京某机械进出口公司进口注塑机。事后,机械进出口公司与奥地利某公司签订了进口5台注塑机的合同。其中合同运输条款规定采用国际多式联运方式,包装条款规定对货物要进行妥善包装,以适合长途运输。机械进出口公司委托某货运代理公司作为运输代理人。次年初,作为多式联运经营人的总承运人,采用大陆桥国际集装箱方式进行运输。5台机械分两批装运。第一批4台于2月18日运抵收货人。第二批1台于6月16日从北京运往收货人地址时,在一弯道处发生翻车事故,机械受损严重,损失额达9万美元。事故发生后,交通管理部门现场勘查结果表明:由于集装箱内设备裸装,箱内仅用木条作了简单支撑,未进行有效加固,而长途运输导致设备发生位移,重心偏离集装箱纵向中轴线,在车辆正常速度转弯时,突然重心偏离,导致翻车事故。中方企业与出口方某公司经过紧张谈判后,某公司同意承担机械设备的修复责任以及相关费用,并保证设备正常使用。

四、包装中所涉及的知识产权

知识产权是指民事主体对其创造性的智力劳动成果依法享有的专有权利。分为工业产权和著作权(版权)两大部分,工业产权包括专利权和商标权。包装中所涉及的知识产权主要为商标权和专利权。

1. 商标权

商标权又称商标专用权,是指商标所有人在法律规定的有效期限内,对其经商标主管机关核准的商标享有的独占地、排他地使用和处分的权利。商标通常印刷在包装特别是销售包装上,成为包装的一部分,作为知识产权,亦受到法律的保护,在进行包装设计时要特别注意不要造成对商标权的侵害。

根据《商标法》,以下行为属于侵害商标权的行为。

(1) 未经商标注册人的许可,在同一种商品或者类似商品上使用与其注册商标相同或者近似的商标的;

(2) 销售侵犯注册商标专用权的商品的;

(3) 伪造、擅自制造他人注册商标标识或者销售伪造、擅自制造的注册商标标识的;

(4) 未经商标注册人同意,更换其注册商标并将该更换商标的商品又投入市场的;

(5) 给他人的注册商标专用权造成其他损害的。

2. 专利权

专利权是指专利主管机关依照专利法授予专利的所有人或持有人或者他们的继受人在一定期限内依法享有的对该专利制造、使用或者销售的专有权。根据我国《专利法》,专利包括发明、实用新型和外观设计。

(1) 发明是指对产品、方法或者其改进所提出的新的技术方案。新的包装材料的发明可以申请发明专利。

(2) 实用新型是指对产品的形状、构造或者其结合所提出的适于实用的新的技术方案。新的包装形状可以申请实用新型专利。

(3) 外观设计是指对产品的形状、图案、色彩或其结合所作出的富有美感并适用于工业上应用的新设计。新的包装图案设计可以申请外观设计专利。

专利权是一种无形资产,随着时代的发展,我们已经进入知识经济的年代,专利作为一种资产的价值越来越明显,随之而来的是专利侵权的事情也越来越多。我国包装专利特别是外观设计专利很少,由于忽视包装专利注册工作而引起很多麻烦,甚至造成巨大无形资产流失,应予以充分重视,加强包装中知识产权的保护。

此外,按出版、印刷方面法律的规定,有些文字、图案等在包装物上的使用也要受到限制。

五、包装标志

有关包装标志的法规有《危险货物运输包装通用技术条件(GB12463—2009)》和《危险货物包装标志(GB190—2009)》。

(一) 包装标志的分类

为了方便装卸、运输、仓储检验和交接工作的顺利进行,提高物流效率,防止发生错发错运和损坏货物与人身伤害事故,保证货物安全迅速准确地交给收货人,同样要在运输包装上书写、压印、刷制各种有关的标志,用来识别和提醒人们操作时注意。按用途来分,包装标志可分为运输标志、指示性标志、警告性标志。

1. 运输标志

运输标志(shipping mark)又称唛头,通常由一个简单的几何图形和一些字母、数字及简单的文字组成。主要包括以下内容:目的港(地)的名称或代号;收货人、发货人的代号;件号、批号。有些运输标志还包括原产地、合同号、许可证号和体积与重量等内容。其主要作用是便于运输、装卸、仓储等工作中识别货物,避免错发错运。运输标志要求贴、刷或喷写在货物包装的明显部分,色牢防退。运输包装标志一般由以下三部分组成。

(1) 目的港或目的地名称;

(2) 收货人、发货人的代号,多用简单的几何图形,如三角形、圆形等,图形内外刷以字母表示收货人和发货人的代号和名称;

(3) 件号、批号,是货主对每件包装货物编排的顺序号,由顺序号和总件号组成,如1-200或1/200,前面的1代表该批货物的第一件,后面的200代表总件数。

运输标志的内容繁简不一,由买卖双方根据商品特点和具体要求商定。顺应物流业迅速发展的要求,联合国欧洲经济委员会简化国际贸易程序工作组,在国际标准化组织和国际货物装卸协调协会的支持下,制定了一套运输标志,向各国推荐使用。该标准运输标志包括:收货人或买方名称的英文缩写字母和简称;参考号,如运单号、订单号、发货票号;目的地;件号。

这些运输标志要求列为四行,每行不超过17个印刷字符,并能用打字机一次完成,一般不宜采用几何图形。例如:

ABC ················ 收货人名称

1234 ················ 参考号

HONGKONG ············ 目的地

1—100 ·············· 件数代号

2. 指示性标志

指示性标志(indicative mark)是提示人们在装卸、运输和保管过程中需要注意的事项,一般都是以简单、醒目的图形在包装中标出,故有人称其为注意事项,如"小心轻放"(handle with care)、"保持干燥"(keep dry)等。根据商品性质的不同应该选择不同的标志,以确保商品在整个物流过程中不受到错误的操作。由于国际物流的特殊性,标志上的文字大多采用英文。

3. 警告性标志

警告性标志(warning mark)又称危险货物包装标志(labels of dangerous goods)。凡在运输包装内装有易燃易爆物品、有毒物品、腐蚀性物品、放射性物品、氧化剂等危险货物时,必须在运输包装上标有各种危险品的标志,以示警告,使装卸、运输和保管人员按货物特性采取相应的防护措施,以保证物资和人员的安全。警告性标志依据国家颁布的《危险货物包装标志》刷制。联合国海事组织对危险货物也规定了国际海运危险品标志,国际物流的危险品,应刷写国际海运危险品标志。

(二) 制作包装标志应注意的事项

1. 制作普通货物包装标志应注意的事项

普通货物也称为一般货物,是指除危险货物、鲜活易腐的货物以外的一切货物。货物运输包装必须具有标志。标志应符合内装货物的性质和对运输条件的要求。普通货物运输包装的标志应做到以下几点。

(1) 标志的颜色要清晰。

标志颜色应为黑色,如果包装的颜色使得黑色标志显得不清晰,则应在印刷面上用适当的对比色,最好以白色作为图示标志的底色。应避免采用易于同危险品标志相混淆的颜色。

除非另有规定,一般应避免采用红色、橙色或者黄色。

(2) 标志的尺寸应适当。

标志尺寸一般分为4种,见表7-1。

表7-1　货物标志的尺寸　　　　　　　　　　　单位:毫米

尺寸号别	长	宽
1	50	50
2	100	100
3	150	150
4	250	250

注:如遇特大或者特小的运输包装件,标志的尺寸应适当扩大或者缩小。

(3) 标志打印或者粘贴的要求。

标志一般应印刷或者打印,也允许拴挂或者粘贴。印刷时,外框线及标志名称都要印上;喷涂时,外框线及标志名称可以省略。一个包装件上使用相同标志的数目,应根据包装件的尺寸和形状决定。

标志在各种包装件上的粘贴位置遵循以下规则:箱类包装标志位于包装端面或者侧面;袋类包装标志位于包装明显处;桶类包装位于桶身或者桶盖;集装单元货物标志位于四个侧面。标志不得有褪色、脱落,不得喷刷在残留标记上。

 案例讨论

　　上海某贸易公司把100箱用纸箱包装的玻璃制品交给某物流公司,由其运往北京,在运输包装上未标明"易损物品、小心轻放"标志,货物在运输途中未发生事故,货运到目的地后,收货人接货时包装完好,但开箱后发现5箱货物损坏。
　　问题:收货人应向谁索赔,为什么?

(4) 标志的使用方法应正确。

标志的使用应按如下规定:"易碎物品"和"向上"标志应标在包装件四个侧面的左上角处,同时使用时,"向上"标志应更接近包装箱角;"重心"标志应尽可能标在包装件六个面的重心位置上,否则至少应标在包装件四个侧面的重心位置上;"由此夹起"标志只能用于可夹持的包装件,应标在包装件的两个相对面上,以确保作业时标志在叉车司机的视线范围内;"由此吊起"标志至少贴在包装件的两个相对面上。标志应正确、清晰、齐全、牢固。

2. 制作危险货物包装标志的注意事项

危险货物是指具有爆炸、易燃、毒害、腐蚀、放射性等性质,在运输、装卸和存储保管过程中容易造成人身伤害和财产损毁,需要特别防护的货物。危险货物分为9大类,每一大类又分若干小类。《危险货物包装标志》(GB190—2009)对危险货物包装图示标志的种类、名称、尺寸及颜色等进行了规定。

第二节　普通货物的包装法律制度

一、普通货物的概念

普通货物即指除危险货物、鲜活易腐的货物以外的一切货物。

与危险货物相比,普通货物的危险性大大地小于危险货物,因而,其对包装的要求相对较低,物流企业在对普通货物进行包装时,有国家强制性的包装标准时,应当按照该标准,在没有强制性规定时,应从适于仓储、运输和搬运,适于商品的适销性的角度考虑,按照对普通货物包装的原则,妥善地进行包装。

二、普通货物包装所适用的法律规范

我国没有关于包装的专门法律,但是与货物销售、运输、仓储有关的法律、行政法规、部门规章、国际公约中都包含了对包装的规定。如《民法典》之合同编、《海商法》、《食品安全法》等。除了遵守这些法律法规,包装法规还包含各种包装标准。在我国一般包装方面最重要的标准是GB/T9174—2008《一般货物运输包装通用技术条件》、GB/T16471—2008《运输包装件尺寸与质量界限》、GB/T191—2008《包装储运图示标志》。这些标准基本上是强制的,为技术法规。

三、普通货物运输包装的要求

普通货物的运输包装必须符合国家强制性标准《一般货物运输包装通用技术条件》。它对适用于铁路、公路、水路、航空承运的普通货物运输包装的总要求、类型、技术要求和鉴定检查的性能试验等作了规定。运输包装如不符合该标准规定的各项技术要求,运输过程中一旦造成货损或对其他关系方的人身、财产造成损害,均由包装责任人承担损害赔偿的责任。对包装不符合要求的货物,运输部门可以拒运。

(一)普通货物运输包装的总体要求

由于货物运输包装是以运输储存为主要目的的包装,因此必须具有保障货物安全、便于装卸储运、加速交接点验等功能,同时应能确保在正常的流通过程中,抗御环境条件的影响而不发生破损、损坏等现象,保证安全、完整、迅速地将货物运至目的地。此外,货物运输包装还应符合科学、牢固、经济、美观的要求。

(二)普通货物运输包装的基本要求

《一般货物运输包装通用技术条件》规定,一般货物运输包装的包装材料、辅助材料和容器应符合有关国家标准的规定,没有标准的材料和容器必须经过包装试验,在验证能满足流通环境条件的要求后才投入使用。货物运输包装应由国家认可的质量检验部门进行检查监督和提出试验结果评定,并逐步推行合格证制度。物流企业在包装环节中应满足以下要求。

1. 对运输包装材料及强度的要求

(1) 包装内货物应均匀装载、压缩体积、排放整齐、衬垫适宜、内货固定、重心位置尽量居中靠下,使货物运输包装完整、成形。

(2) 根据货物的特性及搬运、装卸、运输、仓储等流通环境条件,货物包装应该具有防震、防盗、防雨、防潮、防锈、防霉、防尘的功效。在选用包装材料时要综合考虑以上要求。例如,钢琴、陶瓷、工艺品等偏重或者贵重的物品用木箱包装,而易碎类的物品最好用东西填充好,避免损坏等。

(3) 包装的封口必须严密牢固,对体轻、件小、容易丢失的物品应该选用胶带封合、钉合或全黏合加胶带封口加固。

(4) 根据货物的品质、体积、重量、运输方式的不同选择不同的捆扎材料和捆扎方式,保证货物在物流过程中稳定、不泄漏、不流失。捆扎带应搭接牢固、松紧适度、平整不扭,并且捆扎带不得少于两条。

2. 运输包装件尺寸的规定

对运输包装件尺寸,我国在国家标准化机构的组织下,通过各有关方面合作制作的国家推荐标准《运输包装件尺寸与质量界限》,规定了公路、铁路、水路、航空等运输方式的运输包装件外廓尺寸界限,该标准虽然不具有强制性,但是对于运输件的设计和装载运输等具有指导作用。货物运输包装的底面尺寸,应符合国家强制性标准的规定,考虑包装设计中的模数,以便有效利用运载工具。具体规定见第四节。

3. 运输包装的标志

货物运输包装必须具有标志。标志应正确、清晰、齐全、牢固。标志与内货一致,如碰震易碎,需轻拿轻放的货物,必须使用"小心轻放"标志等。旧标志应抹除,标志一般应印刷或标打,也允许拴挂或粘贴,标志不得有褪色、脱落或喷刷在残留标记上。标志应符合内装货物性质和对运输条件的要求。此外,还要满足交通运输部门在必要时根据不同运输方式的特点和要求,对运输包装和运输环境条件制定的相应规定。

4. 运输包装的种类

按运输部门的承运要求,货物的运输包装共分为 8 类,即:箱类、桶类、袋类、裹包类、夹板轴盘类、筐篓类、坛类、局部包装及捆绑类。每一类包装按制作运输包装容器材料的不同,又可分为几种。

5. 运输包装技术要求

标准对每类包装的技术要求、限制重量作了详细的规定。以箱类包装为例,其技术要求和使用注意事项包括:制箱材料应无明显的毛刺和洞眼,木材的缺陷不得影响其结构强度;木箱应四角垂直端正,并根据所装货物的重量确定箱板的厚度和宽度;限制重量控制在 200 kg 以内;根据货物的性质、价值、体积、重量合理选用箱型及材料种类;价值较高、容易散落和丢失的货物应使用木箱;装运机械仪器,其重量超过 100 kg 的木箱,应有底盘、底座或加厚底带,其材质应保证搬运装卸作业安全,箱内货物必须采用螺栓与底盘,底座固定牢靠,不摇晃、不滚动;装运精密仪器等货物,必须具有必要的防震装置。

四、普通货物销售包装的基本要求

销售包装是指直接接触商品并随商品进入零售网点和消费者直接见面的包装。该包装的特点是外形美观,带有必要的装潢,包装单位适于顾客的购买量以及商店陈设的要求。

销售包装通常情况下由商品的生产者提供。但是如果在物流合同中规定,由物流企业为商品提供销售包装的,则物流企业需要承担商品的销售包装,因而,物流企业在进行销售包装时需要按照销售包装的基本要求进行操作。在销售包装上,一般会附有装潢图画和文字说明,选择合适的装潢和说明将会促进商品的销售。销售包装的基本要求主要涉及以下几个方面。

1. 图案设计

图案是包装设计的三大要素之一。它包括商标图案、产品形象,使用场面、产地景色、象征性标志等内容。在图案的设计中,使用各国人们喜爱的形象固然重要,但更重要的是避免使用商品销售地所禁忌的图案。

在国际物流中因包装图案触犯进口国禁忌,造成货物被海关扣留或遭到当地消费者抵制的事例时有发生。1985年,美国黑人教会组织人士在美国一些地区见到黑人牙膏的包装图案后,极为反感,认为包装上采用的英文字样和貌似黑人老艺人老乔逊的笑脸是典型歧视黑人的做法。为此他们不断向拥有该牙膏制造公司50%股份的美国公司提出抗议,三年后该公司更改了牙膏的名称和包装。在美国社会中,种族歧视是一个相当严重的问题,因此运往美国的货物在凡是可能涉及种族、性别、年龄的包装设计上都应该十分注意。

2. 文字说明

在销售包装上应该附一定的文字说明,表明商品的品牌、名称、产地、数量、成分、用途、使用说明等。在制作文字说明时一定要注意各国的管理规定。例如日本政府规定,凡销往日本的药品除必须说明成分和使用方法外,还要说明功能;加拿大政府则规定,销往该国的商品必须同时使用英文和法文两种文字说明。

3. 条形码

商品包装上的条形码是按一定编码规则排列的条、空符号,用以表示有一定意义的字母、数字及符号组成,利用光电扫描阅读设备为计算机输入数据的特殊的代码语言。条形码自1949年问世以来得到了广泛的运用。20世纪70年代美国将其运用到食品零售业。目前世界许多国家的商品上都使用条形码,各国的超级市场都使用条形码进行结算,如果没有条形码,即使是名优商品也不能进入超级市场。有些国家还规定,如果商品包装上没有条形码则不予进口。

五、包装条款

1. 包装条款的内容

在物流服务合同中可能会订入包装条款。包装条款一般包括以下三个方面的内容。

(1) 包装的提供方。

在物流服务合同中,包装条款应该载明包装由哪一方来提供。这样的规定不仅有助于明确物流企业在包装中所处的法律地位,而且有助于在由于包装的问题引起货物损坏或灭失时划分责任。

(2) 包装材料和方式。

包装材料和方式是包装的两个重要方面,分别反映了静态的包装物和动态的包装过程。包装材料条款主要载明采用什么包装材料,如木箱装、纸箱装、铁桶装、麻袋装等,包装方式条款主要载明怎样进行包装。在这两点之外可以根据需要加注尺寸、每件重量或数量、加固条件等。随着科学技术的发展,包装材料和包装方式也越来越精细。同样都是塑料包装,不同的塑料则有不同的特性。所以订立这一条款时应准确详细,以免产生不必要的纠纷。

(3) 运输标志。

运输标志是包装条款中的主要内容。运输标志通常表现在商品的运输包装(以强化运输、保护产品为主要目的的包装)上。在贸易合同中按国际惯例,一般由卖方设计确定,也可由买方决定。运输标志会影响货物的搬运装卸,所以要求在合同条款中明确载明。

2. 订立包装条款时应注意的事项

(1) 合同中的有些包装术语如"适合海运包装""习惯包装"等,因可以有不同理解容易引起争议,除非合同双方事先取得一致认识,否则应避免使用。尤其是设备包装条件,应在合同中作出具体明确的规定,如对特别精密的设备,除规定包装必须符合运输要求外,还应规定防震措施等条款。

(2) 包装费用一般都包括在货价内,合同条款不必列入。但如果一方要求特殊包装,则可增加包装费用,如何计费及何时收费也应在条款中列明。如果包装材料由合同的一方当事人供应,则条款中应明确包装材料到达时间,以及逾期到达时该方当事人应负的责任。运输标志如由一方当事人决定,也应规定标志到达时间(标志内容须经卖方同意)及逾期不到时该方当事人应负的责任等。

(3) 包装条款不能太笼统。在一些合同中,包装条款仅写明"标准出口包装",这是一个较为笼统的概念。在国际上还没有统一的标准来界定包装是否符合"标准出口包装"的要求。因此,国外一些客户在这方面大做文章,偷工减料,以减少包装成本。

第三节 危险货物的包装法律制度

一、危险货物的概念

危险货物是指具有爆炸、易燃、毒害、腐蚀、放射性等性质,在运输、装卸和保管储存过程中容易造成人身伤亡和财产损毁而需要特别防护的货物。

危险货物一般包括:爆炸品、压缩气体和液化气体、易燃液体、易燃固体、自燃物品和遇湿易燃物品、氧化剂和有机过氧化物、毒害品和感染性物品、放射性物品、腐蚀品,杂类则是指在运输过程中呈现的危险性质不包括在上述 9 类危险货物中的物品,如带有磁性的某些物品。

二、危险货物包装的基本要求

由于危险货物自身的危险性质,我国对危险货物的包装采用了不同于普通货物的特殊的要求,并且这些规定和包装标准均是强制性的,因而,物流企业在进行危险货物的包装时,应当严格按照我国的法律规定和标准,以避免危险货物在储存、运输、搬运装卸中出现重大事故。我国对危险货物包装的基本要求如下。

(1) 应该能够保护货物的质量不受损坏;
(2) 保证货物数量上的完整;
(3) 防止物流过程中发生燃烧、爆炸、腐蚀、毒害、放射性辐射等事故造成损害,保证物流过程的安全;
(4) 危险货物包装的基本要求、等级分类、性能试验、检验方法等都应该符合国家强制性标准。

三、危险货物运输包装的基本要求

(一) 危险货物运输包装的概念

危险货物的运输包装即指根据危险货物的特性,按照有关标准和法规,专门设计制造的运输包装。

(二) 危险货物运输包装所适用的标准

危险货物运输所适用的国家标准是《危险货物运输包装通用技术条件》,该标准是国家颁布的,规定了危险货物运输包装的分级,运输包装的基本要求、性能测试和测试的方法,同时也规定了运输包装容器的类型和标记代号的强制适用的技术标准。

该标准强制适用于盛装危险货物的运输包装,是运输生产和检验部门对危险货物运输包装质量进行性能试验和检验的依据。

该标准不适用于以下几种情况的包装:
(1) 盛装放射性物质的运输包装;
(2) 盛装压缩气体和液体气体的压力容器的包装;
(3) 净重超过 400 kg 的包装和容积超过 450 L 的包装。

(三)《危险货物运输包装通用技术条件》的基本内容

1. 危险货物运输包装的材质要求

根据《危险货物运输包装通用技术条件》的规定,危险货物运输包装的强度及采用的材质应满足以下基本要求。

（1）危险货物运输包装应结构合理，具有一定强度，防护性能好。危险货物包装按自身结构强度和防护性能及内装物的危险程度，分为Ⅰ级、Ⅱ级、Ⅲ级。结构强度和防护性能通过堆码试验、跌落试验、气密试验和液压试验测得。除爆炸品、压缩气体、液化气体、感染性物品和放射性物品的包装外，危险货物的包装按其防护性能分为以下三类。

① Ⅰ类包装，即适用于盛装高度危险性的货物的包装；
② Ⅱ类包装，即适用于盛装中度危险性的货物的包装；
③ Ⅲ类包装，即适用于盛装低度危险性的货物的包装。

（2）包装的材质、形式、规格、方法和单件质量（重量），应与所装危险货物的性质和用途相适应，包装材质、容器与所装危险货物直接接触时不应发生化学反应或者其他作用，包装应便于装卸、运输和储存。

（3）包装应该质量良好，其构造和封闭形式应能承受正常运输条件下的各种作业风险。不因温度、湿度、压力的变化而发生任何泄漏，包装表面应该清洁，不允许黏附有害的危险物质。

（4）包装与内包装直接接触部分必要时应该有内涂层或进行防护处理。

（5）包装材质不得与内包装物发生化学反应而形成危险产物或导致削弱包装强度；内容器应该固定。如果属于易碎的，应适用与内装物性质相适应的衬垫材料或吸附材料衬垫妥实；盛装液体的容器，应能经受在正常运输条件下产生的内部压力。灌装时必须留有足够的膨胀余地，除另有规定外，应该保证在温度55摄氏度时，内装物不会完全充满容器。

（6）包装及容器封口应适合货物的性质。封口的严密程度可分为三种：气密封口（不透气体的封口）；液密封口（不透液体的封口）；严密封口（在关闭状态下，不会使内装固体物质在正常运输条件下发生泄漏的封口）。气密封口是容器经过封口后，封口处不外泄气体的封闭形式。液密封口是容器经过封口后，封口处不渗漏液体的封闭形式。严密封口是容器经过封口后，封口处不外漏物质的封闭形式。应使用气密封口的货物主要有：产生易燃气体或者蒸气的物质；如任其变干即可具有爆炸性的物质；产生毒性气体的物质；产生腐蚀性气体的物质和易与空气发生危险反应的物质。

（7）盛装需浸湿或夹有稳定剂的物质时，其容器缝补形式应能有效地保证内装液体、水溶剂或稳定剂的百分比在储运期间保持在规定范围内。

（8）有降压装置的包装，排气孔设计和安装应能防止内装物泄漏和外界杂质的混入。排出的气体量不得造成危险和污染环境。复合包装内容器和外包装应紧密贴合，外包装不得有擦伤内容器的凸出物。

（9）无论新型包装、重复使用的包装还是修理过的包装，均应符合危险货物运输包装性能测试的要求。

（10）盛装爆炸品的包装除了满足上述要求，还应使其具有防止渗漏的双重保护，防止爆炸品与金属物接触，封闭装置预设合适的垫圈，包装内的爆炸品及内容器，必须衬垫妥实，不至于在运输中发生危险性移动等等。一般情况下，危险货物运输包装应有适当的衬垫材料。衬垫材料应是惰性的，与容器中的物质不会起化学和其他反应；能确保内容器保持围衬状态，不致移动，始终固定在外容器中；具有足够的吸湿材料以吸收一定量液体，从而不损害其他货物或者损坏外容器的保护性。

2. 危险货物运输包装的防护要求和包装容器的类型

危险货物包装一般可以采用支撑、加固、衬垫、缓冲和吸附等防护材料和防护方式。

采用的防护材料及防护方式,应与内装物的性能兼容并符合运输包装件总体性能需要,能够经受运输途中的冲击与振动,保护内装物和外包装,即使在内容器破坏、内装物流出时也能保证外包装安全无损。

货物包装类型分为单一包装和复合包装两种,包装容器的类型则分为各种不同材料制成的形状各异的桶、罐、箱、袋、瓶、坛、筐、篓等。

3. 危险货物运输包装标记和标志

危险货物在物流的过程中,货物包装的外表应该按规定的方式标以正确耐久的标记和标志。包装标记是指包装中的内装物的正确运输名称文字;包装标志则标明包装内所装的物质性质的识别图案。标记和标志的主要作用是便于从事运输作业的人员在任何时候、任何情况下都能对包装内所装的物质进行迅速的识别,以便正确地识别危险货物以及危险货物所具有的危害特性,在发生危险的情况下采取相应的安全措施,避免损害的发生或降低损害的程度。包装标志根据危险货物特性,选用国家标准《危险货物包装标志》和《包装储运图示标志》规定的标志及其尺寸、颜色和使用方法。此外,可根据需要采用危险货物运输包装标记代号来表示包装级别、包装容器、包装容器的材质、包装件组合类型及其他内容。要求字体清晰、醒目。根据《包装储运图示标志》GB/T191—2008 的规定,每种危险品包装件应按其类别贴相应的标志。但如果某种物质或物品还有属于其他类别的危险性质,包装上除了粘贴该类标志作为主标示以外,还应粘贴表明其他危险性的标志作为副标志,副标志图形的下角不应标有危险货物的类项号。标志应清晰,并保证在货物储运期内不脱落。标志应由生产单位在货物出厂前标打,出厂后如改换装,其标志由改换包装单位标打。

储运的各种危险货物性质的区分及其应标打的标志,应按《危险货物分类和品名编号》GB6944—2012 及有关国家运输主管部门规定的危险货物安全运输管理的具体办法执行。出口货物的标志应按我国执行的有关国际公约(规则)办理。

(1)包装标志的图形共有 21 种 19 个名称,其图形分别标示了 9 类危险货物的主要特性。

(2)标志的尺寸一般分为 4 种,见表 7-2。

表 7-2 标志的尺寸

号　别	尺寸/mm	
	长	宽
1	50	50
2	100	100
3	150	150
4	250	250

注:如遇到特大或特小的运输包装件,标志的尺寸可按规定适当扩大或缩小。

(3) 标志的使用方法。

标志的标打,可采用粘贴、钉附及喷涂等方法。标志的位置规定如下:箱状包装——位于包装端面或侧面的明显处;袋、捆包装——位于包装明显处;桶型包装——位于桶身或桶盖;集装箱、成组货物——粘贴四个侧面。

(4) 标志代号。

根据《危险货物运输包装通用技术条件》的规定,标志代号是用来标明包装材质、类型等特点的一组代号(见表7-3)。根据所用标志代号的组成又分为单一包装型号和复合包装型号两类。单一包装型号由一个阿拉伯数字和一个英文字母组成,英文字母表示包装容器的材质;其左边平行的阿拉伯数字代表包装容器的类型;英文字母右下方的阿拉伯数字,代表同一类型包装容器不同开口的型号。例如,1A 表示钢桶小开口。复合包装型号由一个表示复合包装的阿拉伯数字"6"和一组表示包装材质和包装型式的字符组成。这组字符为两个大写英文字母和一个阿拉伯数字。第一个英文字母表示内包装的材质,第二个英文字母表示外包装的材质,右边的阿拉伯数字表示包装型式。例如 6HA1 表示内包装为塑料容器,外包装为钢桶的复合包装。

表 7-3　各种包装材质、类型的标志代号表示法

用小写英文字母表示包装级别	用阿拉伯数字表示包装容器	用大写英文字母表示包装容器的材质	其他的特殊标志代号
x—符合 I、II、III 级包装要求 y—符合 II、III 级包装要求 z—符合 III 级包装要求	1-桶 2-木琵琶桶 3-罐 4-箱、盒 5-袋、软管 6-复合包装 7-压力包装 8-筐、篓 9-瓶、坛	A-钢 B-铝 C-天然木 D-胶合板 F-再生木板(锯末板) G-硬质纤维板、硬纸板、瓦楞纸板、钙塑板 H-塑料材料 L-编织材料 M-多层纸 N-金属(钢、铝除外) P-玻璃、陶瓷 K-柳条、荆条、藤条及竹篾	S-表示拟装固体的包装标记 L-表示拟装液体的包装标记 R-表示修复后的包装标记 GB-表示符合国家标准要求 Un-表示符合联合国规定的要求

4. 危险货物运输包装的性能试验及检验

用于危险货物的新设计包装其设计尺寸、材料、厚度、制造工艺、包装方法和各种表面处理等均应按要求进行性能试验,合格后方可使用。包装的尺寸、材料、制造工艺或模具等如有改变,应重新进行试验。各种定型包装必须定期进行抽样复验,包装作局部改动的可进行选择性试验。

准备试验的包装件应处于待运状态,并盛装特定货物或与拟装物物理特性近似的其他物品。直接盛装危险货物的容器及封口、吸附、衬垫等防护材料在性能试验前,应进行盛装物一定时期(例如为期 6 个月)的兼容性试验。

危险货物包装的性能试验应采用 GB/T4857 系列标准规定的方法进行。试验的项目包括堆码试验、跌落试验、气密试验、液压试验，必要时根据流通环境条件或包装容器的需要，增加气候条件、机械强度等试验。

包装试验结束后，经检验合格，由国家授权的检验单位出具包装检验合格证书。

第四节　国际物流中的包装法律制度

一、国际物流中包装的特点

国际物流是相对于国内物流而言的，是国内物流的延伸和发展，同样包括运输、包装、流通加工等若干子系统。相对于国内物流的包装，国际物流中的包装具有以下特点。

（1）国际物流对包装强度的要求相应提高。

国际物流的过程与国内物流相比时间长、工序多，因此在国际物流中，一种运输方式难以完成物流的全过程，经常采取多种运输方式联运，与此同时就增加了搬运装卸的次数及存储的时间。在这种情况下，只有增加包装的强度才能达到保护商品的作用。

（2）国际物流的标准化要求较高。

这也是由国际物流过程复杂性所引起的。为了提高国际物流的效率，减少不必要的活动，国际物流过程中对包装的标准化程度越来越高，以便于商品顺利地流通。

（3）国际物流涉及两个或两个以上不同的国家，法律制度存在着差异，同时又存在着若干调整包装的国际公约，所以国际物流中与包装有关的法律适用更加复杂。

二、国际物流中包装所适用的法律

1. 国际物流参与国的国内法

国际物流是商品在不同国家的流动，所以其包装应该遵守相关国家的法律规定。这里的相关国家指的是物流过程的各个环节所涉及的国家，如运输起始地所在国、仓储地所在国、流通加工地所在国。

国际物流中的包装必须遵守参与国际物流国家的关于包装的强制法，对于任意性的法律规定及当事人可以选择适用的法律，可以由当事人自行决定。

2. 相关的国际公约

目前世界上并没有专门规定商品包装的国际公约，但是在国际贸易以及国际运输领域的公约中包含着对商品包装的规定。如《汉堡规则》《联合国国际货物买卖合同公约》等。

三、包装检疫

进口国为了保护本国的森林资源、农作物、建筑物，防止包装材料中夹带病虫害，以致传播蔓延而危害本国的资源，在货物进入海关时会进行检疫。各国通常对包装的材料作了若

干的规定,所以在国际物流中选择包装材料十分重要,否则在海关检疫的过程中可能被禁止入境。美国、菲律宾、澳大利亚、新西兰、英国等国家都禁止使用稻草作为包装的材料或者衬垫;日本由于木结构的房屋较多,最忌白蚁和木蛀虫的带入和传播。在包装中使用竹片可能夹带蛀虫,所以日本买方通常拒绝在包装中使用竹子;澳大利亚则规定使用木板箱、木托盘的,必须在出口国进行熏蒸处理,出口商必须提供已作熏蒸处理的证明,否则不准入境。各国根据国情对包装检疫的要求各不相同,并各有所侧重,这就要求物流企业在实际操作中了解进口国的法律法规、生活习惯,事前做好准备,避免不必要的损失。

四、《国际海运危险货物规则》中对于危险货物包装的基本要求

1. 包装的材质、种类、强度应与所装危险货物的性质相适应

危险货物的种类不同,性质也有所差异,所以对包装的要求也不相同,这一点在一些化学制品上表现得十分明显。包装中直接与危险货物接触的部分不应受到此类货物的化学或其他作用的影响。必要时,包装应具有合适的内涂层或经过适当的处理。包装的这种部分不得含有与盛装物起危险反应生成危险产物或严重削弱包装强度的物质。

可能与危险货物接触的以塑料制成的容器、容器零件和封闭装置(塞子),应对危险物质有抵抗能力,并且不应含有可能引起危险反应的、或组成危险化合物的、或会使容器或封闭装置(塞子)软化、弱化或失效的材料。所使用的塑料包装,应对其所装物质或紫外线引起的包装自身老化及退化具有足够的抵抗能力。在正常运输条件下,任何所装物质的渗漏均不应构成危险。应采取措施保证用于生产塑料桶、塑料罐及塑料复合包装(塑料材料)的塑料材料符合《国际海运危规》附录Ⅰ中相关小节规定的要求。

纤维板箱,包括用作外包装的波纹纤维板箱在内,应具有足够的强度和足够的耐水性能。以前航次(包括中转)使用后不应再次使用该包装。除对各种物质有不同的限量外,一个纤维板箱用于Ⅰ类包装和Ⅱ类包装的物质时,总重量不得超过 40 kg,用于Ⅲ类包装的物质时,总重量不得超过 55 kg。凡明细表中规定可使用木箱包装外,在总重不超过 100 kg 时均可使用高纤维板制成的多层纤维板箱,但要符合下列条件:

(1) 纤维板箱必须是装运该物质的推荐包装;

(2) 如果使用木箱装运物质,总重量按规定不应超过 10 kg 的话,则多层纤维板箱的总重量不应超过前者较低的重量;

(3) 在加重的情况下,多层纤维板箱应能承受规则规定的相应性能实验;

(4) 其积载应在舱内积载,如在舱面积载,应严加防护,任何时候不能使其受天气和海水的侵袭。

危险货物盛装在质量良好的包装内,包装应该具备一定的强度,保证在正常的海运条件下,包装内的物质不会散漏和受到污染。包装的结构和密闭性应能够在正常运输条件下防止因温度、湿度或压力变化引起的任何渗漏。包装的外部黏附的任何危险物质的数量不得达到有害程度。越危险的货物对包装的要求也越高,同样危险的货物单件包装重量越大,对包装的强度要求也越高,同时,包装的强度也应该与运输的长度成正比。包装的设计应考虑到在运输过程中温度、湿度的变化。包装应该保证在环境发生变化的情况下,包装也不发生损坏。

2. 包装的封口应该符合所装危险货物的性质

在通常情况下,危险物质的包装封口应该严密,特别是易挥发、腐蚀性强的气体,封口应更加严密。但是有些物质由于温度上升或其他原因会散发气体,使容器内的压力逐渐加大,导致危险的发生。对于这种危险货物的封口不能密封,还要求设有通气孔。所以采用什么样的封口应该由所装的危险货物的性质来决定。根据包装性能的要求,封口分为气密封口、液密封口和牢固封口。其中气密封口用于装运以下物质的包件:

(1) 产生易燃气体或蒸气;
(2) 如使其变干燥,会成为爆炸性物质;
(3) 产生毒性气体或蒸气;
(4) 产生腐蚀性气体或蒸气;
(5) 可能与空气发生危险性反应的物质。

3. 内外包装之间应该有合适的衬垫

内包装装入外包装的方法应保证在正常运输条件下内包装不破裂、戳穿或渗漏,使内容物进入外包装。易于破裂或戳穿的内包装,例如玻璃、瓷器或陶器制成的内包装,应使用合适的衬垫材料和吸收材料坚固于外包装内。衬垫及吸收材料应是惰性的,并与内容物的性质相适应。常用的衬垫材料有瓦楞纸、泡沫塑料、塑料袋等,习惯用的吸收材料有硅藻土、陶土等。任何渗漏不应削弱衬垫材料或外包装的保护性能。另外,外包装的性质和厚度应保证在运输过程中所发生的摩擦不会产生足以使所装物化学稳定性发生改变的热量。

4. 包装应该能经受一定范围内温度、湿度、压力的变化

当向容器内充灌液体时,必须留有足够的膨胀余位(预留等量),以防止可能发生的运输温度变化造成所装液体膨胀导致包装容器渗漏或永久变形。除非在国内或国际规则、协议或建议书中有明确规定,否则在温度 55℃时,容器包装内均不应装满液体。装运液体的包装应足以抵抗正常运输条件下可能产生的内压力,凡标有规定的液压试验压力的容器只能盛装符合下列蒸气压力的液体:55℃时包装内总表压(即,所盛装物质的压力加上空气或其他惰性气体的分压,减去 100 kpa)不得超过所标示试验压力的三分之二,其总表压是根据充灌温度为 15℃,该点所述最大充灌温度来确定的。或者在 50℃时小于标示的试验压力与 100 kpa 之和的七分之四。或者在 55℃时濒于所标示的试验压力与 100 kpa 之和的三分之二。

应注意低沸点的液体的蒸气压力通常较高,盛装这种液体容器的强度应具有足够的安全系数,足以抵抗可能产生的内部压力。装有含水或稀释物质的包装,其封闭装置应能使其所含液体(水、溶剂或迟钝剂)的百分数不会在运输中降至所规定的限度之下。

如果所盛装的物质散发气体而在包装内部产生压力(由于温度增加或其他原因),包装可安装一个通气孔,但所释放出的气体不应因其毒性、易燃性及所散发的气体过量而造成危险。通气孔在设计上要保证在其处于计划的运输状态时,在正常运输条件下能防止渗漏和外界物质的侵入。

5. 包装的重量、规格和形式应便于装卸、运输和储存

每件包装的最大容积和最大净重均有规定。根据《国际海上危险货物运输规则》的规定,包装最大容量为 450 L,最大净重为 400 kg。同样包装的外形尺寸与船舱的容积、载重量、装卸机具应该相适应,以方便装卸、积载、搬运和储存。

6. 有关包装实验的规定

每个用于盛装液体物质的包装应按渗漏试验的相应规定进行试验:在第一次投入运输

之前;并且在修复之后,再次投入运输之前。组合包装的内包装不需要进行此项试验。

新包装,再次使用的或经修复的包装应能通过下列包装试验:液体实验、垂直冲击跌落实验、静负荷或堆码实验、温湿度试验、喷水实验、穿刺实验、制桶实验等。但是,不是每一类型的包装都要进行以上各种实验,而主要根据危险物质的性质、所用包装材料的质量和包装类型作其中几项实验。在盛装和交付运输之前,每个包装应经过检查,保证包装没有任何腐蚀、污染或其他损坏。与批准类型相比,任何出现强度降低迹象的包装均不得再使用,或应进行修复处理使其能承受设计类型检验。

7. 其他规定

除危险性已被清除外,盛装过危险物质的空包装,由于其包装面仍有可能受到以前所装危险物质的污染,因此,在经过清洁处理之前应遵守与装有该危险物质的容器相同的规定。

相互会发生危险反应的不同物质不应装在同一外包装内。

除组合包装的内包装外,每个包装均应符合规定的包装检验要求中检验合格的设计类型。

学习重点和难点

- 普通货物运输运输包装的基本要求
- 危险货物运输包装的基本要求
- 《国际海运危险货物规则》中对于危险货物包装的基本要求
- 危险货物包装标识和法律问题

练习与思考

(一) 名词解释

包装　包装法律法规　普通货物　危险货物

(二) 填空

1. _____是按一定编码规则排列的条、空符号,用以表示有一定意义的字母、数字及符号组成,利用光电扫描阅读设备为计算机输入数据的特殊的代码语言。

2. 危险货物运输所适用的国家标准是_____,该标准是国家颁布的,规定了危险货物运输包装的分级、运输包装的基本要求、性能测试和测试的方法,同时也规定了运输包装容器的类型和标记代号的强制适用的技术标准。

(三) 单项选择

1. ( ) 又称唛头,通常有一个简单的几何图形和一些字母、数字及简单的文字组成。
   A. 运输标志　　　　　B. 指示性标志
   C. 警告性标志　　　　D. 包装检疫

2. 根据《国际海上危险货物运输规则》的规定,包装最大容量为 450 L,最大净重为( )。
   A. 400 kg　　B. 500 kg　　C. 600 kg　　D. 700 kg

3. 销售包装的基本要求一般不包括( )。

A. 图案设计　　　B. 文字说明　　　　C. 条形码　　　　D. 包装材料
4. 根据《国际海上危险货物运输规则》的规定,包装最大容量为(　　)。
　　A. 300 L　　　　B. 400 L　　　　　C. 450 L　　　　D. 500 L

(四) 多项选择
1. 商品包装根据其目的分为(　　)。
　　A. 商业包装　　　　　　　　　　　B. 工业包装
　　C. 销售包装　　　　　　　　　　　D. 运输包装
2. 包装法律法规具有如下特点(　　)。
　　A. 强制性　　　B. 标准性　　　　C. 技术性　　　　D. 分散性
3. 包装中所涉及的知识产权主要为(　　)。
　　A. 商标权　　　B. 专利权　　　　C. 著作权　　　　D. 工业产权
4. 普通货物包装所应遵循的基本原则包括(　　)。
　　A. 安全原则　　　　　　　　　　　B. "绿色"原则
　　C. 经济原则　　　　　　　　　　　D. 标准原则
5. 以下说法正确的是(　　)。
　　A. 商标通常印刷在包装特别是销售包装上,成为包装的一部分,从而作为知识产权
　　B. 新的包装材料可以申请发明专利
　　C. 新的包装形状可以申请实用新型专利
　　D. 新的包装图案设计可以申请外观设计专利
6. 以下有关危险货物运输包装的说法正确的是(　　)。
　　A. 我国有关危险货物的包装的规定和包装标准均是强制性的
　　B. 我国有关危险货物的包装的规定和包装标准有些是强制性的,有些是任意性的
　　C. Ⅰ类包装是适用于盛装高度危险性的货物的包装
　　D. Ⅲ类包装是适用于盛装高度危险性的货物的包装
7. 《国际海运危险货物规则》中对于危险货物包装的基本要求包括(　　)。
　　A. 包装的材质、种类应与所装危险货物的性质相适应
　　B. 包装的封口应该符合所装危险货物的性质
　　C. 内外包装之间应该有合适的衬垫
　　D. 包装应该能经受一定范围内温度,湿度的变化

(五) 简答
1. 简述普通货物运输包装的基本要求。
2. 简述危险货物运输包装的基本要求。
3. 简述《国际海运危险货物规则》中对于危险货物包装的基本要求。

(六) 思考题
1. 近年来,我国在促进绿色包装发展方面出台了哪些政策和法律法规,其主要的意义和价值有哪些?
2. 为了环境保护和节能减排,中国在物流包装产业还可以采取哪些措施?
3. 如何预防和避免危险货物因包装而引发的事故和损失?

案例分析

（一）甲为农副产品进出口公司，乙为综合物流服务商。某年7月，甲有黄麻出口至印度，甲将包装完好的货物交付给乙，乙为甲提供仓储、运输等服务。黄麻为易燃物，储存和运输的处所都不得超过常温。甲因听说乙已多次承运过黄麻，即未就此情况通知乙，也未在货物外包装上做有警示标志。8月9日，乙将货物运至其仓储中心，准备联运，因仓库储物拥挤，室温高达15度，8月11日，货物突然起火，因救助不及，致使货物损失严重。据查，起火原因为仓库温度导致货物自燃。双方就此发生争议。

问题：甲公司的损失应该由谁来承担？为什么？

（二）长江物流服务公司为武汉佳佳制衣厂的服装出口提供长期国际综合物流服务，即由长江公司进行服装包装、安排国际联运以及到货配送。某年6月，长江公司对包括佳佳制衣等在内的六家货方提供服务，而将其同船承运，其中提单号为WH2000601－WH2000609的货物为佳佳服装，当载货船驶离上海港后不久与他船相撞，载货船受创严重，船舶进水，致使提单号为WH2000601－WH2000609号的货物遭水浸。经查，货物受损原因为船舶进水，船上集装箱内货物包装封闭不严，致使货遭水浸。

问题：佳佳制衣厂的货物损失应该由谁来承担？为什么？

实践活动

撰写一份包装合同

参考范本

包 装 合 同

甲方：

乙方：

就包装生产加工事项订立本协议，共同遵守：

一、品名及规格

产品名称	印刷材料	复合材料	
			该批包装样式、图案、文本以甲方签字稿为准。
成品规格			
长度	宽度	厚度	边填尺寸	下封尺寸	

二、数量条款

乙方印制数量为_____份。

三、价格条款及付款方式

乙方提供制版、承印、运输,一揽子报价为_____元/只。付款方式:乙方凭甲方采购通知单、包装检验单和接收单结算。乙方发货到甲方指定地点经验收合格后支付全款。

四、运输及验收

本协议生效之日起,乙方应按甲方要求的数量在 7 日内负责将包装物送至甲方指定地点,甲方应提供乙方完整的入库、验收证明。

五、质量要求

甲方按 2‰ 抽检进行验收检验。

应 检 项 目	检 验 方 法
＋柔韧度：＋ 厚度≥120 克 封底	目测、揉搓,与样品保持一致 使用天平称量 装种子后做甩抛检验
色彩、文字差别	与样品相对照

入库检验不合格率:≤1%。若高于此比率,则甲方不再向乙方支付该批包装的货款。

六、未尽事宜双方协商解决。本合同甲、乙双方签字盖章之日起生效。

七、合同签订地：

甲方(签章)　　　　　　　　　　　　　乙方(签章)
委托代理人：　　　　　　　　　　　　　委托代理人：
地　　址：　　　　　　　　　　　　　　地　　址：
联系电话：　　　　　　　　　　　　　　联系电话：
邮政编码：　　　　　　　　　　　　　　邮政编码：

年　　月　　日

第八章 货物搬运与装卸法律制度

■ 知识目标 ■

学习完本章，你能够掌握的知识点：
1. 港站经营人的概念、范围和法律地位
2. 《联合国国际贸易运输港站经营人赔偿责任公约》的内容

■ 能力目标 ■

学习完本章，你能够熟悉的技能：
1. 分析港站经营人的权利、义务和责任
2. 结合学习的知识点进行案例分析讨论

■ 思政目标 ■

1. 安全生产作业的必要性
2. 遵守市场经济和法治经济原则，合法经营，维护各方合法权益
3. 享受权利、履行义务和承担责任的重要价值

■ 基本概念 ■

港站经营人　港口货物作业合同　港口经营人

■ 案例导入 ■

装卸作业中的货损纠纷

原告：北京好孩子食品有限公司（简称食品公司）
被告：某集装箱班轮公司（简称班轮公司）
被告：某集装箱码头公司（简称码头公司）

原告以与两被告发生海上货物运输合同货损赔偿纠纷为由，于某年3月15日向广州海事法院提起诉讼。

原告诉称：某年10月8日，好孩子国际有限公司与意大利某贸易公司签订买卖合同，约

定由某贸易公司向原告出售 10 台一步法制瓶机及相关设备。次年 3 月 20 日，某贸易公司将 1 台机器交由班轮公司的船舶进行运输。班轮公司签发了以原告为记名收货人的提单。4 月 18 日，船舶抵达国内港口。班轮公司委托码头公司负责卸货。卸货过程中，装有原告所买设备的集装箱从码头的龙门吊上坠落。经检验，货物毁损严重，并且修理费用超过该设备的价值。原告认为，在两被告的责任期间货物发生损坏，两被告应承担货损的全部赔偿责任。请求判令两被告共同赔偿原告货物损失 1 218 400 美元。

原告在举证期限内提供了有关证据，包括货物发票和码头公司制作的《货运记录》等。

被告班轮公司辩称：1. 原告不是货物所有权人，不是适合的诉讼主体；2. 本案货物在港口交付给收货人时，货物并没有损坏，原告诉称的货物损失不存在；3. 记名提单记载"托运人自行装箱、计数"，原告没有证据证明货物在交运时品质良好，没有残损；4. 即使本案货物发生了损坏，也没有造成原告的损失；5. 班轮公司在本次事故中没有故意和过失，不应对货损承担责任；6. 班轮公司即使对货物损坏承担赔偿责任，也应依法享受单位责任限制，赔偿限额为 46 000 特别提款权。

班轮公司在举证期限内提供了中国进出口商品检验广东公司出具的《残损鉴定报告》。

被告码头公司辩称：1. 本案货物损坏发生在承运人的责任期间内，原告依据提单只能起诉承运人。2. 原告与码头公司不存在任何合同关系，码头公司在本案中只是班轮公司的受雇人，为其安排靠泊、装卸及其他有关作业；因此，原告无权向码头公司提起本案诉讼。3. 根据原告与好孩子国际有限公司买卖合同的约定，原告对本案货物应在安装验收后凭验收文件付款，且对海运过程外发生的货物损坏不承担责任。本案货物损坏不是发生在海运过程中，原告作为买方不应承担责任，且原告亦没有付款，故原告对本案货物不具有所有权，无权向码头公司提起侵权诉讼。4. 本案所涉事故是由于货物包装不良、标志欠缺不清引起的，码头公司可以免责。5. 如果须负赔偿责任，码头公司可援用《海商法》第 56 条的规定限制赔偿责任。

码头公司在举证期限内提供了外贸船舶装卸协议、提单背面条款及该提单的附件、起重机检验报告书等证据。

问题：1. 货损是否发生在承运人责任期间内？承运人可否免责？
2. 如果承运人不能免责，应赔多少？
3. 码头公司是什么身份，食品公司可否以运输合同为由要求其赔偿？
4. 货主对码头公司以侵权之诉相告，结果会是怎样？

第一节　货物搬运与装卸法律制度概述

一、搬运装卸的概念和分类

（一）搬运装卸的概念

搬运装卸指的是为了改变"物"的存放、支承状态所进行的一系列活动。其中在同一地

域范围内如港口和车站范围、工厂范围、仓库内部等所进行的活动称为装卸,改变"物"的空间位置的活动称为搬运。有时候或在特定场合,单称"装卸"或单称"搬运"也包含了"搬运装卸"的完整含义。

搬运装卸,是指货物运输起讫两端利用人力或机械将货物装上、卸下运输设施,并搬运到一定位置的作业。人力搬运距离不超过 200 米,机械搬运不超过 400 米(站、场作业区内货物搬运除外)。装卸是指物品在指定地点以人力或机械装入或卸下运输设备。搬运是在同一场所内,对物品进行水平移动为主的物流作业。

在实际操作中,装卸与搬运通常密不可分,两者总是伴随在一起发生的。在使用习惯中,物流领域中也通常将搬运装卸这一整体活动称作"货物装卸"。在生产领域中常将这一整体活动称作"物料搬运"。因此,在物流活动中也不强调两者差别而是将搬运和装卸放在一起进行研究。在本章中使用搬运装卸这一称呼。

货物的搬运装卸由承运人还是托运人承担,一般在货物运输合同中约定。承运人或托运人承担货物搬运装卸后,委托站场经营人、搬运装卸经营者进行货物搬运装卸作业的,应签订货物搬运装卸合同。

 案例链接

货物装卸案

某物流公司接受客户委托,代为在港口对从日本进口的集装箱货物进行拆箱取货,以便送到用户手中。事先,物流公司知道箱内装有精密贵重的设备,故挑选了比较有经验的装卸工人承担这一任务。当铲车工人用铲车将该箱货物铲出时,由于箱子较宽,未能全面置于叉面上,同时箱子的重心亦不在中间,而偏在悬空的一侧。结果车铲下落时,货箱向外倾倒。在铲车工人采取有效措施之前,箱子摔落在地上,致使设备遭受严重损害。事后,物流公司与客户多次协商,最后承担了该设备的外国专家修理费、往返运费以及客户经营损失的一半等。

(二) 搬运装卸的分类

按搬运装卸施行的物流设施、设备对象不同,搬运装卸可分为仓库装卸、铁路装卸、港口装卸、汽车装卸、飞机装卸等。

按搬运装卸的机械及机械作业方式不同,搬运装卸可分成使用吊车的"吊上吊下"方式,使用叉车的"叉上叉下"方式,使用半挂车或者叉车的"滚上滚下"方式、"移上移下"方式及散装方式等。

 相关资料

据我国统计,火车货运以 500 公里为分界点,运距超过 500 公里,运输在途时间多于起止的装卸时间;运距低于 500 公里,装卸时间则超过实际运输时间。对生产物流的统计,机械工厂每生产 1 吨成品,需要进行 252 吨次的搬运装卸,其成本为加工成本的 15.5%。

美国与日本之间的远洋船运,一个往返需要 25 天,其中运输时间 13 天,装卸时间 12 天。

二、货物搬运装卸法律制度

货物在流通过程中,需要经常进行与搬运、装卸相关的操作。港口、车站、机场和现代化的物流中心是集中进行搬运、装卸等作业的场所。专门规范搬运装卸操作或经营活动的法律尚未颁布,但是,由于搬运装卸与运输、仓储、配送活动紧密相关,因此要受到制约这些相关活动的法律法规中与搬运装卸内容有关的条款的约束。《民法典》之合同编、《海商法》《劳动法》《航空法》,都存在与搬运装卸有关的法律规范。目前调整港口作业的国内规范主要有交通运输部的《港口货物作业规则》,该规则主要适用于在我国港口为水路运输货物提供的有关作业。但需要指出的是,在港口不涉及水运的作业,如货物是由铁路专线或者汽车等其他运输工具运进港口时,其装卸活动虽然发生在港口,却受制于铁路和公路方面的相关法规的调整;另外,这里的水路运输既包括国内水路运输也包括国际海上货物运输;再有就是该规则中所指的港口作业是以装卸为主,并涉及货物的储存、拆装集装箱、分拣货物、更换包装、捆绑和加固等多项服务。

第二节 港站经营人的法律地位与责任

一、港站经营人的概念

根据联合国 1991 年制定的《国际贸易运输港站经营人赔偿责任公约》,运输港站经营人是指在其业务过程中,在其控制下的某一区域内或在其有权出入或使用的某一区域内,负责接管国际运输货物,以便对这些货物从事或安排从事与运输有关服务的人。

港站经营人主要包括港口码头、内陆车站、机场货运中心的经营者以及经营仓储、装卸、转运工作的其他人。以承运人或多式联运经营人的身份接管货物者不属于公约所指的运输港站经营人。

二、港站经营人的范围

从传统来讲,港站经营人所涉及的业务活动就有重叠交错的特点,但基本上以提供装卸服务为主,进入物流时代后这种情况发生了变化,服务项目更具有广泛性,活动的内容、服务的对象、服务的性质、与有关当事人建立的法律关系等都更为复杂。有些港站经营人向承运人、货物的托运人、收货人提供比较全面的港站服务,包括在他们拥有或有权使用的场所进行货物装卸作业、储存、包装或组装货物,集装箱货物的装拆箱及修理,以及短距离的货物搬运和货物的简单加工等。

此类港站经营人包括空港、海港、内河港口、铁路和公路车站的经营人。他们提供的服务往往涉及两种及两种以上运输工具。例如,海港和内河港口往往同铁路和公路相连,除为远洋船舶和内河船舶装卸货物外,还办理铁路货车和汽车的装卸作业,航空港也往往同铁路和公路衔接。尽管空港经营人一般不为飞机以外的运输工具装卸货物,但可以将空港内场地和设施租赁给铁路承运人或货运商。还有一些港站经营人从事与货物运输有关的业务,如集装箱货运站、码头装卸公司、仓储公司、海关监管仓库或保税仓库等。除了上述具有独立的公共性质的港站经营人外,有些船舶经营人、代理商、运输承运人,在经营主业之外还兼营仓储、装卸等业务,一部分生产厂商也自行经营原料或专业码头。多式联运经营人除从事多式联运外,还在其掌管货物期间进行货物的储存、装卸及其他有关的业务。

对于港站经营人而言,非由港站经营人提供的集装箱、托盘、或其他类似的运输或包装器具都是作业对象,在特定场所与货物运输有关的服务可以包括一般货物的堆存、仓储、装货、卸货、积载、平舱、隔垫、绑扎、分拣、混合、包装、短距离搬运与加工;集装箱运输中货物的包装、加固、储存、装拆箱、修洗箱、清理标志及作业区域内的搬运等。所以港口、机场、公路和铁路车站的经营人、装卸公司、货运站、仓储公司、保税仓库等都属于港站经营人范畴。

三、《联合国国际贸易运输港站经营人赔偿责任公约》的主要内容

为了在国际范围内保证货方利益,使货物在装船前和卸船后在港口保管的阶段,以及在货物转船或由于某种原因中断运输滞留在港口时,能受强制性法规的制约,同时方便承运人按照运输合同规定对受损货物作出赔偿后,能根据与港站经营人之间的合同获得相应追偿,1983年4月,联合国贸易法委员会决定将运输港站经营人赔偿责任问题列入工作计划,并委托其下属的国际惯例工作组具体实施这项工作。工作组经过在此后几年中多次讨论,于1989年形成并由国际贸易法委员会通过了《国际贸易运输港站经营人赔偿责任公约(草案)》。1991年4月19日,联合国贸易法委员会专门召开会议,讨论并通过了《国际贸易运输港站经营人赔偿责任公约》。各国对港口经营人方面的法律规范与赔偿责任大都按照公约的精神作了较大修改。因此可以认为,该公约代表着国际上有关港站经营人责任方面立法的统一趋势。

(一)相关定义及其解释

运输港站经营人是指业务活动中,在其所控制的或有权使用的场地上,负责接管国际运输货物,并对这些货物从事或安排与国际货物运输有关的服务的经营者。但按照有关法律规定以承运人或多式联运经营人的身份接管货物的人不应视为港站经营人。

货物,包括非由港站经营人提供的集装箱、托盘或其他类似的运输或包装器具。

国际运输是指经营人接管货物时该货物发运地和目的地位于两个不同国家的任何运输。

运输有关业务,包括堆存、仓储、装载、卸载、积载、平舱、隔垫和绑扎等服务项目。

(二)适用范围

公约的适用范围被确定为:当提供与国际货物运输有关服务的港站经营人的营业地处于缔约国内,或者依照国际私法规则缔约国法律应适用于运输有关的服务时,则应适用本公约。如果港站经营人有一个以上的营业地,则以与运输有关服务联系最密切的营业地为港站经营人的营业地;若无营业地时,则以港站经营人的惯常住所为依据。

(三)港站经营人的责任期间

港站经营人对货物灭失或损坏的责任期间,是指从其接管货物之时起至其向有权提货的人交付或交由该人处理时止的整个期间。

(四)赔偿原则与责任基础

港站经营人对于货损货差的赔偿适用过错责任原则,即没有过错就不承担民事责任,这是不同于无过错责任的,由于在事故发生当时货主就在现场的可能性很小,因此,港站经营人必须负责举证,证明损害并不是由于其本人或雇佣人员或代理人的过错造成的,或者已按合同履行了应尽义务仍无法避免损害的发生,否则将负赔偿之责,也就是说他应承担推定过失责任。

推定过失责任原则与《汉堡规则》和《联合国国际货物多式联运公约》的赔偿责任原则是一致的。公约规定港站经营人对其责任期间内发生的货物灭失、损坏或延误交货负责,除非他能证明,其本人、受雇人或代理人已采取一切所能合理要求的措施来防止有关情况的发生及其后果。对于延迟交货,公约规定,如港站经营人未能在明确约定的时间内,或者无约定时,当有权提取货物的人提出收货要求后,未能在合理时间内交付货物,即构成交货延误。在约定交货时间届满后连续30日内或提出收货要求后连续30日内,港站经营人仍不交付货物,有权提取货物的人可以视为该货物已经灭失,并按货物灭失的情况向港站经营人提请赔偿。

(五)赔偿责任限制及其权利丧失

当事故的发生已成事实,无法避免赔偿时,经营人就应以责任限制来抗辩索赔人。责任限制是指当经营人对于货物的灭失损害不能免责时,对其赔偿金额进行限制,也就是说对超过限额部分的货物灭失或损害,经营人可以免于赔偿。

关于赔偿责任限制,公约规定,港站经营人对其应负责的因货物灭失或损坏所负的赔偿责任,以灭失或损坏货物的毛重每公斤不超过8.33特别提款权的数额为限;但是,若货物经海上或内陆水运后立即交给港站经营人,或者货物是由经营人交付或待交付后进行此类运输,包括港内的提货和交货,则其赔偿责任以灭失或损坏货物的毛重每公斤不超过2.75特别提款权。港站经营人对延迟交货的赔偿责任限额,为其向被延误货物提供服务而可收取的费用的 2.5 倍,但这一数额不超过对包含该货物在内的整批货物所收费用的总和。此外,对货物灭失、损坏和延迟交付的赔偿责任总额,不得超过货物全部灭失时的赔偿限额。

公约上述规定是为了与《联合国国际货物多式联运公约》以及其他海运、陆运、空运公约的责任限额相衔接,从而保障承运人或多式联运经营人根据有关公约赔付货主后,能从港站经营人那里获得全部赔偿。

当诉讼是针对港站经营人的受雇人或代理人时,如该受雇人或代理人能证明他是在受经营人雇佣和聘用的范围内行事,则其有权引用经营人根据本公约可以援引的抗辩和赔偿责任限额。

当然,并非在任何情况下经营人都可以享受责任限制的权利,否则将使其责任限制的权利无限扩大。为此公约规定,如能证明,货物灭失、损坏或延迟交付,是由港站经营人、或其受雇人或代理人故意造成,或者明知可能造成这种灭失、损坏或延迟交付情况下轻率地行为或不行为所造成,则港站经营人、或其受雇人或代理人便丧失限制赔偿责任的权利。

"故意"和"明知可能"都是指行为人在作为或不作为时,对损害的发生所具有的心理状态。"故意"是指希望损害发生,例如码头工人监守自盗;"明知可能"是指已经预见到自己的行为可能造成损害的结果,这种出于轻率的作为或不作为属于重大过失。在实践中,判断行为人是否有过失,必须以行为人是否应当注意、能够注意却未注意作为依据。过失可分为一般过失和重大过失。如果法律在某种情况下对某一行为人应当注意或能够注意的程度有较高要求时,行为人没有遵守这种较高的要求,但未违背一般人应当注意并能注意的一般规则,就是一般过失。如果行为人不但没有遵守法律对他的较高要求,甚至连人们应当注意的一般标准也未达到,这就是重大过失,经营人对此须承担全部赔偿责任。

此外,为避免港站经营人以责任限制作为抗辩,货主常会以侵权来提起诉讼。侵权是指行为人由于过错侵害了他人的财产、人身而依法承担民事责任的行为,此类诉讼一旦成功,港站经营人就要对损害进行等价赔偿。

运输中有一种货物,在装运前托运人已经申报其性质和价值,并在运输单证中载明,这种货物称为保价货物。对于保价货物或是承运人和托运人已经另行约定赔偿限额的,由于承运人必须如实赔付,他是否能够相应地从港站经营人那里追讨到赔款,将取决于与港站经营人之间的独立合同是如何规定的。为此,对保价货物的运输和操作需加以特别的注意。

(六) 关于货物的留置权

港站经营人对货物提供或安排与运输有关的服务后,为获得相应报酬,有权留置货物。但如果对索赔金额已提供足够担保,或已向双方同意的第三方或经营人营业地所在国某一官方机构存入一笔相等数额的款项,则经营人无权扣留货物。为了取得满足其索赔所需的金额,港站经营人有权在货物所在国法律允许范围内出售他已行使扣押权的全部或部分货物。但在行使出售权之前,经营人应作出合理努力将出售的意向通知货主、或将货物交付经营人的人和有权向经营人提货的人,并适当地报告出售货物所获收益减去经营人应得金额和合理出售费用后的结余情况。

(七) 货物灭失、损坏、延迟交货与诉讼

对于货物存在的灭失或明显损坏,收货人在收取货物后 3 个工作日内向港站经营人递交说明货物灭失、或损坏程度的书面通知,具体说明这种灭失或损坏的一般性质,否则交货本身应视为港站经营人已按出具单证所载明情况交货的初步证据。

对于不明显的货损,应在该票货物运达最终接收人之日后连续 15 日内向港站经营人递交书面通知,但不得迟于向有权提货的人交付货物后连续 60 日内递交书面通知。否则,便是港站经营人已交付完好货物的初步证据。港站经营人在交货时,已同有权提货的人在交货时参与了对货物的检验或检查,则收货人无需就已经证实的灭失或损坏提交此种书面通知。

延迟交货所造成的损失,如果收货人未在提货后连续 21 天内向港站经营人发出通知,港站经营人便不负赔偿责任。

关于货物灭失、损坏或延误交付的诉讼时效,规定为 2 年,自港站经营人将全部或部分货物交付给提货人或将货物交由他支配之日起算;或者,在货物发生全部灭失的情况下自有权提出索赔要求的人收到经营人发出的关于货物灭失的通知之日起算,或自有权提出索赔的人据有关规定视货物已经灭失之日起算,两者以较早者为准。

公约还规定,承运人或其他人可以在上述期限届满后,对港站经营人提起追偿诉讼,但此诉讼必须在对承运人或其他人提起的诉讼中承运人或其他人被判负有赔偿责任,或者他已解决对其提出的索赔后 90 天内提起。而且,必须在对某一承运人或其他人提出的任何索赔可能导致对港站经营人提起追偿诉讼时,在提出索赔后的一段合理时间内,已就提出索赔之事,向港站经营人发出了通知。

上述时效也适用于仲裁。对于上述时效期限,港站经营人可以书面形式通知索赔方进行延长,并可另行通知或多次通知予以继续延长。

第三节　集装箱码头搬运装卸作业法律制度

随着集装箱运输的不断发展,不同种类、不同性质、不同包装的货物都有可能装入集装箱内进行运输。为了确保货运质量的安全,做好集装箱的码头的搬运装卸和箱内货物的积载工作是很重要的。集装箱作业与一般散装货物的作业有所不同,许多货损事故都是集装箱搬运装卸和装箱不当所造成的。

一、集装箱码头搬运装卸作业概述

(一) 集装箱码头搬运装卸作业的概念

集装箱码头搬运装卸作业是指集装箱船舶装卸以及集装箱船舶装卸作业前后所进行的一系列作业,主要包括集装箱装卸船作业、堆场作业、货运站作业。集装箱装卸船作业是指将集装箱装上卸下船舶的作业。堆场作业是指对集装箱在堆场内进行搬运装卸等的作业。

货运站作业是指集中、分散集装箱的业务。

(二)集装箱的选择与检查

1. 集装箱的选择

在进行集装箱货物装箱前,首先应根据所运输的货物种类、包装、性质和其运输要求,选择合适的集装箱。选择集装箱应符合以下基本条件。

(1) 符合 ISO 标准;

(2) 四柱、六面、八角完好无损;

(3) 箱子各焊接部位牢固;

(4) 箱子内部清洁、干燥、无味、无尘;

(5) 不漏水、漏光;

(6) 具有合格检验证书。

2. 集装箱的检查

(1) 外部检查。对箱子进行六面查看,检查外部是否有损伤、变形、破口等异样情况,如有即做出修理部位的标志。

(2) 内部检查。对箱子的内侧进行六面查看,检查是否漏水、漏光,有无污点、水迹等。

(3) 箱门检查。检查门的四周是否水密,六锁是否完整,箱门能否开启。

(4) 清洁检查。检查箱子内有无残留物、污染、锈蚀异味、水湿。如不符合要求,应予以清扫甚至更换。

(5) 附属件的检查。对货物的加固环节,如板架式集装箱的支援、平板集装箱、敞篷集装箱上部延伸用加强结构等状态进行检查。

(三)集装箱货物装箱的一般方法

货物在装入集装箱内时应注意的事项主要如下。

(1) 在不同件杂货混装在同一箱内时,应根据货物的性质、重量、外包装的强度、货物的特性等情况将货区分开。将包装牢固、重件货装在箱子底部,包装不牢、轻货则装在箱子上部。

(2) 货物在箱子内的重量分布应均匀。如箱子某一部位装载的负荷过重,有可能使箱子底部结构发生弯曲或者脱开的危险。在吊机和其他机械工作时,箱子会发生倾斜,致使作业不能进行。此外,在陆上运输时,如存在上述情况,拖车前后轮的负荷差异过大,也会在行驶中发生故障。

(3) 在进行货物堆码时,则应根据货物的包装强度决定货物的堆码层数。另外,为使箱内下层货物不致被压坏,应在货物之间垫入缓冲材料。

(4) 货物与货物之间,也应加隔板或者隔垫材料,避免货物相互擦伤、沾湿、污损。

(5) 货物的装载要严密整齐,货物之间不应留有空隙,这样不仅可充分利用箱内容积,也可防止货物相互碰撞而造成损坏。

(6) 在目的地掏箱时,可能由于装箱时对靠箱门附近的货物没有采取系固措施,发生货物倒塌造成货物损坏和人身伤亡的事故。因此,在装箱完毕后、关箱前应采取措施,防止箱门附近货物倒塌。

(7) 应使用清洁、干燥的垫料(胶合板、草席、缓冲材料、隔垫板)。如使用潮湿的垫料,就容易发生货损事故。

(8) 应根据货物的不同种类、性质、包装选用不同规格的集装箱,选用的箱子应符合国际标准,经过严格的检查,并有检验部门发给的合格证书。

二、集装箱的港口作业合同中当事人的权利、义务和责任

案例讨论

光明公司与红光物流公司签订了从上海用集装箱将一批茶叶运往英国伦敦的合同。红光物流公司将茶叶装入自己的集装箱,货物运到伦敦后,收货人发现茶叶有异味。经有关机构检验,茶叶受精萘污染。集装箱上一次货物装的是精萘。

问题:收货人应向谁索赔?为什么?

(一) 作业委托人的义务与责任

(1) 港口集装箱作业应填制相关作业委托单。

(2) 作业委托人委托作业货物的品名、性质、数量、重量、体积、包装、规格应与委托作业单记载相符。委托作业的集装箱货物必须符合集装箱装卸运输的要求,其标志应当明显清楚。由于申报不实给港口经营人、承运人造成损失的,作业委托人应当负责赔偿。

(二) 港口经营人的义务与责任

(1) 港口经营人应使装卸机械及工具、集装箱场站设施处于良好的技术状况,确保集装箱装卸、运输和堆存的安全。

(2) 港口经营人在装卸运输过程中应做到:① 稳起稳落、定位放箱,不得拖拉、甩关、碰撞;② 起吊集装箱要使用吊具,使用吊钩起吊时,必须四角同时起吊,起吊后,每条吊索与箱顶的水平夹角应大于45度;③ 随时关好箱门。

(3) 集装箱堆场应具备下列条件:① 地面平整,坚硬,能承受重箱的压力;② 有良好的排水条件;③ 有必要的消防措施,足够的照明设施和通道;④ 应备有装卸集装箱的机械、设备。

(4) 集装箱作业的交接。集装箱交接时,应填写"集装箱交接单"。重箱交接时,双方需检查箱体、封志状况并核对箱号无误后交接;空箱交接时,需检查箱体并核对箱号无误后交接。交接时应当作出记录并共同签字确认。发现箱体有下列情况之一的,应填写"集装箱运输交接记录":① 集装箱角配件损坏;② 箱体变形严重,影响正常运输的;③ 箱壁破损,焊缝有裂纹,梁柱断裂,密封垫件破坏;④ 箱门、门锁损坏,无法开头;⑤ 集装箱箱号标志模糊不清。对上述情况未妥善处理前,不应装船发运。

(5) 港口经营人的责任。港口经营人对集装箱货物的责任期间为装货港(卸货港)接收

(卸下)集装箱货物时起至装上船(交付货物)时止,集装箱货物处于港口经营人掌管之下的期间。

港口经营人如发现集装箱货物有碍装卸运输作业安全时,应采取必要处置措施,由此引起的经济损失,由责任者负责赔偿。

在港口装卸运输过程中,因港口经营人操作不当造成箱体损坏、封志破坏、箱内货物损坏、短缺,港口经营人应负赔偿责任。

三、装、拆箱合同

装、拆箱合同是指装、拆箱人受托运人、承运人、收货人的委托,负责将集装箱货物装入箱内或从箱内搬出堆码并收取费用的合同。装、拆箱合同除双方当事人可以即时结清者外,应当采用书面合同形式,并由委托方注明装、拆箱作业注意事项。委托装、拆箱作业的货物品名、性质、数量、重量、体积、包装、标志、规格必须与"集装箱货物运单"记载的内容相符。装、拆箱人对于集装箱货物应当承担如下责任。

1. 确保集装箱适合装运货物

装箱人装箱前,应按规定认真检查箱体,不得使用不适合装运货物的集装箱。因对箱体检查不严,导致货物损失的由装箱人负责。

2. 填写有关单据

对于有两个以上收货人或两种以上货物需要拼装一箱时,装箱人应填写"集装箱货物装箱单"。

3. 装箱的作业要求

装箱人在装箱时要做到:(1)货物堆码必须整齐、牢固,防止货物移动及开门时倒塌。(2)性质互抵、互感的货物不得混装于同一箱内。(3)要合理积载,大件不压小件,木箱不压纸箱,重货不压轻货,箭头朝上,力求箱底板及四壁受力均衡。(4)集装箱受载不得超过其额定的重量。

4. 拆箱人的特殊义务

整箱交付的集装箱货物需在卸货港拆箱的,必须有收货人参加。集装箱拆空后,由拆箱人负责清扫干净,并关好箱门。

5. 装、拆箱人的赔偿责任

由于装箱不当,造成经济损失的,装箱人应负赔偿责任。装、拆箱时不得损坏集装箱及其部件,如有损坏则由装、拆箱人负责赔偿。装箱人装箱后负责施封,凡封志完整无误,箱体状况完好的重箱,拆封开箱后如发现货物损坏或短缺,由装箱人承担责任。

第四节 铁路货场搬运装卸作业法律制度

一、与铁路搬运装卸作业有关的法律及其适用

按照《中华人民共和国铁路法》的规定,铁路运输企业对承运货物的责任期间是自接收到交付,在此过程中发生的货物灭失、短少、变质、污染或损坏,铁路部门应承担责任。交付

铁路运输的货物不可避免地要进行搬运装卸等作业,为了规范作业、保证货物在各项作业中不受损害,铁道部制定了相应的技术管理规程。

二、货场作业及装卸车的规定

我国对货场作业与装卸车规定了下列几个方面的内容。

（一）装卸义务的分配原则

1. 以装卸地点进行分配

货物装车和卸车的组织工作,在车站公共装卸场所内由承运人负责;在其他场所,均由托运人或收货人负责。

2. 以货物的种类进行分配

罐车运输的货物、冻结易腐货物、未装容器的活动物、蜜蜂、鱼苗、一件重量超过1吨的放射性同位素以及用人力装卸带有动力的机械和车辆,均由托运人或收货人负责组织装车或卸车。

3. 协商分配

其他货物由于性质特殊,经托运人或收货人要求,并经承运人同意,也可由托运人或收货人组织装车或卸车。

（二）货场作业要求

对搬入货场的货物,车站要检查货物品名与运单记载是否相符,运输包装和标志是否符合规定。按件数承运的货物,应对照运单点清件数。零担和集装箱货物要核对货签是否齐全、正确。零担货物还应核对货物外形尺寸和体积,对个人托运的生活需要、搬家货物,要按照物品清单进行核对,并抽查是否按规定在外装内放入标记(货签)。集装箱货物还要核对箱号、封号,检查施封是否正确、有效。需要使用装载加固装置和加固材料的货物,应按规定对装载加固装置和加固材料的数量、质量、规格进行检查。以超限、超长、集重货物,应按托运人提供的技术资料复测尺寸。

按规定由铁路确定重量的货物,要认真过秤。由托运人确定重量的货物,车站应组织抽查。抽查的间隔时间,每一托运人(大宗货物分品种)不超过一个月,零担和集装箱货物不超过一个月。对按密度计算重量的货物,应以定期测定的密度作为计算重量的依据。

货物应稳固、整齐地堆码在指定货位上。整车货物要定型堆码,保持一定高度。零担和集装箱货物,要按批堆码,货签向外,留有信道。需要隔离的,应按规定隔离。货物与线路或站台边缘的距离必须符合规定。

（三）装车作业

1. 装车前注意事项

应认真检查货车的车体(包括透光检查)、车门、车窗、盖阀是否完整良好,有无扣修通知、色票、货车洗刷回送标签或通行限制,车内是否干净,是否被毒物污染。装载粮食、医药品、食盐、鲜活货物、饮食品、烟草制品以及有押运人押运的货物等时,还应检查车内有无恶臭异味。要认真核对待装货物品名、件数、检查标志、标签和货物状态。对集装箱还应检查箱内装载情况,检查箱体、箱号和封印。

2. 装车时总要求

装运货物要合理使用货车,车种要适合货种,除规定必须使用棚车装运的货物外,对怕湿或易于被盗、丢失的货物,也应使用棚车装运。发生车种代用时,应按《铁路货物运输规程》的要求报批,批准代用的命令号码要记载在货物运单和货票"记事"栏内;装车时,应采取保证货物安全的相应措施。有毒物品专用车不得用于装运普通货物。冷藏车严禁用于装运可能污染和损坏车辆的非易腐货物。需要插放货车表示牌的货车,应按规定插放。对装载货物的敞车,要检查车门插销、底开门搭扣和篷布苫盖、捆绑情况。篷布不得遮盖车号和货车表示牌。

3. 装车时注意事项

装车时,必须核对运单、货票、实际货物,保证运单、货票、货物"三统一"。要认真监装,做到不错装、不漏装、巧装满装,防止偏载、偏重、超重、重量过于集中以及亏吨、倒塌、坠落和超限等。对易磨损货件应采取防磨措施,怕湿和易燃货物应采取防湿或防火措施。装车过程中,要严格按照有关规定办理,对货物装载数量和质量进行检查。

对以敞、平车装载的需要加固的货物,有定型方案的,严格按方案装车;无定型方案的,车站应制定装载加固方案,并按审批权限报批,按批准方案装车。装载散堆装货物,顶面应予平整。对自轮运转的货物、无包装的机械货物,车站应要求托运人将货物的活动部位予以固定,以防止脱落或侵入限界。

4. 装车后检查

装车后,认真检查车门、车窗、盖、阀关闭及拧固和装载加固情况。需要填制货车装载清单及标画示意图的,应按规定填制。需要施封的货车,按规定施封,并用直径3.2毫米的绑,不得妨碍车辆手闸和提钩杆。两篷布间的搭头应不小于500毫米。绳索、加固铁线的余尾长度应不超过300毫米。装载超限、超长、集重货物,应按装载加固定型方案或批准的装载加固方案检查装载加固情况。对超限货物,还应对照铁路局、分局的批示文电,核对装车后尺寸。

要严格执行装车质量签认制度,建立档案管理。

(四)卸车作业

组织卸车时,应做到:

(1)卸车前,认真检查车辆、篷布苫盖、货物装载状态有无异状,施封是否完好。

(2)卸车时,必须核对运单、货票、实际货物,保证运单、货票、货物"三统一"。要认真监卸,根据货物运单清点件数,核对标记,检查货物状态。对集装箱货物应检查箱体,核对箱号和封印,合理使用货位,按规定堆码货物。若发现货物有异状,要及时按章处理。

(3)卸车后,应按车辆清扫干净,关好车门、车窗、阀、盖,检查卸后货物安全距离,清理线路,将篷布按规定折叠整齐,送到指定地点存放。对托运人自备的货车装备物品和加固材料,应妥善保管。

卸下的货物登记"卸货簿""集装箱到发登记簿"或具有相同内容的卸货卡片、集装箱箱号卡片。在货票上记明卸车日期。

三、铁路货物装卸作业的规定

（一）铁路一般货物的装卸作业

铁路货场装卸作业主要指装卸车的作业。它包括准备作业、实施作业和整理作业三个阶段。除了实施作业要根据在实施作业时所针对的作业目标和采用的具体手段确定作业内容和技术要求外，其他两个阶段的作业内容和技术要求都有统一的规定。

1. 准备作业

准备作业包括出工、作业前准备和附属作业三个项目，其中以作业前准备最为重要。

（1）出工。

即对人员和机械、工具的准备。要求作业人员在接受任务后携带工具和备品出发。先由值班员向班组长明确布置作业任务、地点、时间要求及注意事项，班组长将作业任务传达到工组，然后根据作业需要开出机械，按要求出工。根据作业需要开出机械，带齐工具备品和安全防护用品。

（2）作业前准备。

第一要安设防护信号；第二检查车辆、货物、作业场所，具体检查货车车门、车窗、钩链、底板等是否完好，车辆内有无异味、异状，货物包装、堆码及衬垫、苫盖的状态；第三是检查机具，对机械做必要的动车实验，对工具、属具、索具进行检查，保证其安全有效；第四是由班组长召集车前会，了解车辆、货物、机械检查情况和防护信号布置作业要求。然后进行分工，宣布作业开始。

（3）附属作业。

主要是指装车前对货车的清扫和卸车前对货位的清扫；撤揭篷布；打开车门等辅助性的作业。

2. 实施作业

实施作业的工作要求根据不同的作业方式和货物特点而异。使用机械作业因不同机械的特点，需要有不同的作业标准。实施作业过程中的一些基本要求如下。

（1）必须查看现场的货物和场地，了解作业货物品种、类别、数量和特殊要求；查看作业场地情况，如机械行走轨道不能有障碍物。

（2）备齐作业所需机械、工具，进行检查并打扫作业现场。机械需要试车以确认技术状态正常。

（3）实施作业时，首先要确认货物状态正常，包装无明显缺陷。对有作业注意标志的货物，加以必要注意。机械操作中应保持机械与货物的连接可靠，运行中保持货物的平稳。

（4）放下货物前要校正货物状态，对准堆码位置，在确认符合堆码要求后再放落。

（5）作业终了时要整理、清点工具及用品，整理车辆、场地和货物。

（6）人工操作的情况下，要特别注意劳动防护和作业安全。

（7）货物在货场内的堆码应根据货物数量、体积和特点恰当选择码货位置和堆垛方式，

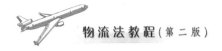

要求定型整齐、货垛牢固。

(8) 货物在货车内应堆码紧凑、层次清楚,大宗货物定型定量,堆放高处的货物应垫实底部。

3. 整理作业

整理作业包括附属作业、作业后检查和收工环节。

附属作业主要指关闭车门、苫盖篷布,整理清扫等。苫盖篷布要求拉紧、拴牢,不要遮住车牌、车号。整理货物应按货运员要求进行,剩余货物和货位集中清点、码放或苫盖。货运备品送到指定地点。

作业后检查应注意货车、货位、线路检查。要求配合货运员检查作业后车辆清扫、加固、苫盖、装载状态,检查作业货物的堆码、苫盖状态。作业线路附近无遗留物,发现异状及时处理。此外,应检查机械和工具备品,并按要求存放。对于防护信号应及时撤除。

收工,由班组长召集开会,了解作业后检查情况,进行对本次作业的小结,并最后由货运员签认装卸工作单。

(二) 铁路危险货物的装卸作业

1. 按规定配备车种

除有特殊规定外,危险货物限使用棚车(包括毒品专用车)装运。整车发送的毒害品和放射性矿石、矿砂必须使用毒品专用车。如棚车、毒品专用车不足,经发送铁路局批准在采取安全和防止污染措施的条件下,可以使用全钢敞车运输;爆炸品(爆炸品保险箱除外)、氯酸钠、氯酸钾、黄磷和铁桶包装的一级易燃液体应选用木底棚车装运,如使用铁底棚车时,须经铁路局批准。使用木底棚车装运爆炸品,如危险货物品名表中未限定"停止制动作用"时应使用有防火板的木底棚车。

2. 配备专业人员和专业防护用品以及检测仪器和作业工具

从事危险货物运输的货运、装卸人员都要经过专业知识培训,熟悉危险货物特性和有关规章,并保持人员的相对稳定。办理危险货物的车站和货车洗刷所应配备必要的劳动防护用品(包括处理意外事故需使用的供氧式呼吸防毒面具等)。经常运输放射性物品的车站和洗刷所应配备必要的检测仪器。装卸危险货物严禁使用明火灯具照明。照明灯具应具有防爆性能,装卸作业使用的机具应能防止产生火花。

3. 做好作业前的准备工作

危险货物装卸前,应对车辆和仓库进行必要的通风和检查。车内、仓库内必须清扫干净。作业前货运员应向装卸工组详细说明货物的品名、性质,布置装卸作业安全注意事项和需准备的消防器材及安全防护用品。

4. 严格按照规定作业

(1) 爆炸品的作业。

开关车门、车窗不得使用铁撬棍、铁钩等铁质工具,必须使用时,应采取防火花涂层等防护措施。装卸搬运时,不准穿铁钉鞋,使用铁轮、铁铲头推车和叉车,应布置防火花措施。禁止使用可能发生火花的机具设备。照明应使用防爆灯具。作业时应轻拿轻放,不得摔碰、撞击、拖拉、翻滚。整体爆炸物品、抛射爆炸物品和燃烧爆炸物品的装载和堆码高度不得超过1.8米。

车、库内不得残留酸、碱、油脂等物质。发现跌落破损的货件不得装车,应另行放置,妥善处理。

(2) 压缩气体和液体气体。

作业时,应使用抬架或搬运车,防止撞击、拖拉、摔落、滚动。防止气瓶安全帽脱落及损坏瓶嘴。装卸机械工具应有防止产生火花的措施。气瓶装车时应平卧横放。装卸搬运时,气瓶阀不要对准人身。装卸搬运工具、工作服及手套不得沾有油脂。装卸有毒气体时,应配备防护用品,必要时使用供氧式防毒面具。

(3) 易燃气体。

装卸前应先通风,开关车门、车窗时不得使用铁制工具猛力敲打,必须使用时应采取防止产生火花的防护措施。作业人员不准穿铁钉鞋。装卸搬运中,不能撞击、摩擦、拖拉、翻滚。装卸机具应有防止产生火花的措施。装载钢桶包装的易燃液体,要采取防磨措施,不得倒放和卧放。

(4) 易燃固体、自燃物品和遇湿易燃物品。

作业时不得摔碰、撞击、拖拉、翻滚,防止容器破损。特别注意勿使黄磷脱水,引起自燃。装卸搬运机具,应有防止产生火花的措施。雨雪天无防雨设备时,不能装卸遇湿易燃物品。

(5) 氧化剂和有机过氧化物作业。

装车前,车内应打扫干净,保持干燥,不得残留有酸类和粉状可燃物。卸车前,应先通风后作业。装卸搬运中不能摔碰、拖拉、翻滚、摩擦和剧烈震动。搬运工具上不得残留或沾有杂质。托盘和手推车尽量专用,装卸机具应有防止发生火花的防护装置。

(6) 毒害品和感染性物品作业。

装卸车前应先行通风。装卸搬运时严禁肩扛、背负,要轻拿轻放,不得撞击、摔碰、翻滚,防止包装破损。装卸易燃毒害物品时,机具应有防止发生火花的措施。作业时必须穿戴防护用品,严防皮肤破损处接触毒物。作业完毕及时清洁身体后方可进食和吸烟。

(7) 放射性物品作业。

装卸车前应先通风,装卸时尽量使用机械作业。严禁肩扛、背负、撞击、翻滚。堆码不宜过高,应将辐射水平低的放射性包装件放在辐射水平高的包装件周围。皮肤有伤口、孕妇、哺乳期妇女和有放射性工作禁忌症(如白血球低于标准浓度等)者,不能参加放射性货物的作业。在搬运Ⅲ级放射性包装件时,应在搬运机械的适当位置上安放屏蔽物或穿防护围裙,以减少人员受照剂量。装卸、搬运放射性矿石、矿砂时,作业场所应喷水防止飞尘,作业人员应穿戴工作服、工作鞋,戴口罩和手套。作业完毕应全身清洗。

(8) 腐蚀品作业。

作业前应穿戴耐腐蚀的防护用品,对易散发有毒蒸气或烟雾的腐蚀品装卸作业,还应备有防毒面具。卸车前先通风。货物堆码必须平稳牢固,严禁肩扛、背负、撞击、拖拉、翻滚。车内应保持清洁,不得留有稻草、木屑、煤炭、油脂、纸屑、碎布等可燃物。

另外,装卸时如果在同一车内配装了数种危险货物时,应符合危险货物配装表的规定。铁路局认为有必要时,可按配装表组织沿途零担危险货物分组运输。

5. 使用专线应办理有关手续

托运人、收货人有专用铁路、专用线的,整车危险货物的装车和卸车必须在专用铁路、专用线办理。托运人、收货人提出专用铁路、专用线共用时,需由铁路分局批准。

第八章　货物搬运与装卸法律制度

学习重点和难点

- 港站经营人的概念、范围和法律地位
- 《联合国国际贸易运输港站经营人赔偿责任公约》的内容
- 集装箱码头、铁路货场、公路站场搬运装卸的法律规范
- 港站经营人法律责任的确定

练习与思考

(一) 名词解释

港站经营人　港口货物作业合同　港口经营人

(二) 填空

1. 联合国1991年制定的_____是调整物流搬运装卸的重要的国际公约之一。
2. 由于我国规范港口经营人活动的法律尚未出台,对于港口实际业务活动中出现的法律问题,目前是按照国家交通主管部门(交通运输部)制定的_____执行的。

(三) 单项选择

1. 港站经营人对货物灭失或损坏的责任期间是指(　　)。
   A. 接至交原则　　B. 仓至仓原则　　C. 钩至钩原则　　D. 舷至舷原则
2. 港站经营人对于货损货差的赔偿具体适用(　　)原则。
   A. 过错责任原则　　　　　　　　B. 无过错责任原则
   C. 过错责任推定原则　　　　　　D. 公平原则
3. 延迟交货所造成的损失,如果收货人未在提货后连续(　　)内向港站经营人发出通知,港站经营人便不负赔偿责任。
   A. 3天　　B. 15天　　C. 21天　　D. 3个月
4. 在港口货物作业合同中,除另有约定外,作业委托人应当(　　)作业费用。
   A. 预付　　B. 到付　　C. 交货时支付　　D. 收货时支付
5. 在港口货物作业中,作业委托人和港口经营人的货物交接,除另有约定外,散装货物按(　　)交接。
   A. 数量　　B. 重量　　C. 体积　　D. 件数
6. 铁路货物装车时,必须核对并保证"三统一",以下哪个不是"三统一"的范围(　　)。
   A. 运单　　B. 实际货物　　C. 货票　　D. 包装

(四) 多项选择

1. 港站经营人的范围包括(　　)。
   A. 装卸公司　　B. 货运站　　C. 港口经营人　　D. 机场经营人
2. 运输港站经营人从事的与国际货物运输有关的业务包括(　　)。
   A. 装载　　B. 卸载　　C. 积载　　D. 绑扎
3. 港站经营人主要包括(　　)。

A. 港口码头的经营者　　　　　　　　B. 内陆车站的经营者
C. 机场货运中心的经营者　　　　　　D. 经营仓储、装卸、转运工作的其他人

4. 港口作业的内容包括装卸、驳运、储存、装拆箱、水上过驳和换装货物的分拣、混合、制作标志、更换包装、拆包、捆绑、加固,以及水路货物运输所需的其他各项服务。其中( )是最主要的作业项目

A. 装卸　　　　B. 驳运　　　　C. 储存　　　　D. 装拆集装箱

（五）简答

1. 简述《联合国国际贸易运输港站经营人赔偿责任公约》的主要内容。

（六）思考题

港站经营人的安全作业要求有哪些？如果违反安全作业要求而造成人员伤亡和财产损失应承担哪些责任？

案例分析

某物流公司与某仪器公司签订了装卸一批精密仪器的物流合同,运输包装上有"小心轻放"的指示性标志,但物流公司的装卸工作未按规定装卸,其中10箱货物损坏。

问题：该损失应由谁承担？为什么？

实践活动

撰写一份港口作业合同

参考范本：

_____年_____月度港口作业合同

本合同经作业委托人与港口经营人签章后,即行生效。

编号：

作业委托人	全　　称		港口经营人	全　　称	
	地址、电话			地址、电话	
	银行、账号			银行、账号	
承运人		核定计划号码		月度运输合同号码	
起运港		换装港		到达港	
装船或卸船		费用结算方式			

续表

货名	包装	重量(吨)	体积(立方米)	费率(元/吨)

特约事项和违约责任	
作业委托人签章　　　　年　月　日	港口经营人签章　　　　年　月　日

第九章 货物流通加工法律制度

■ 知识目标 ■

学习完本章,你能够掌握的知识点:
1. 加工承揽合同的含义和法律特征
2. 加工承揽合同当事人的权利、义务和责任
3. 加工承揽合同的主要内容

■ 能力目标 ■

学习完本章,你能够熟悉的技能:
1. 撰写流通加工合同
2. 分析合同项下各当事方的权利、义务和责任
3. 结合学习的知识点进行案例分析讨论

■ 思政目标 ■

1. 合同制度中的诚实守信原则,引导学生树立规则意识和契约精神
2. 遵守市场经济和法治经济原则,合法经营,维护各方合法权益
3. 享受权利、履行义务和承担责任的重要价值

■ 基本概念 ■

流通加工　加工承揽合同　加工合同　定作合同

■ 案例导入 ■

加工承揽合同纠纷案

某贸易公司将本公司产品的贴标签工作委托一家物流加工厂完成,由于工作简单,物流加工厂说5天内就能完成,可以提货,双方没有订立书面合同。可是在工作期间物流加工厂不慎引起火灾,致产品被烧毁。经双方协商,物流加工厂同意赔偿某贸易公司经济损失5万元。可是协议达成后,物流加工厂拖了两个多月也未履行赔偿义务。某贸易公司多次讨要

未果,将物流加工厂告上法庭,要求赔偿损失5万元和其他损失1万元。对本案处理有两种意见:

第一种意见认为本案双方没有订立加工合同,合同关系不成立。本案是侵权损害赔偿。物流加工厂加工中烧毁标的物,侵害了某贸易公司的财产权益,应承担赔偿责任。但侵权损害赔偿不应计算间接损失,故其他损失1万元不应赔偿。

第二种意见认为,本案属于加工承揽合同纠纷和侵权纠纷的竞合。某贸易公司把产品送到物流加工厂贴标签,加工厂同意并接收了标的物,双方合同关系成立。加工厂在加工过程中没有尽到注意义务,将某贸易公司的产品烧毁既属于违约,又是侵权,某贸易公司选择适用的法律,可以要求加工厂赔偿损失和其他损失。

问题:哪一种意见更加合理?违约责任和侵权责任的区别体现在哪些方面?

第一节 流通加工法律制度概述

一、流通加工概述

(一)流通加工概念

流通加工是指产品从生产地到使用地的过程中,根据需要进行包装或分割、计量、分拣、刷标志、挂标签、组装等简单作业。加工是生产过程的活动,是创造价值的过程。流通一般不改变其形态,而是保持流通对象的已有形态,完成空间的位移,实现其"时间效用"和"空间效用"。流通加工是在流通中进行加工,将流通与加工结合在一起,是现代物流企业提供的一项增值服务。它与生产加工最大的不同是注重物品在生产后、流通或使用前的整理,因此又称加工整理。

流通加工是对货物或其包装进行必要的加工和整理工作,它与生产加工不同,是产品从生产到消费中间的一种加工活动,是产品在生产之后,进入市场之前的简单加工整理,是物流中的一项内容,而生产加工则是生产产品。尽管流通加工只是在生产原料使用前的简单加工和为了配合运输或使用需要进行的必要整理,但就性质而言,它仍属于加工承揽工作。

(二)流通加工的作用

1. 弥补生产过程中的加工不足

流通加工是生产加工在流通领域中的延伸,能使产需双方更好地衔接,弥补生产过程的加工不足,满足不同客户的需求。

2. 有效完善物流

流通加工能有效地完善流通,流通加工虽然不是所有物流中必然出现的环节,但是它在物流系统中的作用却是不可忽视的。它实际上对物流系统起补充、完善、提高、增强物流水平以及促进流通现代化的作用。

3. 物流的重要利润来源

流通加工是一种投入不高、产出较大的加工方式,看似简单的流通加工往往可以解决大问题。

4. 流通加工可以提高原材料的利用率

流通加工可以对原材料进行初级加工,为物流其他环节创造条件,提高加工效率及设备利用率,充分发挥各种输送手段的效率。

(三)流通加工的类型

1. 为弥补生产领域加工不足所进行的加工

有许多产品在生产领域只能加工到一定程度,这是由于存在许多因素限制了生产领域不能完成最终的加工。例如,木材如果在产地加工成木制品,就会造成运输的极大困难,所以原生产领域只能加工到原木、板方材这个程度,进一步的下料、切裁、处理等加工则由流通加工进行。

2. 为满足需求多样化进行的服务性加工

从经济学的角度看,需求存在多样化和差别化两个特点,满足需求的最佳方法是设置加工环节,通过这种服务性的加工满足各种需求。例如,生产消费用户的再生产往往从原材料的加工开始。

3. 为保护产品所进行的加工

在物流过程中,直到用户投入使用前,都存在对产品的保护问题,以防止产品在运输、仓储、装卸、搬运、包装过程中遭到损坏,保障其使用价值能顺利实现。例如,新鲜的食品在运输过程中容易变质,通过将其冷冻或经过真空处理就可以解决这个问题。

4. 为提高物流效率,方便物流而进行的加工

物流的主要目的之一是提高物资流通的效率。在物流过程中,有一些产品由于自身的特点,其流通效率较低,如气体的运输。为了解决这个问题,需要对产品进行流通加工,例如将其液化,这既减小了体积又可以提高安全性。

二、流通加工法律制度

流通加工法律是与流通加工相关的法律规范的总称。关于流通加工的立法主要表现在加工承揽合同上。就我国现有的法律而言,与其他物流法规一样,目前,我国没有单独的流通加工的法规,《民法典》之合同编中关于加工承揽合同的具体规定,可适用于流通加工。流通加工的产品应符合《中华人民共和国产品质量法》(以下简称《产品质量法》)的规定。

三、物流企业在流通加工中的法律地位

流通加工是物流过程中的一个特殊环节。与其他环节不同的是,流通加工具有生产性质,它可能改变商品的形态,对物流的影响巨大。但并不是每个物流过程都必须进行流通加工,所以不是每个物流合同中都含有关于流通加工的规定。当双方当事人在物流合同中约

定物流企业承担流通加工义务时,根据物流企业履行流通加工义务所采用的方式的不同,物流企业会具有不同的法律地位。

(一)物流服务合同中物流提供者的地位

在流通加工过程中,委托加工的一方通常是货主,此种委托既可以是单项的,也可以包括在整个物流项目管理协议中。物流企业如果以自身的技术和设备亲自从事加工,则物流企业是物流服务合同中的物流提供者,其权利义务根据物流服务合同和相关的法律法规予以确定。

(二)加工承揽合同中定作方的地位

由于流通加工在一些情况下需要一些特殊的技能或工具,因此在实践中很多物流企业并不亲自履行加工义务,而是通过签订承揽合同将其在物流服务合同中的义务转交给有能力的专业加工人士。在这种情况下,对物流服务合同而言,物流企业为物流服务提供方;针对加工承揽人而言,物流企业为定作人。在流通加工中物流企业要受到物流服务合同和加工承揽合同的双重约束,并根据相关的法规享有权利,承担义务。

 案例链接

某年3月7日,某市水泥制品厂(下称甲方)与本市宏发建筑有限责任公司(下称乙方)签了一份买卖合同。合同约定:甲方供给乙方4米以内的预制板12 000立方米,每立方米由乙方提供钢筋60千克,所需水泥由甲方筹集,费用凭发票向乙方结算。每立方米单价145元,甲方交付预制板时由乙方分次结算。

预制板由甲方运送,装车费、运费均由甲方负责。违约责任为任何一方违约,应向对方支付货款总额20%的违约金。合同订立后,甲方按约运去预制板8 500立方米,但乙方却以工程款未到位为由拖欠货款545 000元,欠付钢筋3 425千克。双方经多次协商未果,甲方遂向法院起诉,请求法院判令乙方支付货款及偿付违约金。该案应如何处理?

分析要点:

本案中,争议的焦点是合同的性质,亦即双方当事人所签的合同究竟为买卖合同,还是加工合同。虽双方当事人所签的合同写明是买卖合同,乙方所交的金额注明是货款而非加工费,但合同却明确规定,由乙方提供钢筋等原材料,所需水泥虽由甲方筹集,但费用单独结算,且产品规格按乙方要求制定。这些合同的本质内容,完全说明该合同性质属于加工合同,而非买卖合同。乙方未按期支付货款构成违约,应支付甲方加工费并承担违约金。

本案启示:1. 当事人在订立合同时,一定要将合同条款尽量明确,并一定要写在合同文本中;2. 当事人在签承揽合同之前,要弄清自己要签订什么种类的承揽合同,自己是否能够完成相关工作。

第二节 加工承揽合同法律制度

在流通加工环节中,物流企业可能通过加工承揽合同履行其物流服务合同的加工义务,即物流企业通过与承揽人签订分合同的形式将其加工义务分包出去。对此,物流企业通常处在加工承揽合同中的定作人的地位。因而,作为定作人,物流企业应当了解与其有关的加工承揽合同的法律适用、合同的订立、内容及相应的权利和义务。

一、加工承揽合同的概念和法律特征

(一)加工承揽合同的概念

加工承揽合同,是指承揽人按照定作人的要求完成一定工作,并交付工作成果;定作人接受承揽人的工作成果并给付报酬的合同。完成工作的一方叫承揽人,接受工作成果并支付报酬的一方为定作人。

(二)加工承揽合同的法律特征

1. 加工承揽合同是以一定工作的完成为目的

这是加工承揽合同最典型的特征,也是其区别于劳务合同的本质特征。虽然在加工承揽合同中,承揽人为了完成工作成果,需要付出劳动,但劳动本身不是加工承揽合同的目的,而不过是加工承揽合同手段。因此承揽人虽然付出劳动但没有成果,无权请求定作人给付报酬。

2. 加工承揽合同的标的具有特定性

加工承揽合同是为了满足定作人的特殊要求而订立的,因而作为加工承揽合同标的的工作成果是由定作人确定的,或者是按定作人的要求来完成的。承揽人在承揽活动中对于承揽标的的种类、规格、形状、质量等均需按照定作人的特定要求完成。加工承揽合同的意义就在于以特定性的工作成果满足定作人的特定需要。

3. 加工承揽合同中承揽人的工作具有独立性

即承揽人以自己的设备、技术、劳力等完成工作任务,不受定作人的指挥管理。但承揽人在完成工作过程中应接受定作人必要的监督和检查,在承揽人未按约定的条件和期限进行工作,显然不能按时按质完成工作成果时,定作人有权解除合同并要求赔偿损失。

4. 加工承揽合同是具有一定人身性质的合同

承揽人一般必须以自己的设备、技术和劳力等完成工作。承揽人不得擅自将加工承揽的工作交给第三人完成。

5. 承揽人在完成工作过程中承担风险责任

承揽人在加工承揽合同履行过程中要承担意外损失的风险。在完成工作过程中,因不可抗力等不可归责于双方当事人的原因致使工作成果无法实现或工作物遭受意外灭失或损坏,从而导致工作物的原材料损失和承揽人劳动价值损失由承揽人承担。但是如果原材料

由定作人提供的,则原材料的损失由定作人自行承担。

6. 加工承揽合同是诺成、双务、有偿合同

加工承揽合同自双方当事人意思表示一致即成立,故为诺成合同。加工承揽合同双方当事人均负有一定的义务,一方的义务即是对方的权利,故为双务合同。定作人须对承揽人完成的工作成果支付报酬,故为有偿合同。

 案例链接

甲公司长期承揽乙公司各种小型机械配件的加工业务。在长期合作过程中,通常由乙提供原材料,甲根据乙提出的要求对原材料进行加工。在双方商定的加工期限内,甲加工完毕后,产品由乙自提,酬金在提货时一次结清。经过多次合作,双方已形成良好的信用关系,因此从未订立书面合同。

某年5月,乙公司又给甲公司送来一批原材料,要求甲公司在1个月内加工规格为M20X100的螺栓螺杆2万套,每套加工费3元,乙公司提货时付款,甲公司应允。双方未订立书面合同。甲公司在加工期间,由于仓库被盗,导致乙公司提供的原材料部分丢失,于是甲公司便使用其他库存材料替代。乙公司在验货时认为所加工的货物硬度不够,加工货质量不合格,因此拒付加工费并要求甲公司赔偿。

甲公司认为,更换加工材料系因被盗引起,属于不可抗力,该损失不应由甲公司承担。

而且现在小偷已被公安局抓住,乙公司应向小偷主张赔偿权利。乙公司则认为,原材料被盗系甲公司保管不善引起,甲公司应承担由此造成的损失。虽然小偷被抓住,但该盗贼并不具备偿还能力。

问题:该原材料的损失应由谁承担呢?

分析要点:

本案涉及的是加工承揽合同问题。乙公司作为定作人提供原材料,甲公司作为承揽人负责按照定作人的要求进行加工。本案中原材料的损失是由于盗窃造成的,根据侵权的原理,当然最终应由盗贼赔偿损失。但是由于本案中的盗贼并不具备偿还能力。这就涉及根据加工承揽合同的相关法律规定,对由承揽方保管的由定作人提供的原材料损失的风险应由谁来承担的问题。

二、加工承揽合同的类型

由于承揽包括加工、定作、修理、复制、测试、检验等工作,因此,承揽合同相应地也可分为加工合同、定作合同,修理合同、复制合同、测试合同、检验合同等。在这些合同中加工合同和定作合同与物流的关系最为密切。

在物流过程中,物流企业经常会作为承揽人接受一些企业的定作任务。有时物流企业

也会作为定作人要求别的企业或个人完成工作。修理合同与物流的联系也较紧密。物流过程中产品和包装的破损是不可避免的,修理合同在物流过程中是常见的。修理合同履行得好坏将影响物流的效益。

下面主要对与物流关系较密切的三种加工承揽合同进行介绍。

(一) 加工合同

加工合同是指承揽人按照定作方的具体要求,使用自己的设备、技术和劳动,把定作人提供的材料或半成品加工成成品,然后由承揽方按约定收取加工费的合同。加工合同的主要特点是定作方提供原料,承揽方只收取加工费。在有的情况下,承揽方可能会提供一些辅助材料。

(二) 定作合同

定作合同是承揽方按照定作方的需求,利用自己的设备、技术和劳动力并用自己的材料为定作方制造成品,由定作方支付报酬的合同。定作合同与加工合同的不同之处在于定作方不需提供产品的原材料,所用材料完全由承揽方负责,定作方只对最后的成品进行检验。

(三) 修理合同

承揽方为定作方修复损坏或者发生故障的设备、器件或者物品,通过修复和保养,使修理物达到可正常使用的状态,承揽方按照定作方的要求完成修理任务。定作方应向承揽方给付酬金。

三、加工承揽合同的法律适用

有关加工承揽合同的法律法规主要为《民法典》之合同编。

四、加工承揽合同的订立和形式

当事人在订立加工承揽合同时,首先应当核实对方当事人的主体资格,不应盲目与他人签订加工承揽合同。这一点对于加工承揽合同中的定作人来说尤为重要,如果承揽人不具备签约主体资格或借用别的单位名义签订合同,或者不具备承揽该工作资质或完成该工作的能力,则加工承揽合同将不能得到很好的履行,承揽项目的质量也将难以保证,这将给定作人造成损失。因此,定作人在订立合同时一定要了解对方当事人是否具备完成承揽工作所必需的设备条件、技术能力、工艺水平等情况,以确保承揽人具有履约能力。承揽方对这一点也不可忽视,只有定作人具备足够的履约能力,承揽人付出劳动完成的工作才能得到保证。

加工承揽合同的订立过程,是双方当事人就其相互间的权利义务协商一致的过程。与其他合同相同,根据《民法典》之合同编的规定,加工承揽合同的订立包括要约和承诺两个阶

段。一般情况下,在加工承揽合同中,要约是由定作人发出的,承揽人是受要约人。当然,承揽人同样可以主动向定作人发出要约。无论是哪一方发出的要约,取得对方当事人承诺后,加工承揽合同均告成立并生效。

《民法典》之合同编没有对加工承揽合同的形式作出特别的要求,因而,双方当事人不仅可以以书面的方式,也可以选择口头的或其他形式订立承揽合同。但在实践中,承揽合同一般都采用书面形式,以便在发生纠纷时分清责任。

五、加工承揽合同的主要条款

加工承揽合同的内容由当事人协商确定,应当包括以下主要条款。

(一)加工承揽的品名或者项目

加工承揽合同内容广泛,既有加工定作的,也有完成一定劳动项目的。例如,修理车床就应在合同中写明修理的具体内容;定作非标准通风机的,就应写明委托制造通风机。

(二)加工承揽标的的数量、质量、包装、加工方法

数量,是以数字和计量单位来衡量定作物的尺寸。根据标的物的不同,有不同的计算数量的方法。数量包括两个方面:数字和计量单位。在合同中,数量条款中的数字应当清楚明确,数量的多少直接关系到双方当事人权利义务,也与价款或酬金有密切的关系。在计量单位的使用上,应该采用国家法定的计量单位,如米、立方米、千克等。

在这些条款中,质量技术条款应当引起特别重视。加工承揽合同的标的物是具有特定性质的物,因而对承揽方履行合同提出了严格的要求。对加工承揽合同的定作物品或者完成工作项目的质量技术要求应在合同中规定得清楚、准确。标的物或者项目执行统一标准的,合同中应写明执行的标准名称、代号、编号。属于非标准的定作物,必须有明确的技术要求或者图纸资料。没有统一标准而有样品的,双方当事人应共同封存样品,妥善保管。承揽方必须按照定作方要求的质量技术性能加工生产和完成工作项目。

承揽方在依照合同要求进行工作期间,发现定作方提供的图纸或者技术资料有不合理处,应当及时通知定作方,定作方应当及时回复,提出修改意见。为确保质量,定作方有权在工作期间随时检查或者委托双方认可的第三方检查产品质量。

(三)原材料的提供以及规格、数量、质量

承揽方如使用自己的原材料进行加工生产或者完成工作,必须按照合同要求选用原材料,对产品和工作成果的质量负责,并接受定作方的检查。若承揽方隐瞒原材料的质量缺陷或者使用不符合合同要求的原材料而影响了定作物的质量的,定作方有权要求重做、修理、减少价款或者退货。

承揽方使用定作方的原材料完成工作的,应当明确原材料的消耗定额。定作方提供原材料的,应按合同规定的时间、数量、品种规格、质量保证供应,承揽方每次应及时检验,发现材料不符合要求的,应及时通知定作方调换或者补齐。

（四）价款或者酬金

价款是用来偿付承揽方完成产品或者项目的价金。价款中包括原辅材料、技术、燃料动力、劳务及设备损耗等开支。酬金是不包括原辅材料用来支付对方劳务或者智力成果的价金。

关于加工定作物品的价款或者酬金，国家或者主管部门有规定的，按规定执行；没有规定的，可由当事人双方商定。

（五）履行条款

履行条款包括履行期限、履行地点、履行方式三部分。

（1）履行期限是合同当事人履行合同义务的期限。加工承揽合同的履行期限包括提供原材料、技术资料、图纸及支付定金、预付款等义务的期限。

（2）履行地点是指履行合同义务和接受对方履行的成果的地点。履行地点直接关系到履行合同的时间和费用。

（3）履行方式是指当事人采用什么样的方法履行合同规定的义务。在加工承揽合同中履行方式指的是定作物的交付方式，例如是一次交清还是分期分批履行，定作物是定作人自己提取还是由承揽人送货等。

关于履行的期限、地点和方式，有规定的，按规定执行；没有规定或约定不明确的，按交易习惯履行。

（六）验收标准和验收方法

有封存样品的，双方共同启封样品，以样品为验收依据；无样品的，依技术资料图纸和规定的技术标准和要求进行验收。有些产品经检验难以立即发现质量缺陷的，必须规定一定的产品保修期。在保修期内发现质量问题的，除由定作方使用或保管不当造成的以外，应由承揽方负责修复或者退换。

（七）样品条款

凭样品确定定作物的质量是加工承揽合同中的一种常见的现象。在这种情况下，定作人完成的工作成果的质量应该达到样品的水平。样品可以由定作方提供，也可以由承揽方提供。提供的样品应封存，由双方当场确认并签字，以作为成果完成后的检验依据。

（八）保密条款

由于加工承揽合同的特殊性，定作方有时会向承揽人提供一定的技术资料和图纸，可能涉及定作人不愿被他人所知的商业秘密或技术秘密。所以在合同中规定保密条款是十分必要的。保密条款应该对保密的范围、程度、期限、违反的责任进行细致约定。

（九）违约责任

违反加工承揽合同的责任是指由于合同当事人自己的过错致使合同不能履行或者不能

完全履行,依照法律和合同规定必须承担的法律责任,如向对方交付违约金、赔偿金等。

承揽方的违约行为主要有未按合同规定的质量、数量、时间完成工作,未按合同规定包装定作物,擅自调换定作方提供的原材料或者零部件等。

定作方的违约行为主要有擅自解除合同,擅自变更合同规定的定作物的质量、数量、完成时间,未按合同规定期限提供原材料,超过合同规定的期限领取定作物或者支付付款等。

(十) 解决合同纠纷方式

这一条款要求当事人双方在签订合同时写明一旦合同发生争议,双方将采取何种方式加以解决。

(十一) 双方协商的其他条款

其他条款规定对定作方提供的原材料加工的消耗定期,规定废品率,规定对下脚料的处理以及节约用料的奖励办法等。

相关资料

签订加工承揽合同应注意的问题

首先,要注意了解对方履行合同的能力,即对承揽方的设计能力、设备条件、技术力量、工艺水平以及其曾经完成过何类水平的项目要了解清楚;其次,对其已经承揽的业务,也应查询清楚。同时,加工承揽是满足特定需要的一种经济活动,因此技术标准、质量要求是衡量合同履行的标尺,合同约定的技术标准等质量要求必须规定准确、详尽。在实际案例中,往往由于上述基本情况了解不清而盲目签约,造成质量、技术达不到标准要求,或者因承揽量大造成逾期不能履约,常常使当事人蒙受经济损失。

六、加工承揽合同当事人的权利和义务

(一) 承揽人的主要权利和义务

1. 承揽人的主要权利

(1) 承揽人的收益权。

按照合同的约定,承揽人有权要求定作人支付报酬和有关原材料的费用。在定作人没有按照约定支付报酬和费用时,承揽人可以对其定作物和原材料行使留置权。留置经过一定的时间(一般不少于2个月)后,定作人仍未支付报酬和费用的,承揽人有权将定作物或原材料变卖或拍卖,以所得价款优先受偿其报酬和费用。另外,当定作人无正当理由拒绝受领定作物或无法交付定作物时,承揽人有权将定作物交给提存机关提存,以免除自己的交付

义务。

（2）承揽人的留置权。

指承揽人享有的依法留置定作物，作为取得工作报酬的担保权利。承揽人的这一权利，是法律对承揽人所付出的劳动的一种特别保护。加工承揽合同中，定作人往往是在承揽人交付工作成果时支付报酬。如果定作人取得定作物的时候仍不支付报酬及相关费用，承揽人没有任何优势而言。这种处境对于已付出了大量劳动的承揽人而言，是不公平的。为了体现对承揽人所付出的劳动的尊重，法律规定了承揽人的留置权。承揽人依法留置定作物，在一定意义上促使定作人支付合同约定的报酬及相关费用。如果定作人收到通知后，逾期不履行其义务，承揽人可将该留置物折价或就该留置物拍卖、变卖所得的价款优先受偿，这在很大程度上保护了承揽人的利益。

承揽人依法享有留置权的前提是定作人不支付合同约定的报酬或者其他相关费用。承揽人行使留置权的目的在于促使定作人按约定支付上述款项。因此，只要定作人支付了相应的款项或提供其他适当的担保，承揽人就应交付被其留置的定作物。至于用于留置的财产，应当是承揽人基于加工承揽合同而合法占有的属于定作人的工作成果、材料以及其他财产。所留置的定作物的价值，应尽可能与定作人所应支付的报酬及其他费用的金额相近。当所谓留置的定作物或其他财产为可分物时，留置物的价值应当相当于债务的金额。此外，承揽人的留置权是一种法定担保物权，但当事人也可以在合同中约定加以排除。

 案例链接

某年某商场与某服装厂签订了一份女长袖衫加工承揽合同。合同规定：某商场提供样品及原料，由服装厂加工衬衫1 000件，每件加工费50元。4月20日前交货600件，5月10日前交其余400件。第一次交货后5天内付清80%的加工费，余下加工费于服装厂交付剩余400件衬衫时付清。

4月18日，服装厂向商场交付600件衬衫，商场经验收合格后收下。4月20日，商场以资金紧张为由，仅向服装厂支付了600件衬衫的加工费，即仅支付了60%的款项。5月10日服装厂将剩余400件衬衫也加工完毕，在向商场交付的同时要求商场支付余下全部加工费2万元。但商场仍以资金紧张为由，请求延后交款。

服装厂不同意，以商场未能依约支付相应合同款项为由，拒绝交付剩余的400件衬衫。商场认为衬衫的原料是自己提供的，服装厂无权留下。

问题：服装厂是否有权拒绝交付剩余400件衬衫？为什么？

分析要点：服装厂有权拒绝交付剩余400件衬衫。因为服装厂作为承揽人其对定作物有留置权。根据《民法典》之合同编规定，在定作人未按照加工承揽合同的约定向承揽人支付相应的报酬时，承揽人有权对自己完成的该工作成果进行留置，不向定作人交付。本案中，商场作为定作人未能按照双方定作合同的约定向服装厂支付报酬。所以服装厂有权对其所完成的工作成果进行留置。

第九章　货物流通加工法律制度

2. 承揽人的主要义务

(1) 承揽人应完成合同约定的工作任务。

这是承揽人基本的义务,对此,承揽人应恪守信用,严格按加工承揽合同约定的关于流通加工的标的、规格、形状、质量等完成工作,以满足委托方的要求。

① 承揽人应当以自己的设备、技术和劳力,完成工作的主要部分,但当事人另有约定的除外。所谓主要部分首先是对定作物的质量有决定性作用的工作物部分,一般来说是指工作技术要求高的部分;如果质量在工作物中不起决定作用,定作物为一般人均可完成的工作时,那么主要部分则指数量上的大部分。承揽人将其加工承揽的工作转由第三人完成的,应当就该第三人完成的工作成果向定作人负责。根据合同约定或者合同性质、交易习惯加工承揽的工作不得转让的,承揽人转让时,定作人可以解除合同。

② 承揽人应按照合同约定的时间着手和进行工作,并于规定的期限内完成工作。承揽人因可归责于自己的事由不能按期完成工作任务的,定作人得于履行期限届满后请求解除合同。

③ 承揽人应按照合同的约定按定作人要求的技术条件和质量标准完成工作。如合同对此无约定,应依国家规定的技术条件和质量标准;如无国家规定,则应当符合平常所提出的要求。非经定作人同意,承揽人不得擅自修改技术要求和质量标准。

④ 承揽人在工作期间,应当接受定作人必要的监督检验和指示,但当事人另有约定的除外。定作人监督检验时不得妨碍承揽人的正常工作。定作人中途变更设计图纸、工作要求,或者指示错误,给承揽人造成损失的,应当赔偿损失。

⑤ 承揽人在完成工作的过程中,如发现定作人提供的设计图纸有错误或者技术要求不合理、定作人提供的材料不符合约定、可能影响工作质量或者履行期限的其他情形,应当及时通知定作人。定作人接到通知后,应当及时答复并采取相应措施。定作人因怠于答复等原因造成承揽人损失的,应当赔偿损失。承揽人怠于通知造成损失的,应当由承揽人承担损失。

(2) 承揽人应按合同的约定提供原材料或接受、检验、保管、使用定作方提供的原材料。

① 合同约定由承揽人提供材料的,承揽人应当按照合同约定的质量标准选用材料,没有约定质量标准的,承揽人应当选用符合定作物使用目的的材料,并接受定作方的检验。定作方未及时检验的,视为同意。

② 用定作人提供的原材料完成工作的,承揽人应接受定作人提供的原材料并及时检验,发现不符合要求的,应当及时通知定作人调换或补交。因承揽人不及时检验而使用不合格材料的,或因承揽人怠于通知的,承揽人仍应对定作物的质量负责。

③ 承揽人应当妥善保管定作人提供的材料。定作人提供的材料在承揽人占有期间毁损、灭失的,由承揽人承担责任。

④ 承揽人在完成工作的过程中,如发现定作人提供的设计图纸有错误或者技术要求不合理,定作人提供的材料不符合约定,以及可能影响工作质量或者履行期限的其他情形,应当及时通知定作人。定作人接到通知后,应当及时答复并采取相应措施。定作人因怠于答复等原因造成承揽人损失的,应当赔偿损失。承揽人怠于通知造成损失的,应当由承揽人承担损失。

(3) 交付工作成果,保证定作方顺利实现对定作物的利益。

① 承揽人应按合同约定期限交付工作成果,承揽人要求提前或延期交付工作成果的,应事先与定作人达成协议,并按协议执行。擅自提前或延迟交付的,应承担违约责任。

② 承揽人在交付定作物时,还须交付定作物的附从物,同时,工作完成后,如果定作人提供的原材料及零配件等尚有剩余,则承揽人亦应退还给定作人。

③ 承揽人在向定作人交付工作成果时,应对定作物的质量负瑕疵担保责任,即承揽人应担保所交付的定作物符合合同所规定的质量要求。如交付的定作物不符合合同约定的质量标准即为有瑕疵,这时定作人同意利用的,可以按质论价,减少相应的报酬;定作人不同意利用的,承揽人应负责修整、调换或重做,并承担逾期交付的责任;经过修整或调换后,仍不符合合同规定的,定作人有权拒收,可以解除合同,要求赔偿损失。但是,在法定的质量保证期限已过的情况下,承揽方可免除承担瑕疵担保责任。

④ 承揽人所交付的定作物的数量不得少于合同的规定。否则,定作人仍需要的,应当照数补齐,并承担补齐部分逾期交付的责任;对少交部分,定作人不再需要的,有权就该部分解除合同,要求赔偿损失。

⑤ 承揽人应按合同规定包装定作物,包装不合格的,定作人有权要求重新包装。因包装不合合同规定造成定作物毁损灭失的,承揽人应负赔偿责任。

(4) 保密义务。

定作人对加工承揽工作要求保密的,承揽人应当保守秘密。承揽人未经定作人许可,不得留存复制品或者技术资料。承揽人的保密义务是一种随附义务,基于诚信原则而产生。

(5) 应当接受定作人必要的监督和检查。

为了保证承揽人完成的工作符合定作人的要求,承揽人在承揽期间应接受定作人的必要监督和检查。定作人监督和检查时不得妨碍承揽人的正常工作。定作人中途变更设计图纸、工作要求,或者指示错误,给承揽人造成损失的,应当赔偿损失。

(6) 共同承揽人的义务。

为了增强承揽能力,常出现两个以上承揽人共同与定作人签订承揽合同的情况。加工承揽合同中,当承揽人为两人以上时,通常称为共同承揽人。我国《民法典》之合同编规定:"共同承揽人对定作人承担连带责任,但当事人另有约定的除外。"

(二) 定作人的主要权利和义务

1. 定作人的主要权利

(1) 对材料的检验权。

在加工承揽合同中,双方当事人可以自由约定材料由定作人提供或由承揽人提供。无论哪方提供材料,材料的品种、质量等因素都将直接影响承揽工作成果的最终质量,因此,任何一方所提供的材料都应当是符合合同要求且满足定作物质量需要的。在承揽人提供材料的情况下,定作物一般自始至终都将在承揽人的占有之下。如果不允许定作人进行检验而仅凭承揽人的诚信进行承揽工作,一旦承揽人提供的材料不符合合同的要求,定作人将无从知晓,定作物的质量也无从得到保证,定作人将处于十分不利的地位。基于此原因,应当赋予定作人对材料的检验权。我国《民法典》之合同编规定:"承揽人提供材料的,承揽人应当按照约定选用材料,并接受定作人检验。"如果定作人对承揽人选用的材料质量提出异议,承揽人应当给予调换。承揽人因原材料导致工作成果有瑕疵的,承揽人应当承担违约责任。

(2) 监督检验权。

按照加工承揽合同所应完成的工作成果,应当是按照定作人的要求专门加工制作的。一旦最终的定作物不符合定作人在合同中所提出的特定要求,该定作物很可能也将因过于个性化而难以转让给其他人。因此,为保证定作物在加工、制作的各个阶段都符合合同的要求,且能最终满足定作人的特殊要求,应当规定定作人有权监督检验承揽人的工作是否按照特定的要求进行。对于定作人的监督检验,承揽人有义务予以配合,给定作人以合理的机会行使权利。但是定作人监督检验权利的行使应当以不妨碍承揽人的正常工作为限。对此,我国《民法典》之合同编规定:"承揽人在工作期间,应当接受定作人必要的监督检验。定作人不得因监督检验妨碍承揽人正常工作。"这里的监督检验权是对承揽人承揽工作的监督检验,不包括对承揽人提供材料的验收。定作人在监督检查中发现承揽工作有问题的,应当及时提出并要求承揽人改正、变更工作要求等。

 案例链接

赵某为了向其岳父的八十大寿献贺礼,同具有高级技术职称的木雕师李某签订了一份木雕作品制作协议。双方约定:木雕原材料由赵某提供,由李某完成一件主题为"老寿星祝寿图"的木雕作品。双方还就作品规格、加工费、交货日期和违约责任等作了约定。在雕刻过程中,不懂木雕加工艺术的赵某每天前往李某工作处查看,常常对雕刻工作的技术处理提出很外行的不合理的要求,且举棋不定、朝夕令改,使李某无所适从。李某在无奈之下,向法院起诉,要求解除合同,让赵某支付其已经完成部分的加工费。

分析要点:本案的焦点在于,定作人应如何行使监督检验权。

根据《民法典》之合同编规定,承揽人在工作期间,应当接受定作人必要的监督检验。但是,定作人不得因监督检验妨碍承揽人的正常工作。因此,本案中的赵某有权对李某的工作进行监督,李某应接受赵某必要的监督检验。但赵某的监督已经超出必要的范围,妨碍了李某的正常工作。在这种情况下,作为承揽人的李某有权要求解除合同。李某要求解除合同时,工作尚未完成,虽然不能要求定作人赵某支付报酬,但有权要求赵某赔偿其损失,包括可得利益损失。

(3) 中途变更要求的权利。

在加工承揽合同中,承揽人应按照定作人的要求完成工作,这是加工承揽合同订立的基础之一,定作人的要求体现在承揽工作的整个过程中。由于种种原因,定作人可能会对最初在合同中所约定的要求觉得不满意、不适合。在这种情况下,应当允许定作人对其提出的要求进行变更,但定作人应承担这种变更所带来的不利后果。我国《民法典》之合同编规定:"定作人中途变更承揽工作要求,造成承揽人损失的,应当赔偿损失。"

（4）定作人有单方解除权。

一般而言，合同生效后，双方当事人任何一方都不得任意解除。但加工承揽合同具有按定作人要求进行承揽工作的特殊性，在合同成立后如定作人因种种原因不再需要承揽人完成该项工作时，允许定作人单方解除合同应当是最佳选择。因为此时如果定作人迫于合同的约束力而继续该合同，将会造成人力、物力的更大损耗。法律因此赋予了定作人单方解除权。我国《民法典》之合同编规定："定作人在承揽人完成工作前可以随时解除承揽合同，造成承揽人损失的，应当赔偿损失。"

2. 定作人的主要义务

（1）按合同的约定提供原材料。

定作人应该按照合同约定的质量、数量、规格、种类提供原材料。这里的材料，不仅包括钢材、木料、砂石等生产材料，还包括加工承揽合同中所涉及的技术资料，如技术标准、技术要求等。如因定作人提供的原材料或技术材料等不符合要求或不合理而导致承揽人无法按时或按质、按量完成工作时，承揽人不承担责任。定作人不得随意变更数量、质量或设计等；定作人中途变更工作的要求，给承揽人造成损失的，应当赔偿损失。

（2）定作人应协助承揽人完成工作任务。

多数加工承揽合同的履行都需要定作人的协助来完成，只是根据具体合同的不同所需要的协作程度不同，这里的协作不仅包括技术上的，如及时提供技术资料、有关图纸，而且还包括物质上的，如提供场地、水、电等。

① 定作人应依合同约定向承揽人提供原材料、技术材料并完成必要的准备工作。否则，承揽人有权解除合同，要求赔偿损失；承揽人不要求解除合同的，除工作完成的日期可以顺延外，定作人还应偿付承揽人停工待料的损失。

② 根据合同性质需要定作人协助的，定作人有协助义务。定作人不履行协助义务致使加工承揽工作不能完成的，承揽人可以解除合同。

（3）定作人应按照合同约定受领定作物。

① 定作人应按照合同约定的时间、地点受领定作物。合同规定定作人自提的，应按时提取。定作人无故拒收定作物的，应负赔偿责任；定作人超过规定期限领取定作物的，应负违约责任并承担承揽人支付的保管、保养费。

② 定作人在领取定作物时，应当依照合同规定进行验收。定作人应当在约定的期限内提出质量异议，超过约定的期限提出质量异议的，承揽人不承担责任。定作人和承揽人对质量异议的期限没有约定，工作成果明显不符合约定质量的，应当在工作成果交付之日起 15 日内提出；需经检验或者安装运转才能检验的，应当在工作成果交付之日起 6 个月内提出。

 案例链接

某年 3 月 1 日，甲服装厂和乙商贸公司签订制作儿童雨衣的合同。合同约定：由甲服装厂为乙商贸公司加工儿童雨衣 1 万件，每件加工费 30 元，由乙商贸公司提供制作图样和原材料，甲服装厂于 2006 年 5 月 25 日前交付加工完毕的雨衣。

第九章 货物流通加工法律制度

合同签订后,乙商贸公司迟迟未向甲厂提供制作雨衣的图样和原材料,经甲多次催促,才于3月23日将制作图样和原材料送至乙商贸公司,由此拖延了工期,导致甲厂未能如期完成雨衣的加工。同时由于双方疏忽,在合同中没有写明商贸公司何时支付报酬。当甲服装厂于6月10日将全部雨衣制作完毕后,乙商贸公司要将全部服装提走,并表示要等到9月底再付款。甲服装厂拒绝乙商贸公司提货。

问题:

1. 乙公司应当何时支付报酬?

2. 甲厂是否有权拒绝交付加工完毕的雨衣?

分析要点:

1. 乙应当在提货时支付报酬。根据《民法典》之合同编规定,承揽合同中对支付报酬的期限没有约定或者约定不明确,定作人应当在承揽人交付工作成果时支付报酬。本案中双方没有对报酬的支付时间进行约定,则乙公司应当在提货时向甲厂支付报酬。

2. 甲厂有权拒绝交付雨衣。根据《民法典》之合同编规定,定作人未向承揽人支付报酬或者材料费等价款的,承揽人对完成的工作成果享有留置权,除非双方当事人另有约定。本案中,乙商贸公司未向甲服装厂支付报酬就要提走货物,这时甲厂可以对加工的雨衣行使留置权。

(4) 按期支付报酬、材料费和其他费用。

定作人应当按照约定期限、数额向承揽人支付报酬。定作人逾期支付报酬或费用的,承揽人有权请求定作人支付利息。定作人未按约定期限支付报酬的,承揽人对完成的工作成果享有留置权。

七、流通加工中涉及的法律责任

(一) 承揽人的法律责任

1. 违约责任

物流企业根据物流服务合同的要求进行流通加工,物流服务合同中规定了物流企业应履行的义务,当其违反了合同中的约定时,就应当承担违约责任。其承担的违约责任应该根据物流服务合同的具体内容确定。

当事人违约的情况主要有以下几种。

(1) 承揽人交付的工作成果不符合质量标准。

即未按合同规定的质量完成定作方委托的工作。若定作方同意接收,应按质论价,酌减价款或酬金;定作方不同意接收,承揽方应负责修整和调换,其所需费用由承揽方自负,同时承揽方还要承担逾期交付的责任,依然按加工承揽合同规定的违约金条款支付违约金。逾期交付定作物,遇到价格上涨时,按原价格执行,遇到价格下降时,按新价格执行,即按有利于定作人的价格;定作方不同意按质论价,或修理、调换后仍不符合质量要求的,可以解除合同,承揽方应赔偿定作方因此而造成的损失。

(2) 定作方未在约定期限内交付报酬或材料费等价款。

定作人向承揽人支付报酬是定作人的义务,有约定期限的按照约定期限支付报酬;对于没有约定或约定不明确的,可以按协议补充支付报酬的时间;不能达成协议的,定作人应在交付工作成果的同时支付报酬;交付部分工作成果的,定作人应相应地支付部分报酬;如果承揽工作的成果无须交付,定作人就于工作完成之时支付报酬。定作人延期支付报酬的,应承担逾期支付的利息。

(3) 定作人未向承揽人支付报酬或材料费等价款的,承揽人对完成的工作成果享有留置权。

承揽人的留置权是保证承揽人实现报酬索求权的一种法定担保物权,但是留置权只有在合同中的义务人到期后仍不履行合同时行使,目的是促使有义务的一方履行合同。

(4) 定作方中途变更承揽工作要求。

加工承揽合同签订以后,在没有履行或没有完全履行合同义务之前,定作方未经承揽方同意而单方对合同的内容进行修改、增减,如变更标的内容、改变定作物数量、规格、设计等,实质上也是一种违约行为,应向承揽方承担违约责任,支付违约金;如果对承揽方造成的损失超过违约金,还应支付赔偿金,以补充不足部分。加工承揽合同签订后尚未履行或未完全履行时,由于签订加工承揽合同时所依据的主客观情况发生变化,定作人对原承揽合同条款进行修改或补充,可以是合同主体的变更,也可以是合同标的物的种类、数量、质量、价格、交货期限、交货地点、交货地点等合同内容的变更。总之,承揽合同的变更只能对未履行的部分发生效力。

2. 产品责任

加工产品的质量存在缺陷时,应承担产品责任。当加工产品的质量与法律的要求不符,即存在产品的缺陷,若加工物本身的缺陷给物流需求方或第三人的人身、财产造成损失的,物流企业应当承担责任,这种责任属于产品责任。产品责任是依据《民法典》和《产品质量法》的有关规定产生的一种侵权责任,属于法律强制性规定。

 案例链接

甲五金厂与乙机械厂签订一份定作加工合同。合同约定:甲厂为乙厂加工连铸机的快速接头,甲厂负责提供钢材和密封材料,乙厂提供加工图纸和相关技术资料;加工数量1 000件,每件150元,共计150 000元。合同签订后,甲厂准备好了原材料,乙厂如约提供了图纸和技术资料。但甲厂审查加工图纸时发现,按照该图纸生产的产品的密封性很难达到要求,便要求乙厂对图纸进行修改。但乙厂认为其图纸不存在问题,要求甲厂按照图纸进行加工。甲厂只好按乙厂的图纸开始加工。

工作完成后,甲厂向乙厂提供了1 000件成品。乙厂后将该1 000件成品用于连铸机上。但在使用过程中,发现这些铸件快速接头无法密封。乙厂认为是甲厂使用的密封材料不合格所致,甲厂认为是乙厂图纸设计上的缺陷造成。后双方诉至法院。经法院聘请相关检测机构及专业人员检测分析,甲厂所用材料完全达到生产要求,而乙厂的加工图纸存在技术缺陷,所以才导致铸件快速接头无法密封。

分析要点:

本来承揽人对定作物的质量缺陷应承担责任。但本案中是由于定作人提供的技术资料存在缺陷而导致的产品不合格。所以承揽人不必承担责任。根据《民法典》之合同编规定,承揽人发现定作人提供的图纸或者技术要求不合理的,应当及时通知定作人。因定作人怠于答复等原因造成承揽人损失的,应当赔偿损失。

本案中承揽人在发现定作人提供图纸的技术缺陷后,立即通知了定作人,并要求其答复。但定作人却坚持要求承揽人按照所提供的图纸进行加工,从而导致定作物的质量瑕疵,对此定作人乙厂应承担由此造成的全部损失。

(二)定作人的法律责任

1. 提供的原材料不符合合同的要求

定作人没能在合同约定时间内提供原材料及技术资料,或者提供的原材料、技术资料不符合合同的规定,应该承担违约责任,并且承担由此给加工承揽方带来的损失。

2. 不领取或逾期领取定作物

加工承揽人按照合同的约定完成定作物后,定作人应该在合同约定的时间内领取加工物,如果无故推迟领取,应该承担违约责任,并且承担由此而给加工承揽人造成的额外费用和其他损失。

3. 中途变更加工要求

在加工承揽合同的履行过程中,定作人单方面地改变合同的内容,变更标的的内容,增加定作物的数量、质量、规格、设计等,同样是一种违约行为,对此应该承担违约责任,并对由此给对方加工承揽人所带来的其他损失负赔偿责任。

八、加工承揽合同的风险负担

加工承揽合同的风险负担,是指工作物因不可抗力等不可归责于当事人的事由而发生的毁损、灭失的风险由谁负担的问题。

(1) 在承揽人交付工作成果以前,定作物或原材料意外毁损、灭失的风险应由承揽人负担,即承揽人丧失报酬请求权。

如果原材料是定作人提供的,除合同另有约定外,定作人应承担原材料意外灭失的风险。但如果定作人仅为承揽人的原材料付款时,除法律另有规定或合同另有约定外,亦应由承揽人负担风险。

(2) 承揽人在规定期限内交付已完成的工作成果因定作人拒收或受领迟延而未交付时,定作物意外灭失的风险则由定作人负担,即定作人仍应向承揽人支付报酬和费用。

案例链接

甲乙签订一份服装加工合同,由乙负责为甲加工服装200套,面料由甲提供。双方同时约定了布料的质量标准。甲分两批提供面料,但第二批布料经乙检验与约定不符。为赶时间,乙自行从市场上购买面料进行加工,但在交货时甲拒绝收货。经反复协商,甲同意另行提供100套衣服面料。但因为乙迟延交货,服装价格下跌,致甲损失1万元。

问题:1. 本案中,1万元损失应由谁承担?
2. 若乙未迟延交货,但甲却迟延受领加工好的服装,从而导致在迟延受领期间因意外失火导致第二批的100套服装全部毁损。该损失应由谁承担?

分析要点:

1. 本案中,1万元损失应由乙承担责任

依《民法典》之合同编规定,定作人提供材料的,应当按照约定提供材料。承揽人对定作人提供的材料应当及时检验,发现不符合约定时,应当及时通知定作人更换、补齐或者采取其他补救措施。承揽人不得擅自更换定作人提供的材料,不得更换不需要修理的零部件,否则因此造成损失的,承揽人应承担赔偿责任。本案中,甲为定作人,乙为承揽人,乙在发现材料不符合约定时,未尽通知的义务,擅自从市场上购买面料进行加工,导致最后交付迟延,造成定作人的损失,故该责任应由承揽人承担。

2. 该损失应由甲承担

定作人提供材料加工而成的工作成果在交付后由定作人承担风险。因定作人受领迟延而未交付时,定作物意外灭失的风险由定作人负担。如乙作为承揽人已向定作人甲如期交付工作成果,由于甲的迟延受领才未能实际交付给甲,此时应视为乙已履行了交付的义务,因此在迟延受领期间定作物灭失的风险应由甲承担。

学习重点和难点

- 加工承揽合同的含义、法律特征
- 加工承揽合同当事人的义务
- 加工承揽合同法律责任的确定

练习与思考

(一) 名词解释

流通加工　加工承揽合同　加工合同　定作合同

(二) 填空

1. 若加工物本身的缺陷给物流需求方或第三人的人身、财产造成损失的,物流企业应当承担责任,这种责任属于_____。

2. 流通加工是指产品从生产地到使用地的过程中,根据需要进行包装或分割、计量、分拣、刷标志、挂标签、组装等简单作业。它与生产加工最大的不同是注重物品在生产后、流通或使用前的整理,因此又称_____。

(三) 单项选择

1. 加工承揽合同最典型的特征,也是其区别于劳务合同的本质特征的法律特征是(　　)。
   A. 加工承揽合同是以一定工作的完成为目的
   B. 加工承揽合同的标的具有特定性
   C. 加工承揽合同中承揽人的工作具有独立性
   D. 加工承揽合同是具有一定人身性质的合同

2. 承揽人在规定期限内交付已完成的工作成果因定作人拒收或受领迟延而未交付时,定作物意外灭失的风险则由(　　)负担。
   A. 定作人   B. 承揽人
   C. 定作人和承揽人共同   D. 物流企业

(四) 多项选择

1. 流通加工的类型包括(　　)。
   A. 为弥补生产领域加工不足所进行的加工
   B. 为满足需求多样化进行的服务性加工
   C. 为保护产品所进行的加工
   D. 为提高物流效率,方便物流的加工

2. 加工承揽合同的类型包括(　　)。
   A. 加工合同   B. 定作合同
   C. 修理合同   D. 改造、改建合同

3. 加工承揽合同是(　　)。
   A. 诺成合同   B. 双务合同   C. 有偿合同   D. 要式合同

4. 以下(　　)是加工承揽合同中承揽人的义务。
   A. 按约定完成工作的义务
   B. 检验和保管原材料的义务
   C. 提供原材料并接受检查、监督及诚信义务
   D. 保密和通知的义务

(五) 简答

1. 简述加工承揽合同的法律特征。
2. 简述加工承揽合同当事人的义务。

(六) 思考题

1. 诚实信用原则在流通加工合同的订立和履行过程中如何体现,它的重要价值有哪些?

2. 违约责任和侵权责任在流通加工业务中经常发生竞合,如何选择和适用?

案例分析

1. 2016年10月15日,A公司与B公司签订了一份加工承揽合同。该合同约定:由B公司为A公司制作铝合金门窗1万件,原材料由A公司提供,加工承揽报酬总额为150万元,违约金为报酬总额的10%;A公司应在2017年11月5日前向B公司交付60%的原材料,B公司应在2018年3月1日前完成6 000件门窗的加工制作并交货;A公司应在2018年3月5日前交付其余40%的原材料,B公司应在2018年11月20日前完成其余门窗的加工制作并交货;A公司应在收到B公司交付门窗后3日内付清相应款项。

2017年11月1日,A公司向B公司交付60%的原材料,B公司按约加工制作门窗。2018年2月28日,B公司将制作完成的6 000件门窗交付A公司,A公司按报酬总额的60%予以结算。

2018年3月5日,A公司未按加工承揽合同的约定向B公司交付40%的原材料,B公司要求A公司继续履行加工承揽合同,A公司表示无法继续履行并要求解除合同。B公司遂在数日后向人民法院提起诉讼,要求判令A公司支付违约金并继续履行加工承揽合同。经查明:A公司与B公司签订的加工承揽合同仅有B公司及其法定代表人的签章,而无A公司的签章。根据案情回答以下问题:

(1) A公司与B公司签订的加工承揽合同是否成立?为什么?

(2) B公司要求判令A公司支付违约金并继续履行加工承揽合同的主张能否获得支持?并说明理由。

2. 某物流公司和某客户签订运输茶叶的物流合同。合同中规定,运输前,由某物流公司提供包装材料并进行运输包装,把小包装的茶叶装入5层的瓦楞纸纸箱内,每箱100小包。但物流公司无5层的瓦楞纸纸箱,最后用3层的瓦楞纸纸箱。此批货物在运输途中纸箱破裂,损失500小包茶叶,并发生运输包装修理费500元。

问题:茶叶损失和包装修理费应由谁承担?为什么?

实践活动

撰写一份加工承揽合同

参考范本

加工承揽合同

订立合同双方:

承揽方:_____

定作方:_____

定作方委托承揽方加工_____,经双方充分协商,特订立本合同,以便共同遵守。

第一条 加工成品：

品　名	规　格	单　位	数　量	备　注

第二条 加工成品质量要求：

_____。

注：加工定作物品，需要封存样品的，应当由双方代表当面封签，并妥为保存，作为验收的依据。

第三条 原材料的提供办法及规格，数量，质量：

_____。

注：a. 用承揽方原料完成工作的，承揽方必须依照合同规定原材料，并接受定作方检验。承揽方隐瞒原材料的缺陷或者使用不符合合同规定的原材料而影响定作物的质量时，定作方有权要求重作，修理，减少价款或退货。

b. 用定作方原材料完成工作的，合同应当明确规定原材料的消耗定额。定作方应按合同规定的时间、数量、质量，规格提供原材料。承揽方对定作方提供的原材料要按合同规定及时检验，不符合要求的，应立即通知定作方调换或补齐。承揽方对定作方提供的原材料不得擅自更换，对修理的物品不得偷换零部件。

c. 原材料等物品交（提）日期计算，参照第七条规定执行。

第四条 技术资料，图纸提供办法：

_____。

注：a. 承揽方在依照定作方的要求进行工作期间，发现提供的图纸或技术要求不合理，应当及时通知定作方；定作方应当在规定的时间内回复，提出修改意见。承揽方在规定的时间内未得到答复，有权停止工作，并及时通知定作方，因此造成的损失，由定作方赔偿。

b. 承揽方对于承揽的工作，如果定作方要求保密，应当严格遵守，未经定作方许可不得留存技术资料和复制品。

c. 定作方应当按规定日期提供技术资料，图纸等。

第五条 价款或酬金：

_____。

注：价款或酬金，按照国家或主管部门的规定执行，没有规定的由当事人双方商定。

第六条 验收标准和方法：

_____。

注：a. 按照合同规定的质量要求、图纸和样品作为验收标准。

b. 定作方应当按合同规定的期限验收承揽方所完成的工作。验收前承揽方应当向定作方提交必需的技术资料和有关质量证明。对短期检验难以发现质量缺陷的定作物或项目，应当由双方协商，在合同中规定保证期限。保证期限内发生问题，除定作方使用或保管不当等原因而造成质量问题以外,由承揽方负责修复或退换。

c. 当事人双方对承揽的定作物和项目质量在检验中发生争议时,可由法定质量监督检验机构提供检验证明。

  第七条 交(提)货的时间和地点:
_____。

注: a. 交(提)定作物期限应当按照合同规定履行。任何一方要求提前或延期交(提)定作物,应当在事先与对方达成协议,并按协议执行。

b. 交(提)定作物日期的计算:承揽方自备运输工具送交定作物的,以定作方接收的戳记日期为准;委托运输部门运输的,以发运定作物时承运部门签发戳记日期为准;自提定作物的,以承揽方通知的提取日期为准,但承揽方在发出提取定作物的通知中,必须留给定作方以必要的途中时间;双方另有约定的,按约定的方法计算。

  第八条 包装要求及费用负担:
_____。

  第九条 运输办法及费用负担:
_____。

  第十条 结算方式及期限:
_____。

  第十一条 其他:
_____。

如: a. 根据国家有关规定,定作方可向承揽方交付定金。定金数额由双方协商确定。定作方不履行合同的,无权请求返还定金。承揽方不履行合同的,应当双倍返还定金。

b. 根据国家有关规定,经当事人双方约定,定作方可向承揽方给付预付款。承揽方不履行合同的,除承担违约责任外,必须如数返还预付款。定作方不履行合同的,可以把预付款抵作违约金和赔偿金;有余款的可以请求返还等。

  第十二条 承揽方的违约责任:

  一、未按合同规定的质量交付定作物或完成工作,定作方同意利用的,应当按质论价;不同意利用的,应当负责修整或调换,并承担逾期交付的责任;经过修整或调换后,仍不符合合同规定的,定作方有权拒收,由此造成的损失由承揽方赔偿。

  二、交付定作物或完成工作的数量少于合同规定,定作方仍然需要的,应当照数补齐,补交部分按逾期交付处理;少交部分定作方不再需要的,有权解除合同,因此造成的损失由承揽方赔偿。

  三、未按合同规定包装定作物,需返修或重新包装的,应当负责返修或重新包装,并承担因此而支付的费用。定作方不要求返修或重新包装而要求赔偿损失的,承揽方应当偿付定作方该不合格包装物低于合格包装物的价值部分。因包装不符合同规定造成定作物毁损、灭失的,由承揽方赔偿损失。

  四、逾期交付定作物,应当向定作方偿付违约金_____元;(合同中无具体规定的,应当比照中国人民银行有关延期付款的规定,按逾期交付部分的价款总额计算,向定作方偿付违约金)以酬金计算的,每逾期一天,按逾期交付部分的酬金总额的千分之一偿付违约金。

未经定作方同意,提前交付定作物,定作方有权拒收。

五、不能交付定作物或不能完成工作的,应当偿付不能交付定作物或不能完成工作部分价款总值的_____%(10%～30%)或酬金总额的_____%(20%～60%)违约金。

六、异地交付的定作物不符合合同规定,暂由定作方代保管时,应当偿付定作方实际支付的保管、保养费。

七、实行代运或送货的定作物,错发到达地点或接收单位(人),除按合同规定负责运到指定地点或接收单位(人)外,并承担因此多付的运杂费和逾期交付定作物的责任。

八、由于保管不善致使定作方提供的原材料、设备、包装物及其他物品毁损、灭失的,应当偿付定作方因此造成的损失。

九、未按合同规定的办法和期限对定作方提供的原材料进行检验,或经检验发现原材料不符合要求而未按合同规定的期限通知定作方调换、补齐的,由承揽方对工作质量、数量承担责任。

十、擅自调换定作方提供的原材料或修理物的零部件,定作方有权拒收,承揽方应赔偿定作方因此造成的损失。如定作方要求重作或重新修理,应当按定作方要求办理,并承担逾期交付的责任。

第十三条 定作方的违约责任:

一、中途变更定作物的数量、规格、质量或设计等,应当赔偿承揽方因此造成的损失。

二、中途废止合同,属承揽方提供原材料的,偿付承揽方的未履行部分价款总值的_____%(10%～30%)的违约金;不属承揽方提供原材料的,偿付承揽方以未履行部分酬金总额的_____%(20%～60%)违约金。

三、未按合同规定的时间和要求向承揽方提供原材料、技术资料、包装物等或未完成必要的辅助工作和准备工作,承揽方有权解除合同,定作方应当赔偿承揽方因此而造成的损失;承揽方不要求解除合同的,除交付定作物的日期得以顺延外,定作方应当偿付承揽方停工待料的损失。

四、超过合同规定期限领取定作物的,除按本条第五款规定偿付违约金外,还应当承担承揽方实际支付的保管、保养费。定作方超过领取期限六个月不领取定作物的,承揽方有权将定作物变卖,所得价款在扣除报酬、保管、保养费后,退还给定作方;变卖定作物所得少于报酬、保管、保养费时,定作方还应补偿不足部分;如定作物不能变卖,应当赔偿承揽方的损失。

五、超过合同规定日期付款,应当比照中国人民银行有关延期付款的规定向承揽方偿付违约金;以酬金计算的,每逾期一天,按酬金总额的千分之一偿付违约金。

六、无故拒绝接收定作物,应当赔偿承揽方因此造成的损失及运输部门的罚款。

七、变更交付定作物地点或接收单位(人),承担因此而多支出的费用。

第十四条 不可抗力:在合同规定的履行期限内,由于不可抗力致使定作物或原材料毁损、灭失的,承揽方在取得合法证明后,可免予承担违约责任,但应当采取积极措施,尽量减少损失,如在合同规定的履行期限以外发生的,不得免除责任;在定作方迟延接受或无故拒收期间发生的,定作方应当承担责任,并赔偿承揽方由此造成的损失。

第十五条 纠纷的处理:加工承揽合同发生纠纷时,当事人双方应协商解决;协商不成时任何一方可向合同管理机关申请调解、仲裁，也可以直接向人民法院起诉。

本合同自_____年_____月_____日起生效，合同履行完毕即失效。本合同执行期间，双方不得随意变更和解除合同，合同如有未尽事宜，应由双方共同协商，作出补充规定，补充规定与本合同具有同等效力。

本合同正本一式两份，定作方和承揽方各执一份；合同副本一式_____份，交_____（如经签证或公证，则应送签证机关或公证机关）各留存一份。

定作方：_____（盖章）

代表人：_____（盖章）

地址：_____

电话：_____

开户银行：_____

账号：_____

承揽方：_____（盖章）

代表人：_____（盖章）

地址：_____

电话：_____

开户银行：_____

账号：_____

_____年_____月_____日订

第十章 物流保险法律制度

■ 知识目标 ■

学习完本章,你能够掌握的知识点:
1. 保险合同的法律特征和当事人的义务
2. 海上货物运输保险承保的风险和损失
3. 海上货物运输保险中的险别

■ 能力目标 ■

学习完本章,你能够熟悉的技能:
1. 运用货物运输保险程序
2. 分析海上货物运输保险中的风险和损失、确定适用险别
3. 判断物流责任保险条款的适用

■ 思政目标 ■

1. 保险制度中的最大诚信原则
2. 风险和安全意识,引导学生维护国家、集体和个人的财产权益
3. 享受权利、履行义务和承担责任的重要价值

■ 基本概念 ■

保险　保险合同　货物运输保险　海上货物运输保险　物流(责任)保险

■ 案例导入 ■

某货物从我国天津新港驶往新加坡,在航行途中船舶货舱起火,大火蔓延到机舱,船长为了船、货的共同安全,采取紧急措施,往舱内灌水灭火。火虽然被扑灭,但由于主机受损,无法继续航行,于是船长决定雇佣拖轮将货船拖回新港修理。检修后重新驶往新加坡。事后调查,这次事件造成的损失有:(1) 1 000 箱货被火烧毁;(2) 600 箱货由于灌水灭火受到损失;(3) 主机和部分甲板烧毁;(4) 拖船费用;(5) 额外增加的燃料和船长、船员工资。

问题:从上述各项损失性质来看,各属于什么海损?

第一节　保险合同概述

保险法中所称的保险,是指投保人根据合同约定,向保险人支付保险费,保险人对于合同约定的可能发生的事故因其发生所造成的财产损失承担赔偿保险金责任,或者当被保险人死亡、伤残、疾病或者达到合同约定的年龄、期限时承担给付保险金责任的商业保险行为。在中华人民共和国境内的法人和其他组织需要办理境内保险的,应当向我国境内的保险公司投保。

一、保险合同的概念与法律特征

保险合同是指保险人按照约定,对被保险人遭受保险事故造成保险标的的损失和产生的责任负责赔偿,由被保险人支付保险费的合同。

对其基本用语的含义按照习惯加以简要说明。

(1) 保险人是指收取保险费并在保险事故发生后依合同约定支付保险赔偿金的人。在我国,保险人必须是由有关机构批准设立的,专门经营保险业务的中国人民保险公司及其分公司,或是经国家批准的办理保险业务的其他法人,或者是外国的保险公司或保险机构。

(2) 被保险人是指以其财产或利益向保险人投保,并在保险事故发生后可以取得约定保险赔偿金的人。被保险人不同于投保人。投保人是向保险人缴纳保险费并与之签订保险合同的人。投保人可以是被保险人本人,也可以是其代理人或代表。

(3) 保险标的是指作为保险对象的财产、利益或责任。

(4) 保险利益是指被保险人对财产或利益或责任所具有的经济上的利害关系。这种利害关系有两种含义:一是保险事故的发生会使被保险人失去某种经济利益;二是保险事故的发生会使被保险人承担某种经济责任。所以,保险利益不一定是投保时就存在的,但必须是保险事故发生后事实上存在的。只有对某种财产或利益或责任具有真正的保险利益的人,才能作为被保险人订立保险合同。

(5) 保险事故是指为防止其引起的后果而进行保险的事件,亦即保险人负责赔偿的事由。

(6) 保险价值是指保险标的的实际价值。

(7) 保险金额是指保险人根据保险单对保险标的所受损失给予赔偿的最高数额。保险金额一般由双方当事人约定,但约定的保险金额不得超过保险价值,否则,超过部分无效。保险金额可以低于保险价值,这种情况通常称为不足额保险。

(8) 保险责任期间是指保险人对所发生的事故负损失赔偿责任的时间段。实践中常通过两种方法加以确定:一是以具体日历年、月、日区间来确定,二是以某一事件的发生或消灭来确定。保险人为了有效地限制责任,往往把上述两种方法结合起来使用。

保险合同具有以下法律特征。

1. 保险合同是双务、有偿合同

保险合同的双方当事人互负义务,且投保人取得保险的经济保障,是以支付保险费为代

价的。

2. 保险合同是格式合同

保险合同的基本条款是保险人事前依法拟定的。

3. 保险合同是射幸合同

射幸合同（aleatory contract）是以将来可能发生的事件（机会）作为标的的合同，就是指合同当事人一方支付的代价所获得的只是一个机会，对投保人而言，他有可能获得远远大于所支付的保险费的利益，但也可能没有利益可获；对保险人而言，他所赔付的保险金可能远远大于其所收取的保险费，但也可能只收取保险费而不承担支付保险金的责任。

保险合同的这种射幸性质是由保险事故的发生具有偶然性的特点决定的，即保险人承保的危险或者保险合同约定的给付保险金的条件的发生与否，均为不确定。保险合同的投保人交付保险费的义务是确定的，保险人仅在不可预料的保险事故发生时，负给付保险金的义务。由于承保的风险具有不确定性，决定了当事人分担保险标的的损失只是一个机会。当然，保险合同的射幸性并不影响保险事故发生时保险人给付保险金义务的确定性。

知识拓展

射幸合同的特点

（一）射幸合同的交易对象是"幸运"或者说是"希望"

交易的标的物在合同缔结时尚不实际存在，所存在的只是获得该标的物的偶然性，或者说取得该标的物的希望。因此，罗马法学家把与射幸合同有关的买卖活动正确地称为"买希望"。即一方当事人支付一定的代价所得到的只是一个机会或一个希望。譬如在有奖销售中，买受人花钱买得一件商品的同时也买回一个获奖的机会，是否中奖则有待于奖票的号码。

（二）射幸合同成立的特殊性

与附条件的各类合同不同，射幸合同成立即生效，与附条件的诸如雇佣合同、承揽合同、买卖合同等等条件成就与否才决定合同的效力不同，当事人不得因交易标的物的未出现或者灭失而提出反悔或者撤销合同的要求。这也是罗马法中的"买希望"与"买希望之物"之间的区别所在。

这里还需指出的是，附条件的合同尽管所附条件的成就具有不确定性，且立约人也可能从不实际承担作出所允诺给付的义务，但并不能说这些合同具有射幸性，为射幸合同。因为射幸合同是其标的具有不确定性，而附条件的合同标的是确定的，只是以不确定的条件来制约其效力。射幸合同既然是一种民事法律行为，其本身也是可附条件的。另外，用英美法的观点看：一个合同，只有在当事人考虑到即使他们中的一个不履行另一个仍可能必须履行的情况下，并且只有在这些允诺表明了这样的意思，即一方当事人在一定情形之下，即使他方当事人不履行，仍履行其允诺的情况下，才能是射幸合同。这样的法律后果是：合同若为射幸合同，一方当事人可能承担作出即行履行的法律义务，而他方当事人则不承担并且决不会承担这样的义务。

（三）射幸合同双方承受的风险不平衡

比如与射幸合同有关的买卖活动，如"买希望"，"显然是一种卜测不定的买卖（典型的情况是预购某一天或某一段渔网的捕捞结果）。它要求买者支付价款，即便任何期望均未出现"。有论者认为射幸合同的风险还可能表现为交易人对遭受到的追夺不享有请求救济权，例如，所获得物品因权利瑕疵而受到追夺，在正常的买卖中，买者在遭受追夺后可以向卖者提起诉讼，要求卖者给予赔偿，而在"买希望"中买者则不享有该权利。

（四）射幸合同的严格的适法性和最大诚信性

正因为射幸合同具有机会性和偶然性的特征，才使射幸合同当事人之间容易作出有违公序良俗的相互协议，所以任何承认射幸合同的国家都对它进行较为严格的监督，从这个意义上讲，射幸合同比其他合同具有更为严格的适法性，必须严格依法订立和履行；同时为防止当事人依侥幸心理作出背信弃义的不诚实行为，对当事人双方诚信程度的要求远远高于其他民事活动。例如最典型的射幸合同保险合同，就要求当事人要最大诚信地恪守合同。这也是出于稳定社会秩序、取法公平的需要。

（五）射幸合同等价有偿的相对性

民事合同一般贯彻等价有偿的民法基本原则，普通的交换合同正是如此。交换合同为一方给予对方的报偿。都假定具有相等的价值。而射幸合同在这一点上表面上看起来似乎与等价有偿原则背道而驰，因为一方当事人支付代价最终或者"一本万利"，或者毫无所得。其实射幸合同就单个而言往往如此，就全体而言则依然超脱不了报偿与付出对等的"藩篱"。就拿彩票来说，发售单位发售彩票所得款项与购买者中彩时必须支付的奖金从大体上必然相差无几，凡是合法发售彩票的单位都不会也不允许从中牟取暴利，而只能从中扣取佣金或服务费，否则将为法律所禁止。至于某些社会福利性奖券，体育彩票等在所筹款项与中奖支付额之间差额较大，或者说中奖率低返还率低，则是出于公众福利或慈善事业的特定目的，不在此列。这种等价有偿的相对性在保险合同中体现得更为清晰。

4. 保险合同是诺成、非要式合同

投保人提出保险要求，经保险人同意承保，并就合同的条款达成协议，保险合同即告成立。至于保险人应当及时向投保人签发的保险单或其他保险凭证等，并不是保险合同本身，不影响合同的效力，只不过是记载该合同的正式书面凭证。因而，保险合同是诺成、非要式合同。

5. 保险合同是最大诚信合同

保险合同的缔结与履行须基于当事人的最大诚信。最大诚信原则是指保险合同当事人订立合同及合同有效期内，应依法向对方提供足以影响对方做出订约与履约决定的全部实质性重要事实，同时绝对信守合同订立的约定与承诺。投保人的告知义务、担保义务、危险通知义务等，都是诚信的集中体现。违反上述义务，保险人有权解除合同，或者不负赔偿义务。

最大诚信原则

最大诚信原则,是指民法中的诚信原则在保险法中的体现,要求保险活动当事人要向对方充分而准确地告知和保险相关的重要事实。保险活动中对当事人诚信的要求要高于一般的民事活动。实践中,这一原则更多地体现为对投保人或被保险人的一种法律约束,当投保人违反该原则时,保险人可解除合同或请求确认合同无效。

最大诚信原则就是诚实、守信,诚信是保险的生命线。从中国保险业经营的现状来看,众多现实让人觉得保险诚信不容乐观,如被保险人不如实告知或骗赔,保险人在经营与理赔方面的不诚信等行为,在一定程度上影响了中国保险业健康发展。

最大诚信原则在英国《1906年海上保险法》中首先得到确定,该法第17条规定:"海上保险合同是建立在最大诚信原则基础上的契约,如果任何一方不遵守最大诚信原则,他方可以宣告契约无效。(原文为:A contract of marine insurance is a contract based upon the utmost good faith and, if the utmost good faith be not observed by either party, the contract may be avoided by the other party.)"这也成为保险法中最大诚信原则的源头。此后,各国相继效仿,均在其保险法中作了相应的规定。这些规定要求保险合同的当事人不但要遵循诚实信用原则,而且要做到最大诚信。我国修改《保险法》时特别增加了一条,即第五条,单独就诚实信用原则做了规定:"保险活动当事人行使权利、履行义务应当遵循诚实信用原则。"2009年修订的《保险法》继续沿用了这一条。

最大诚信原则作为现代保险法的四大基本原则之一,最早起源于海上保险。在早期的海上保险中,投保人投保时作为保险标的的船舶或者货物经常已在海上或在其他港口,真实情况如何,在当时的条件下,只能依赖于投保人的告知;保险人根据投保人的告知决定是否承保及估算保险风险、确定保险费率。因此投保人或被保险人告知的真实性对保险人来说有重大的影响,诚信原则对保险合同当事人的要求较一般的民事合同要求就更高、更具体,即要遵守最大诚信原则。

6. 保险合同主体的限定性

投保人对保险标的应当具有保险利益,否则保险合同无效。所谓保险标的是指作为保险对象的财产及其有关利益或者人的寿命和身体。保险利益是投保人对保险标的具有的法律上承认的利益;保险人则只能是依法成立的保险公司。

7. 保险合同具有补偿性和受益性

它的目的在于稳定社会经济。保险赔偿金的支付不是基于保险人的过错,不以其责任为前提。它实质只是一种补偿金,是对因为自然原因或意外事故而造成的保险标的的损失进行补偿。这种自然灾害或意外事故是可能发生的或偶然发生的,或者在投保当时仍未发生或未能预见的,其发生与否不以保险人或被保险人的意志为转移。因其发生而产生的补偿,不同于由于侵权或违约等引起的赔偿。

二、保险合同的订立、转让和解除

(一)保险合同的订立

被保险人提出保险要求,经保险人同意,并就保险合同的条款达成协议后,合同即告成立。合同成立后,保险人应当及时签发保险单或其他保险单证,并在其中载明约定的内容,以作为合同的证明。

(二)保险合同的转让

保险合同可以由被保险人在保险单上背书或者以其他方式转让,合同的权利义务随之转移。合同转让时尚未支付保险费的,被保险人和合同受让人负连带责任。背书转让方式在保险中经常被采用,保险单经转让后成为正式的保险合同,并随货物所有权的转移而转移,无须征得保险人的同意。

案例链接

保险标的转让未经批改保险公司不能一概拒赔

原告王某于某年 10 月从李某处购得运输型拖拉机一台,李某为该车投保了责任限额为 6 万元的机动车交通事故责任强制保险及赔偿限额为 5 万元的商业第三者责任险。而王某在购买该车后,未办理车辆过户手续,也未通知保险公司办理保险批改手续。同年 12 月,王某驾驶该车发生交通事故。交警部门因主要事实无法查清未作责任认定。事发后,栾某提起损害赔偿民事诉讼,法院判决由保险公司在交强险理赔限额内赔偿 59 200 元,由王某赔偿 59 397.39 元并承担诉讼费用 1 030 元。后王某向保险公司要求理赔责任限额为 50 000 元的商业第三者责任险时,保险公司以其未进行保险单批改手续为由拒绝赔偿。王某遂起诉到法院,要求保险公司支付理赔款。

法院认为:本案涉及保险车辆在转让前与转让后相比并未显著增加危险,坚持保险合同对保险标的受让人继续有效并不违背保险原有的精算基础,也不会增加保险人的经营风险,而在实践中,保险标的转让后,转让人或受让人通知保险人的,只要转让行为没有导致风险显著增加的,保险公司一般都会同意变更保险合同,以使保险合同对受让人继续有效。新修订的保险法规定:"保险标的转让的,保险标的的受让人承继被保险人的权利和义务。"虽然根据法无溯及力的原则,该规定不能直接适用本案,但保险法作如此修改,体现了法律的价值导向,即肯定原合同继续有效,并为保险标的受让人继受。原、被告双方在合议庭主持下依法达成调解协议,由被告保险公司赔偿原告王某经济损失共计 46 030 元。

思考题:保险合同的转让有哪些要求和注意事项?

第十章 物流保险法律制度

(三)保险合同的解除

被保险人违反最大诚信原则,即没有如实告知有关重要情况时,保险人可以解除合同。如果被保险人是故意不如实告知的,即存在隐瞒或欺诈,保险人可解除合同且不退还保险费;对合同解除前发生保险事故造成的损失不负赔偿责任。如果不是出于被保险人的故意,保险人可解除合同或要求相应增加保险费;对解除合同前发生保险事故造成的损失负赔偿责任,但是,未告知或者错误告知的重要情况对保险事故的发生有重大影响的除外。

保险责任发生前,被保险人可以要求解除合同,但应当向保险人支付手续费,由保险人退还保险费。保险责任发生后,除非合同另有约定,双方均不得解除合同;依合同约定解除合同的,保险费按实际保险期间收取,余额应退还被保险人。

三、保险合同双方当事人的主要义务

(一)被保险人的义务

1. 严格遵守最大诚信原则

即应当将其知道的或者在通常业务中应当知道的有关影响保险人据以确定保险费率或者确定是否同意承保的重要情况,如实告知保险人;被保险人还应履行保险条款的义务,在违反合同约定的保证条款时,应当立即书面通知保险人。

知识拓展

最大诚信原则的内容

最大诚信原则的内容主要通过保险合同双方的诚信义务来体现,具体包括投保人或被保险人如实告知的义务及保证义务,保险人的说明义务及弃权和禁止反言义务。

一、投保人或被保险人的义务

1. 如实告知义务

(1) 含义。

如实告知义务又称据实说明义务,如实披露义务。告知是指投保人在订立保险合同时对保险人的询问所作说明或者陈述,包括对事实的陈述、对将来事件或者行为的陈述以及对他人陈述的转述。

(2) 告知的主体。

《保险法》第16条第1款规定:"订立保险合同,保险人应向投保人说明保险合同的条款内容,并可以就保险标的或者被保险人有关情况提出询问,投保人应当如实告知。"这一条款明确规定了投保人的如实告知义务,投保人是当然的主体;至于被保险人是否具有同样的义务,中国保险法没有明文规定,但是在人身保险中当投保人与被保险人不是同一人时,投保人对被保险人的健康状况很难清楚地了解,若被保险人不负如实告知的义务,必将大量地增加合同风险,甚至出现难以防范的道德风险,其将危及保险行业的稳定发展。

(3) 如实告知的内容。告知的目的是使保险人能够准确地了解与保险标的危险状况有关的重要事实。重要事实是指能够影响一个正常的谨慎的保险人决定是否承保或者据以确定保险费率或者是否在保险合同中增加特别约定条款的事实。投保人所应如实告知的重要事实通常包括下列四项:一是,足以使被保险人危险增加的事实;二是,为特殊动机而投保的,有关这种动机的事实;三是,表明被保险危险特殊性质的事实;四是,显示投保人在某方面非正常的事实。具体到每份保险合同,重要事实的范围又会依其保险种类的不同而各异。就人身保险而言,告知的事实多与健康状况有关,同时保额达到一定的额度时一般都会安排被保险人进行体检。

(4) 违反如实告知的法律后果。

《保险法》第16条关于投保人故意隐瞒事实,不履行如实告知义务的,或者因过失未履行如实告知义务,足以影响保险人是否同意承保或者提高保险费率的,保险人有权解除保险合同。

(5) 关于如实告知义务的一则案例的思考。

某年5月,某公司42岁的业务主管王某因患胃癌(亲属因害怕其情绪波动,未将真实病情告诉本人)住院治疗,手术后出院,并正常参加工作。8月24日,王某经同事推荐,与之一同到保险公司投保了人寿险。王某在填写投保单时并没有申报身患癌症的事实,也没有对最近是否住过院及做过手术进行如实说明。次年7月,王某病情加重,经医治无效死亡。王某的妻子以指定受益人的身份,到保险公司请求给付保险金。保险公司在审查提交有关的证明时,发现王某的死亡病史上,载明其曾患癌症并动过手术,于是拒绝给付保险金。王妻以丈夫不知自己患何种病并未违反告知义务为由抗辩,双方因此发生纠纷。

思考:王某是否履行了如实告知义务。

2. 保证义务

保证是指投保人或被保险人对在保险期限内的特定事项作为或不作为向保险人所做的担保或承诺。保证分为明示保证和默示保证。

(1) 明示保证。是以书面形式载明于保险合同中,以"被保险人义务"条款表达的一类保证事项。

(2) 默示保证。是指虽未以条款形式列明,但是按照行业或国际惯例、有关法规以及社会公认的准则,投保人或被保险人应该作为或不作为的事项。

二、保险人的义务

1. 保险人的明确说明义务

《民法典》之合同编规定:采用格式条款订立合同的,提供格式条款的一方应当遵循公平原则确定当事人之间的权利和义务,并采取合理的方式提请对方注意免除或者减轻其责任等与双方有重大利害关系的条款,按照对方的要求,对该条款予以说明……。《保险法》第17条规定:订立保险合同,采用保险人提供的格式条款的,保险人向投保人提供的投保单应当附格式条款,保险人应当向投保人说明合同的内容。对保险合同中免除保险人责任的条款,保险人在订立合同时应当在投保单、保险单或者其他保险凭证上

> 作出足以引起投保人注意的提示,并对该条款的内容以书面或者口头形式向投保人作出明确说明;未作提示或者明确说明的,该条款不产生效力。
>
> 从以上法律规定可以看出,保险人的说明义务是法定义务,不允许保险人以合同条款的方式予以限制和免除。任何情况下保险人均有义务在订立保险合同前向投保人详细说明保险合同的各项条款,并针对投保人有关保险合同条款的提问做出直接真实的回答,就投保人有关保险合同的疑问进行正确的解释。
>
> 2. 弃权与禁止反言
>
> (1) 弃权是指保险合同当事人放弃自己在合同中可以主张的某项权利;弃权可以分为明示弃权和默示弃权,其中明示弃权可以采用书面或者口头形式。
>
> (2) 禁止反言是指保险人放弃某项权利后,不得再向投保人或被保险人主张这种权利。禁止反言的基本功能是要防止欺诈行为,以维护公平、公正,促成双方当事人之间本应达到的结果;在保险合同中,只要订立合同时,保险人放弃了某种权利,合同成立后便不能反悔,至于投保人是否了解事实真相在所不问。

2. 支付保险费

除合同另有约定外,应当在合同订立后立即支付给保险人。

3. 减损义务

即一旦发生保险事故,被保险人应立即通知保险人,并采取必要的合理措施,防止或减少损失;或者,当其收到保险人要求采取防止或减少损失的合理措施的特别通知后,应当按照通知的要求处理。

4. 协助保险人行使代位求偿权

即被保险人应当在取得了保险赔偿后,向保险人提供必要的文件和其所需要知道的情况,使保险人得以向有责任的第三人实际行使追偿权。

(二) 保险人的义务

(1) 当发生保险事故造成损失后,保险人应当及时向被保险人支付保险赔偿,这是保险赔偿原则最重要的体现。

(2) 在保险标的损失赔偿之外,另行支付被保险人为防止或者减少根据合同可以得到赔偿的损失而支出的必要的合理费用,为确定保险事故的性质、程度而支出的检验、估价的合理费用,以及为执行保险人的特别通知而支出的费用。

第二节 货物运输保险法律概述

一、货物运输保险的概念和分类

货物运输保险,是指被保险人对进行运输的货物按照一定的金额向保险人(公司)投保一定的险别,并缴纳保险费,保险人在承保收费后,对所承保的货物在运输过程中发生保险责任范围内的自然灾害或者意外事故所致的损失,按照保险单的约定给予补偿。

在贸易中,一笔交易的货物从卖方转移到买方,一般都要经过长途运输,在这一过程中,可能遇到各种风险,从而使货物遭受损失。为了保障货物受损后能获得经济上的补偿,货主一般都要投保货物运输险。

实践中保险人与被保险人的权利义务是由各国国内法和当事人双方订立的保险合同确定的。货物运输保险的种类,取决于货物运输的方式。因此,货物的运输保险,相应有海上运输保险、陆上运输保险、航空运输保险和邮包货物运输保险等。

(一)海上运输保险

承保通过海上船舶运输的货物,是一种为货物在海上航行时,货主避免因可能遭遇到的各种风险,适应国际贸易和海上运输需要而设立的险种。海上运输保险又可分为海上货物运输险、海上货物运输战争和罢工险、海上冷藏货物运输险以及运输散装桐油险等专门险种。

(二)陆上运输保险

以使用火车或者汽车载运的货物为保险标的,承保这些货物在运输过程中因自然灾害或者意外事故而导致的损失,但保险人一般不承保牲口、大车等驮运的货物。陆上运输保险又可分为陆上货物运输险、陆上货物运输战争险、陆上冷藏货物运输险等险种。

(三)航空运输货物保险

通过飞机运输的货物为保险标的,承保货物在运输过程中因自然灾害或者意外事故所致的损失,其具体险种有航空货物运输险和航空运输战争险等。

(四)邮包货物运输保险

承保通过邮局递运的货物,保险人对邮包在运送过程中因受自然灾害事故所致的损失负责,其险种有邮包运输险和邮包战争险等。

在上述几大类险种中,最为重要的是海上货物运输保险,原因是目前国际货物贸易主要是通过海上运输进行的,而且海上货物运输保险的历史最悠久,其他险种是在其基础上发展起来的。

二、保险利益

(一)保险利益的含义

保险利益是指被保险人对保险标的物具有合法的利害关系。海上保险是为了在发生损失时获得赔偿,反过来说,就是被保险人之所以得到赔偿,是因保险标的物发生灭失或者损害,或者因其安全到达而获得应享有的利益。这种利益按照各国法律的解释,来自被保险人

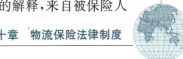

对保险标的所享有的所有权、占有权、担保物权或债权、依法承担的风险和责任以及因标的物的保全而得到利益或有既得利益。

(二) 保险利益应该具备的条件

1. 保险利益的合法性

保险利益必须是合法的利益,即必须是法律承认的利益。投保人或者被保险人对保险标的所具有的利益必须是合法的、可以主张的利益,而不是违反法律规定,通过不正当手段获得的利益。若是通过违法行为,如走私、盗窃、抢劫等所获得的利益,则都不能作为保险利益而订立保险合同,即使订立了,也属于无效合同,法律不保护非法利益。

2. 保险利益的确定性

保险利益必须是已经确定或者可以确定的利益,包括现有利益、预期利益、责任利益等。现有利益是已经确定的、现实存在的利益,如对某项财产具有所有权、使用权等,其利益随着物权的存在而形成;预期利益是将要获得的、合法的、可实现的利益,这种利益也应该是可以确定的利益,如承运人对运费的利益、销售者对预期待售商品的合理利益等;责任利益是基于法律上的民事赔偿责任而产生的保险利益,如对第三者的责任。

3. 保险利益的有价性

保险利益必须是可以通过货币计价的利益。海上运输保险是财产保险的一种,其目的是补偿损失,如果这种损失不能以金钱计算损失情况,那么理赔也就无从谈起。对于非经济利益的损失,如精神损失,则不属于海上运输货物保险所应补偿的内容。

(三) 保险利益的适用时限

各国保险法一般都规定在投保时要求投保人或者被保险人对保险标的必须具有保险利益,但海上运输保险则仅仅要求在保险标的物发生损失时必须具有保险利益即可。这样规定是为了适应国际贸易的习惯做法,在实务中常常是货物的买方或卖方在订立销售合同以后,或者确定舱位之后,就向保险公司办理运输保险,但这时货物的所有权会因为并没有装船等原因而转移到投保人或被保险人手里,因而在此时并没有获得对保险标的物的保险利益,但这并不影响保险合同的效力。此外,国际贸易中船舶的流动性大,且只需转让提单就可以转让商品的所有权,因而在订立保险合同时必须具有保险利益是不现实的。只要在保险事故发生之时,被保险人具有保险利益,就可以得到补偿,否则保险合同无效,从而得不到补偿。按照英国《1906年海上保险法》的规定,若保险标的发生损失时,被保险人尚未取得保险利益,其后无论采用什么方法或者手段,都无法再获得保险利益。

 案例链接

保险利益纠纷案

某进出口公司(以下简称原告)作为卖方,根据美国客户的订单于某年8月委托某船公司作为承运人向美国发运一批货物。贸易合同规定的价格条款为CIF美国波士顿,付款条件是 T/T。8月8日,原告向中国某保险股份有限公司(以下简称被告)投保海上货物运输保险,承保的险别是一切险。8月10日,上述货物被装到集装箱运送到青岛港。装船时,集装箱底脱落,货物从集装箱内落下掉到甲板上,发生全损。美国买方在知道货物发生全损后,以货物不能满足合同的要求、不能实现合同目的为理由,拒绝支付货款。原告向被告索赔保险金,而被告认为,根据最新的《国际贸易术语解释通则》A5关于风险转移的规定,在 CIF 价格条件下,美国买方承担货物越过船舷后的风险,卖方已无任何风险且保险单已经背书转让,原告已经不享有保险利益,也就不享有本案诉权。

从本质上讲,本案涉及的是海上货物运输保险中的一个重要的基本原则——保险利益原则。如何理解保险利益与货物风险转移及所有权转移之间的关系是决定本案原告是否具有诉权的关键因素。一般情况下就只有买方可以向保险人进行索赔,而卖方因没有保险利益而无权向保险人进行索赔。但有一种例外情况,即买方退单、拒收货物、拒付货款时,买方的此种行为将产生保险利益回转的法律后果。

关于保险利益回转,我国的《保险法》《海商法》都没有明确的条文规定。但我国《民法典》规定了货物风险转移的情况,具体为"因标的物的质量不符合质量要求,致使不能实现合同目的的,买受人可以拒绝接受标的物或者解除合同。买受人拒绝接受标的物或者解除合同的,标的物毁损、灭失的风险由出卖人承担。"通过以上分析得出如下结论:因为收货人/买方拒绝收货,货物的风险由买方又转移到卖方。

法院最终判决,原被告之间存在合法有效的海上货物运输保险合同关系。因货物的保险利益发生回转,作为卖方的原告取得该票货的保险利益而享有诉权。因此,被告应当承担原告货物灭失的赔偿责任。

思考题:保险利益的条件有哪些?

三、索赔与理赔

(一)索赔

货物在运输途中发生损失,应由具有可保利益的被保险人向保险人或者代理人提出保险索赔。一般索赔程序如下。

1. 损失通知

被保险人可能在货物运输途中就获悉货物因运输工具发生意外事故而受损,也可能在货物到达目的地后提货时或者货物运至仓库储存时才发生货损。无论属于哪种情况,一旦得知保险标的受损,被保险人就应立即向保险人或其指定代理人发出损失通知。

2. 申请检验

货物到达目的地时,如果发生短缺,一般只要有短缺证明即可作为损失对待,不需经过检验。货物如果出现残缺,被保险人在向保险人或其指定代理人发出损失通知的同时,应申

请检验,以确定损失的原因以及损失程度等。在出口保险中,应由保险单上注明的保险公司在国外的检验代理人进行检验并出具检验报告。进口保险中,则由保险人或其代理人和货主以及船方或其代理人进行联合检验或申请商检,并出具检验报告。

3. 提交索赔的必要文件

被保险人在提出索赔时,应向保险人或其有理赔权的代理人提交索赔的必要单证,通常包括以下几项。

(1) 保险单。这是向保险人索赔的基本依据,其中规定了保险人的责任范围和保险金额等内容。

(2) 提单。提单上的某些内容,例如货物的数量、交货时的状况等记载对确定货物损失是否发生在保险期间有很大的作用。

(3) 发票。它是计算保险赔款金额的依据。

(4) 装箱单、重量单。这是运输货物在装运时数量和重量的证明。

(5) 货损、货差证明。包括在卸下的货物有残损或短少时,由港口当局出具的理货单,如残损单、溢短单,这类单据应该由承运人或有关责任方签字认可,还包括责任方出具的货运记录。它既是被保险人向保险人索赔的证明,又是被保险人及保险人向责任方追偿的重要证据。

(6) 检验报告。它是保险人核定保险责任以及确定赔款金额的重要依据。

(7) 索赔清单。这是由被保险人制作的要求保险人赔偿的清单,其中包括货物的名称、金额以及损失情况的介绍。

(二) 理赔

保险理赔是保险经营管理的重要组成部分,它是保险人为具体体现保险的经济补偿功能,在保险合同有效期内发生保险事故后进行的处理赔付的专业性工作。保险理赔是保险人的履约行为,它是以保险人拥有保险理赔权为其法律基础,同时不排除被保险人的举证责任和权利。保险理赔与索赔是两个既相区别又相联系的法律行为。索赔是理赔的基础,理赔是最终实现索赔请求的必要程序。

保险理赔是一件相当复杂的工作,但总体上讲,在保险人收到损失通知后,理赔的程序一般如下。

1. 查勘检验

查勘检验的目的主要是:

(1) 查清损失原因、范围和程度。

(2) 制订施救和救助方案;避免损失的进一步扩大。

(3) 追查第三者责任,以利追偿工作。

2. 调查取证

海上运输保险的一些案件非常复杂,一般的查勘检验工作并不能完全查清损失原因、程度和范围,不能够分清责任,必须进一步调查取证。保险人根据案件的具体情况可以直接向有关方面进行调查取证,也可以委托代理人、海损理算人、律师或专家进行调查取证工作。

3. 核赔

这是保险人在得到被保险人正式提交的索赔清单和证明损失的材料之后,根据保险合同和被保险人提供的证据材料,结合自己所取得的证据材料核定损失是否属于保险责任以及责任大小的工作,一般包括核定保险责任和赔款计算等。

4. 追偿

保险人依据保险合同赔偿被保险人损失后,被保险人应将有关向第三方索赔的权利转移给保险人。通常,由被保险人签署权益转让书之后,保险人凭权益转让书以及其他文件向第三人进行追偿。追偿不仅降低了保险赔付率,而且也使责任方意识到不能因为有了保险就可以逃脱自己应承担的法律责任,从而减少责任事故的发生。

四、代位与委付

(一) 代位

代位是指当货物的损失是由于第三者的故意或者过失引起时,保险公司自向被保险人支付了保险赔偿金之日起,有权取代被保险人向第三者进行索赔。这种权利称之为代位(求偿)权。

代位(求偿)是从保险的损失补偿原则中派生出来的,目的在于防止被保险人既从保险人处获得赔偿,又从第三者那里获得赔偿,这有利于被保险人迅速获得保险赔偿,同时维护保险人自身的合法权益,也可使有关责任人不因保险的存在而逃脱事故赔偿责任。

保险人行使该权利的条件:
(1) 保险标的所遭受的风险必须属于保险责任范围;
(2) 保险事故的发生应由第三者承担责任;
(3) 保险人必须事先向被保险人履行赔偿责任;
(4) 保险人只能在赔偿金额的限度内行使代位(求偿)权;
(5) 被保险人要求第三者赔偿。

无论是在全部损失还是部分损失的情况下,只要保险人已经支付了保险赔款,保险人都有权取得代位(求偿)权。在赔付部分损失的情况下,若追偿所得小于或等于赔付给被保险人的金额,则全部归于保险人;若大于赔付给被保险人的金额,则多出部分应返还给被保险人。在赔付全部损失的情况下,保险人除取得代位(求偿)权外,还有权取得残存保险标的物的所有权,即使残存标的物的价值大于他付出的保险赔款,其超出部分仍归保险人所有。

 案例链接

保险代位求偿案

某年6月30日,苏州一保险公司与惠氏公司签订了运输保险合同一份,约定惠氏公司将其药品向保险公司投保运输险。7月1日,惠氏公司将价值1 273 119.14元的药品自苏州启运至重庆医药股份有限公司。7月5日,重庆医药股份有限公司在收货时发现该批货物中有32箱外包装严重受潮,根据相关药品管理规定,这些药品不能销售,于是拒收。出险后,惠氏公司向保险公司进行索赔,保险公司一次性赔付惠氏公司人民币 100 670 元后惠氏公司向保险公司出具了《权益转让书》。保险公司取得代位求偿权,遂将运输公司告上了法庭,请求法院判令运输公司赔偿 100 670 元及公估费 2 000 元。

法院审理认为,保险公司与惠氏公司所签订的保险合同真实合法有效,由于宿州联运公司驻苏州办事处在运输中导致惠氏公司药品受潮损失 100 670 元,保险公司将赔偿款赔付了惠氏公司,为此双方签订了《权益转让书》,故保险公司有权行使代位求偿权。因此依法判决拓达运输公司支付保险公司已代付的赔偿款 100 670 元及公估费 2 000 元。

思考题:行使保险代位权的条件有哪些?

(二)委付

委付是指在保险标的物发生推定全损时,由被保险人把保险标的物的所有权转让给保险人,而向保险人请求赔付全部保险金额。

委付是海上保险所独有的一种历史悠久的赔偿制度。最初它是在海上保险合同中规定,船舶航行方向不明而无任何消息时,视同船舶的丧失,而后为适应海上航运贸易的特殊性,逐步发展为被保险人让渡保险标的物而取得保险赔偿的制度。自 15、16 世纪以来,委付已为海上保险所广泛采用。

委付成立的条件:
(1)委付必须以保险标的推定全损;
(2)必须就保险标的的全部提出要求;
(3)必须经保险人承诺方为有效;
(4)被保险人必须在法定时间内向保险人提出书面的委付申请;
(5)被保险人必须将保险标的的一切权利转让给保险人,并且不得附加条件。

委付是被保险人的单方行为,保险人没有必须接受委付的义务。但委付一经接受则不能撤回。接受委付后,保险人取得残余物的所有权,当损失由第三者过失引起时,同时取得向有过错的第三者代位追偿的权利。如追偿额大于保险人的赔付额,也不必将超出部分退还被保险人。

第三节 海上货物运输保险法律制度

一、海上货物运输保险概述

(一)海上货物运输保险的概念

海上货物运输保险通常又称水险,它是指对运输中的货物因海上自然灾害或意外事故所导致的损失给予补偿的一种风险,基本属于财产保险范畴。海上保险虽然具有保险的基本性质,但和其他保险亦有区别,主要表现为它与海上航运密不可分,其保险标的主要是海运船舶和海运货物及其相关责任,其保险的危险主要是海上自然灾害和意外事故。

(二)海上货物运输保险承保的风险

国际海上货物运输过程中可能遇到各种各样的风险,这些风险大体上可以分为两类:固有风险和外来风险。

1. 固有风险

固有风险又叫海上风险或海难。根据英国《1906年海上保险法》解释规定,是指海上偶然发生的灾难或意外事故,至于海上普通的风浪作用,则不包括在内。固有风险是保险业的专门用语,包括海上发生的自然灾害和意外事故。

(1)自然灾害是由于自然界的变异引起的破坏力量所造成的灾害。如恶劣气候、雷电、洪水、流冰、地震、海啸、火山爆发等人力不可抗拒的灾害。

(2)意外事故是由于偶然的非意料之中的原因所造成的事故。在海上保险业务中,意外事故并不是泛指的海上意外事故,而是仅指运输工具遭受搁浅、触礁、沉没、船舶与流冰或其他物体碰撞,以及失踪、失火、爆炸等。

2. 外来风险

由于外来原因引起的风险。保险上所说的外来原因,是指不是必然发生的而是外部因素导致的。如由被保险货物的自然属性、内在缺陷所引起的自然损耗,就属于必然的损失。

外来风险又可分一般外来风险与特殊外来风险。

(1)一般外来风险是被保险货物在运输途中由于偷窃、雨淋、短量、沾污、残漏、破碎、受潮受热、串味、生锈等一般外来原因所造成的风险损失。

(2)特殊外来风险是由于战争、罢工、交货不到、拒收、政府禁令等特殊外来原因所造成的风险损失。

(三)海上货物运输保险承保的损失

海上货物运输保险,保险公司承保的损失是由于海上风险与外来风险所造成的损坏或灭失,简称海损。按照各国海运保险业务的习惯和国际保险市场的解释,与海运连接的路运和内河运输过程中所发生的损害或灭失,也属于海损范围,就货物损失的程度而言,海损又可分为全部损失与部分损失。

1. 全部损失

运输过程中的整批货物或不可分割的一批货物的全部损失或灭失,简称全损,具体又可分为实际全损和推定全损。

(1)实际全损:按照英国保险法所下的定义,实际全损是指货物全部毁灭或因失去原有用途,或被保险人已经无可挽回地丧失了保险标的,或船舶失踪后相当一段时间仍无音信。例如货物随船一起沉没、茶叶受水泡不能再使用、货物被没收等。

一般包括四种情况:一是保险标的物完全灭失;二是保险标的物完全变质损害商业价值和原有用途;三是被保险人对保险标的物的所有权已无可挽回地被完全剥夺;四是载货船舶失踪并达到一定期限(6个月)杳无音讯。

(2) 推定全损：是指被保险货物受损后，实际全损已不可避免；或者恢复、修复受损货物加上续运至目的地所需费用总和将超过货物完好运达目的地的实际价值；或者被保险人丧失其所有权，要收回这个所有权所需的费用超过保险标的的价值。

当保险标的物发生实际全损时，保险人应在承保范围内承担全部赔偿责任。但对推定全损的情况，则被保险人对这种损失的索赔可以进行选择，既可以将这种损失作为部分损失处理，也可以作为全损处理。如果选择作为全损处理，被保险人必须及时发出委付通知，把受损的标的物委付给保险人。否则，这种损失将视为部分损失。在实际全损的情况下，被保险人无须向保险人发出委付通知。

2. 部分损失

部分损失是指被保险货物的一部分损失或灭失，又有共同海损和单独损失之分。

(1) 共同海损。载货船舶在海洋运输途中，遇到危及船、货的共同危险，船长为了维护船舶和所有货物的共同安全或使航程得以继续完成，有意识地并且合理地作出某些特殊牺牲或支付一定的牺牲费用，这些特殊牺牲和费用称为共同海损。

如船舶搁浅时，如果情况紧急，船长雇用驳船把一部分货物卸下以减轻船舶载重，并雇用拖船帮助其起浮，雇用驳船和拖船的费用即为共同海损。

共同海损是因采取救难措施而引起的，它的成立必须具备三个方面的条件：

一是船方在采取紧急措施时，危及船、货共同安全的危险实际存在或不可避免；

二是船方采取的解除船、货共同风险的措施，必须是有意识且合理的；

三是所做的牺牲是特殊性质的，支出的费用是额外支付的，而且牺牲和费用的支出必须是有效果的。

共同海损的牺牲和费用都是为了使船舶及所载货物免于遭受损失而支出的，因而应由船舶、货物或运费三方按最后获救价值的多少依比例分摊，即共同海损分摊。由于船舶发生共同海损所涉因素较复杂，因而一般都委托专门机构和人员办理其理算工作。目前，世界上大多数海运国家都设有自己的海损理算工作机构，我国的海损理算工作由中国国际贸易促进委员会海损理算处负责办理。国际上影响最大的海损理算规则是《约克·安特卫普规则》，该规则内容详细、方法合理，已被许多国家采用，成为具有国际性质的海损理算规则。

(2) 单独海损：是指共同海损以外的部分损失。它与共同海损的主要区别是：一是造成海损的原因不同。单独海损是承保风险所直接导致的船、货损失；而共同海损则是为了解除或减轻共同危险而人为地造成的损失。二是承担损失的责任不同。单独海损的损失一般由受损方自行承担；而共同海损的损失，则应由受益的各方按其受益大小的比例共同分摊。

(四) 海上货物运输保险承保的费用

被保险货物遭受保险责任范围以内的灾害或事故，除了会使货物本身受到损失外，还会造成费用方面的支出。这些费用，保险人也给予赔偿，主要包括如下内容。

(1) 施救费用。当保险标的物遭受保险责任范围以内的灾害或事故时，由被保险人或其代理人或其雇佣人员和受让人等采取措施，施救被保险货物，以避免或减轻损失所支付的费用。

(2) 救助费用。保险标的物遭受承保责任范围内的灾害或事故时，由保险人和被保险人以外的第三者采取救助措施,被救方向救助方支付的报酬。

承保的费用与共同海损不同,前者是为了防止货物损失而发生的支出,后者则是为了防止危及船舶和货物的整体利益的损失而发生的支出。

二、海上货物运输保险合同

(一) 海上货物运输保险合同的成立

海上货物运输保险合同的成立与其他合同一样,需要经过要约和承诺两个阶段。在海运保险业务中,通常由投保人表示要约的意图,向保险人提出投保要求,填写书面投保单。如果保险人同意投保人的申请,并就合同条款达成协议,构成承诺,海上货物运输保险合同即告成立。保险人和被保险人均受保险合同的约束。按照英美国家的习惯,保险人同被保险人并不进行直接的接触,而是通过委托保险经纪人代被保险人向保险人投保。一般的投保手续是,由被保险人提出投保申请,并在经纪人提供的表格上填明保险标的物、投保的险别以及其他有关的内容交给经纪人。保险人通常授权经纪人在一定的保险费率范围内投保,并把投保内容写在一张承保条上,交给保险人或保险公司。如果保险人愿意承保,即把他所愿承保的金额写在承保条上,并予签名,一项保险业务可以由几个保险人承保,各自认保他所愿意承保的部分金额,直至整个风险保足为止。一旦保险人在承保条上签字,保险合同即告成立。至于是否出具保单,并不影响保险合同的有效成立。

我国《海商法》规定,被保险人提出保险要求,经保险人同意承保,并就海上货物保险合同的条款达成协议后,合同成立。保险人应当及时向被保险人签发保险单或其他保险单证,并在保险单或其他保险单证中载明当事人双方约定的合同内容。目前我国在海运保险方面保险代理人或者经纪人的业务还很少。海运保险合同应当在保险事故尚未发生的时候订立,如果保险事故已经发生,就不能投保。但由于国际贸易中,买卖双方分处两国,货主对货物在运输过程中发生的情况很难完全掌握,有时可能出现货物虽已遭受损失,但货主因不知情而仍向保险公司投保的情况。为了解决这个问题,保险单上通常都载有"不论灭失与否"条款,表示不论保险标的物在投保时是否已经灭失,保险人仍按合同承担赔偿责任。但这并不是说,被保险人明知标的物已经灭失之后,再去投保,仍然可以订立有效的保险合同。从英国法律的解释来看,当保险标的是以"不论灭失与否"条件投保时,如该标的物在保险合同订立以前已经发生损失,该项保险仍然有效。但如当时被保险人已经知道发生损失而保险人尚不知情,则不在此内,也就是说,此时,保险合同无效。

(二) 海上货物运输保险合同的形式

海上货物运输保险合同的形式,一般以保险单据来表示。主要有以下几种。

1. 投保单

投保单又称要保单,是投保人向保险人申请订立海上保险合同的书面文件。在投保单中列明订立保险合同所必需的项目,供保险人考虑是否承保。在实务中,投保人对保险货物以及相关情况最为了解,保险人正是根据投保人所告知的内容确定是否承保以及确定保险

费率的高低。因此,投保人在填写投保单时应力求做到告知的内容全面和真实。如果被保险人故意隐瞒重要事实,影响到保险人决定是否接受保险或确定保险费率时,保险人有权解除合同,而且对合同解除前发生的保险事故不负赔偿责任。当保险事故发生时,投保人或被保险人的要求有可能得不到法律的保障。

投保单的内容一般包括投保人和被保险人的地址、保险标的、投保险别、保险金额、保险期间、保险费率等,具体内容因险种不同而异。一般情况下,投保单一经保险人正式接受,即意味着保险人已同意出立保单,保险人一旦对保险单正式签章承保,保险合同即告成立。

2. 保险单

被保险人与保险人之间订立的正式保险合同的书面凭证。它是一种正规的保险合同,是使用最多的保险单据形式。保险单按照价值、期限分为以下种类。

(1) 按价值可分为定值保险单和不定值保险单。

定值保险单是指载明保险标的约定价值的保险单。该保险单上载明的价值,如果不存在欺诈行为,就是保险标的物的最大保险价值。一般是按照发票价格加上运费、杂费和保险费,再加上10%或15%的利润。这个价值是固定不变的,不论保险标的的实际价值是高于还是低于约定的保险价值。

不定值保险单是指不载明保险标的物的价值,仅约定保险额的限额,而将保险价值留待出险时再予确定的保险单。不定值保险单事先不约定所载明的货物的价值,而是以发票、付款单、估价单和其他证明文件来确定。买方的预期利润不能包括在保险价值之内。国际海上运输保险大多采用定值保险单的形式。

(2) 按期限可分为定期保险单、航程保险单和混合保险单。

定期保险单是指保险人的责任期限以保险人与被保险人约定的期限为限的保险单。这个约定的时间可以是3个月、半年或者1年,多数是1年,由双方当事人在订立合同时商定,并在保险单上载明。定期保险多用于船舶保险和运费保险,货物运输保险中较少采用。

航程保险单是指以一次或多次航程为期限的保险单。国际海上运输保险大多采用此种保险单。这种保险单一般都载明装运港和目的港以及明确的保险责任的起止时间。如果遇到变更目的港或不正当绕航时,在增收保险费的条件下,保险人对保险标的物发生的损失仍予以赔偿,这种条款叫作"更改航程条款"。

混合保险单是指具有定期保险单和航程保险单两种性质的保险单,即承保货物在某一期间内某一特定的航程可能发生的风险的保单。混合保险单的保险人既承保航程,又规定时间。

3. 保险凭证

保险凭证俗称小保单,是一种简化的保险单,仅载有正式保险单正面所具有的条款,通常包括被保险人名称、被保险标的的名称、数量、标记、载货船名、承保险别、起讫地点和保险金额等。而对保险人、被保险人的权利和义务等方面的详细条款则不予说明,通常按保险单所载条款办理。

对保险凭证的法律效力,各国法律和国际商业惯例有三种观点:第一种以《美国统一商法典》《国际贸易术语解释通则》和《跟单信用证统一惯例》为代表,视保险凭证具有保险单同等效力;第二种以英国判例法为代表,拒绝承认保险凭证具有正式保险单的效力,除非合同中有明确的约定;第三种是1932年华沙—牛津规则的折中态度,在CIF贸易条件下,若尚未取得保险单,买方应接受保险人签发的保险凭证,但若买方要求,卖方应尽快提出保险单,否则保险凭证无效。

(三)海上货物运输保险合同的主要条款

1. 当事人名称、地址

当事人是订立海运保险合同的人,包括投保人和保险人。

投保人是指与保险人订立保险合同,按照保险合同负有支付保险费义务的人。投保人可以是自然人或法人。海运保险合同和一般合同一样,适用合同法规定,投保人作为订立合同的一方,必须具有完全的权利能力和行为能力;没有行为能力和限制行为能力的人订立的保险合同,在法律上是无效的。海运保险合同的投保人往往是货物的买方或卖方,也可能是他们的代理人。

保险人即为保险公司,当保险合同成立后,保险人有收取保险费的权利,当保险标的发生保险事故时,保险人有给付保险赔款的义务。我国的保险公司分为财产保险公司和人寿保险公司两类,经营海运保险业务的保险公司均为财产保险公司,如太平洋财产保险公司、平安财产保险公司、天安财产保险公司、日本海上火灾保险公司等数十家国内外保险公司。

2. 被保险人

被保险人是享有保险金请求权的人。当保险事故发生时,被保险人会遭受经济损失,因而有权按照保险合同的约定请求保险赔偿。由于海运保险合同可以由被保险人通过背书自由转让,无须经过保险人的同意,所以保险合同的被保险人会因保险单的转让而发生变化。在实务中,保险单持有人往往就是被保险人,贸易合同的买方、卖方以及提供资金融通的银行均有可能成为被保险人。

3. 保险标的

保险标的物是海运保险合同双方当事人的权利义务所共同指向的对象。作为海运保险的保险标的,首先必须是合法的。如果以国家法律禁止的物品或以通过非法取得的商品作为保险标的订立海运保险合同,保险合同无效。例如,被保险人为香烟投保海运保险,但若被保险的香烟是走私品,则该保险合同无效。其次,海运保险以损失补偿为目的,保障的是因发生保险事故而使得被保险人遭受的经济损失,如果某物品的价值无法用货币来衡量,一旦发生损失,无法及时补偿被保险人的经济损失,则不认为该物品具有可保性。例如,船员的个人信件、照片等私人纪念品,由于无法用货币表示其经济价值,故不能作为保险标的。

4. 保险价值

保险价值又称保险价额,是指被保险人对保险标的所持有的,以货币表示的保险利益的价值金额,是衡量保险金额和确定损失赔偿额的基础。在订立海运保险合同时,投保人或被保险人应对保险标的申明保险价值和保险金额。

保险价值的确定是以保险标的的实际价值为依据的。货物的保险价值是订立保险合同时货物在起运地的发票价格加上运输费用和保险费的总和,或按到岸价格估算。若采用到岸价格,习惯上还可以包括预期利润。

5. 保险金额

保险金额是保险双方约定的,并在保险单中规定的保险人负责赔偿的最高额度,也是计

算保险费和双方享有权利承担义务的重要依据。

在海运保险中，被保险人在可保利益范围内，可以把保险标的的保险价值作为保险金额，也可以把保险价值的一部分作为保险金额。一般来说，除非另有约定，保险金额不是保险人认定的实际价值，也不是保险人在保险标的发生损失时应赔付的数额。

目前在国际海运保险市场上，基本上都采用定值保险。根据保险金额和保险价值的关系，在定值保险中，保险金额等于保险价值。在不定值保险中，则存在着足额保险、不足额保险和超额保险三种情况。

足额保险是指保险金额等于保险价值的保险。在足额保险条件下，保险人对保险标的发生保险责任范围内的全部损失按保险金额赔偿；对发生部分损失则按实际损失赔偿。

不足额保险是指保险金额小于保险价值的保险。在不足额保险的条件下，若保险标的发生全部损失，则保险人的赔偿金额以保险金额为限，其保险金额与保险价值之间的差距由被保险人自己承担。若保险标的发生部分损失，则按保险金额与保险价值的比例计算赔款。

超额保险是指保险金额大于保险价值的保险。在超额保险的情况下，保险标的发生保险事故时，保险人只按实际损失赔偿。保险人按保险价值赔偿，赔偿金额的计算方法与足额保险相同。根据我国《海商法》的规定，超过保险价值的那部分保险金额是无效的。

6. 保险费及保险责任

保险费是被保险人因保险人给予承保某种损失风险而支付给保险人的对价或报酬。一般来讲，被保险人支付保险费与保险人承保风险是对价条件，保险人一旦出立保险单，就要收取保险费。但在实务中，有时是在保险单发出之后才支付保险费。而且保险费可能是由保险经纪人负责向保险人支付。在保险人与被保险人之间，保险费可以被推定为业已支付。

按照一般惯例，保险人的责任是从保险货物运离保险单所载明的起运地仓库开始运输时，至该货物到达保险单所载目的地收货人的最后仓库或储存地，或被保险人用以分配、分派或正常运输的其他储存地为止。这就是通常所称的"仓至仓"条款。如果未能抵达上述仓库或者储存地，则以货物在最后卸载地后满60天为止。在航空运输中，是在货物卸离飞机后满30天为止。如果在上述时间内货物被运至保单所载明的目的地以外的地点，则保险责任从货物开始转运时终止。

7. 保险期限

保险期限是指海运保险人承担保险责任的起讫期间，又称保险期间。保险期限既是计算保险费的依据，又是保险人履行合同义务的根据，保险人仅对保险期限内发生的保险事故承担赔偿或给付义务。由于保险事故的发生是非确定性的，因此明确保险期限是十分重要的。海运保险期限基本上可以分为定期保险和航程保险两个大类。

定期保险是以时间为保险人承担保险责任起讫期限的保险，多用于船舶保险，可以不受航程的制约。航程保险是以所规定的航程为保险人承担保险责任的起讫期间的保险，又称航次保险。其保险期间是以航程为基础，其起讫时间按保险条款的规定办理，多用于货物运输保险。

8. 承保险别

承保险别规定保险人承保的险别以及采用的条款等。

除上述条款外，一份完整的海运保险单的内容通常还包括：保险责任与除外责任、损失处理办法、争议解决办法、订立保险合同的时间以及其他事项。

三、中国海上货物运输保险合同条款

根据中国人民保险公司公布实施的现行《海洋运输货物保险条款》，该条款分为一般保险条款和特殊保险条款。一般保险条款中包括三种基本险别：平安险、水渍险和一切险。特别保险条款包括一般附加险、特别附加险和特殊附加险三种。被保险货物遭受损失时，本保险按照保险单上订明承保险别的条款规定，负赔偿责任。

（一）一般保险条款的承保范围

1. 平安险

平安险（free of particular average，简称 FPA）这一名词在我国保险界沿用已久，其英文字面意思是"对单独海损不负责任"，它是海上运输货物保险中责任范围最小的一种险别。但随着国际贸易和国际航运的不断发展，经过国际保险界的多次修订和补充，平安险的承保责任现已远远超过了仅对全损和共同海损赔偿的范围，保险人对因某些意外事故所造成的单独海损也负有赔偿责任。

根据中国人民保险公司的《海洋运输货物保险条款》，平安险的责任范围具体包括以下几个方面。

（1）被保险货物在运输途中由于恶劣气候、雷电、海啸、地震、洪水等自然灾害造成整批货物的全部损失或推定全损。当被保险人要求赔付推定全损时，须将受损货物及其权利委付给保险公司。被保险货物用驳船运往或运离海轮的，每一驳船所装的货物可视为一个整批。推定全损是被保险货物的实际全损已经不可避免，或者恢复、修复受损货物以及运送货物到原定目的地的费用超过该目的地的货物价值。

（2）由于运输工具遭受搁浅、触礁、沉没、互撞、与流冰或其他物体碰撞，以及失火、爆炸等意外事故造成货物的全部或部分损失。

（3）在运输工具已经发生搁浅、触礁、沉没、焚毁意外事故的情况下，货物在此前后又在海上遭受恶劣气候、雷电海啸等自然灾害所造成的部分损失。

（4）在装卸或转运时由于一件或数件整件货物落海造成的全部或部分损失。

（5）被保险人对遭受承保责任内危险的货物采取抢救、防止或减少货损的措施而支付的合理费用，但以不超过该批被救起货物的保险金额为限。

（6）运输工具遭遇海难后，在避难港由于卸货所引起的损失及在中途港、避难港由于卸货、存仓以及运送货物所产生的特别费用。

（7）共同海损的牺牲、分摊和救助费用。

（8）运输契约订有"船舶互撞责任"条款，根据该条款规定应由货方偿还船方的损失。

与国际市场上的平安险条款相比，中国人民保险公司的平安险有如下特点：一是明确规定"推定全损"的含义为"推定全损是被保险货物的实际全损已经不可避免，或者恢复、修复受损货物以及运送货物到原定目的地的费用超过该目的地的货物价值"，该规定清楚、具体，避免了对损失达到什么样的程度才构成推定全损的争议；二是规定对货物在装卸或转运

时,由于一件或数件整件货物落海造成的全部或部分损失负责赔偿。其中,部分损失是指整件货物落海后经努力抢救,只救起一部分,这虽然属于部分损失,但保险人也予以赔偿,此规定的目的在于鼓励打捞抢救,尽量减少损失。

 案例链接

海运欺诈不属于平安险的范围

某年1月9日,广西防城港市粮油贸易公司(以下简称"粮油公司")与香港固达有限公司(以下简称固达公司)签订一份买卖合同,购买2000吨棕榈油,价格条件为CFR越南鸿基港,每吨748美元,总价款1 496 000美元。3月7日,固达公司与香港高威船务有限公司签订租船合同由TRADEWIND轮将上述货物运至越南鸿基港。4月6日,粮油公司就上述货物运输向中国平安保险股份有限公司南宁办事处(以下简称平安公司)投保,险别为平安险,保险金额1 200万元。平安公司签发的保单背面附有中国人民保险公司海洋运输货物保险条款。

TRADEWIND轮没有在预期时间抵达卸货港,经国际海事局调查分析:TRADEWIND轮船东提供了虚假的地址和不真实的船舶注册登记情况,以及船舶起航后种种令人不解的事情和虚假消息,都说明了TRADEWIND轮是一艘"鬼船"。可以确信,货物已被船东窃取,船舶可能被凿沉或拆掉。粮油公司在向平安公司索赔受拒后,向广州海事法院提起诉讼,请求法院判令平安公司赔偿其保险金额1 200万元及利息。平安公司答辩认为,货物损失是由于海运欺诈造成的,海运欺诈不属于平安险的责任范围。

广州海事法院认为:本案货物损失的原因是TRADEWIND轮船东利用虚假的公司地址和船舶登记资料,签发假提单盗取货物,属海运欺诈。海运欺诈造成货物的灭失不属于中国人民保险公司海洋运输货物保险条款平安险的承保范围,不属于本案保险合同约定的保险事故,平安公司无须赔偿。据此判决:驳回粮油公司的诉讼请求。

思考题:1. 平安险的承保范围有哪些?
2. 如何认定海运欺诈行为的性质及其不利影响,如何预防和杜绝海运欺诈的发生?

2. 水渍险

水渍险(with average/with particular average,简称 WA/WPA)又称"单独海损险",英文原意是指单独海损负责赔偿,是海洋运输货物保险的主要险别之一。水渍险的承保责任除了包括上述平安险的各项责任外,还负责被保险货物由于恶劣气候、雷电、海啸、地震、洪水等自然灾害所造成的部分损失。也就是说在平安险的基础上,再加上由于恶劣气候等自然灾害所造成的被保险货物的部分损失,即水渍险包括平安险以及平安险中不包括的那部分单独海损损失。与平安险相比,水渍险的责任范围要大得多,现有的保险费率也高于平安险。

3. 一切险

一切险(all risks)又称"综合险",是海上货物运输保险主要险别之一。一切险除承保平安险和水渍险的全部责任外,还承保货物在运输途中由于一般外来风险所致的全部损失或部分损失。实际上,一切险的责任范围是平安险、水险所造成的损失。因而,投保一切险并不代表着保险公司承担了一切损失责任。

4. 除外责任

对海上运输中被保险货物发生下列损失,保险公司不负责赔偿。

(1) 被保险人的故意或过失行为。

(2) 属于发货人责任引起的损失

(3) 损失责任开始前,被保险货物已经存在的品质不良或数量短差造成的损失。

(4) 被保险货物的自然损耗、本质缺陷、特性以及市价跌落、运输延迟所引起的损失和责任。

(5) 海上运输货物战争险条款和货物运输罢工险条款规定的责任范围和除外责任。战争险和罢工险都属于特殊风险,凡与此有关的原因造成保险标的的损失,如果仅投保基本险,保险人均不负责赔偿。

5. 保险责任期限

根据我国保险条款的规定,承保人的责任起讫为"仓至仓"(warehouse to warehouse,缩写为W/W),具体规定如下。

保险责任自被保险货物运离保险单所载明的起运地仓库或储存处所开始运输时生效,包括正常运输过程中的海上、陆上、内河和驳船运输在内,直至该项货物到达保险单所载明目的地收货人的最后仓库或储存处所或被保险人用作分配,分派或非正常运输的其他储存场所为止。

如未抵达上述仓库或储存处所,则保险责任以被保险货物在最后卸载港全部卸离海轮后满60天为止。如在上述60天内被保险货物需转运到非保险单所载明的目的地时,则保险责任以该项货物开始转运时终止。由于被保险人无法控制的运输延迟,绕道,被迫卸货,重新装载,转载或承运人运用运输契约赋予的权限所作的任何航海上的变更或终止运输契约,致使被保险货物运到非保险单所载明目的地时,在被保险人及时将获知的情况通知保险人,并在必要时加缴保险费的情况下,该保险仍继续有效,这种条款被称为"扩展责任条款",又称"运输合同终止条款"。在这种情况下,保险人的扩展责任按下列规定终止:被保险货物如在非保险单所载明的目的地出售,保险责任至交货时为止,但不论任何情况,均以被保险货物在卸载港全部卸离海轮后满60天为止;被保险货物如在上述60天期限内继续运往保险单所载原目的地或其他目的地时,保险责任仍按"仓至仓"条款的规定终止。

6. 被保险人的义务

根据中国人民保险公司海上运输货物保险条款的规定,被保险人应承担的义务如下。

(1) 当被保险货物运抵保险单所载明的目的港(地)以后,被保险人应及时提货,当发现被保险货物遭受任何损失,应立即向保险单上所载明的检验、理赔代理人申请检验,如发现被保险货物整件短少或有明显残损痕迹应立即向承运人、受托人或有关当局(海关,港务当局等)索取货损货差证明。如果货损货差是由于承运人、受托人或其他有关方面的责任所造成的,并应以书面方式向他们提出索赔,必要时还须取得延长时效的认证。

(2) 对遭受承保责任内危险的货物,被保险人和保险人都可迅速采取合理的抢救措施,

防止或减少货物的损失。被保险人采取此措施,不应视为放弃委付的表示;保险人采取此措施,也不得视为接受委付的表示。

(3) 如遇航程变更或发现保险单所载明的货物、船名或航程有遗漏或错误时,被保险人应在获悉后立即通知保险人并在必要时加缴保费,保险才继续有效。

(4) 在向保险人索赔时,必须提供下列单证:保险单正本,提单,发票,装箱单,磅码单,货损货差证明,检验报告及索赔清单。如涉及第三者责任,还须提供向责任方追偿的有关函电及其他必要单证或文件。

(5) 在获悉有关运输契约中"船舶互撞责任"条款的实际责任后,应及时通知保险人。

(二) 特殊保险条款

特殊保险条款包括一般附加险、特别附加险和特殊附加险三种。

1. 一般附加险

目前中国人民保险公司开办的一般附加险有 11 种。

(1) 偷窃、提货不着险(theft, pilferage and non-delivery,简写为 T.P.N.D)。承保在保险有效期内,保险货物遭到偷窃,或者在运达目的地后整件货物短少的损失,承运人或其他第三者责任方按运送合同规定享有豁免的部分。

(2) 淡水雨淋险(fresh water and/or rain damage)。承保直接由于淡水和雨水(包括舱汗、船上淡水舱水管漏水等)所造成的损失。但包装外需有淡水或雨水痕迹予以证明。与平安险和水渍险的不同之处在于,后者承保的仅是海水所致损失,因此,淡水雨淋险是在平安险和水渍险基础上的补充和扩展。

(3) 短量险(risk of shortage)。承保货物在运输过程中因外包装或散装货发生数量短少和实际重量短缺的损失,但正常途耗不属此责任范围。

(4) 混杂、玷污险(risk of inter mixture and contamination)。承保货物在运输过程中因混进杂质或与其他货物接触中被污染的损失。如散装的粮谷混进泥土、草屑,布匹被油脂颜料等玷污等。

(5) 渗漏险(risk of leakage)。承保流质、半流质、油类等货物在运输过程中由于容器损坏而引起渗漏的损失,以及用液体储运的货物如湿肠衣、酱渍菜等因储液渗漏而使肠衣变质、酱渍菜不能食用等损失。

(6) 碰损破碎险(risk of clashing and breakage)。承保在运输途中因震荡、颠簸、挤压以及野蛮装卸等一切外来原因所造成的货物本身的碰损破碎等损失。

(7) 串味险(risk of odor)。承保货物在运输过程中受其他货物影响引起的串味损失。如茶叶、食品、药材、化妆品等与樟脑放在一起,受樟脑味影响发生串味损失。但如果这种串味损失与船方配载不当有关,则应由船方负责。

(8) 受潮、受热险(damage caused by sweating and heating)。承保货物在运输过程中由于气候变化或船上通风设备失灵等原因导致舱内水汽凝结、发潮、发热造成的货物损失。

(9) 钩损险(hook damage)。承保货物在运输过程中因使用钩子装卸导致包装破裂、货物外漏或钩子直接钩破货物的损失以及对包装进行修补或调换所支付的费用。

(10) 包装破裂险(loss and/or damage caused by breakage packing)。承保货物在运输

过程中因搬运或装卸不慎使得包装破裂造成的货物短少、玷污、受潮等损失,以及为继续运输对包装进行修补或调换所支付的费用。

(11) 锈损险(risk of rusting)。承保货物运输过程中受海水、淡水、雨淋或潮湿生锈发生的损失,可锈、必锈物质如铁丝、铁绳、水管以及裸装金属块、板、条等,不承保此种附加险,以免定损时发生困难。

以上11种一般附加险不能单独投保,它们包括在一切险之中;或是由投保人在投保了平安险或水渍险之后,根据需要,再选择加保其中的一种或几种险别。

2. 特别附加险

(1) 交货不到险(failure to deliver)。承保货物从装上货轮开始,如货物不能在预定抵达目的地的日期起6个月内运到原定目的地交货,不论任何原因造成的损失,投保此险,被保险人必须获得进口所需的一切许可证,否则不予承保。

(2) 进口关税险(import duty)。承保被保险货物发生保险范围内损失,被保险人仍然要按完好货物的价值缴纳关税时,保险公司对这部分关税损失给予赔偿。

(3) 舱面险(on deck)。承保货物因置于舱面被抛弃或风浪冲击落水的损失。

(4) 拒收险(rejection)。承保被保险货物在进口时,不论什么原因,在进口港遭有关当局禁止进口或没收发生的损失。为此,被保险人必须保证提供所保货物进口所需要的许可证及其他证明文件。

(5) 黄曲霉素险(aflatoxin)。承保被保险货物进口国卫生当局化验发现其所含黄曲霉素超过规定的限制标准,被拒绝进口、没收或强制改变用途而造成的损失。

(6) 出口货物到中国香港(九龙)或澳门存仓火险责任扩展条款(fire risk extension clause for storage of cargo at destination Hong Kong including Kowloon or Macao)。承保出口到中国香港(包括九龙)或澳门的货物,卸离运输工具后,如直接存放于保单所载明的过户银行所指定的仓库时,保单存仓火险责任扩展,自运输责任终止时开始,直至银行收回押款解除对货物的权益后终止,或自运输责任终止时起满30天为止。

3. 特殊附加险

(1) 战争险(war risk)。根据中国人民保险公司海上运输货物战争险条款,其责任范围为:直接由于作战、类似战争行为和敌对行为、武装冲突或海盗行为所造成的被保险货物的损失;由于上述原因所引起的捕获、拘留、扣留、禁制、扣押所造成的损失;由于各种常规武器,包括水雷、鱼雷、炸弹所致的损失。

战争险条款责任范围引起的共同海损牺牲、分摊和救助费用。所谓战争是指主权国家或事实上有主权国家特征的政治实体之间动用武力的行动,需注意的是,我国把海盗行为纳入了责任范围之内,而在英国,海盗行为属于运输险的承保范围。保险公司对下列两项原因导致的损失,不负赔偿责任:由于敌对行为使用原子或热核制造的武器所致的损失和费用;根据执政者、当政者或其他武装集团的扣押、拘留引起的承保航运的丧失和挫折而提出的任何索赔。

战争险中保险人的责任期限与主险的保险期限有所不同。它是以"水上责任"为限,而非"仓至仓",即自被保险货物装上保险单所载起运港的海轮或驳船时开始,到卸离保险单所载目的港海轮或驳船为止。但如果到目的地后货物未卸船,则最长期限为海轮到达目的地当日午夜起算满15天。当需要中途转船时,不论被保险货物是否卸载,则保险责任在该转运港的最长期限从船舶到达该港口或卸货地之日午夜起满15天,待再装上续运海轮时保险恢复有效。

(2) 战争险的附加费用(additional expenses-war risks)。战争险只承保战争风险造成的直接物质损失,对由于战争风险所致的附加费用不予以承保。对此,战争险的附加费用承保因战争后果所引起的附加费用,如卸货、存仓、转运、关税等。

(3) 罢工险(strikes risk)。承保货物由于罢工者、被迫停工工人或参加工潮、暴动或民众斗争的人员的行动,或任何人的恶意行为所造成被保险货物的直接损失和上述行动引起的共同海损的牺牲、分摊和救助费用。罢工险只承保罢工行为所致的被保险货物的直接物质损失。如果因罢工造成劳动力不足或无法使用劳动力,而使货物无法正常运输装卸以致损失,属于间接损失,保险人不予负责。

罢工险的保险期限和海运货物主险相同,都是以"仓至仓"条款为依据,保险人负责货物从卖方仓库起运到存入买方仓库为止的整个运输过程的风险。

罢工险通常与战争险同时承保,投保人只需在保单上注明战争险包括罢工险,并附上罢工险条款即可,无须另加付保险费。

(三) 特种货物海上运输保险

我国特种货物海上运输保险是针对某些性质特殊的货物而制订的,主要有海上运输冷藏货物保险和海上运输散装桐油保险两种。

1. 海上运输冷藏货物保险

冷藏货物是指在运输过程中必须储藏在冷藏容器里或冷冻舱内的货物,通常包括蔬菜、水果、鱼、虾、肉等,这类货物对温度变化非常敏感,承运人在承运这类货物时必须根据各种货物的性质和不同要求,调整不同的冷藏温度;倘若船上冷藏设备失灵,就会使这些货物变质腐烂。为了满足被保险人的需求,特开办了此险种。实际上,海上运输冷藏货物保险是海上运输货物保险的一种专门保险。中国人民保险公司的海上运输冷藏货物保险有两种险别:冷藏险和冷藏一切险。冷藏险除了包括水渍险的承保责任外,还负责由于冷藏机器停止工作连续达到24小时以上所造成的货物腐烂或损失。冷藏一切险的范围更广,除包括冷藏险的各项责任外,还负责被保险鲜货在运输途中由于外来原因所致的腐烂或损失。海上运输冷藏货物保险的除外责任除了与海上运输货物保险的除外责任相同外,还针对冷藏货物的固有特点,增加了如下两条规定:被保险货物在运输过程中的任何阶段因未放在有冷藏设备的仓库或运输工具中,或辅助工具没有隔温设备所造成的货物腐败;被保险货物在责任开始时因未保持良好状态,包括整理加工和包扎不妥,冷冻上的不合规定以及骨头变质所引起的货物腐败和损失。

海上运输冷藏货物保险关于保险期限的规定与海上运输货物保险基本一致,但根据冷藏货物对运输以及储藏条件的特殊要求,作了相应的规定:保险人的责任自保险货物运离保险单所载起运地点的冷藏仓库装入运送工具开始运输时生效,包括正常运输中的海上、陆上、内河和驳船运输在内,直至该货物到达保险单所载明的卸载港30天内卸离海轮,并将货物存入岸上冷藏库后继续有效。但以货物全部卸离海轮起算满10天终止。在上述期限内货物一经移出冷藏仓库,则保险责任即行终止。若卸离海轮后不存入冷藏仓库,则至卸离海轮时终止。

2. 海上运输散装桐油保险

散装桐油因自身特性,在运输途中非常容易发生污染、变质等损失,若要获得全面保障,就须投保海运散装桐油保险。该保险除了承保海上运输货物保险的各项责任以外,还针对散装桐油的特点,负责赔偿不论何种原因所致的桐油的短少、渗漏且超过规定免赔率的损失以及污染或变质损失。海运散装桐油保险的责任自桐油运离保险单载明的起运港的岸上油库或盛装容器开始,至保险单载明的目的地岸上油库责任终止,而且最多只负责海轮到达目的港后 15 天。

由于散装桐油非常易受污染、易变质,而且保险人承保的责任十分广泛,为控制自身承保的风险,避免承担桐油装运前的质量缺陷以及容器的不洁导致的损失,保险人在保险条款中对桐油的检验规定了一系列严格的要求:被保险人必须在起运港取得船上油仓的清洁合格证书,桐油装船后的容量、重量、温度的证书和装船桐油的品质检验合格证书;如果发生意外,必须在中途港卸货时,同样在卸货前对货物进行品质鉴定并取得证书,对接受所卸桐油的油驳、岸上油库及其重新装载桐油的船舶、油轮等进行检验;并出具证书;桐油到达目的港后,在卸货前,还须由保险单指定的检验人对油仓的温度、容量、重量以及品质进行检验,出具证书。

除了为决定赔款数额而支付的必要检验和化验费用外,一切检验和化验费用均由被保险人负担,被保险人必须取得上述证书,才能在桐油发生品质上的损失时获得保险赔款。

四、伦敦保险协会货物保险条款

(一)历史背景

作为现代世界海运保险的中心,英国制订的海运保险的各种规章制度以及条款对其他国家有着广泛的影响。于 1779 年由劳合社社员大会通过的劳合社船货保险单(简称 S.G.保单)曾经是国际海运保险市场的主要保单格式,世界上许多国家的海运保险单都是据此制订的。

随着国际贸易和国际航运的发展,S.G.保单因其很少发生变化或修改使得它难以适应海运保险的新发展以及被保险人的需求。为了弥补这种缺陷,保险人往往在 S.G.保单上加贴各种条款,致使 S.G.保单的内容日益庞杂、结构更加松散,导致许多不便。S.G.保单文字古老难懂,越来越不适应现代保险业发展的需要。为此,英国保险业对 S.G.保单作了彻底的改变,于 20 世纪 80 年代初制订了新的保险单以及相应的保险条款。新的《协会货物保险条款》从 1982 年开始在英国保险市场上使用,并采用新的劳合社保险单格式,原协会货物条款和劳合社 S.G.保单于 1983 年 3 月 31 日起在英国保险市场停止使用。

(二)伦敦保险协会货物保险条款的特点

(1)用英文字母 A、B、C 命名,取代了旧条款中的一切险、水渍险和平安险。每一险别都各自形成独立的保险单,避免了过去因为险别名称含义不清且与承保范围不符而容易产生的误解。

(2)减少了原险别之间的交叉和重叠。如旧条款中水渍险和平安险承保的范围基本是重叠的。水渍险只增加了平安险不承保的由于自然灾害引起的货物部分损失的赔偿。而平安险虽然对单独海损不赔,但实际上在运输工具发生触礁、搁浅等意外事故时,如果在此之前或之后又因自然灾害给货物造成了部分损失,又要给予赔偿。这样就使得两种险别含义不清,相互之间的差别更小了。修改后 B 险承保因自然灾害造成的全部或部分损失以及因重大或非重大意外事故造成的货物全部或部分损失,而 C 险只承保由重大意外事故造成的货物全损或部分损失,因而两种险别之间的界限更为清楚。

(3) 新货物条款增加了承保陆上风险。如 B、C 条款承保由于陆上运输工具的颠翻、出轨、碰撞引起的保险标的的损失或损害以及湖水、河水渗入船舱造成的损害。

(4) 独立投保的保险条款。伦敦保险业协会的新货物保险条款共有六种。除协会货物保险 A、B、C 条款外,还有协会战争险条款、罢工险条款、恶意损害险条款。除恶意损害险条款外,各条款均分为承保范围、除外责任、期限等 9 个部分,19 项条款。与旧货物保险条款不同,新的协会战争险和罢工险条款既可以在投保了 A、B 或 C 条款后加保,也可以在需要时作为独立的险别进行投保。

(三) 六种保险条款的承保范围与除外责任

1. 协会货物 A 险条款(institute cargo clause A)

承保范围改变了以往列举式的方式,采用"一切险"减去"除外责任"的方式,对约定和法定的除外事项,在"除外责任"部分全部予以列明,对于未列入"除外责任"项下的损失,保险人均予负责。

其除外责任包括两部分:一般除外责任和约定除外责任。

一般除外责任包括:被保险人的故意行为造成的损失或费用;保险标的的正常渗漏、短重、短量或正常磨损;保险标的的包装不固或不当引起的损失或费用;保险标的的固有缺陷或性质导致的损失或费用;因迟延所致的损失或费用,即使该迟延是由于承保风险引起的;由于船东,经理人,租船人或经纪人破产或不履行债务引起的损失或费用;因为使用原子或核武器或其他类似放射性的战争武器引起的损失或费用。

特殊除外责任包括:船舶不适航、不适货以及战争、罢工的除外责任。

不适航、不适货的除外责任是指船舶或驳船的不适航;船舶、驳船、运输工具、集装箱或运输专用箱不适宜安全运送保险标的;当保险标的装载时,被保险人或其雇员对此种不适航或不适货已经知情。

战争、罢工的除外责任是指战争、内乱、革命、造反、叛乱或由此引起的骚乱,或任何交战方之间的敌对行为造成的损失或费用;捕获,拘留,扣留,禁制,扣押(海盗行为除外)以及这些行为引起的后果或进行这些行为的企图所造成的损失或费用;遗弃的鱼雷、水雷、炸弹或其他遗弃的战争武器所造成的损失或费用;因罢工、停工、工潮、暴动或民变造成的损失或费用;因任何恐怖分子或任何带有政治动机的人的行为造成的损失或费用。

2. 协会货物 B 险条款(institute cargo clause B)

该条款主要的承保范围为自然灾害和意外事故的损失。

自然灾害包括地震、火山爆发或雷电等。

重大意外事故包括火灾或爆炸,船舶或驳船搁浅、触礁、沉没或倾覆;陆上运输工具的颠翻或出轨;船舶、驳船或运输工具与除水之外的任何外界物体的碰撞或接触;在避难港卸货。

非重大意外事故包括货物在装卸时落海或摔落造成整件货物的灭失。

此外还包括共同海损牺牲、抛货或浪击入海、海、湖或河水进入船舱、驳船、运输工具、集装箱、运输专用箱或储存处所造成的损失。

B险条款的除外责任与A险条款大致相同，只有两点不同：一是除被保险人外，A险条款对一切人的故意行为造成的损失或费用给予承保，而B险条款对任何一人或数人采取非法行为故意损坏或故意破坏保险标的或其中任何一部分，均不予承保；二是在战争险除外责任中，A险条款将海盗行为从战争除外责任中排除，即对海盗行为引起的后果予以承保，而B险条款在战争险除外责任中未将海盗行为排除，则表明对海盗行为造成的后果不予承保。

3. 协会货物C险条款(institute cargo clause C)

承保因重大意外事故造成的保险标的损失以及费用。此外还承保共同海损牺牲与抛货。对于自然灾害造成的损失，全部不予负责。与我国的《海洋运输货物保险条款》相比，其承保风险范围显然更小。

除外责任与协会货物B险条款相同。

4. 协会货物战争险条款(institute war clause-cargo)

承保范围为由于下列原因引起的损失或费用。

战争，内战，革命，造反，叛乱或由此引起的骚乱或任何交战方之间的敌对行为；由上述承保风险引起的捕获、拘留、扣留、禁制或扣押，以及这些行动的后果或任何进行这种行为的企图；被遗弃的水雷、鱼雷、炸弹或其他遗弃的战争武器。

此外，协会货物战争险还承保为避免承保风险所造成的共同海损和救助费用。

战争险条款的除外责任包括"一般除外责任"和"不适航、不适货除外责任"两部分。"一般除外责任"与A险条款相比，新增了"航程挫折条款"，即对由于航程或航海上的损失或受阻的索赔不予负责。在"核武器除外责任"的内容上，规定为"由于敌对性地使用核战争武器所致的损失不予负责"。

5. 协会货物罢工险(institute strike clause-cargo)

承保范围为由于下列原因造成的保险标的的损失或费用：罢工者，被迫停工工人或参与工潮、暴动或民变的人员所致，任何恐怖分子或任何出于政治动机采取行动的人所致，为避免承保风险所致的共同海损和救助费用。

除外责任除了大部分条款与战争险相同外，在一般除外责任中增加了两条：一是因罢工、停工、工潮、暴动或民变造成的各种劳动力缺乏、短缺或抵制引起的损失或费用，二是因战争、内战、革命、叛乱、颠覆或由此引起的内乱或敌对行为造成的损失或费用。

6. 协会恶意损害险条款

承保由于被保险人以外的其他人的故意损害、故意破坏、恶意行为所致的保险标的的损失或损害。但如果恶意行为是出于政治动机，则不属于本条款的承保范围，但可以在罢工险条款中得到保障。

协会A险条款只对被保险人的恶意行为予以除外不保，显然已将恶意损害险的内容包括在其承保范围之内，而在B险和C险条款中，被保险人以外的任何人的恶意行为所致的损失均被列入除外责任。因此，若想转嫁恶意损害风险，除非已经投保A险，否则须加保恶意损害险。

船东盗卖货物是否属于"一切险"

1995年11月28日,丰海公司向海南人保投保了由印度尼西亚籍"哈卡"轮所运载的自印度尼西亚社迈港至我国洋浦港的4 999.85吨桶装棕榈油,投保险别为一切险,货价为3 574 892.75美元,保险金额为3 951 258美元,保险费为18 966美元。

1995年11月23日至29日,因船舶租金发生纠纷,"哈卡"轮中止了提单约定的航程并对外封锁了该轮的动态情况。直至1996年4月,"哈卡"轮走私至我国汕尾被我海警查获才真相大白。1996年1月至3月,"哈卡"轮船长指挥船员将其中11 325桶、2 100多吨棕榈油运走销售,改为"伊莉莎2"号的"哈卡"轮货船载剩余货物20 298桶棕榈油走私至我国汕尾,4月16日被我海警查获,20 298桶棕榈油已被广东省检察机关作为走私货物没收上缴国库。1996年6月6日,丰海公司向海南人保递交索赔报告书,8月20日,丰海公司再次向海南人保提出书面索赔申请,海南人保明确表示拒赔。丰海公司遂诉至海口海事法院。该案件经海口海事法院一审、海南省高级人民法院二审、最高人民法院再审才最终结案。

海口海事法院审理认为,丰海公司与海南人保之间订立的保险合同有效,双方的权利义务关系应受保险单及所附保险条款的约束与调整。本案所涉投保货物,其中3 848.07吨因船东公司的走私行为而被我国边防部门作走私物品处理,剩余货物已被船东非法盗卖,均不能再归丰海公司所拥有。本案保险标的的损失是由于"哈卡"轮船东公司的盗卖和走私行为造成的,根据附于本案所涉保单之后的保险条款的规定,应属于丰海公司所不能预测和控制的"外来原因",符合丰海公司投保的一切险的承保条件。依照《海商法》第237条,《保险法》第23条的规定,判决:海南人保应赔偿丰海公司保险价值损失3 593 858.75美元;驳回丰海公司的其他诉讼请求。

海南省高级人民法院认为,海南人保与丰海公司之间订立的保险合同合法有效,双方的权利义务应受保险单及所附保险条款的约束。本案保险标的损失是由于"哈卡"轮船东BBS公司将"哈卡"轮所载货物运走销售和走私行为造成的。根据保险单所附的保险条款和保险行业惯例,一切险的责任范围包括平安险,水渍险和普通附加险(即偷窃提货不着险,淡水雨淋险,短量险,沾污险,渗漏险,碰损破碎险、串味险、受潮受热险、钩损险,包装破损险和锈损险),中国人民银行《关于〈海洋运输货物"一切险"条款解释的请示〉的复函》亦作了相同的明确规定。可见,丰海公司投保货物的损失不属于一切险的责任范围。经海南省高级人民法院审判委员会讨论决定,判决撤销一审判决,驳回丰海公司的诉讼请求。

最高人民法院认为,本案为国际海上运输货物保险合同纠纷,本案争议的焦点在于如何理解涉案保险条款中一切险的责任范围。依"海洋运输货物保险条款"的规定,一切险"除包括上列平安险和水渍险的各项责任外,本保险还负责被保险货物在运输途中由于外来原因所致的全部或部分损失"。保险条款中还列明了五项保险人的除外责任条款。从本案保险条款的规定看,除前述五项除外责任的规定外,保险人应当承担包括平安险、水渍险以及被保险货物在运输过程中由于各种外来原因所造成的损失。何谓运输过程中的"外来原因",属于对保险条款的解释。保险合同作为格式合同的一种,提供格式条款的一方应当遵循公平原则确定当事人之间的权利义务,并采取合理的方式提请对方注意免除或者限制其责任的条款,按照对方的要求,对该条款予以说明。本案中的保险条款除外责任中并不包括因承运人的非法行为将整船货物盗卖或者走私造成的保险标的的损失,海南人保亦不能证明其在签订保险合同时向丰海公司说明因承运人的非法行为将整船货物盗卖或者走私造成的损失不属于保险责任范围。综上所述,最高人民法院认为本案保险标的的损失不属于保险条款中规定的除外责任之列,应为收货人即被保险人丰海公司无法控制的外来原因所致,故应认定本案保险事故属一切险的责任范围。因此,海南人保应当按照合同约定承担赔偿责任。

思考题:如何确定一切险的承保范围?

第四节　国际航空、陆上货物运输保险

尽管海上货物运输保险是目前国际贸易中最主要的一种保险,但由于存在着以火车、汽车为主的陆上货物运输和航空货物运输形式,因此,国际货物运输保险也包括国际航空货物运输保险和国际陆上货物运输保险两种形式。

一、国际航空货物运输保险

(一)我国航空货物运输保险条款

1. 航空货物运输保险

根据中国人民保险公司制订的货物保险条款,航空货物运输保险承保货物在空运过程中,因自然灾害、意外事故和各种外来风险而导致货物全部或部分损失。包括:遭受雷电、火灾、爆炸,飞机遭受碰撞倾覆、坠落、失踪,受到战争破坏以及被保险货物由于飞机遇到恶劣气候或其他危难事故而被抛弃等;被保险人对遭受承保范围内危险的货物采取抢救、防止或减少货损的措施而支出的合理费用,但以不超过该批被救货物保险金额为限。

2. 航空货物运输一切险

除航空货物运输险承保的责任范围外,还承保被保险货物由于被偷窃、短少等外来原因所造成的全部或部分损失。

以上两种基本险都可单独投保,在投保其中之一的基础上,经投保人与保险公司协商可以加保战争险等附加险。加保时须另付保险费。在加保战争险前提下,再加保罢工险,则不另收保险费。其中,航空运输货物战争险的责任期限,是自货物装上飞机时开始至卸离保险单所载明的目的地的飞机时为止。

航空运输险和航空运输一切险的责任起讫也采用"仓至仓"条款,自被保险货物运离保险单所载明启运地仓库或储存处所开始时生效,直至该货物到达保险单所载明目的地收货人的最后仓库或储存处所或被保险人用作分配、分派或非正常运输的其他储存处所为止。如未抵达上述仓库或储存处所,则以被保险货物在最后卸载地卸离飞机后满30天为止。

(二)伦敦保险协会航空货物运输保险条款

1. 保险责任

一般采用一切险条件承保,但由于航空运输通常与陆上运输相联系,因而在航空货物运输保险中,对航空运输部分的货物保险,采用一切险承保,对于陆上运输保险部分,则采用特定危险条件承保。

2. 除外责任

除因战争、罢工所致的灭失、毁损或费用均不负责外,其他部分与海运保险的除外责任基本相同。

3. 保险期限

伦敦保险协会条款对保险期限规定如下:自保险标的物离开本保险单所载起运地点的仓库或储存处所时开始生效,并在正常的运输过程中继续有效,直到运至下列情形之一时终止:① 至本保险单所载目的地或其他最终仓库或储存处所;② 至本保险单所载目的地或中途的任何其他仓库或储存处所而为被保险人用作通常运输过程以外的储存、分配或分送;③ 至本保险标的物在最终卸载地,自飞机卸载后届满30天。

4. 赔偿责任

航空货物运输保险的保险人的赔偿责任一般有两种形式,一是对每一飞机的最高责任额限额,二是对每一次空灾事故的总责任额限额。前者是以保障运输货物价值的损失为标准,后者是以保障终点站的集中损失为主,两者都以在损失时目的地货损的实际现金价值为限。同时,保险人必须负责赔偿航空货物运输保险中类似海上货物运输保险中共同海损的损失。

二、国际陆上货物运输保险

货物在陆运过程中,可能遭受各种自然灾害和意外事故。常见的风险有:车辆碰撞、倾覆和出轨、路基坍塌、桥梁折断和道路损坏,以及火灾和爆炸等意外事故;雷电、洪水、地震、火山爆发、暴风雨以及霜雪冰雹等自然灾害;战争、罢工、偷窃、货物残损、短少、渗漏等外来原因所造成的风险。这些风险会使运输途中的货物造成损失。货主为了转嫁风险损失,就需要办理陆运货物保险。

陆上货物运输保险主要承保以火车、汽车等陆上运输工具进行货物运输的风险。国际上保险公司对于采用畜力、畜力车等落后运输工具运送货物的风险,一般不予承保。在我国,中国人民保险公司现行的陆上运输货物保险条款也明确规定以火车,汽车为限。但在基本险方面,我国不论是使用火车还是汽车运输货物的保险,均采用相同的险别和条款,这与有些西方国家对使用火车和汽车运输货物的保险分别采用不同的险别和条款有所不同。

陆上运输货物除了个别情况下需要水运（例如驳运）外，一般不涉及海上运输时可能产生的共同海损问题，所以在实际业务中没有单独海损的问题。这就决定了陆上运输货物保险的基本险别与海上运输货物保险的险别是不同的。

根据中国人民保险公司陆上运输货物保险条款，陆运货物保险的基本险有"陆运险"和"陆运一切险"两种。此外，为适应冷藏运输货物的需要而专设的"陆上运输冷藏货物保险"可单独投保，具有基本险的性质。在附加险方面，陆上货物的附加险有"陆上运输货物战争险"。

（一）陆运险与陆运一切险

1. 陆运险与陆运一切险的责任范围

陆运险的承保责任范围与海上运输货物保险条款中的"水渍险"相似。保险公司负责赔偿被保险货物在运输途中遭受暴风、雷电、洪水地震等自然灾害或由于运输工具遭受碰撞、倾覆、出轨或在驳运过程中因驳运工具遭受搁浅、触礁、沉没、碰撞，或由于遭受隧道坍塌、崖崩或失火、爆炸等意外事故所造成的全部或部分损失。此外，被保险人对遭受承保责任内危险的货物采取抢救、防止或减少货损的措施而支付的合理费用，保险公司也负责赔偿，但以不超过该批被救货物的保险金额为限。

陆运一切险的承保责任范围与海上运输货物保险条款中的"一切险"相似。保险公司除承担上述陆运险的赔偿责任外，还负责被保险货物在运输途中由于一般外来原因所造成的全部或部分损失。可以说，陆运一切险的承保责任是陆运险的责任范围加上同样适用于海运货物保险的 11 种一般附加险的承保责任。与海运货物保险相比，陆运货物保险的承保风险中，没有海上保险所承保的海啸、浮冰这些海上所固有的自然灾害，但增加承保了陆运工具的倾覆、出轨、隧道坍塌、崖崩等陆运过程中所特有的意外事故。在陆运货物保险的承保责任中，没有共同海损牺牲、分摊以及救助费用等海上损失和费用。在陆运货物保险中，凡属承保责任范围内的损失，不论起因于自然灾害或意外事故，也不论损失的程度是全部还是部分，保险人一般都予赔偿，因此，在陆运货物保险中不存在海运货物保险中的"单独海损不赔"的问题。

陆运险与陆运一切险的除外责任与海上运输货物险的除外责任基本相同，对于下列损失保险人不负赔偿责任：被保险人的故意行为或过失所造成的损失；属于发货人的责任所引起的损失；在保险责任开始前，被保险货物已存在的品质不良或数量短差所造成的损失；被保险货物的自然损耗、本质缺陷、特性以及市价跌落、运输迟延所引起的损失或费用；中国人民保险公司陆上运输货物战争险和货物运输罢工险条款规定的承保责任和除外责任。

2. 陆运险与陆运一切险的责任起讫

陆上运输货物险的责任起讫也采用"仓至仓"责任条款。保险人责任自被保险货物运离保险单所载明的起运地仓库或储存处所开始运输时生效，包括正常运输过程中的陆上运输和与其有关的水上驳运在内，直至该项货物运抵保险单所载目的地收货人的最后仓库或储存处所或被保险人用作分配、分派的其他储存处所为止；如未运抵上述仓库或储存处所，则以被保险货物运抵最后卸载的车站满 60 天为止。此 60 天的规定，与海运货物保险中"仓至仓"条款中的相应规定有所不同，海运货物保险人的责任是在被保险货物在最后卸载港全部卸离海轮后起满60天终止,但在陆运货物保险中,若货物运达目的地后不卸离运输工具或不及时运往收货人仓库或储存处所,保险期限规定为到达卸载站后满60天终止。

陆上运输货物险的索赔时效为:从被保险货物在最后目的地车站全部卸离车辆后起算,最多不超过两年。与海运货物保险条款所规定的索赔时效相似。

(二)陆上运输冷藏货物险

陆上运输冷藏货物险是陆上运输货物险中的一种专门保险。其主要责任范围除负责陆运险所列举的自然灾害和意外事故所造成的全部或部分损失外,还负责赔偿由于冷藏机器或隔温设备在运输途中损坏所造成的被保险货物解冻溶化而腐败的损失。保险人还负责赔偿被保险人对遭受承保责任内危险的货物采取抢救、防止或减少货损的措施而支付的合理费用,但以该批被救货物的保险金额为最高限额。

但对于因战争、工人罢工或运输迟延而造成的被保险货物的腐败或损失以及被保险冷藏货物在保险责任开始时未能保持良好状况,包括整理、包扎不妥或冷冻不合乎规定以及骨头变质所造成的货物腐败或损失则除外。对于被保险货物在运输途中,因未存放在有冷藏设备的仓库或运输工具中,或辅助运输工具没有隔温设备或没有储存足够的冰块所致货物的腐败也不负责任。前述陆运险的一般除外责任也适用本险别。

陆上运输冷藏货物险的责任自被保险货物运离保险单所载起运地的冷藏仓库装入运输工具开始运输时生效,包括正常陆运和与其有关的水上驳运在内,直至货物到达目的地收货人仓库为止,但最长保险责任的有效期限以被保险货物到达目的地车站后10天为限。

(三)陆上运输货物战争险(火车)

陆上运输货物战争险(火车)是陆上运输货物险的一种附加险,只有在投保了陆运险或陆运一切险的基础上,经过投保人与保险公司协商方可加保。这种陆运战争险,国外私营保险公司大都是不保的,中国人民保险公司为适应外贸业务需要,接受加保,但目前仅限于火车运输,若使用汽车运输则不能加保。加保陆上运输货物战争险须另增加支付保险费。

加保陆上运输货物战争险后,保险公司负责赔偿在火车运输途中由于战争,类似战争行为和敌对行为、武装冲突所致的损失,以及各种常规武器包括地雷、炸弹所致的损失。但是,由于敌对行为使用原子或热核武器所致的损失和费用,以及由于执政者、当权者或其他武装集团的扣押、拘留引起的承保运程的丧失或挫折而造成的损失除外。

陆上运输货物战争险的责任起讫与海运战争险相似,以货物置于运输工具时为限,即自被保险货物装上保险单所载起运地的火车时开始,到货物在保险单所载目的地卸离火车时为止。如果被保险货物不卸离火车,则自火车到达目的地的当日午夜起算,满48小时为止;如在运输中途转车,不论货物在当地卸载与否,保险责任以火车到达该中途站的当日午夜起算满10天为止。如货物在此期限内重新装车续运,保险仍恢复有效。但需指出,如运输契约在保险单所载目的地以外的地点终止时,该地即视作本保险单所载目的地,在货物卸离该地火车时为止,如不卸离火车,则保险责任以火车到达该地当日午夜起算满48小时为止。

同海上运输货物保险一样,陆上运输货物可以在投保战争险的基础上加保货物运输罢工险,加保罢工险不另行收费。但如单独要求加保罢工险,则按战争险费率收费。货物运输罢工险条款适用于各种运送方式下的货物保险,可以附加于各种运输方式下货物保险基本险条款,但应优先适用。在本条款与陆上运输货物保险条款相抵触时,以本条款为准;本条款未作不同规定的,适用陆上运输货物保险条款,如责任起讫、被保险人的义务、罢工除外责任以外的其他除外责任等。

三、邮递货物保险

邮递货物保险亦称邮包保险,主要承保通过邮局以邮包递运的货物,因邮包在运输途中遭到自然灾害、意外事故或外来原因造成的货物损失。在国外,凡经常有需经邮局递送货物的货主,通常都与保险人订有总括保险单,为整个运输期间的货物投保一切险。因此,伦敦保险人协会迄今尚未制订有成套的邮递货物保险的标准条款。此外,同空运货物保险一样,协会邮递货物战争险的保险也使用海上运输货物保险单加贴邮递战争险条款的做法。在我国,中国人民保险公司参照国际上的通行做法,结合我国邮政包裹业务的实际情况,修订并公布了一套较为完备的邮递货物保险条款,包括"邮包险""邮包一切险"及"邮包战争险"三种。前两种为基本险,第三种为附加险。

(一) 邮包险和邮包一切险

1. 邮包险和邮包一切险的责任范围

邮包险的承保责任范围是负责赔偿被保险邮包在运输途中由于恶劣气候、雷电、海啸、地震、洪水、自然灾害或由于运输工具搁浅、触礁、沉没、出轨、倾覆、坠落、失踪,或由于失火和爆炸等意外事故所造成的全部或部分损失;另外,还负责被保险人对遭受承保责任内风险的货物采取抢救、防止或减少货损的措施而支付的合理费用,但以不超过该批被救货物的保险金额为限。

邮包一切险的承保责任范围除包括上述邮包险的全部责任外,还负责被保险邮包在运输途中由于外来原因所致的全部或部分损失。但是,在这两种险别下,保险公司对下列损失不负赔偿责任:被保险人的故意行为或过失所造成的损失,属于寄件人责任所引起的损失,被保险邮包在保险责任开始前已存在的品质不良或数量短差所造成的损失,被保险邮包本质上的缺陷、特性或自然损耗所造成的损失,市价跌落、运输迟延所引起的损失和费用,战争、敌对行为、类似战争行为、武装冲突、海盗行为、常规武器、工人罢工所造成的损失和费用。

2. 邮包险和邮包一切险的责任起讫

邮包险和邮包一切险的保险责任是自被保险邮包离开保险单所载起运地点从寄件人的处所运往邮局时开始生效,直至被保险邮包运达保险单所载明的目的地邮局发出通知书给收件人当日午夜起算满15天为止,但在此期限内邮包一经递交至收件人的处所时,保险责任即行终止。

从以上内容可以看出,邮递货物的两种基本险(邮包险和邮包一切险)同海运货物保险的基本险有以下不同。

(1) 由于邮包递运涉及海运、陆运、空运三种运输方式,所以邮包运输保险基本险的承

保责任范围兼顾了海、陆、空三种运输工具。它除负责海运货物保险所承保的自然灾害和意外事故外,还负责陆、空运输中的自然灾害和意外事故;被保险人在投保时,无须申明使用何种运输工具运送,保险人对海运、陆运、空运的邮包均予负责,即使邮包使用海、陆、空三种运输工具联运,也予负责。

(2)邮包运输保险的责任终止期限是在货物运抵保险单所载明的目的地邮局,由邮局签发到货通知书当日午夜起算满15天终止。这一期限与海运货物保险规定为在卸货港全部卸离海轮后满60天不同。

(二)邮包战争险

邮包战争险是邮包险或邮包一切险的一种附加险,只有在投保了邮包险或邮包一切险的基础上,经过投保人与保险公司协商方可加保。加保时须另加付保险费。

加保邮包战争险后,保险公司负责赔偿在邮包运输过程中由于战争、类似战争行为、敌对行为、武装冲突、海盗行为以及各种常规武器包括水雷、鱼雷、炸弹所造成的损失。此外,保险公司还负责被保险人对遭受以上承保责任内风险的物品采取抢救、防止或减少损失的措施而支付的合理费用。但保险公司不承担因使用原子弹或热核制造的武器所致的损失。

邮包战争险的保险责任期限是自被保险邮包经邮政机构收讫后自储存处所开始运送时生效,直至该项邮包运达保险单所载目的地的邮政机构送交收件人为止。

对邮政包裹除了可以附加投保战争险外,还可以附加投保货物运输罢工险条款。在投保战争险的前提下,加保罢工险不另行收费。但如仅要求加保罢工险,则按战争险费率收费。

第五节 物流(责任)保险法律制度

一、物流保险的概念

对于中国保险市场来说,物流保险是一种新兴险种。

物流保险是指针对物流活动过程中各主要环节运作风险的控制与保障。当前物流保险存在广义与狭义之说。广义的物流保险是指对物流各主要环节涉及的各类风险的保险;狭义物流保险仅指物流责任保险。物流责任保险是指将第三方物流经营人承担的运输中承运人的责任以及仓储、流通加工过程中保管人的责任等融合在一起,由保险人承保物流业务经营过程中的综合责任的保险。

物流责任保险为客户提供经营第三方物流业务过程中的全面保障,是一种契合现代物流业发展潮流的新型保险产品。基于实践需要,本章重点介绍物流责任保险。

二、物流责任保险条款

一般来说,各保险公司的物流责任保险条款由总则、保险责任、责任免除、责任限额、保险费、保险期间、投保人被保险人义务、赔偿处理、争议处理、其他事项等10个部分组成。目前,我国尚无统一格式的保险公司物流责任保险保单,物流责任保单相比其他保单要复杂很多。实践中,一般均由各保险公司针对不同的物流投保人出具非格式框架文本,无论如何,一般保单的基本内容总要涉及。下面以中国人民财产保险股份有限公司《物流责任保险条款》(以下简称《条款》)为例,着重介绍我国物流责任保险的特色构成。

(一) 保险责任

根据《条款》第4条规定,在本保险期间,被保险人在经营物流业务过程中,由于下列原因造成物流货物的损失,依法应由被保险人承担赔偿责任的,保险人根据本保险合同的约定负责赔偿:

(1) 火灾、爆炸;
(2) 运输工具发生碰撞、出轨、倾覆、坠落、搁浅、触礁、沉没或隧道、桥梁、码头坍塌;
(3) 碰撞、挤压导致包装破裂或者容器损坏;
(4) 符合安全运输规定而遭受雨淋;
(5) 装卸人员违反操作规程进行装卸、搬运。

上述五种原因导致作为被保险人的物流企业承担对物流货物的赔偿责任时,由保险人即保险公司负责赔偿。

另外,《条款》第5条还规定保险人对被保险人所支付的法律费用也承担赔偿责任。法律费用指保险事故发生后,被保险人因保险事故而被提起仲裁或诉讼所支付的仲裁费用、诉讼费用以及事先经保险人书面同意支付的其他必要的合理费用。

(二) 责任免除

责任免除,即除外责任。是保险人不承担保险责任的范围。当保险责任条款与责任免除条款相冲突时,责任免除条款的效力优先。除外责任分两类:一类是原因除外责任,即在合同中约定因何种原因造成保险标的损失,保险人不承担赔偿责任;另一类是损失除外责任,即在合同中约定保险人对何种损失不承担赔偿责任。《条款》第6条至第9条列举了除外责任,其中第6条和第7条属于原因除外责任,第8条和第9条属于损失除外责任。

1. 原因除外责任

第6条规定,下列原因造成的损失、费用和责任,保险人不负责赔偿:

(1) 自然灾害,本保险合同所称自然灾害是指雷击、暴风、暴雨、洪水、暴雪、冰雹、沙尘暴、冰凌、泥石流、崖崩、突发性滑坡、火山爆发、地面突然塌陷、地震、海啸及其他人力不可抗拒的破坏力强大的自然现象;
(2) 被保险人的故意或重大过失行为;
(3) 战争、外敌入侵、敌对行动(不论是否宣战)、内战、反叛、革命、起义、罢工、骚乱、暴动、恐怖活动;
(4) 核辐射、核爆炸、核污染及其他放射性污染;
(5) 执法行为或司法行为;
(6) 公共供电、供水、供气及其他的公共能源中断;

(7) 大气、土地、水污染及其他各种污染。

理解第 6 条时需要注意,在《条款》中,被保险人的故意和重大过失行为都属于责任免除的范围。通常在责任保险中,被保险人的故意行为导致损失,保险人免责,保险人仅对过失行为承担责任。由于重大过失和一般过失的区别并不十分清晰,因此可能给被保险人的索赔过程造成一定阻碍。

第 7 条规定,下列原因造成的损失和费用,保险人不负责赔偿:

(1) 被保险人自有的运输或装卸工具不适合运输或装载物流货物,或被保险人自有的仓库不具备存储物流货物的条件;

(2) 物流货物设计错误、工艺不善,本质缺陷或特征、自然渗漏、自然损耗、自然磨损、自燃或由于自身原因造成腐烂、变质、伤病、死亡等自身变化;

(3) 物流货物包装不当,或物流货物包装完好的内容损坏或不符,或物流货物标记错制、漏制、不清;

(4) 发货人或收货人确定的物流货物数量、规格或内容不准确;

(5) 物流货物遭受盗窃或不明原因地失踪。

该条规定易引发争议,比如第 1 款对于运输工具是否适合认定主体和认定标准问题,并未做出明确规定。

2. 损失除外责任

第 8 条规定,下列物流货物的损失,依法应由被保险人承担赔偿责任的,保险人不负责赔偿。但由被保险人向保险人事先提出申请并经保险人书面同意的不在此限:

(1) 金银、珠宝、钻石、玉器、贵重金属;

(2) 古玩、古币、古书、古画;

(3) 艺术作品、邮票;

(4) 枪支弹药、爆炸物品;

(5) 现钞、有价证券、票据、文件、档案、账册、图纸。

该条将某些特殊的物流货物的损失排除在保险范围以外,主要涉及禁止流通物或者限制流通物或者难以计量的物品等。

第 9 条规定,下列损失、费用和责任,保险人不负责赔偿:

(1) 被保险人及其雇员的人身伤亡或所有的财产损失;

(2) 储存在露天的物流货物的损失或费用;

(3) 盘点时发现的损失,或其他不明原因的短量;

(4) 在水路运输过程中存放在舱面上的物流货物的损失和费用,但集装箱货物不在此限;

(5) 精神损害赔偿;

(6) 被保险人的各种间接损失;

(7) 罚款、罚金或惩罚性赔偿;

(8) 发生在中华人民共和国境外的财产或费用的损失;

(9) 本保险合同中载明的免赔额。

该条明确了保险责任范围外的损失。

从法条构成看,免责条款多于保险责任条款,很多物流活动中可能发生的损失被排除在责任范围之外,比如舱面货、路堆货的损失、包装不当的物流货物损失、物流货物被盗的损失等。这些物流企业期待通过保险保障的事项一概予以免责处理,对物流投保企业而言是十分不利的。

(三)责任限额

《条款》第11条规定,本保险合同的责任限额由投保人自行确定,并载于保险单明细表中。

责任保险承保的是被保险人的赔偿责任,无固定价值标的,赔偿责任由损害责任的大小决定,因此责任保险不似其他财产保险具有相对确定的保险金额,而是经由双方当事人共同协商确定。《条款》中虽然允许投保人自行确定责任限额,但并非指投保人可以任意确定责任限额。

《条款》第21条规定,发生保险责任事故,保险人对物流货物每次事故赔偿金额不超过保险单中列明的每次事故责任限额,对被保险人在每次事故中实际发生的法律费用在每次事故责任限额之外计算赔偿,但最高不超过每次事故责任限额的30%。

在本保险期间内,保险人对物流货物的累计赔偿金额不超过保险单中列明的累计责任限额。对被保险人实际发生的法律费用在累计责任限额之外计算赔偿,但累计不超过保险单中列明的累计责任限额的30%。

可见,《条款》采用的是每次事故责任限额与保险期内累计的责任限额同时适用的方式。法律费用在责任限额外的另计。

(四)保险费

《条款》第12条规定,保险人以本保险期间内被保险人预计发生的物流业务营业收入为基础计收预付保险费。保险合同期满后,保险人根据被保险人申报的实际发生的物流业务营业收入作为计算实际保险费的依据。实际保险费高于预付保险费的,被保险人应补交其差额部分;实际保险费低于预付保险费的,保险人退还其差额部分,但实际保险费不得低于保险单明细表中列明的最低保险费。

该条款引起物流界广泛质疑,因为该条款导致昂贵的保险费用,使物流企业进入该险种的门槛太高。

(五)物流责任保险的特约条款

《条款》中确立的保险合同基本内容并非强制性的。物流企业可以根据实际需要,与保险公司协商排除基本条款的适用,或者明确基本条款中模糊不清的用语,为自己的物流业务提供更具特色的保障。一般来说,下列内容可以变通。

1."物流"的定义

根据《条款》第3条,物流是指被保险人接受委托,将运输、储存、装卸、搬运、包装、流通加工、配送和信息处理等基本功能实施有机结合,使物品从供应地向接收地实体流动的过程。

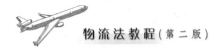

该定义确定的是物流业务的一般范围,为防止争议,《条款》允许当事人就实践中类似的专用术语予以特别约定,实务中,物流企业从事的接提货、集疏港、订舱、报关、报检、报验、包装、标记打板拆板、单据操作和流转、信息处理等全套服务过程均可以纳入"物流"的定义。

2. 保费问题

《条款》规定,保险费是以被保险人物流业务营业收入为基础计收。基本上,如果物流业务营业收入高,说明物流业务量比较大,风险也大,保险费自然高。但我国物流行业处于基础时期,物流营业收入高未必等于利润高,高额保费致使很多物流企业望而却步。因此,物流企业可以根据自己的业务收入和利润,结合保险公司所承保的风险,与保险公司协商一个双方都能接受的保费。另外,按照保险业惯例,如果被保险人在保险期间无保险事故,或者累计赔款很低,被保险人有权要求降低下一年度的保费。

3. 露堆货、舱面货问题

露天储存的货物和装载于舱面的货物风险相对比较大,因此《条款》将露堆货、舱面货的损失列为除外责任。根据货物特性或者行业惯例,实践中很多货物露天堆入于舱面,这就意味着物流企业的很多业务被排除在保险合同之外。物流企业可以要求保险公司调整保险责任,将实践允许的露堆货和舱面货扩展入保险责任范围。

4. 分包商、代理人原因发生的损失

物流商是所有供应链的组织者,其中有的环节由其自身负责,有的环节需要委托分包商具体实施。实践中,在与分包商合作以及物流运作的全过程中,当客户发生损失时,无论是物流商的过失还是分包商的过失,都由物流商先承担对外赔偿责任。尽管物流商在赔付后,尚可向负有责任的分包商进行追偿,但由于物流商与客户和分包商所签合同是背对背合同,因此所适用的法律往往不一样,其豁免条款、赔偿责任限额及诉讼时效也有异,致使物流商常常承担额外损失。

因而保险公司对此种损失也应负保险责任,当然,保险公司也因此会取得物流企业根据承包协议、委托代理协议向分包商、代理人求偿的权利。

5. 运输工具、仓储设施、装卸设备故障引发的损失

《条款》未明确运输工具、仓储设施和装卸设备的适用标准,也未明确保险公司在物流企业已恪尽职守情形下产生的损失是否免责。因此,物流企业在签订保险合同时,应尽量明确规定:因被保险人尽到及时检查、维护义务而未发现的机械故障或者潜在缺陷造成的保险事故,保险人不免责。

总之,物流企业可以根据自己的实际情形,与保险公司磋商更多的特约条款,弥补基本条款的弊端,维护自己的利益。

(六)物流责任保险附加险

《条款》确定的附加险主要有以下几种。

1. 附加盗窃责任保险条款

经保险合同双方特别约定,且投保人已交纳相应的保险费,被保险人在经营物流业务过程中,由于盗窃造成物流货物的损失,依法应由被保险人承担赔偿责任的,保险人按本保险合同约定负责赔偿。

本条款与物流责任保险条款相抵触之处,以本条款为准;其他未尽事项以物流责任保险条款为准。

该险种针对《条款》第 7 条除外责任中的"物流货物遭受盗窃造成的损失"而设置。

2. 附加提货不着责任保险条款

本条款所称提货不着是指在物流运输过程中物流货物不明原因地失踪。

经保险合同双方特别约定,且投保人已交纳相应的保险费,被保险人在经营物流业务过程中,由于运输过程中提货不着造成物流货物的损失,依法应由被保险人承担赔偿责任的,保险人按本保险合同约定负责赔偿。

本条款与物流责任保险条款相抵触之处,以本条款为准;其他未尽事项以物流责任保险条款为准。

该险种针对《条款》第 7 条除外责任中的"物流货物不明原因失踪造成的损失"而设置。

3. 附加冷藏货物责任保险条款

经保险合同双方特别约定,且投保人已交纳相应的保险费,被保险人在经营物流业务过程中,由于冷藏机器或隔温设备损坏并连续停止工作达 24 小时以上而致保险标的解冻融化后腐烂造成的损失,依法应由被保险人承担赔偿责任的,保险人按本保险合同约定负责赔偿。

本条款与物流责任保险条款相抵触之处,以本条款为准;其他未尽事项以物流责任保险条款为准。

该险种主要针对冷藏货物环节出现失误责任风险而设立。

4. 附加错发错运费用损失保险条款

经保险合同双方特别约定,且投保人已交纳相应的保险费,被保险人在经营物流业务过程中,由于被保险人雇员的过失或信息系统故障导致信息处理错误造成物流货物发错目的地,对于被保险人因此重新运输该物流货物所增加的合理的、必要的运输费用,保险人依照本保险合同的约定负责赔偿。

发生本附加险保险责任范围内的损失,保险人对每次事故的赔偿金额不超过保险合同中列明的每次事故责任限额的 10%;在本保险期间内,保险人的累计赔偿金额不超过保险合同中列明的累计责任限额的 10%。

本条款与物流责任保险条款相抵触之处,以本条款为准;其他未尽事项以物流责任保险条款为准。

该险种主要针对信息处理环节出现失误责任风险而设立。

5. 附加流通加工、包装责任保险

(1) 保险责任。

在本保险期间或保险单中列明的追溯期内,被保险人在保险单明细列明的承保区域范围内对物流货物进行流通加工、包装,造成使用、消费或操作该物流货物的第三者人身伤害、疾病或死亡、财产损失,依法应由被保险人承担的赔偿责任,由受害人在保险期间首次向被保险人提出索赔的,保险人根据本保险合同的约定负责赔偿。

(2) 责任免除。

下列损失、费用和责任,保险人不负责赔偿:物流货物本身的损失以及被保险人退换、

召回或修理物流产品所发生的费用;物流货物造成飞行物或船舶的损害;物流货物造成的大气、土地、水污染及其他各种污染;被保险人的任何合同责任,但即使没有该合同,被保险人仍应承担的责任不在此限。

(3) 责任限额。

发生本附加险保险责任范围内的损失,保险人对每次事故的赔偿金额不超过保险合同中列明的相应的每次事故责任限额;对于每人人身伤亡,保险人的赔偿金额不超过保险单明细表列明的相应的每人人身伤亡责任限额。在本保险期间内,保险人累计赔偿金额不超过保险合同中列明的相应的累计责任限额。

(4) 保险费。

保险人以本保险期间内被保险人预计流通加工、包装物流货物的营业收入为基础计收预付保险费。

保险合同期满后,保险人根据被保险人申报的实际流通加工、包装物流货物的营业收入作为计算实际保险费依据。实际保险费高于预付保险费的,被保险人应补交其差额部分;实际保险费低于预付保险费的,保险人应退还其差额部分,但实际保险费不得低于保险单明细表中列明的最低保险费。

(5) 赔偿处理。

被保险人流通加工、包装的同一批物流货物,由于相同原因造成多人的人身伤害、疾病或死亡、多人的财产损失,应视为一次事故造成的损失。

赔偿请求人首次向被保险人提出赔偿请求,视为附加流通加工、包装责任保险事故发生。

本条款与物流责任保险条款相抵触之处,以本条款为准;其他未尽事项以物流责任保险条款为准。注意该条款适用环节和损害对象的特殊性要求。

学习重点和难点

- 保险合同的概念、法律特征
- 海上货物运输保险的含义、承保的风险和承保的损失
- 我国海上货物运输保险中的基本险别
- 实践中,海上货物运输保险险别的选择和风险、损失的确定

练习与思考

(一) 名词解释

保险　保险合同　可保利益　国际货物运输保险　海上货物运输保险　保险金额

(二) 填空

1. _____是指收取保险费并在保险事故发生后依合同约定支付保险赔偿金的人。

2. _____是指保险人根据保险单对保险标的所受损失给予赔偿的最高数额。

3. _____是指在保险标的物发生推定全损时，由被保险人把保险标的物的所有权转让给保险人，而向保险人请求赔付全部保险金额。

(三) 单项选择

1. 关于国际货运保险被保险人应在（ ）具有可保利益。
   A. 投保时
   B. 保险单签发时
   C. 保险事故发生要赔偿时
   D. 向保险公司办理索赔时

2. 对于共同海损所作出的牺牲和支出的费用应由（ ）。
   A. 船方承担
   B. 货方承担
   C. 保险公司承担
   D. 所有与之有利害关系的受益人按获救船舶、货物、运费获救后的价值比例分摊

3. 保险公司承担保险责任的期间通常是（ ）。
   A. "钩至钩"期间
   B. 舷至舷期间
   C. "仓至仓"期间
   D. 水面责任期间

4. 按 CIF 术语成交的贸易合同，货物在运输途中因火灾被焚，应由（ ）。
   A. 卖方承担货物损失
   B. 卖方负责向保险公司索赔
   C. 买方负责向保险公司索赔
   D. 买方负责向承运人索赔

5. 平安险不赔偿（ ）。
   A. 自然灾害造成的实际全损
   B. 自然灾害造成的推定全损
   C. 意外事故造成的全部损失和部分损失
   D. 自然灾害造成的单独海损

6. 淡水雨淋险属于（ ）的承保范围。
   A. 平安险
   B. 水渍险
   C. 一般附加险
   D. 特别附加险

7. 我国某公司以 CIF 条件与国外客户订立出口合同。根据《2000 通则》的解释，买方对投保无特殊要求，我公司只需投保（ ）。
   A. 平安险
   B. 水渍险
   C. 一切险
   D. 一切险加战争险

8. 按中国人民保险公司海洋货物运输保险条款的规定，在三种基本险别中，保险公司承担赔偿责任的范围是（ ）。
   A. 平安险最大，其次是一切险，再次是水渍险
   B. 水渍险最大，其次是一切险，再次是平安险
   C. 一切险最大，其次是水渍险，再次是平安险
   D. 一切险最大，其次是平安险，再次是水渍险

9. 根据"仓至仓"条款的规定，从货物在目的港卸离海轮时起满多少天，不管货物是否进入保险单载明的收货人仓库，保险公司的保险责任均告终止（ ）。
   A. 15 天
   B. 30 天
   C. 10 天
   D. 60 天

10. 根据现行的《伦敦保险协会货物保险条款》的规定，承保风险最大的险别是（ ）。
    A. ICC(A)
    B. ICC(B)
    C. ICC(C)
    D. ICC(D)

11. （ ）是指以其财产或利益向保险人投保，并在保险事故发生后可以取得约定保险

赔偿金的人。

      A. 被保险人   B. 保险人   C. 投保人   D. 受益人

12. (　　)是最常见的一种险别。其原意是"对单独海损不赔"即对部分损失不负责赔偿,只赔全部损失,它是海上运输货物保险中责任范围最小的一种险别

      A. 平安险   B. 水渍险   C. 一切险   D. 战争险

（四）多项选择

1. 在国际货物运输保险中,保险公司承保的风险包括(　　)。

    A. 自然灾害   B. 意外事故

    C. 外来风险   D. 运输延迟造成损失的风险

2. 保险公司承保水渍险的责任包括赔偿(　　)。

    A. 自然灾害造成的全部损失   B. 自然灾害造成的部分损失

    C. 意外事故造成的共同海损   D. 意外事故造成的单独海损

3. 一般附加险包括(　　)。

    A. 淡水雨淋险   B. 包装破裂险   C. 拒收险   D. 舱面险

4. 为防止海上运输途中货物被窃,可以投保(　　)。

    A. 平安险加保偷窃险   B. 水渍险加保偷窃险

    C. 一切险加保偷窃险   D. 一切险

5. 中国人民保险公司海洋运输货物保险条款规定的基本险别包括(　　)。

    A. 平安险   B 战争险   C. 水渍险   D. 一切险

6. 出口茶叶,为防止运输途中串味,办理投保时,应该投保(　　)。

    A. 串味险   B. 平安险加串味险

    C. 一切险   D. 水渍险加串味险

7. 在海上保险业务中,构成被保险货物"实际全损"的情况有(　　)。

    A. 保险标的物完全灭失

    B. 保险标的物丧失已无法挽回

    C. 保险标的物发生变质,失去原有使用价值

    D. 船舶失踪达到一定时期

8. 根据英国的"协会货物保险条款"的规定,下列险别中可以单独投保的是(　　)。

    A. ICC(A)   B. ICC(B)   C. ICC(c)   D. 战争险

9. 根据我国现行《海洋货物运输保险条款》的规定,能够独立投保的险别有(　　)。

    A. 平安险   B. 水渍险   C. 一切险   D. 战争险

10. 对海上运输中被保险货物发生下列损失,保险公司不负责赔偿的有(　　)。

    A. 由被保险人的故意或过失行为引起

    B. 属于发货人责任引起的损失

    C. 损失责任开始前,被保险货物已经存在的品质不良或数量短差造成的损失

    D. 被保险货物的自然损耗、本质缺陷、特性以及市价跌落、运输延迟所引起的横失和责任

11. 按保险标的划分,保险主要可分为(　　)。

A. 财产保险　　　B. 人身保险　　　C. 责任保险　　　D. 保证保险

12. 保险合同的法律特征包括(　　)。

A. 格式合同　　　B. 射幸合同　　　C. 双务合同　　　D. 有偿合同

13. 被保险人在提出索赔时,应向保险人或其有理赔权的代理人提交索赔的必要单证,通常包括以下几项:(　　)。

A. 保险单　　　　　　　　　　　　B. 发票
C. 装箱单　　　　　　　　　　　　D. 货损、货差证明

14. 国际海上货物运输过程中可能遇到各种各样的风险,这些风险大体上包括(　　)。

A. 固有风险　　　B. 海上风险　　　C. 外来风险　　　D. 自然灾害

15. 海上货物运输保险,保险公司承保的损失是由于海上风险与外来风险所造成的损坏或灭失,简称海损。一般包括(　　)。

A. 实际全损　　　B. 推定全损　　　C. 共同海损　　　D. 单独海损

16. 国际海上货物运输保险合同的形式,一般以保险单据来表示。主要有以下几种:(　　)。

A. 投保单　　　　B. 保险单　　　C. 保险凭证　　　D. 海损证明

(五) 简答

1. 简述海上货物运输保险承保的风险和承保的损失。
2. 简述我国海上货物运输保险中的基本险别。

(六) 思考题

最大诚信原则在保险合同和物流保险业务中的重要价值和现实意义体现在哪些方面?举实例说明。

案例分析

(一) 某年4月1日,某省甲汽车运输公司为该公司一辆解放牌汽车向保险公司投了保,保险期限为一年,即从某年4月1日起,至次年3月31日24时止,保险金额为15 000元。次年1月1日,甲汽车运输公司将该解放牌汽车卖给了个体运输户乙,为图省事,甲汽车运输公司没有到保险公司办理该车的保险合同过户批改手续,也未办完汽车过户手续。当月,乙找到其在保险公司工作的熟人丙,向丙介绍了其买车的情况,求丙帮助办理保险合同的转让手续。不久,丙找到该车的保单存根,未请示领导,擅自给乙办了保险证。几天后,3月15日乙驾驶该解放牌汽车跑长途运输,在邻省某地与当地个体运输户的汽车相撞,致使对方车辆严重损坏。乙当日向保险公司报了险。保险公司查该解放牌汽车未办理过户批改手续,拒绝派人勘查现场。事故经当地交通大队勘查裁定。乙对撞车负全部责任,乙应赔偿对方损失11 200元,乙遂以办理保险证为由向保险公司索赔,保险公司以乙未办理保险过户批改手续为由拒绝给付补偿金额。此后,乙又请甲汽车运输公司向保险公司索赔,也被保险公司拒绝。因此,乙向人民法院起诉,要求保险公司给付11 200元。

问题:保险公司是否应该承担赔偿责任?为什么?

（二）某县航运公司与某县保险公司签订了一份船舶保险合同。合同约定，保险公司承保航运公司"东风号"轮船的全损险；保险期限为一年，自某年3月10日24时到次年3月9日24时；保险金额为30万；保险费为3 000元，分两次交纳，某年3月20日交纳2 000元，次年1月10日交纳1 000元。合同签订后，航运公司于某年8月20日按合同约定交纳了1 500元保险费，但次年2月5日，航运公司投保的"东风号"轮船触礁沉没，航运公司认为它与保险公司签有"东风号"轮船全损险保险合同。"东风号"轮船触礁属于保险责任范围内，它有权要求保险公司支付保险金，遂于2月7日派员到保险公司交纳第2部分保险费1 000元并要求保险公司赔偿"东风号"轮船沉没的损失。保险公司则坚持它与航运公司虽有保险合同，但航运公司迟迟未交第二部分保险费，乙方有权解除该保险合同，并拒收保险费，拒绝赔偿。航运公司遂于次年5月10日诉至人民法院。

问题： 保险公司是否应该承担经济赔偿责任？为什么？

（三）一批货物已投保了平安险，分装两艘货轮驶往目的港。一艘货轮在航行中遇暴风雨袭击，船身颠簸，货物相互碰撞而发生部分损失；另一艘货轮在航行中与流冰碰撞，货物也发生了部分损失。

问题： 保险公司对于这两次的损失是否都应给予赔偿？

第十一章 实践活动：模拟法庭

知识目标

学习完本章，你能够掌握的知识点：
1. 熟记民事诉讼基本知识点
2. 描述民事诉讼基本程序
3. 区分法律文书种类和撰写要求

能力目标

学习完本章，你能够熟悉的技能：
1. 分析案情、厘清法律关系、查找案件焦点问题，锻炼法律思维
2. 运用诉讼程序解决法律问题
3. 法律综合运用能力（思辨能力、表达能力、团队协作能力等），提高法律素养

思政目标

1. 法律严肃性、司法庄重性、程序严谨性
2. 诚实守信原则
3. 维护国家、企业和个人的合法权益

模拟法庭是本课程的重要实践项目之一，除了能够深度学习专业知识和熟练掌握专业技能外，还希望学生沉浸式体验法庭庭审的庄重和威严，法律的严肃性。针对非法学学生学习法律知识采用这种实践的方式是最直接、有效的，也是能够掌握最实用的专业知识和技能的高效手段。

第一节 民事诉讼概述

一、民事诉讼的含义和法律特征

民事诉讼，是指民事争议的当事人向人民法院提出诉讼请求，人民法院在双方当事人和

其他诉讼参与人的参加下,依法审理和裁判民事争议的程序和制度。按照诉讼法律关系的理论,民事诉讼是诉讼主体(广义)各种诉讼活动以及所产生的各种诉讼法律关系的总和。广义的民事诉讼除了审判程序外,还包括执行程序。从理论上讲,由于民事诉讼制度的设计最为复杂,而且以国家强制力为保障,因此,被认为是解决民事纠纷的各种方法和手段中最公正和最有效的。

民事诉讼具有以下特征。

(一)民事诉讼是一种当事人对立,法院居间审理、裁判的等腰三角形结构

当事人之间由于利益冲突而诉至法院,在诉讼中,一方提出诉讼请求,另一方则进行防御、抗辩,因而在诉讼中形成一种对立或对抗的基本态势和结构。法院作为国家的司法机关在民事诉讼中处于中立的地位,平等地对待当事人,以保证裁判的实体公正和形式公正。这样一来,民事诉讼就呈现为一种类似几何上等腰三角形的结构。不承认民事诉讼的这种现实结构,就无法正确认识民事诉讼。当事人之间虽会就诉讼中的某些事项达成协议,甚至通过调解或和解解决纠纷,但这不过是当事人对自己权利的处分,是一种让步或妥协,并不能否定他们之间的对抗本质。

(二)民事诉讼依靠国家强制力来解决民事纠纷

主要体现在:

1. 当原告向法院提起诉讼后,被告就有义务应诉,即被告应诉的强制性。被告不能拒绝法院的审判。被告不到庭的,法院可以强制其到庭,不能强制到庭的,法院可以缺席判决;

2. 法院作出的决定、裁定和判决,当事人必须服从,履行裁判所确定或规定的义务。如果不主动履行裁定和判决的,法院可以在当事人的申请下,强制执行。

(三)从诉讼对象来看,民事诉讼解决的争议是有关民事权利义务的争议

一般而言,这些民事权利义务的争议就是法律上规定的具体的权利义务争议。法院解决民事争议时,必须适用实体法的规定,如果没有实体法的规定,便无根据可以适用。另外,非民事权利义务的争议不能纳入民事诉讼程序加以解决,除了刑事案件和行政案件外,伦理上的冲突、政治上的争议、体育竞赛的争议、团体组织内部的争议、宗教上的争议等也都不能成为民事诉讼的对象,这一问题涉及民事审判权的范围问题。

(四)民事诉讼是依照一定的法律规范,严格按照预定的程序和方式进行的

为了保证民事诉讼的公正性,民事诉讼法规定了一套比其他民事争议解决制度更为复杂的程序,也可以说,民事诉讼在形式上是最为公正的程序。民事诉讼还要求法院和所有诉讼参与人的诉讼行为必须符合规定的方式,违反了规定的方式和程序虽然不是绝对,但有可能导致诉讼行为的无效。相比之下,民事调解和仲裁在程序和方式的严格性方面就不如民事诉讼。这就使民事诉讼程序呈现出一定刚性化特征。

尽管民事诉讼程序在制定时会尽量考虑方便、灵活地解决民事纠纷,但依然无法达到其他非民事诉讼程序那样的程度。

（五）事实认定的形式化

民事纠纷的解决首先需要裁判机关认定案件事实，并在正确认定案件事实的基础上作出公正裁判，但由于案件事实的认定需要依靠证据，而基于合法性的要求，法院认定事实的证据又必须满足一定的形式要求，这样一来，也就有可能影响事实认定的有效性。一些案件中，尽管权利人事实上存在权利，却因为没有符合要求的证据而无法得到认可。

法律链接

《中华人民共和国民事诉讼法》节选

第一条 中华人民共和国民事诉讼法以宪法为根据，结合我国民事审判工作的经验和实际情况制定。

第二条 中华人民共和国民事诉讼法的任务，是保护当事人行使诉讼权利，保证人民法院查明事实，分清是非，正确适用法律，及时审理民事案件，确认民事权利义务关系，制裁民事违法行为，保护当事人的合法权益，教育公民自觉遵守法律，维护社会秩序、经济秩序，保障社会主义建设事业顺利进行。

第三条 人民法院受理公民之间、法人之间、其他组织之间以及他们相互之间因财产关系和人身关系提起的民事诉讼，适用本法的规定。

第四条 凡在中华人民共和国领域内进行民事诉讼，必须遵守本法。

第五条 外国人、无国籍人、外国企业和组织在人民法院起诉、应诉，同中华人民共和国公民、法人和其他组织有同等的诉讼权利义务。

外国法院对中华人民共和国公民、法人和其他组织的民事诉讼权利加以限制的，中华人民共和国人民法院对该国公民、企业和组织的民事诉讼权利，实行对等原则。

第六条 民事案件的审判权由人民法院行使。

人民法院依照法律规定对民事案件独立进行审判，不受行政机关、社会团体和个人的干涉。

第七条 人民法院审理民事案件，必须以事实为根据，以法律为准绳。

第八条 民事诉讼当事人有平等的诉讼权利。人民法院审理民事案件，应当保障和便利当事人行使诉讼权利，对当事人在适用法律上一律平等。

第九条 人民法院审理民事案件，应当根据自愿和合法的原则进行调解；调解不成的，应当及时判决。

第十条 人民法院审理民事案件，依照法律规定实行合议、回避、公开审判和两审终审制度。

二、民事诉讼的价值

民事诉讼的价值是指民事诉讼程序能够满足诉讼主体特定需要而对其所具有的效用以

及民事诉讼程序本身所具有的正当性与合理性。

(一)内在价值(目的性价值)

1. 程序公正价值

程序公正价值是指社会主流对利益分配关系公认合理的价值标准。诉讼的公正包括诉讼过程的公正和诉讼结果的公正。

(1)程序结构公正。

第一,法官中立原则,即要求法官同争议的事实和利益没有关联性;法官不得对任何一方当事人存有歧视或偏见;

第二,当事人诉讼权利平等原则,即在民事诉讼中,当事人平等地享有和行使诉讼权利。具体包括:① 当事人平等地享有诉讼权利,是指当事人在民事诉讼中所进行的"诉讼攻击"与"诉讼防御"的平等性。任何一方不得享有比对方更优越或更多的诉讼权利,只有赋予双方当事人平等的权利、均等的机会,才能维系民事诉讼活动中当事人双方"攻击"与"防御"的平等进行;② 当事人在诉讼中的诉讼地位平等,是指当事人在诉讼中的诉讼地位是平等的,不因当事人的社会地位、经济状况、文化程度、民族等因素不同而存在差别。当事人诉讼地位平等,不但是平等地享有诉讼权利,同时也是平等地承担诉讼义务,并且对行使诉讼权利给予平等的机会;③ 保障和便利当事人平等地行使诉讼权利。首先,立法保障。作为立法的指导原则,诉讼权利平等原则应当体现在民事诉讼法的相关制度和具体规范中,使这一原则具体化,为当事人实际平等地享有和行使诉讼权利提供法律依据。其次,是在司法实践中,人民法院应当为当事人平等地行使诉讼权利提供保障和便利。依法保障当事人双方平等地行使诉讼权利,并且为他们行使诉讼权利创造和提供平等的机会和条件,是人民法院应当履行的职责,也是诉讼权利平等原则实现的重要保证。

(2)程序过程公正。

第一,程序公开原则。

即审判公开原则,是指人民法院审理案件和宣告判决,公开进行,允许公民到法庭旁听,允许新闻记者采访报道,也就是把法庭的全过程,除了休庭评议之外都公之于众。具体而言其包括三个方面的内容:一是审理过程公开。法院审理案件的活动包括证据的提出、调查与认定等除法律规定的特殊情况以外,一律在公开的法庭上进行,允许公众旁听,允许新闻媒介采访、报道。二是审判结论公开即公开宣判。判决书及其据以下判的事实和理由应以公开的形式宣布,允许新闻记者报道,法庭也应向社会公告。三是审判公开的对象既包括向当事人公开,也包括向社会公开。

第二,程序参与原则。

当事人对程序的参与必须是自主自愿的,而非受强制被迫的行为。当事人是民事程序的诉讼主体,有权决定是否发动和参与诉讼程序,"不告不理"的规则就是体现了当事人参与诉讼的自愿性;当事人必须拥有影响诉讼过程和裁判结果的充分的参与机会,这是程序参与原则的核心内容。必须给予诉讼当事人各方充分的机会来陈述本方的理由,必须将诉讼程序告知他们,并及时通知其任何可能受到的指控,以使当事人能够准备答辩,还应允许当事人以适当的方式将答辩提交给法官。

2. 程序正义价值

程序正义是实体公正的首要前提。

第一，公正的法律程序是正义的基本要求，通过程序实现正义是现代法治的基本原则，而法治取决于一定形式的正当过程，正当过程又通过程序来实现。追求实体公正只能在保证程序公正的条件下获得。也就是说，只有建立在正当程序的基础之上，实体正义才有可能实现。这是由程序公正与实体公正的不同属性决定的。实体正义具有相对性，程序正义具有绝对性，程序正义的绝对性是容易理解的，因为程序是通过一系列法律规则加以建构的，遵守这些规则谓之合法，反之谓之违法。合法为正义，违法为非正义，它不取决于人的主观感受，而取决于法律规定之准绳作用。法官只要按法定程序进行诉讼，不仅能较好地保证当事人及其他诉讼参与人受到正当、平等的对待，也能够更好地使判决结果体现出公平正义的精神。程序正义是司法公正的有力保障。

第二，完备的司法程序不仅是现代法治建设的重要内容，同时，也为司法公正提供了有力保障。(1) 程序正义为司法公正提供了制度保障。人类以法治作为治国方略的进程表明，司法公正不会凭空产生。各个时期危害司法公正的因素之所以大行其道，一个重要原因就是缺乏程序制度约束。要抑制和消除司法不公的现象，就必须加强程序立法和遵循正当程序，从制度上筑起一道安全屏障；(2) 程序正义为司法公正提供了现实保障。司法程序的实质是裁判的非人情化，其一切活动都是为了限制权力恣意、裁量专断和感情泛滥。它要求法官在审理和裁判过程中不受任何法外因素所左右，不囿于个人价值取向、情感因素而易色易位，不做随意性、任意性、恣意性的判决，而仅仅依据法律事实和法律规则做出裁判。这犹如生产司法正义的一道道工序，法官按程序设计进行产品加工，最后的产品是司法正义。当然，法制完备的国家也不可能完全避免错案的发生。不过那是少数例外，而并非一般现象，而更多的事实证明，正是由于正当程序的设立，为实现上述目标提供了现实保障；(3) 程序正义为司法公正提供了信念保障。程序始于申请，终于裁定。没有当事人的申请，就没有诉讼程序的启动。随着公民权利意识的增强，当民事权利受到侵害时，当事人到法院打官司，是基于对存在的争端、矛盾能够得到公正合理的解决而抱有的一种心理期待。通过参加诉讼，当事人看到自己的诉讼权利得到充分行使，举证责任得到实际负担，法官只在程序规则内活动，方能对于裁判结果的合法正当产生一种信赖和认同，从而使法院运用实体规则和规则所确认的权利义务得到当事人的服从和履行，这样有助于社会秩序的稳定和司法公信度的确立；(4) 程序正义是实现社会正义的内在要求。法是以维持一种正义的秩序为使命的，传统意义上的法律正义即社会正义的一种标志，有时也将司法公正与社会公正相提并论。由此可见，程序正义对实现社会正义的作用之举足轻重。程序正义的观念即使不是赋予审判的唯一根据，也应是其重要的根据之一。其实社会正义的含义远比司法公正大得多，它的范畴包括人类所追求的法治、民主、自由、人权、公平等一系列价值目标。在逻辑上两者是一种从属关系。同时，司法审判的特殊性、被动性决定了司法公正不可能等同于社会公正，也不可能总是能够实现。但是，社会正义对于司法而言，它要求法官公正无私地对待人和事，合情合理地处理诉讼纠纷，切实防止和消除审判中的各种弊端和腐败的滋生。"正是程序决定了法治和满意的人治的区别"，唯有程序正义所独具的程序自由、公正、效率、独立等内在价值符合社会正义的精神内涵，这些是实现公平正义不可或缺的有效手段和必要保障。

3. 程序自由价值

程序自由价值是指诉讼主体合乎目的地支配诉讼程序，自由地选择、判断和接受诉讼程序。

（1）保障当事人的诉权和具体诉讼权利不受其他力量的不当干预；

（2）保障法院的审判权不受外在压力的不当干预；

（3）保证诉讼主体进行理性选择。

4. 程序效益价值

程序效益价值是指纠纷当事人和国家在民事诉讼中，以比较少的人力、物力和时间，获得较好的效果。提高程序效益价值的有效途径包括：（1）降低诉讼费用和律师费用；（2）缩短诉讼周期；（3）简化诉讼程序；（4）在一个诉讼程序中尽可能多地解决民事纠纷。

（二）外在价值（工具性价值）

1. 实体公正（诉讼结果公正）

实体公正是指国家进行民事审判的结果在整体上为当事人以及社会所接受、认同、信赖和支持的性质，是审判机关通过整个民事诉讼过程要达到的一种理想结果。实体公正是诉讼公正的一部分，诉讼公正是指诉讼构成之公正，即诉讼过程的公正及诉讼结果的公正两方面的结合。诉讼过程的公正即指诉讼程序的公正或正当，诉讼结果的公正也就是裁判公正。确立诉讼公正的价值目标，是有其深刻的社会背景、理论及法律依据的。是由诉讼过程的公正即程序的公正和诉讼结果的公正两部分构成的，缺少其中一个都不能称为诉讼公正。实现诉讼结果公正需要以事实为根据，以法律为准绳，要求在诉讼过程中真实地还原案件事实和正确地适用法律。

2. 秩序价值

秩序是指人们社会生活中相互作用、相对稳定有序的结构、过程或模式，它在某种程度上能保持社会生活的稳定形式。在民事诉讼中，审判机关就是通过行使司法权来维护社会正常秩序的运转。

三、民事诉讼法的基本原则和基本制度

（一）基本原则

民事诉讼法的基本原则是指贯穿于整个民事诉讼法和民事诉讼过程的根本性和指导性规则，对民事诉讼法的实施具有指导性，是宪法原则在民事诉讼领域中的具体落实，是一种原则性规范，也是对诉讼主体的一种基本要求。

1. 诉讼当事人平等原则

第一，诉讼当事人平等主要是指当事人的诉讼地位的平等；

第二，当事人在诉讼中的诉讼攻击和防御是平等的；

第三，具有不同国籍、无国籍的当事人在我国进行民事诉讼时，其诉讼地位与我国民事诉讼的当事人相同，即我国当事人享有的诉讼权利也同样给予具有外国国籍或无国籍的当事人。

2. 辩论原则

根据《民事诉讼法》第12条规定:"人民法院审理民事案件时,当事人有权进行辩论。"

第一,辩论权是当事人的一项重要的诉讼权利,即当事人也包括第三人对诉讼请求有陈述事实和理由的权利,也有对对方当事人的陈述和诉讼请求进行反驳和答辩的权利。当事人借此维护自己的合法权益。

第二,当事人行使辩论权的范围包括对案件的实体方面、对如何适用法律和诉讼程序上争议的问题。

第三,辩论的形式包括口头和书面两种形式。口头辩论又称"言辞辩论",主要集中在法庭审理阶段,书面辩论主要在其他阶段。

第四,辩论原则所规定的辩论权贯穿于诉讼的全过程。除特别程序以外,在第一审程序、第二审程序和审判监督程序中,均贯穿着辩论原则,允许当事人行使辩论权。

第五,人民法院在诉讼过程中应当保障当事人充分行使辩论权。

3. 处分原则

处分原则又称处分权原则,是大陆法系国家民事诉讼中的一项基本原则。其基本含义是:当事人是否起诉或终结诉讼,何时或何种内容、范围(法院对当事人没有提出的请求事项不能裁判),对何人起诉,原则上由当事人自由决定,国家不能干预。法院在民事诉讼中应当处于被动消极的地位。

第一,诉讼只能因当事人行使起诉权而开始,因当事人自主的撤诉行为而结束。

第二,诉讼请求的范围由当事人自行决定,当事人没有提出的事项法院不能对其作出裁判,即由当事人决定审判对象。

第三,当事人可以在诉讼中变更、撤回和追加诉讼请求。

第四,原告可以放弃已经提出的诉讼请求;被告可以承认原告的诉讼请求;当事人双方可以在诉讼中就民事争议的解决达成和解或调解协议。

4. 诚实信用原则

我国《民事诉讼法》修改中的一大动作就是将诚实信用原则明文化。《民事诉讼法》第13条规定:"民事诉讼应当遵循诚信原则。当事人有权在法律规定的范围内处分自己的民事权利和诉讼权利。"

第一,当事人真实陈述的义务。这是诚实信用原则的主要内容。

第二,促进诉讼的义务。这是诚实信用原则的基本要求之一,这一义务要求当事人在诉讼中不得实施迟延或拖延诉讼行为,或干扰诉讼的进行,应协助法院有效率地进行诉讼,完成审判。

第三,禁止以欺诈方法形成不正当诉讼状态,从而获得法规的不当使用或不适用。

第四,禁止反言。这一原则的具体适用要件包括三个方面:(1)当事人在诉讼中实施了与之前(诉讼中或诉讼外)诉讼行为相矛盾的行为;(2)在对方信赖的前提下,作出了违反承诺的行为;(3)给信赖其先行行为的对方造成了不利。例如,作出自认之后,在无正当理由的情况下撤回自认。

第五,诉讼上权能的滥用。虽然诉讼制度给予当事人某些权能,但如果没有诚实信用地行使该权能,也就不能予以承认该权能行使的利益。例如,无正当理由反复要求审理法官回避等。

(二)基本制度

民事审判的基本制度主要规定了民事审判的基本方式和结构,具有可操作性,是民事审判基本价值要求的制度化,侧重于从审判主体的角度加以规范。

1. 合议制度

合议制度是指由三名以上为奇数的审判人员组成审判庭,以人民法院的名义,具体行使民事审判权,对民事案件进行审理并作出裁判的制度,也称为合议制。

合议制与独任制是相对的,独任制是指由一名审判员独立地对民事案件进行审理裁判的制度。独任制只适用于简易程序审理的简单的民事案件,主要考虑司法成本和效率。

合议庭的组成:

合议庭是根据合议制度由三名以上为奇数的审判人员组成的审判组织。根据我国《民事诉讼法》的规定,合议庭的构成因审理程序不同而有所不同。

(1) 第一审程序中的合议庭。

根据我国《民事诉讼法》第40条的规定,人民法院审理第一审民事案件时,可以由审判员和陪审员共同组成合议庭,也可以全部由审判员组成合议庭,但不能全部由陪审员组成合议庭。具体采用哪一种构成方式,可以根据案件的实际情况来决定。

 法律链接

《中华人民共和国人民陪审员法》节选

《中华人民共和国人民陪审员法》是为了保障公民依法参加审判活动,促进司法公正,提升司法公信,制定的法律。

《中华人民共和国人民陪审员法》由中华人民共和国第十三届全国人民代表大会常务委员会第二次会议于2018年4月27日通过,自公布之日起施行。

第五条　公民担任人民陪审员,应当具备下列条件:

(一) 拥护中华人民共和国宪法;

(二) 年满二十八周岁;

(三) 遵纪守法、品行良好、公道正派;

(四) 具有正常履行职责的身体条件。

担任人民陪审员,一般应当具有高中以上文化程度。

第六条　下列人员不能担任人民陪审员:

(一) 人民代表大会常务委员会的组成人员,监察委员会、人民法院、人民检察院、公安机关、国家安全机关、司法行政机关的工作人员;

(二) 律师、公证员、仲裁员、基层法律服务工作者;

(三) 其他因职务原因不适宜担任人民陪审员的人员。

第七条　有下列情形之一的,不得担任人民陪审员:

(一) 受过刑事处罚的;

(二)被开除公职的；
(三)被吊销律师、公证员执业证书的；
(四)被纳入失信被执行人名单的；
(五)因受惩戒被免除人民陪审员职务的；
(六)其他有严重违法违纪行为,可能影响司法公信的。

(2)第二审程序中的合议庭。

第二审程序是上诉审程序,与第一审程序不同,在我国,第二审人民法院除了对上诉请求进行审理,作出判决外,还具有对下一级人民法院的审判活动实施监督和指导的任务和作用。根据我国《民事诉讼法》第41条的规定,人民法院审理第二审民事案件时,合议庭的成员必须全部是审判员,陪审员不能作为合议庭成员,合议庭的组成人数仍为单数。发回重审的案件,原审人民法院应当按照第一审程序另行组成合议庭。

(3)再审程序中的合议庭。

再审程序是指人民法院对已经发生法律效力的裁判,在该判决确有错误时,依照法定程序再次进行审理以纠正其错误的审判程序。根据我国《民事诉讼法》第41条的规定,审理再审案件,原来是第一审的,按照第一审程序另行组成合议庭；原来是第二审的或者是上级人民法院提审的,按照第二审程序另行组成合议庭。

知识拓展

审判委员会

审判委员会是中国特有的审判组织形式,它作为审判工作的一个集体领导机构,是人民法院内部对审判工作实行集体领导的组织形式。在讨论、决定重大、疑难案件,总结审判经验和其他有关审判工作方面发挥了一定的积极作用。审判委员会是法院决定案件处理的最高审判组织,是审判业务方面的决策机构,指导和监督全院审判工作。其任务是：总结审判工作经验,讨论重大或疑难案件以及其他有关审判工作问题。审判委员会实行民主集中制。审判委员会讨论案件,依法实行回避制度。审判委员会的会议由法院院长主持,成员由院长1人、副院长、庭长、资深审判员若干人组成。组成人数是单数。其实它是不参加审判的权利组织,特别是其关于审判业务的决定必须予以执行。

审判委员会不同于合议庭,它不直接开庭审理案件。依据最高人民法院的相关司法解释,以下合议庭难以作出决定的疑难、复杂、重大的刑事案件,才提请院长决定提交审判委员会讨论决定：

1. 拟判处死刑的；
2. 合议庭成员意见有重大分歧的；
3. 检察院抗诉的；

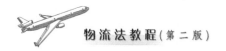

> 4. 在社会上有较大影响的;
> 5. 其他需要由审判委员会讨论决定的;
> 6. 独任审判的案件,开庭审理之后,独任审判员认为有必要的,也可以提请院长决定提交审判委员会讨论决定。
>
> 审判委员会讨论案件,应当在合议庭审理的基础上进行,并且应当充分听取合议庭成员关于审理和评议情况的说明。审判委员会讨论案件时,如果有意见分歧,按照少数服从多数的原则进行表决。少数人的意见,应当记入笔录。审判委员会的决定,合议庭应当执行。审判委员会讨论决定的案件的判决书和裁定书,应当以审理该案件的合议庭成员的名义发布。

2. 回避制度

民事诉讼中的回避制度是指在民事诉讼中,审判人员以及其他可能影响案件公正审理的有关人员,在遇有法律规定的回避情形时,不得参与案件的审理,已经参与的要退出该案诉讼程序的制度。回避制度最典型地体现了程序正义的特点和要求。

(1) 回避主体范围。

应当回避的人包括:审判人员(包括参与本案审理的人民法院院长、副院长、审判委员会委员、庭长、副庭长、审判员、助理审判员和人民陪审员)、书记员、执行员、翻译人员、鉴定人和勘验人。

(2) 应当回避的情形。

根据《民事诉讼法》第47条规定,审判人员有下列情形之一的,应当自行回避,当事人有权用口头或者书面方式申请他们回避:

(一) 是本案当事人或者当事人、诉讼代理人近亲属的;

(二) 与本案有利害关系的;

(三) 与本案当事人、诉讼代理人有其他关系,可能影响对案件公正审理的。

审判人员接受当事人、诉讼代理人请客送礼,或者违反规定会见当事人、诉讼代理人的,当事人有权要求他们回避。

审判人员有前款规定的行为的,应当依法追究法律责任。

前三款规定,适用于书记员、翻译人员、鉴定人、勘验人。

(3) 回避的方式和程序。

回避的方式有两种:积极回避和消极回避。

积极回避是指应当回避的主体主动申请或法院决定使其退出审理或诉讼程序的情形。消极回避是指当事人及诉讼代理人根据民事诉讼法的规定,申请审判人员或其他有关人员退出本案审理或诉讼。

当事人提出回避申请,应当说明理由,在案件开始审理时提出;回避事由在案件开始审理后知道的,也可以在法庭辩论终结前提出。被申请回避的人员在人民法院作出是否回避的决定前,应当暂停参与本案的工作,但案件需要采取紧急措施的除外。

院长担任审判长或者独任审判员时的回避,由审判委员会决定;审判人员的回避,由院长决定；其他人员的回避，由审判长或者独任审判员决定。

人民法院对当事人提出的回避申请，应当在申请提出的三日内，以口头或者书面形式作出决定。申请人对决定不服的，可以在接到决定时申请复议一次。复议期间，被申请回避的人员，不停止参与本案的工作。人民法院对复议申请，应当在三日内作出复议决定，并通知复议申请人。

3. 公开审判制度

公开审判制度是指人民法院在审理民事案件时，应当将其审判活动向社会公开的制度。这是一项我国民事诉讼的重要审判制度，相对于不公开审判，公开审判也是审判的一项原则。从这个意义上讲，在民事诉讼中，公开审判是原则，不公开审判是例外。作为例外，不公开审判必须要有明确的法律规定，不能随意裁量决定，无论是在一审、二审还是再审程序中。

不公开审理的案件包括：

一是涉及国家秘密的案件。国家秘密包括执政党的秘密、政府的秘密和军队的秘密。

二是涉及个人隐私的案件。隐私是个人不愿为他人所知和干涉的私人生活，主要包括：个人信息的保密、个人生活不受干扰和个人私事决定的自由。

三是离婚案件和涉及商业秘密的案件。这两类案件当事人申请不公开审理的，可以不公开审理。

4. 两审终审制度

两审终审制度是指民事案件经过两级人民法院审理和判决即告终结的制度。当事人对第一审地方各级人民法院作出的裁判不服的，可以在法律规定的有效期间内，向上一级人民法院提起上诉，经过上一级人民法院审理裁判后，对该案件的审理宣告终结，裁判发生法律效力，当事人即使不服的也不能再提起上诉。已经生效的判决确有错误的，可通过审判监督程序加以纠正。

四、人民法院

法院是指行使国家司法权的专门机构，包括各级人民法院和专门法院。

（一）普通法院

普通法院是指地方各级人民法院和最高人民法院。

我国普通法院分为四级：最高人民法院、高级人民法院、中级人民法院和基层人民法院。

按照现行法院体制，法院的设置基本上是按照行政区划设置的。县区（含县级市）设基层人民法院；地区、市设中级人民法院（根据各地具体情形可设一至数个中级人民法院，直辖市通常设有若干个中级人民法院）；各省、自治区、直辖市各设一个高级人民法院；全国设一个最高人民法院。

1. 最高人民法院

最高人民法院是我国行使审判权的最高机构。对于在审判过程中如何具体应用法律、

法令的问题,拥有解释的权限。还具有领导、指导全国各级人民法院行使审判、执行权的职能。

最高人民法院审判下列案件:(1)法律、法令规定由它管辖的和它认为应当由自己审判的第一审案件;(2)对高级人民法院、专门人民法院判决和裁定的上诉案件和抗诉案件;(3)最高人民检察院按照审判监督程序提出的抗诉案件。

2. 高级人民法院

高级人民法院受理第一审各类案件以及第二审上诉案件,但审理第二审案件是高级人民法院的主要工作。专门法院,如海事法院、专利法院的上诉法院是相应的高级人民法院。

3. 中级人民法院

中级人民法院在我国的审级体系中处于非常重要的地位。一方面,中级人民法院作为数量众多的重要、复杂的一审案件审理法院;另一方面,又是大量一审案件的上诉法院。

4. 基层人民法院

在我国,基层人民法院数量最多,每一个县、区、县级市都设立有基层人民法院。基层人民法院审理各类案件的数量也是最多的,其审理全国95%的第一审各类案件。

(二)专门法院

专门法院是指依照法律规定以特定案件为管辖对象,具有特殊人事体制或特殊管辖层级的人民法院。按照现行法律的规定,我国的专门法院有海事法院、军事法院、铁路法院和知识产权法院。

鉴于物流活动的纠纷与海事法院有相关性,所以简单介绍一下海事法院。

根据《中华人民共和国海事诉讼特别程序法》的规定,海事法院受理当事人因海事侵权纠纷、海商合同纠纷以及法律规定的其他海事纠纷提起的诉讼。海事法院由于受理的案件性质均为广义上的民事案件,因此,海事法院也是专门的民事法院。海事法院的上级法院是高级人民法院和最高人民法院。对海事法院判决、裁定不服的,可上诉于相应的高级人民法院。

(三)审判人员和其他人员

1. 审判员

根据《中华人民共和国法官法》第2条的规定,审判员是依法行使国家审判权的法官。法官的级别分为十二级。法官的基本职责:依法参加合议庭审判或者独任审判案件;法律规定的其他职责。

2. 书记员

各级人民法院设书记员,担任审判庭的记录工作并办理有关审判的其他事项,实践中,书记员主要是协助审判人员从事法庭事务性工作。

五、民事诉讼当事人

(一)含义

民事诉讼当事人是指因民事权利、义务和利益发生纠纷诉诸法院,以自己的名义进行诉讼,要求法院裁判调解而受其拘束的人。

(二) 种类

1. 原告和被告

原告是指为维护自己或自己所管理的他人的民事权益,而以自己的名义向法院起诉,从而引起民事诉讼程序发生的人。

被告是指被原告诉称侵犯原告民事权益或与原告发生民事争议,而由法院通知应诉的人。

原告和被告是民事诉讼中最基本的当事人,双方当事人对立,是民事诉讼得以存在和继续的前提。

2. 第三人

有独立请求权的第三人是指对原告或被告争议的诉讼标的有独立的请求权而参加诉讼的人。其在第三人参加之诉中的地位就是原告,是诉讼的当事人,在诉讼中,有独立请求权的人既对抗本诉的原告,又对抗本诉的被告,诉讼请求的理由是,本诉中的原告和被告对自己权利的主张侵害了第三人的权利,因此对他们提起独立的请求,将他们同置于被告的地位。

无独立请求权的第三人作为一种制度,其法律根据是《民事诉讼法》第59条第2款的规定:"对当事人双方的诉讼标的,第三人虽然没有独立请求权,但案件处理结果同他有法律上的利害关系的,可以申请参加诉讼,或者由人民法院通知他参加诉讼。人民法院判决承担民事责任的第三人,有当事人的诉讼权利义务。"从民事诉讼法的规定和诉讼实践来看,在我国,无独立请求权的第三人实际上有两种类型:一种是作为辅助本诉一方当事人的无独立请求权的第三人,可以称为"辅助型第三人",其始终是站在本诉当事人的一方,通常是主动参加诉讼;另一种是独立承担民事责任的无独立请求权的第三人,可以称为"被告型第三人",其则是独立地面对本诉的原告和被告,通常情况下是法院基于被告的要求而将其纳入本诉,即所谓通知参加诉讼。个别情况下,被告型第三人会主动参加诉讼对本诉当事人(主要是对本诉被告)的指控进行抗辩。因此,该第三人的地位实际上处于被告的地位。

3. 诉讼代理人

诉讼代理人是指根据法律规定或当事人的委托,代当事人进行民事诉讼活动的人。

(1) 特点。

第一,以被代理人的名义进行诉讼活动。诉讼代理的目的在于维护被代理人的合法权益,只能以被代理人的名义进行诉讼,不能以自己的名义进行诉讼。

第二,诉讼代理人是有诉讼行为能力的人。在诉讼中,如果代理人丧失了诉讼行为能力,也就丧失了诉讼代理人的资格。

第三,在代理权限内实施诉讼行为。诉讼代理人的代理权限,来自法律规定或当事人的授权,凡是超越代理权所实施的诉讼行为,都是无效的诉讼行为,不能产生诉讼法上的效果。

第四,诉讼代理的法律后果由被代理人承担。

第五,同一诉讼中,诉讼代理人不能代理双方当事人。在诉讼中,双方当事人的利益是对立的,同时为双方当事人的代理人,可能损害一方当事人的权益。

第十一章 实践活动:模拟法庭

(2) 种类。

第一类：法定诉讼代理人是指根据法律规定，代无诉讼行为能力的当事人为诉讼行为的人。法定诉讼代理人的被代理人只限于无民事行为能力人或限制民事行为能力人，无诉讼行为能力人由他的监护人作为法定代理人代为诉讼，法定代理人之间互相推诿代理责任的，由人民法院指定其中一人代为诉讼。法定诉讼代理人在诉讼中处于与当事人类似的诉讼地位，属于全权代理。

第二类：委托诉讼代理人是指根据当事人或其法定代理人的委托，代当事人为诉讼行为的人。为了维护被代理人的合法权益和保证诉讼的顺利进行，我国对委托诉讼代理人的范围和权限予以了规定。

> **法律链接**
>
> **《民事诉讼法》之委托诉讼代理人相关规定**
>
> 第六十一条　当事人、法定代理人可以委托一至二人作为诉讼代理人。
> 下列人员可以被委托为诉讼代理人：
> （一）律师、基层法律服务工作者；
> （二）当事人的近亲属或者工作人员；
> （三）当事人所在社区、单位以及有关社会团体推荐的公民。
>
> 第六十二条　委托他人代为诉讼，必须向人民法院提交由委托人签名或者盖章的授权委托书。
>
> 授权委托书必须记明委托事项和权限。诉讼代理人代为承认、放弃、变更诉讼请求，进行和解，提起反诉或者上诉，必须有委托人的特别授权。
>
> 侨居在国外的中华人民共和国公民从国外寄交或者托交的授权委托书，必须经中华人民共和国驻该国的使领馆证明；没有使领馆的，由与中华人民共和国有外交关系的第三国驻该国的使领馆证明，再转由中华人民共和国驻该第三国使领馆证明，或者由当地的爱国华侨团体证明。
>
> 第六十三条　诉讼代理人的权限如果变更或者解除，当事人应当书面告知人民法院，并由人民法院通知对方当事人。
>
> 第六十四条　代理诉讼的律师和其他诉讼代理人有权调查收集证据，可以查阅本案有关材料。查阅本案有关材料的范围和办法由最高人民法院规定。

4. 法定代表人

法人作为当事人时，其具体的诉讼活动是由法人的法定代表人实施的。法定代表人作为法人的机关，是以法人的名义实施诉讼行为，其法律效果归属于该法人。法定代表人是指依法或法人章程规定代表法人行使职权的负责人。我国实行单一法定代表人制，一般认为法人的正职行政负责人为唯一法定代表人。

法人的代表人不是诉讼代理人，不是独立于法人的主体，其诉讼中的行为就是法人的行为。除了法人以外，机关、团体、组织作为当事人时，其诉讼行为也是直接由法定代表人实施,其法律地位与法人的情形相同。

六、民事诉讼证据

(一)民事诉讼证据的概念和价值

民事诉讼证据是指在民事诉讼活动中能够证明案件真实情况的各种资料。民事证据是民事诉讼中法院认定案件事实作出裁判的根据。

证据规则是关于收集证据、运用证据认定案件事实的规范。证据规则是法治的一部分,因此,证据规则的价值理念是法治价值理念在证据规则领域中的具体体现。

第一,查明事实。裁判的正当性源于对事实的正确认定,因此,追求案件事实的客观与真实是证据规则最重要的价值理念之一。价值理念与具体实现之间存在一定的距离,具体实现还需要具备一定的条件。条件成就越充分,其实现的程度越高。

第二,坚持程序正义。坚持证据收集、运用、认定的程序正义是证据规则最重要的价值理念。这一价值理念往往容易为人们所忽视,尤其是容易受追求案件事实真相这一价值追求的遮蔽。证据规则收集、运用和事实认定的合法性主要内容就源于其程序正义。法庭上质证就是坚持这一价值理念的体现。

从证据的特征来看,证据必须与要证明的案件事实具有关联性,并且符合法律规定的要求,具有合法性,另外,按照证据客观性的观点,证据还应当是客观存在的事实。

证据不仅是当事人证明自己主张的证据材料,也是法院认定争议的案件事实,作出裁判的根据,只有经过质证和认证的证据,才能作为认定案件事实和裁判的根据。

证据的合法性尤为重要。民事诉讼证据的合法性是指在民事诉讼中,人们使用特定证据认定案件事实时必须符合法律规定的要求,不为法律所禁止,否则不具有证据效力。对证据合法性的要求,目的是保障证据的真实性和维护他人或其他组织的合法权益,体现了人们对程序正义和实体正义的双重要求。合法性主要包括了以下四个方面:

第一,证据主体合法。是指形成证据的主体符合法律的要求,主体不合法也将导致证据的不合法,目的是保障证据的真实性。因此,对某些证据的证据主体规定了相应的要求。例如,不能正确表达意志的人,不能作为证人;作出鉴定结论的主体必须具有相关的鉴定资格等。

第二,证据形式合法。是指作为证据不仅要求在内容上是真实的,还要求形式上同时也符合法律规定的要求。例如,单位向法院提交的证明文书须有单位负责人签名或盖章,并加盖单位印章;保证合同、抵押合同等需要以书面形式的合同文本加以证明。

第三,证据取得方法合法。目的是保障他人的合法权利不至因为证据的违法取得而受到侵害。例如,利用视听资料来证明案件事实时,就要求视听资料的取得不得侵犯他人的合法权利,如他人的隐私权等。常见的容易侵犯他人隐私权的证据取得方式是所谓偷录、偷拍。

第四,证据程序合法。证据材料最后要作为证据还必须经过一定的诉讼程序,没有经过法律规定程序的证据仍然不能作为认定案件的根据。这一程序就是证据的质证程序。《民诉法司法解释》规定,证据应当在法庭上出示,由当事人质证。未经质证的证据,不能作为认定案件事实的依据。

（二）我国民事诉讼证据的法定形式

我国民事证据制度的一个突出特点是对证据种类做明确规定。

 法律链接

《民事诉讼法》之证据相关规定

第六章　证据

第六十六条　证据包括：

（一）当事人的陈述；

（二）书证；

（三）物证；

（四）视听资料；

（五）电子数据；

（六）证人证言；

（七）鉴定意见；

（八）勘验笔录。

证据必须查证属实，才能作为认定事实的根据。

第六十七条　当事人对自己提出的主张，有责任提供证据。

当事人及其诉讼代理人因客观原因不能自行收集的证据，或者人民法院认为审理案件需要的证据，人民法院应当调查收集。

人民法院应当按照法定程序，全面地、客观地审查核实证据。

第六十八条　当事人对自己提出的主张应当及时提供证据。

第六十九条　人民法院收到当事人提交的证据材料，应当出具收据，写明证据名称、页数、份数、原件或者复印件以及收到时间等，并由经办人员签名或者盖章。

第七十条　人民法院有权向有关单位和个人调查取证，有关单位和个人不得拒绝。

人民法院对有关单位和个人提出的证明文书，应当辨别真伪，审查确定其效力。

第七十一条　证据应当在法庭上出示，并由当事人互相质证。对涉及国家秘密、商业秘密和个人隐私的证据应当保密，需要在法庭出示的，不得在公开开庭时出示。

第七十二条　经过法定程序公证证明的法律事实和文书，人民法院应当作为认定事实的根据，但有相反证据足以推翻公证证明的除外。

第一类　当事人的陈述

当事人陈述是指当事人在诉讼中就本案的事实向法院所作的陈述。主要内容包括诉讼请求、诉讼请求的根据、反驳诉讼请求、反驳对方证据等。作为证据的当事人的陈述主要是指那些能够证明案件事实的陈述，如关于争议法律关系形成事实的陈述。基于趋利避害的特点，当事人的陈述与其他证据比较，易夹带虚假的成分，为了追求胜诉，当事人可能向法院作一些不真实的陈述,这是当事人陈述的特点。

第二类　书证

1. 书证的概念和特征

书证是指以文字、符号、图形等形式所表达的思想内容来证明案件事实的书面文件。例如各种书面文件或纸面文字资料,如合同文本等。

书证的特征包括:

(1) 书证是用文字符号记录和表达一定思想内容的物品,而不是一般的物品;

(2) 书证能表达一定的思想内容,往往能够直接证明案件的主要事实;

(3) 书证所反映的思想内容被固定化,有较强的客观性和真实性,不易伪造。

2. 书证的分类

(1) 公文书与私文书,根据制作者的身份不同而进行的分类,公文书通常是指国家公务人员在其职权范围内制作的文书;私文书是指公民个人制作的文书。

(2) 处分性书证与报道性书证,处分性书证是指记载以设立、变更或终止一定民事法律关系为目的的文书,如合同文本;报道性文书是指仅记载某事实,而无产生一定民事法律关系目的的文书,如信件、日记等。

(3) 普通文书与特别文书,普通文书是在制作方式和程序方面没有特别的要求,仅记载某些事实的文书,如信件等;特别文书是指按照法律规定必须按照特定形式或程序制作的文书,如土地使用权证、房产证等。

(4) 原本、缮本、副本与节本,根据不同的制作方法及相互关系进行的分类。原本是指由文书制作人最初制作的原始文书;缮本是指抄缮原本全部内容的文书;副本是指该文书的全部内容照原本制作,对外具有与原本同样效力的文书;节本是指摘录原本部分内容的文书。

3. 书证的证据力

书证要具有证据力必须满足两个基本条件:其一,书证是真实的;其二,书证所反映的内容对待证事实能够起到证明的作用。

4. 书证的质证和认证

书证的质证是当事人之间就对方提出书证的真实性、合法性和关联性予以辩论的过程;认证是法院对质证后的书证的真实性、合法性和关联性予以认定的过程。当事人对书证的质证主要集中在真实性和合法性两个方面,尤其是书证的真实性。对书证真实性的质证通常从三个方面进行:有签名、印章的文书,其签名、印章的真实性;文书书证内容的真实性;签署时间的真实性(签名、印章的实际时间与文书上的时间是否一致等)。

第三类　物证

1. 物证的概念和特征

物证是指以物的存在的外形、性质、质地、重量、规格等标志证明待证事实的物品或者痕迹。如产品质量纠纷中的产品、建筑物质量纠纷中的建筑物等。一般物证具有稳定性和可靠性两个特征。

2. 物证与书证的区别

(1) 书证是以其表达的思想内容来证明案件事实,而物证以它的存在、外形和特性等去证明案件事实。

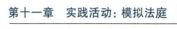

（2）法律对书证的规定,有的要求必须具备一定的形式才能够产生某种法律后果;对物证,一般没有这种要求。

（3）书证一般是行为人的意思表示的书面形式;物证一般是有形的物体,不包含人的意思的内容。

（4）审查物证时,应当对物证进行鉴定或勘验;书证一般是进行鉴定确定其真伪。

在民事诉讼中,物证也是一种常见的证据形式,不过,相比刑事诉讼,民事诉讼中物证的作用没有那么突出,一般来说,书证才是民事诉讼的证据之王,是最有证明力的证据。

第四类　视听资料

1. 视听资料的概念和特征

视听资料是指利用录音、录像等技术手段反映的声音、图像以及电子计算机储存的数据证明案件事实的证据,大致有录音资料、录像资料、电脑贮存资料等表现形式。

视听资料的特征包括:第一,较大的客观性和可靠性;第二,由于视听资料具有技术先进、体积小、重量轻等特点,易于收集、保管和使用;第三,视听资料具有物证所不具备的动态连续性;第四,视听资料具有各种言词证据所不具有的直观性。第五,视听资料容易被裁剪或伪造。

2. 视听资料在诉讼中的运用

视听资料作为一种新的证据方法是现代科技发展的结果,具有易于保存、生动逼真的特点,比较直观地再现案件当时发生的过程,但也容易被人利用技术手段加以篡改,因此,法院审判中就不能将存有疑点的视听资料作为认定案件的依据,如有经过伪造、剪辑、拼接的迹象、模糊难以辨认的音像资料等。经过技术处理能够消除疑点的视听资料仍然可以作为认定案件事实的证据。

视听资料必须是合法取得的,才具有证据效力。非法获得的视听资料,如使用法律、法规禁止的手段窃听、窃照所获得的视听资料,以侵害他人隐私权的方式取得的视听资料等。对于所谓"偷录、偷拍证据"的合法性问题要根据具体情况加以判断,不能一概而论。

3. 视听资料与书证、物证的区别

书证是以书面文件记载的内容来证明案件事实的,而视听资料的音响、图像、贮存资料等,并不单纯以文字和符号表达思想内容,而是独立地反映了案件的一部分或全部的真实情况和法律事实,不仅静态地反映了待证事实,而且动态地说明了待证事实的真实情景,这一点迥异于书证。

物证是以自己的客观实在来证明案件事实的,而视听资料是以音色、图像、贮存资料的内容来证明案件事实,两者显然不同。

第五类　电子数据

电子数据,也称电子证据,是指基于电子技术生成、以数字化形式存在于磁盘、磁带等载体,其内容可与载体分离,并可多次复制到其他载体的,能够证明案件事实的数据。如我们常见的电子合同、电子提单、电子发票、电子邮件、短信、光盘、网页、域名等都涉及电子数据,可以在诉讼中证明某一事实。

电子数据的特点:第一,在保存方式上,电子证据需要借助一定的电子介质;第二,在传播方式上,电子证据可以无限地快速传播;第三,在感知方式上,电子证据必须借助电子设备,而且不能脱离特定的环境系统;第四,安全性高。

第六类　证人证言

1. 证人证言概念和特征

证人证言,是指证人以口头或书面形式,就他所了解的案件情况向人民法院所作的陈述。

证人证言的特征:

(1) 证人与客观存在的案件事实形成的联系是特定的,是他人不可替代的。

(2) 证人只是了解案件的某些情况,他与该案的审理结果无法律上的利害关系,如果既了解案情,又与案件处理结果有利害关系,就不得为证人,而是诉讼当事人(共同诉讼人或第三人)。

(3) 出庭作证的证人应当客观陈述其亲身感知的事实,作证时不得使用猜测、推断或者评论性的语言。

2. 证人的范围

凡知道案件情况的单位和个人,都有义务出庭作证。待证事实与其年龄、智力状况或精神健康状况相适应的无民事行为能力人和限制民事行为能力人,可以作为证人。

下列人员不能充当证人:

(1) 不能正确表达意志的人。

(2) 诉讼代理人在同一案件中不得作为证人。

(3) 办理本案的审判人员、书记员、鉴定人、勘验人、翻译人员和检察人员,不能同时是本案的证人。

3. 证人的诉讼权利

(1) 有权使用本民族语言文字提供证言;(2) 对于自己的证言笔录,有权申请补充或者更正;(3) 因作证而侮辱、诽谤、殴打或者其他方法被打击报复时,有权要求法律给予保护;(4) 有权要求人民法院给予因出庭作证所支付的费用和影响的收入;(5) 有权接受审判人员和当事人的询问。

4. 证人的诉讼义务

(1) 证人应当出庭作证,接受当事人的质询;(2) 如实作证的义务;(3) 不得作虚假陈述,不得作伪证;(4) 遵守法庭秩序。

第七类　鉴定意见

鉴定意见是指鉴定人运用自己的专门知识和技能,以及必要的技术手段,对案件中有争议的专门性问题进行检测、分析、鉴别的活动。

在民事诉讼中,由于实行证明责任制度,负有证明责任的一方当事人如果没有证据对自己的主张加以证明时,就将承担相应的不利后果,因此,鉴定意见就成为证明事实主张的一种十分重要的证明方法和手段,也受到越来越多的重视。当事人对鉴定意见有异议或者人民法院认为鉴定人有必要出庭的,鉴定人应当出庭作证。经人民法院通知,鉴定人拒不出庭作证的,鉴定意见不得作为认定事实的根据;支付鉴定费用的当事人可以要求返还鉴定费用。

第八类　勘验笔录

勘验笔录是指勘验人员对案件有关的现场和物品进行调查、勘验所作的记录,如查验、

拍照、测量等活动。主要的功能包括：第一，固定或者提起物证；第二，勘验制作的笔录是一种独立的诉讼证据；第三，勘验可以核实证据，澄清有关证据中的矛盾，使法官获得比较正确的心证。

勘验笔录与书证的区别：

第一，书证是制作人主观意志的反映，而勘验笔录的文字和图片是客观内容的反映；

第二，书证有公文书和私文书等形式，并不一定是诉讼文书，而勘验笔录则是勘验人依法制作的诉讼文书；

第三，书证一般在案件发生前或者发生过程中制作，在诉讼中不得涂改或者重新制作，而勘验笔录则是案件发生后在诉讼中制作的，若记载有漏误，可以重新勘验。

（三）证据的分类

1. 直接证据与间接证据

直接证据是指能够证明案件事实的证据，间接证据是间接证明案件事实的证据。由于间接证据与证明对象没有直接关系，所以运用起来不如直接证据方便。但是，不能因此低估间接证据的作用。运用间接证据证明案件事实，必须有足够的数量，使证据形成一个完整的、严密的证明锁链；应当注意间接证据所证明的事实与案件本身要有内在的关联，各个间接证据之间，必须衔接协调一致，都是围绕着案件中的一个主要事实加以证实；应当注意进行综合性的分析研究，既能从正面证实案件的事实真相，又能从反面排除虚假成分，从而得出可靠的结论。

2. 原始证据与传来证据

原始证据直接与待证事实有原始的关系，它直接来源于案件事实，也叫第一手证据。如物证、书证、视听资料、勘验笔录的原件等。凡是间接来源于案件事实的证据，也即经过转述、传抄、复制的第二手以及第二手以下的证据，是传来证据，也叫"派生证据"或"衍生证据"。如证人从他人处得知案件事实的证言、书证的副本、音像资料的复制品等都是。一般说来，原始证据的证明力优于传来证据，但并不能因此否定传来证据的作用。在不可能获得原始证据时，经查证属实的传来证据，同样可以用作认定案件事实的根据。

3. 言词证据与实物证据

言词证据，是以人的陈述形式表现证据事实的各种证据，包括证人证言、当事人的陈述等。实物证据，是言词证据的对称，是指以客观存在的物体为证据事实表现形式的证据。这类证据，或者以物体的外部特征、性质、位置等证明案情，或者以其记载的内容对查明案件具有意义。书证、物证、勘验笔录等都是实物证据。

4. 本证与反证

本证，是负有证明责任的一方当事人，依照证明责任提出的证明自己主张的事实的证据。本证必须完成对案件真相的证明才算尽到举证责任；如果本证仅使案件事实处于真伪不明的状态，那么法院仍应认定该事实不存在，不利诉讼后果由应负举证责任的当事人承担。反证，是不负证明责任的当事人提出的证明对方主张的事实不真实的证据。反证的目的在于推翻或者削弱本证的证明力，使本证的待证事实陷于真伪不明的状态，即可达到提出反证的目的。在这种情况下，法院如果依职权不能调查收集到必要的证据查明案件真相，应依举证责任的分配原则,判定待证事实真伪不明,其不利后果仍应当由提出本证的一方当事人承担。反证不同于抗辩。反证必须提出与本证相反的新事实,而抗辩则否认本证本身的证据力即可,不必另行提出新的事实。

(四)证明责任

证明责任,也称"举证责任",是指在民事诉讼中,应当由当事人对其主张的事实提供证据并予以证明,若诉讼终结时根据全案证据仍不能判明当事人主张的事实真伪,则由该当事人承担不利的诉讼后果。

1. 证明责任的基本原则

"谁主张,谁举证",即《民事诉讼法》第 67 条第 1 款:当事人对自己提出的主张,有责任提供证据。

2. 证明责任分配的补充规则

(1) 证明责任分配的倒置。

第一,因新产品制造方法发明专利引起的专利侵权诉讼,由制造同样产品的单位或者个人对其产品制造方法不同于专利方法承担举证责任;

第二,因环境污染引起的损害赔偿诉讼,由加害人就法律规定的免责事由及其行为与损害结果之间不存在因果关系承担举证责任;

第三,建筑物或者其他设施以及建筑物上的搁置物、悬挂物发生倒塌、脱落、坠落致人损害的侵权诉讼,由所有人或者管理人对其无过错承担举证责任;

第四,因共同危险行为致人损害的侵权诉讼,由实施危险行为的人就其行为与损害结果之间不存在因果关系承担举证责任;

第五,因医疗行为引起的侵权诉讼,由医疗机构就医疗行为与损害结果之间不存在因果关系及不存在医疗过错承担举证责任。

(2) 推定。

推定是指通过某一存在的事实,据以推出另一相关事实的假设,即由基础事实的存在,推演出推定事实的存在。它反映了这两种事实之间的内在联系。包括法律推定,即法律明确规定的推定;事实推定,即与法律推定相对而言的,是指法律已经明确的事实,根据经验法则,依自由心证,而推认其他的争执的事实(应证事实),当事人即无须就应证事实直接举证,此即所谓事实上的推定。

(六)证据的收集、调查和保全

证明案件事实的证据原则上应当由当事人提供,由此所需的收集、调查证据的活动也应由当事人进行,法院只是在当事人及其诉讼代理人自行收集证据有困难时,或者法院认为审理案件需要的证据,法院才能够收集。

证据保全是指在证据可能灭失或以后难以取得的情况下,人民法院根据诉讼参加人的请求或依职权采取措施对证据加以固定和保护的行为。

证据保全的条件有:1. 证据可能灭失;2. 证据在将来难以取得。

证据保全一般由当事人提出申请,在必要时人民法院也可以依职权采取保全措施。

证据保全应根据证据的不同种类采用不同的方法。对证人证言的保全,用制作证人证言笔录或录音的方法。对物证的保全,可以由人民法院直接勘验并制作勘验笔录或采用绘图、拍照、摄像等其他方法。

(七) 质证

质证是指在法庭审理过程中,双方当事人通过采用质疑、辩驳、对质、辩论以及其他方法证明证据效力,以影响法官对证据材料的审查判断的活动。

质证时,当事人应围绕证据的真实性、关联性、合法性,针对证据证明力有无以及证明力大小,进行质疑、说明与辩驳。

(八) 证据的审核认定

审核认定证据,是指审判人员对各种证据材料进行审查、分析研究、鉴别其真伪,找出它们与案件事实之间的客观联系,确定其真实性和证明力,从而对案件事实作出结论的活动。

审核认定证据的目的:

(1) 通过审核认定证据,查明作为定案根据的证据是否确实。

(2) 通过审核认定证据,确定证据是否充分,是否能够证明所要证明的案件事实。

非法证据的范围包括:

(1) 执法机关违反法定程序制作的调查收集的证据材料;

(2) 在超越职权或滥用职权时制作或调查收集证据材料;

(3) 律师或当事人采取非法手段制作或调查收集的证据材料;

(4) 执法机关以非法的证据材料为线索调查收集的其他证据。

第二节 民事诉讼基本程序

鉴于一审程序(普通程序)是物流案件中的必经程序且适用范围广泛、频率最高,所以将予以重点介绍。

一、普通程序

普通程序是我国民事诉讼一审程序中的一种,除此之外,一审程序还有简易程序,简易程序只适用于审理事实清楚、权利义务关系明确、争议不大的简单的民事案件。

(一) 起诉和受理

1. 起诉的含义和条件

起诉是指原告实施的要求法院启动审判程序,审理裁判自己提出的特定诉讼请求的诉讼行为。

起诉的条件是指当事人向人民法院起诉时必须具备的实质要件和形式要件。

起诉的实质要件包括：(1)原告是与本案有利害关系的公民、法人和其他组织；(2)有明确的被告；(3)有具体的诉讼请求和事实、理由；(4)属于人民法院受理民事诉讼的范围和受诉人民法院管辖。

起诉的形式要件：当事人应当向人民法院递交起诉状；当事人支付诉讼费。

2. 受理和立案

受理是指人民法院接受原告起诉，对起诉进行审查，对符合起诉条件的案件予以立案并启动诉讼程序的行为。根据民事案件"不告不理"的原则，没有原告的起诉，人民法院不能依职权启动民事诉讼程序。

起诉的审查工作通常由法院的立案庭进行，需要进行起诉实质要件和形式要件的审查，法律规定人民法院审查起诉的期限为7日，如果认为不符合起诉条件的，也应当在7日内作出不予受理的裁定。

人民法院受理原告的起诉后，产生以下法律后果：(1)受诉人民法院对该案取得了审判权；(2)确定了双方当事人的诉讼地位；(3)诉讼时效中断；(4)各民事诉讼法律关系主体将依法进行诉讼活动。

(二) 开庭审理前的准备

1. 审理前准备的概念和任务

审理前的准备是指人民法院受理案件后进入开庭审理之前所进行的一系列诉讼活动。审理前的准备的任务是成立审判组织、告知有关人员进行诉讼所必需的思想准备、物质准备和心理准备。同时，让审判人员了解案情、熟悉案情并进行必要的案头工作，以保证按时开庭审理。

审理前的准备工作主要有以下内容：

(1)在法定期间内及时送达诉讼文书；

(2)成立审判组织并告知当事人诉讼权利义务；

(3)认真审核诉讼材料；

(4)调查收集必要的证据材料；

(5)其他准备。

2. 被告答辩与反诉

被告答辩是指被告针对原告起诉的事实和理由向人民法院提出的答复和辩解。被告收到起诉状副本后，应当在15日内提出答辩状。

反诉是指在已经开始的诉讼程序中，本诉的被告通过人民法院向本诉的原告提出的一种独立的反请求。当事人提起反诉的，应当在举证期限届满前提出。

(三) 开庭审理

开庭审理是指人民法院在当事人和其他诉讼参与人的参加下，依照法定程序和形式，在法庭上对当事人之间的民事争议进行审理的过程。

1. 宣布开庭

(1)由书记员查明当事人和其他诉讼参与人是否到庭并将结果报告合议庭。同时，向

全体诉讼参与人和旁听群众宣布法庭纪律;
(2) 由审判长宣布审判人员、书记员名单,宣布案由,核对当事人。告知当事人诉讼权利和义务,询问当事人是否申请回避。若有人申请回避即按法定程序办理;
(3) 审查诉讼代理人资格和代理权限。

2. 法庭调查

法庭调查的中心任务是听取当事人对案情的充分陈述和提供证据材料,听取证人提供的证言,出示各种物证、书证和视听资料,宣读勘验笔录和鉴定结论,全面核实证据、揭露案件真相。

法庭调查的顺序:(1) 当事人陈述;(2) 证人作证;(3) 出示书证、物证和视听资料;(4) 宣读鉴定结论;(5) 宣读勘验笔录。

质证也是开庭审理中法庭调查的一项重要事项,而且是法庭调查阶段的中心。

法庭调查阶段,审判人员应严守法律规定的发言顺序,不能随便颠倒,更不能随意剥夺当事人和证人的发言权。法庭调查结束前,审判长或者独任审判员应当就法庭调查认定的事实和当事人争议的问题进行归纳总结。

3. 法庭辩论

法庭辩论是当事人、第三人及其诉讼代理人就有争议的事实和适用法律问题向法庭阐明观点、申明理由并进行辩驳和论证的活动,以维护其合法权益。

法庭辩论的顺序:
(1) 原告及其诉讼代理人发言;
(2) 被告及其诉讼代理人答辩;
(3) 第三人及其诉讼代理人发言或者答辩;
(4) 互相辩论。

4. 法庭辩论后的调解

法院调解是指在人民法院审判人员的主持下,双方当事人通过自愿协商,达成协议,解决民事争议的活动和结案方式。法院调解制度是当事人行使处分权与人民法院行使审判权相结合的产物。法院调解有利于彻底解决当事人之间的纠纷,有利于简化诉讼程序,及时化解矛盾,有审判人员的介入,有利于纠纷的顺利解决。

(1) 法院调解的原则。

第一,自愿原则,是指人民法院必须在双方当事人自愿的基础上进行调解;

第二,查明事实、分清是非原则,根据民事诉讼法的规定,调解应当查明事实、分清是非;

第三,合法原则,是指调解协议的内容合法,不得违反法律的规定,不得损害国家、集体和他人的合法权益。

(2) 法院调解的效力。

法院调解与法院判决具有同等的效力。调解协议生效后产生的法律后果包括:结束诉讼程序;确认当事人之间的权利义务关系;不得以同一诉讼标的、同一的事实和理由再行起诉;不得对调解协议提出上诉;有给付内容的调解协议书具有强制执行力。

5. 案件评议

案件评议是在法庭辩论结束后,合议庭成员以法庭调查和辩论的内容为基础,认定案件事实、分清是非责任,适用实体法对案件得出结论的活动。

6. 宣告判决

宣告判决是指人民法院将经过合议作出的民事判决,向当事人、诉讼参与人以及社会公开宣告的活动。

二、第二审程序

第二审程序,又称上诉审程序,是指当事人不服第一审人民法院的判决或裁定,依照法定程序和期限,提请上一级人民法院对案件进行审理的一种法律制度。我国实行两审终审制,所以第二审又称终审程序。

(一)上诉的提起

上诉的提起条件包括:1. 必须有法定的上诉对象;2. 必须有法定的上诉人和被上诉人;3. 必须在法定的上诉期内提出上诉,不服判决的上诉期间为 15 日,对裁定不服的期间为 10 日;4. 必须提交上诉状。上诉原则上应当通过原审人民法院提出。

(二)上诉案件的审理

1. 审理前的准备工作

第二审人民法院收到第一审人民法院报送的上诉案件的上诉状、答辩状、全部案卷和证据后,在开庭审理之前,应做好以下准备工作:第一,组成合议庭;第二,审阅案卷、询问当事人、证人,进行调查。

2. 审理对象、范围和方式

审理对象是上诉人的上诉请求是否成立或妥当。

审理范围包括事实问题和法律适用问题。

审理方式原则上为开庭审理,不开庭审理为例外。

上诉案件可以进行调解,体现了调解贯穿于民事诉讼各阶段的指导思想。

(三)上诉案件的裁判

第二审人民法院对上诉案件,经过审理,按照下列情形,分别处理:

1. 原判决、裁定认定事实清楚,适用法律正确的,以判决、裁定方式驳回上诉,维持原判决、裁定;

2. 原判决、裁定认定事实错误或者适用法律错误的,以判决、裁定方式依法改判、撤销或者变更;

3. 原判决认定基本事实不清的,裁定撤销原判决,发回原审人民法院重审,或者查清事实后改判;

4. 原判决遗漏当事人或者违法缺席判决等严重违反法定程序的,裁定撤销原判决,发回原审人民法院重审。

原审人民法院对发回重审的案件作出判决后,当事人提起上诉的,第二审人民法院不得

再次发回重审。

第二审人民法院的判决、裁定是终审的判决、裁定,一经作出即发生效力。

三、再审程序

再审程序是指法院对已经发生法律效力的判决、裁定,在具有法律规定的再审事由时,依据法律规定的程序对原审案件也称"本案"再次进行审理并作出裁判的一种特别救济程序。

（一）再审的启动

1. 法院决定再审

法院决定再审包括本法院决定再审、最高人民法院和上级人民法院决定本案再审,主要事由是已生效的判决、裁定确有错误。

2. 当事人申请再审

这是引起审判监督程序发生的重要途径之一。

当事人申请再审的条件包括：（1）申请再审的对象必须是已经发生法律效力的判决、裁定和调解书；（2）必须具有法定的再审事由即事实和理由；（3）必须向有管辖权的人民法院申请再审；（4）必须在法定的期限内提交再审相关材料。

（二）再审事由

当事人的申请符合下列情形之一的,人民法院应当再审：

（1）有新的证据,足以推翻原判决、裁定的；

（2）原判决、裁定认定的基本事实缺乏证据证明的；

（3）原判决、裁定认定事实的主要证据是伪造的；

（4）原判决、裁定认定事实的主要证据未经质证的；

（5）对审理案件需要的主要证据,当事人因客观原因不能自行收集,书面申请人民法院调查收集,人民法院未调查收集的；

（6）原判决、裁定适用法律确有错误的；

（7）审判组织的组成不合法或者依法应当回避的审判人员没有回避的；

（8）无诉讼行为能力人未经法定代理人代为诉讼或者应当参加诉讼的当事人,因不能归责于本人或者其诉讼代理人的事由,未参加诉讼的；

（9）违反法律规定,剥夺当事人辩论权利的；

（10）未经传票传唤,缺席判决的；

（11）原判决、裁定遗漏或者超出诉讼请求的；

（12）据以作出原判决、裁定的法律文书被撤销或者变更的；

（13）审判人员审理该案件时有贪污受贿、徇私舞弊、枉法裁判行为的。

当事人对已经发生法律效力的调解书,提出证据证明调解违反自愿原则或者调解协议的内容违反法律的,可以申请再审。经人民法院审查属实的,应当再审。

(三) 再审程序

(1) 裁定中止原判决、裁定的执行；
(2) 另行组成合议庭；
(3) 适用程序：应视不同情况分别适用第一审程序或第二审程序；
(4) 审理方式：应当开庭审理，适用第二审程序审理的，书面同意不开庭审理作为例外；
(5) 再审可以调解。

(四) 再审裁判

(1) 原判决、裁定认定事实清楚，适用法律正确，审判程序合法，应当维持原判决、裁定；
(2) 原判决、裁定在认定事实、适用法律、阐述理由方面虽有瑕疵，但裁判结果正确的，人民法院应在再审判决、裁定中纠正上述瑕疵后予以维持；
(3) 如果确认原审判决、裁定在认定事实或者适用法律上确有错误，或因审判程序上错误导致判决、裁定错误的，应当撤销原判决、裁定，并依法在认定事实的基础上作出正确的判决、裁定。

四、判决

判决是指人民法院在民事案件审理程序终结时对案件的实体问题作出的权威性判定。

判决的主要内容包括：诉讼参加人的基本情况；案由、诉讼请求、争议的事实和理由；判决认定的事实和理由、适用的法律和理由；判决结论，诉讼费用的负担、上诉期间和上诉法院。

判决具有执行力，是指判决生效后，在义务人没有履行义务时，权利人可以向法院申请强制执行，法院依法强制义务人履行其义务。

民事诉讼基本流程图

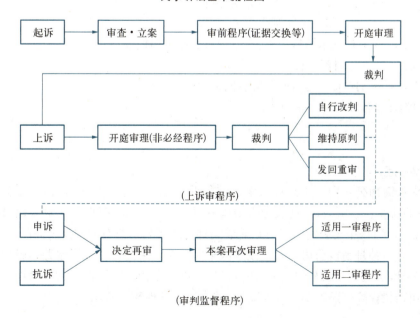

第三节　模拟法庭活动方案

模拟法庭实践活动的目标：
1. 理论联系实际，通过沉浸式体验，强化专业知识和提升专业技能；
2. 锻炼学生运用法律的综合能力和法律素养；
3. 深切感受法律规则的严肃、法庭审判的庄重、法律程序的严谨；
4. 助力学生考取法律硕士、通过司法考试、从事法律工作。

一、模拟法庭案例素材

水路货物运输合同货损赔偿纠纷案

案例情况说明：鉴于本案发生于2021年《民法典》生效前，所以本案的判决依据仍然是《合同法》，特此说明。

一审概况

原告：中国太平财产保险股份有限公司海南分公司（简称：太保海南公司）
负责人：＊＊＊，公司总经理。
委托代理人：＊＊＊，广东＊＊律师事务所律师。
委托代理人：＊＊＊，广东＊＊律师事务所律师。
被告：中集航运股份有限公司（简称：中集公司）
法定代表人：＊＊＊，公司董事长。
委托代理人：＊＊＊，北京市＊＊律师事务所律师。
委托代理人：＊＊＊，北京市＊＊律师事务所律师。
一审第三人：海南神舟汽车销售有限公司（简称：神舟销售公司）
法定代表人：＊＊＊，公司董事长。
委托代理人：＊＊＊，广东＊＊律师事务所律师。
法院：海口海事法院

一、原告起诉

原告太保海南公司向一审海口海事法院起诉称：2007年1月1日，海南金盘物流有限公司（以下简称金盘物流公司）代表神舟销售公司，与中集公司签订了《车辆运输合作协议》。2007年12月17日，中集公司"富源口"轮装运神舟销售公司所有的神舟牌商品车610台，由海口开往上海。神舟销售公司同时就该批汽车向太保海南公司投保了水路运输保险。2007年12月23日，当上述商品车到达上海时，发现大部分车辆严重受损。太保海南公司共向神舟销售公司赔偿保险理赔款16 395 960元，并支付了其他相关费用807 804元。

请求判令：1. 中集公司赔偿保险理赔款和其他费用损失及上述两项损失的利息；2. 中集公司承担本案诉讼费用以及因诉讼所支出的其他有关费用。

二、被告答辩

被告中集公司一审答辩称：

（1）与中集公司签订水路运输合同的是金盘物流公司，而非神舟销售公司，太保海南公司主体不适格，无权行使保险代位求偿权；（2）涉案火灾事故因汽车自燃引起，承运人无需承担责任；（3）太保海南公司诉称的货损金额不真实、不合理；（4）即使中集公司需承担赔偿责任，也只应在海事赔偿责任限制范围内承担责任。中集公司庭前向海口海事法院提出《海事赔偿责任限制申请书》，请求的赔偿限额为 7 900 000 元。

三、法院庭审查明

一审海口海事法院查明：

神舟销售公司与金盘物流公司于 2006 年 12 月 31 日签订的《协议书》约定，神舟销售公司将神舟商品车的物流、仓储、运输等事项委托给金盘物流公司运营，金盘物流公司负责神舟销售公司委托的神舟商品车的物流、仓储、运输等工作；金盘物流公司对神舟销售公司经销汽车产品进行投保，包括运输险和仓储险；在汽车产品运输、仓储期间发生保险事故的，由金盘物流公司开展索赔工作。

2007 年 1 月 1 日，金盘物流公司与中集公司签订《车辆运输合作协议》，金盘物流公司指定中集公司作为承运车从海口至上海水路运输的承运商，由中集公司利用其滚装船为金盘物流公司实施海口至上海的承运车水路运输。该协议第十七条第 8 项约定，因不可免责原因，中集公司违反协议致使金盘物流公司或承运车厂家遭受损失，金盘物流公司或承运车厂家有权提出索赔。第二十二条第 1 项规定，"承运车厂家"是指承运车的制造商或负责承运车销售管理的企业。根据《独家经销商协议》，神舟销售公司是涉案车辆的所有权人。

2007 年 12 月 16 日，金盘物流公司为涉案货物投保了水路运输基本险，太保海南公司为保险人，神舟销售公司为被保险人，投保标的为神舟牌轿车 610 辆，运输工具为"富源口"轮，起运港为海口秀英码头，目的港为上海海通码头。同年 12 月 17 日，中集公司所属的"富源口"轮装载神舟销售公司所有的神舟牌轿车 611 辆（其中 1 辆为试验车），由海口运往上海。上述车辆均拥有车辆合格证，证明"富源口"轮承运车辆均为神舟汽车有限公司出厂的新车，其出厂前均经过严格的强制测试（包括路试等），对于行驶和运输途中可能产生的任何情况（包括可能的颠簸和震动等）均能保证安全。涉案船舶《海事报告》及《航海日志》证明，2007 年 12 月 21 日约 9:50 时，当航行至舟山群岛附近海域时，船上货舱发生火灾，船舶立即组织船员进行灭火，12 月 22 日约 8:23—8:35 时，经派船员下船舱探火，证实火已被扑灭，12 月 23 日 17:00 时船舶到达上海海通码头。涉案火灾燃烧范围广，中心及其所影响区域温度高，甚至造成甲板产生变形。火灾共涉及 462 辆车，为便于事故处理和车辆检查，双方确认将所涉车辆回运到海口。之后，被保险人神舟销售公司与保险人太保海南公司于 2008 年 4 月 10 日达成《保险赔付协议》，双方确认太保海南公司就涉案受损神舟商品车向神舟销售公司赔付 16 395 960 元，其中包括太保海南公司于 2008 年 2 月 3 日向投保人金盘物流公司预付赔

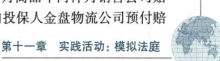

款1 000 000元;协议生效前已发生的施救费用(清洗费、场地费、保管费、回运费)由太保海南公司另行支付给金盘物流公司;协议生效后,神舟销售公司同意将向第三者追偿的权益转让给太保海南公司。同年4月24日,太保海南公司向神舟销售公司转账支付15 395 960元,神舟销售公司向太保海南公司出具了赔款收据。

保险事故发生后,"富源口"轮未向消防机构进行报告和申请火灾原因调查。为查明涉案火灾原因,太保海南公司、中集公司分别单独就火灾发生原因委托鉴定。太保海南公司委托中国检验认证集团上海有限公司进行鉴定,该公司出具《鉴定报告》,证明"富源口"轮火灾事故系车辆本身之外的原因所致。中集公司委托浙江出入境检验检疫鉴定所鉴定,该鉴定所出具《司法鉴定报告书》,证明本案火灾事故是因车辆本身自燃所致;中集公司委托上海悦之保险公估有限公司进行鉴定,该公司出具《公估报告》,证明本案火灾事故是因车辆本身自燃引起;中集公司委托广州海正保险公估有限公司进行鉴定,该公司出具《检验报告》,证明本案火灾事故是因车辆本身自燃引起。经审查,上述作出有关火灾原因认定的机构均不具备公共管理职能,不具备火灾调查和认定的资质及营业范围。

太保海南公司、中集公司和神舟销售公司为证明涉案火灾所造成的损失,分别提供证据予以证明。太保海南公司为证明其损失,提供了《关于"富源口"轮事故中19辆受损神舟商品车的检查报告》《关于"富源口"轮事故中443辆受损神舟商品车的检查报告》和《"富源口"轮承运车辆损失评估报告》等主要证据,证明经车辆生产厂家神舟汽车有限公司质量管理部依照相关产品质量和检验标准检查,涉案火灾事故造成"富源口"轮承运车辆中19辆全损、443辆产生严重损失和损害;经其经营管理部评估,涉案火灾事故造成"富源口"轮承运车辆受损金额为27 860 950元。第三人神舟销售公司也提供了同样的证据。另,太保海南公司委托海口市价格认证中心对损失进行鉴定,该中心具备价格鉴定资质,出具《估价报告书》证明涉案火灾事故造成"富源口"轮承运车辆受损金额为16 797 902元。中国检验认证集团上海有限公司出具《鉴定报告》,证明涉案受损车辆的损失情况和剩余价值为21 809 698元。该公司并不具备价格鉴定资质,有关损失数额引用海口市价格认证中心出具《估价报告书》中的有关认定。为证明涉案车辆的实际处理情况,神舟销售公司提供了涉案受损车辆经修复后实际处理的销售合同及其发票,证明涉案受损车辆共444辆(含1台试验车)经修复后的销售价格共计为19 245 400元。中集公司另单方委托浙江出入境检验检疫鉴定所和广州海正保险公估有限公司进行鉴定。浙江出入境检验检疫鉴定所出具的《司法鉴定报告书》,证明涉案受损车辆的损失总额应为4 597 340元,该鉴定所的营业范围不包括价格鉴定。广州海正保险公估有限公司具备价格评估资质,出具《检验报告》证明受损车辆的损失金额应为4 566 500元。中集公司委托代理人所在的广东**律师事务所主任黄亚先生是广州海正保险公估有限公司最大的股东,且黄某先生曾受中集公司委托,于2008年3月5日就本案火灾事故的处理,向金盘物流公司和太保海南公司发出过《声明》。火灾事故发生后,太保海南公司为确定保险事故的性质、原因和程度,以及对受损车辆进行施救、处理,在与中集公司协商一致的情况下,将涉案受损车辆从上海回运到海口,并产生码头堆存费321 618元、搬运及美容费132 200元、清洗费97 240元、转运费13 230元、看管费20 900元、评估鉴定费107 700(32 700元+75 000元)元,以及其在诉前为保全证据而支出的证据保全费5 000元,共计697 888元。

另查明,根据交通部2006年公布的《老旧运输船舶管理规定》,"富源口"轮虽系老旧船舶,但其属于五类老旧海船,其强制报废期限为 34 年以上,而本案火灾事故发生时,该轮的船龄只有 25 年,还远未达到需强制报废的年限。"富源口"轮具有包括《船舶国籍证书》《货船构造安全证书》《货船设备安全证书》《安全管理证书》《船体和轮机入级证书》《船舶年审合格证》及《最低安全配员证书》等各项有效的适航证书,在没有其他相反证据证明的情况下,认定"富源口"轮适航。根据"富源口"轮《船舶国籍证书》和《船舶所有权证书》,该轮的总吨为 8 553 吨,核定的经营范围为国内沿海及长江中下游各港口间商品汽车整车运输。2009 年 10 月 23 日,国际货币基金组织公布的特别提款权对人民币的折算率为 1 特别提款权兑换 10.905 7 元人民币。

四、本案争议焦点

一审海口海事法院对本案争议焦点的分析认定如下:

(一) 关于太保海南公司的主体资格问题

神舟销售公司与金盘物流公司于 2006 年 12 月 31 日签订的《协议书》符合《中华人民共和国合同法》的规定,其性质属于委托合同,金盘物流公司是受托人,神舟销售公司是委托人。2007 年 1 月 1 日,金盘物流公司与中集公司签订《车辆运输合作协议》,该协议实际上是金盘物流公司代表神舟销售公司与中集公司签订的。而且,根据第三人神舟销售公司和中集公司提供的 2004 年、2005 年、2006 年和 2008 年度的车辆运输合作协议,从 2004 年开始,中集公司就以此种方式与金盘物流公司进行合作。故中集公司对于金盘物流公司与神舟销售公司的关系以及金盘物流公司的代理人身份应该是很清楚的。中集公司主张其如果知道委托人是神舟销售公司就不会与金盘物流公司签订合同,但没有提供相应证据证明。因此,对太保海南公司主张的神舟销售公司与中集公司之间存在水路货物运输合同的事实,予以认定。

2007 年 12 月 16 日,金盘物流公司为涉案货物投保了水路运输基本险,太保海南公司为保险人,神舟销售公司为被保险人。火灾事故发生后,被保险人神舟销售公司与保险人太保海南公司达成《保险赔付协议》。2008 年 4 月 24 日,太保海南公司向神舟销售公司转账支付 15 395 960 元,神舟销售公司向太保海南公司出具了赔款收据。太保海南公司向神舟销售公司支付保险赔款,不仅有赔付协议,而且有银行转账凭证及赔款收据,对于太保海南公司主张的其已就涉案受损神舟汽车向神舟销售公司支付保险赔款的事实,予以认定。

(二) 关于涉案火灾事故原因问题

关于太保海南公司提供的中国检验认证集团上海有限公司出具的《鉴定报告》和中集公司提供的浙江出入境检验检疫鉴定所出具的《司法鉴定报告书》、上海悦之保险公估有限公司出具的《公估报告》、广州海正保险公估有限公司出具的《检验报告》,因出具报告的机构及其鉴定、检验人员均不具有从事火灾事故原因鉴定的资质或资格,违反了国家有关火灾事故鉴定及处理的强制性规定,且其鉴定和检验人员均不具备火灾鉴定及船舶、汽车电器等方面的专业知识。对于上述鉴定、检验和公估报告的证据效力,不予认定;对其所作出的火灾原因认定,不予采信。

根据《中华人民共和国消防法》第五十一条的规定,以及公安部颁发的《火灾事故调查规定》第五条的规定,火灾事故调查和处理的唯一法定机构是公安消防机构,除此之外,其他任何单位和部门均无权、无资质、无能力对火灾事故进行调查和处理。

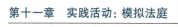

根据《中华人民共和国海上交通事故调查处理条例》第九条的规定,以及《中华人民共和国消防法》第六十四条的规定,中集公司及"富源口"轮船长负有报告火灾事故并申请公安消防机构进行鉴定的法定义务。由于中集公司未能及时报告和申请公安消防机构进行调查、鉴定,导致本案火灾事故因时过境迁而无法查明其原因。因此,对于太保海南公司、中集公司及神舟销售公司所主张的本案火灾事故是因"汽车本身以外的原因"或"车辆本身自燃"所致的事实,不予认定。因无法查明火灾事故原因,故认定涉案火灾事故原因不明。

（三）关于涉案火灾损失认定的问题

浙江出入境检验检疫鉴定所出具的《司法鉴定报告书》,证明涉案受损车辆的损失总额应为 4 597 340 元。该鉴定所虽然具有司法鉴定资质,但其不具有商品价格认证或鉴定资质。对该鉴定报告的证据效力及中集公司所主张的涉案受损车辆损失金额,不予认定。

广州海正保险公估有限公司出具的《检验报告》,证明受损车辆的损失金额应为 4 566 500 元。但该检验机构与中集公司存在利害关系。其在报告上署名的检验人员蔡春当时不具有检验或公估资格,且其拒绝在法庭笔录上签字。因此,对于该检验报告,不予采信。

海口市价格认证中心是本案中唯一具有价格司法鉴定资质的机构。本案受损车辆作为刚出厂的新车,经过火灾高达 1 000 度以上的高温烘烤,其油漆、内在零部件等均发生不同程度的质变,并有潜在质量风险,不仅已经无法修复到新产品的标准,更无法统一其修理费用;而且,如果只对其进行简单的外观修理,而不进行任何内部零部件的质量检查和修理,其结果将无法保证车辆的正常安全行驶。认证中心鉴定人员从受损车辆的这一实际出发,使用市场法定损,相比中集公司举证中所使用的修复法,更符合本案实际,也更具有合理性。该《估价报告》关于车辆损失的描述与中国检验认证集团上海有限公司鉴定人员的描述基本一致,其定损结果也获得了中国检验认证集团上海有限公司鉴定人员的认可;受损车辆 443 辆（不包括全损的 19 辆）在经过修理、运输及承担质量风险后的处理价格约为 1 900 万元,即使不考虑其所附加的修理费和运输费,涉案车辆的价格损失仍达到约 2 000 万元,而估价报告的定损金额为 1 600 多万元,与车辆实际处理价格相比最为接近,这些均反映了估价报告的公正性和合理性。因此,对于海口市价格认证中心出具的《估价报告书》的证据效力及其对本案受损车辆所作的定损结论,即损失金额为 16 797 902 元,予以认定。

太保海南公司为确定保险事故的性质、原因和程度,以及对受损车辆进行施救、处理,在与中集公司协商一致的情况下,将涉案受损车辆从上海回运到海口,由此所发生的码头堆存费、搬运及美容费、清洗费、转运费、看管费、评估鉴定费,以及在诉前为保全证据而支出的证据保全费,共计 697 888 元。上述费用的发生均有相关的协议及发票证明,且均属必要、合理,予以认定。

（四）关于中集公司是否可以享受海事赔偿责任限制的问题

"富源口"轮属于从事国内沿海运输的适航船舶,本案货物损失也不是由于中集公司的故意或者明知可能造成损失而轻率地作为或不作为造成的,中集公司有权依据《中华人民共和国海商法》第十一章有关海事赔偿责任限制及交通部《关于不满 300 总吨船舶及沿海运输、沿海作业船舶海事赔偿限额的规定》规定的赔偿限额赔偿损失。根据国际货币基金组织 2009 年 10 月 23 日公布的特别提款权对人民币的比率计算,中集公司可享受的海事赔偿责任限额为人民币 8 243 897 元。

五、案件总结和法院判决

综上所述,本案系水路货物运输合同货损赔偿纠纷。本案《车辆运输合作协议》在性质上属于水路货物运输合同,其虽系金盘物流公司与中集公司签订,因金盘物流公司是神舟销售公司的委托代理人,该协议项下所约定的金盘物流公司的权利和义务应由神舟销售公司享有和承担。且该协议也明确约定,神舟销售公司作为承运车厂家有权就货物损失向承运人提出索赔。因此,神舟销售公司与中集公司之间存在水路货物运输合同关系。太保海南公司是本案所涉汽车的保险人,其已向被保险人神舟销售公司支付了保险赔偿金及相关施救费用,有权行使代位求偿权向承运人中集公司提出索赔。中集公司关于神舟销售公司与中集公司之间不存在水路货物运输合同关系,因而太保海南公司无权向其行使代位追偿权及太保海南公司主体不适格的主张,不予支持。

太保海南公司在本案中代位的是被保险人神舟销售公司在水路货物运输合同项下的地位,故其应受该水路运输合同的调整。该运输合同,双方当事人意思表示真实,内容明确、规范,不违反国家法律、行政法规的强制性规定,依法确认有效。中集公司作为本航次货物运输的承运人,其责任期间为从货物装上船时起至卸下船时止。沿海货物运输承运人承担的是一种较为严格的赔偿责任,除因不可抗力、货物本身的原因、托运人或收货人本身的过错所造成的货物损失外,承运人均应承担赔偿责任,并且承运人对其除外责任负有举证责任。"富源口"轮在运输途中,因船舱发生火灾事故,造成其承运的汽车受损,中集公司虽主张本案火灾事故是因托运人交付的汽车自燃引起,但不能举证证明本案火灾事故属于汽车自燃以及其他免责事项;且由于中集公司未能及时报告和申请公安消防机构进行调查、鉴定,导致本案火灾事故因时过境迁而无法查明其原因,中集公司免责主张不成立。中集公司应对本案中太保海南公司所遭受的损失及其利息承担赔偿责任。

"富源口"轮属于从事国内沿海运输的适航船舶,中集公司有权依据《中华人民共和国海商法》第十一章有关海事赔偿责任限制及交通部《关于不满300总吨船舶及沿海运输、沿海作业船舶海事赔偿限额的规定》规定的赔偿限额赔偿损失。太保海南公司请求的超过赔偿限额部分的损失,不予支持。

依照《中华人民共和国合同法》第三百一十一条、第四百零三条和《中华人民共和国海商法》第十一章第二百四十条第一款、第二百五十二条第一款、第二百七十七条的规定,**一审判决**:1. 中集公司赔偿太保海南公司经济损失 8 243 897 元;2. 驳回太保海南公司对中集公司的其他诉讼请求。

二 审 概 况

一审被告中集公司、一审原告太保海南公司均不服一审判决,向海南省高级人民法院提起上诉。

二审上诉人:中集航运股份有限公司(简称:中集公司)
法定代表人:***,公司董事长。
委托代理人:***,北京市**律师事务所律师。
委托代理人:***,北京市**律师事务所律师。
二审上诉人:中国太平财产保险股份有限公司海南分公司(简称:太保海南公司)

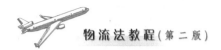

负责人：＊＊＊,公司总经理。
委托代理人：＊＊＊,广东＊＊律师事务所律师。
委托代理人：＊＊＊,广东＊＊律师事务所律师。
第三人：海南神舟汽车销售有限公司(简称：神舟销售公司)
法定代表人：＊＊＊,公司董事长。
委托代理人：＊＊＊,广东＊＊律师事务所律师。
法院：海南省高级人民法院

一、二审上诉人上诉

二审上诉人中集公司上诉称：1. 太保海南公司的被保险人神舟销售公司与中集公司之间不存在水路货物运输合同关系；2. 火灾事故系汽车自燃所致,中集公司无需承担赔偿责任；3. 太保海南公司未能完成有效证明涉案所称受损车辆实际损失的举证责任。请求撤销一审判决,将本案发回重审或者另行改判驳回太保海南公司的诉讼请求。

二审上诉人太保海南公司上诉称：一审判决没有计算海事赔偿责任限额利息,显属错误。其余认定事实清楚,适用法律正确。

二、法院庭审查明

海南省高级人民法院对海口海事法院查明的事实予以确认。

另查明：1. 广州海正保险公估有限公司具备估价资质和营业范围。广州海正保险公估有限公司注册资金为人民币200万元,股东为黄某、张某某、黄某华、黄某文四人,其中黄某和张某某各占30%的股份,黄某华、黄某文各占20%的股份。黄亚同时为广东＊＊律师事务所主任,本案中集公司的委托代理人甲系广东＊＊律师事务所执业律师,乙系广东＊＊律师事务所律师助理。蔡某于2008年9月21日获得保险公估资质,而广州海正保险公估有限公司作出《检验报告》的日期为2008年8月13日,在检验期间,蔡某并没有保险公估资质。《检验报告》上打印有蔡某和韩某两人名字,但无手写签字,该公司法定代表人周某没有在上面签字。2. 神舟汽车有限公司质量管理部和经营管理部是神舟汽车有限公司的两个内设机构。

三、本案争议焦点

海南省高级人民法院根据各方当事人的诉辩情况,结合本案的事实,对**本案争议焦点**的分析认定如下：

(一)关于太保海南公司是否具备本案诉讼主体资格的问题

2007年1月1日,金盘物流公司与中集公司签订《车辆运输合作协议》。该协议系双方真实意思表示,内容不违反法律、强制性法规的规定,是有效的协议,各方当事人应予遵守和履行。神舟销售公司是涉案车辆的销售管理企业及所有权人。神舟销售公司与金盘物流公司协议约定,神舟销售公司委托金盘物流公司对神舟汽车进行运输等工作,根据《中华人民共和国海商法》第四十二条关于托运人概念和范围的规定,神舟销售公司属于委托他人为本人将货物交给与海上货物运输合同有关的承运人的人,是托运人。《车辆运输合作协议》第十七条第8项和第二十二条第1项赋予了神舟销售公司在中集公司因不可免责原因违反协议给金盘物流公司、各关联公司及托运人造成损失时,可以直接向中集公司提出索赔的权利。因此,神舟销售公司根据《车辆运输合作协议》销售管理企业的相关约定及托运人的身份,有权向中集公司进行索赔。

2008年4月10日,被保险人神舟销售公司与保险人太保海南公司达成《保险赔付协议》。太保海南公司提供的记账回执、支票存根及赔款收据表明,其已实际赔付了16 395 960元。太保海南公司向神舟销售公司赔偿涉案车辆的损失之后,有权取代神舟销售公司在《车辆运输合作协议》中的合同权利,向中集公司进行索赔。故本案太保海南公司是适格的诉讼主体,对中集公司有关太保海南公司非本案适格诉讼主体的主张,不予支持。

(二) 关于涉案火灾事故原因的认定问题

火灾事故调查是一项公共管理职能,未经法律及行政法规授权,任何单位不得行使该项职能。《中华人民共和国消防法》第五十一条、公安部颁发的《火灾事故调查规定》第五条以及《中华人民共和国海上交通事故调查处理条例》第九条第三款均明确火灾事故调查和处理的法定机构是公安消防机构,法律、行政法规并未授权其他机关、单位行使此项职能。《运输船舶消防管理规定》第二十三条、《中华人民共和国消防法》第六十四条均明确规定个人和组织在火灾发生后具有报警的义务。"富源口"轮船长在火灾后,没有报警并申请公安消防机构进行鉴定,其对火灾原因的查明负有不可推卸的责任。任何有关不报警、不鉴定的方案和约定都是非法、无效的。一审法院有关中集公司及"富源口"轮船长负有报告火灾事故并申请公安消防机构进行鉴定的法定义务的认定准确。

为证明火灾原因,太保海南公司提供了中国检验认证集团上海有限公司出具的《鉴定报告》,中集公司提供了浙江出入境检验检疫鉴定所出具的《司法鉴定报告书》、上海悦之保险公估有限公司出具的《公估报告》、广州海正保险公估有限公司出具的《检验报告》。上述出具报告的机构不具备火灾鉴定人的执业资格和营业范围,不具备社会公共管理职能,违背了前述法律、法规有关火灾事故原因调查权、鉴定权应由公安消防机构行使的规定,其所出具的结论不具备合法性和证明力。《中华人民共和国海商法》第五十四条规定承运人应对在航运过程中所产生的货物灭失、损坏的免责事由承担举证责任,中集公司未能申请公安消防机构对火灾原因进行查明,其对火灾原因负有举证不能之责任,根据最高人民法院《关于民事诉讼证据的若干规定》第二条的规定,应由其承担不利的后果,对本次火灾所造成的损失承担赔偿责任。

(三) 关于涉案火灾造成的车辆损失的认定问题

《火灾事故调查规定》第二十三条第二款规定:"公安机关消防机构可以根据需要委托依法设立的价格鉴证机构对火灾直接财产损失进行鉴定。"第二十六条进一步规定:"对受损单位和个人提供的由价格鉴证机构出具的鉴定意见,公安机关消防机构应当审查下列事项:(一) 鉴证机构、鉴证人是否具有资质、资格;(二) 鉴证机构、鉴证人是否盖章签名;(三) 鉴定意见依据是否充分;(四) 鉴定是否存在其他影响鉴定意见正确性的情形。对符合规定的,可以作为证据使用;对不符合规定的,不予采信。"因此,符合《火灾事故调查规定》第二十六条审查事项的鉴定意见,法院可以采纳作为认定火灾损失的证据,对中集公司有关除公安消防机构之外的组织均不具备统计火灾损失的资质或资格的主张,不予支持。

浙江出入境检验检疫鉴定所不具备价格鉴定资质和损失认定的营业范围,对其出具的《司法鉴定报告书》所做的损失认定不予确认。广州海正保险公估有限公司虽然具备价格评估的资质和营业范围,但作为《检验报告》签署人之一的蔡某在报告作出前并未取得有效的保险评估资质,该公司法定代表人周某没有在《检验报告》上签字,该报告不具备合法性。蔡某在一审出庭接受询问时拒绝在庭审笔录上签名。另外,中集公司委托代理人所在的广东**律师事务所的主任黄某先生是广州海正保险公估有限公司最大的股东,且黄某先生曾受中集公司委托,于2008年3月5日就本案火灾事故的处理,向金盘物流公司和太保海南公司发出过《声明》,一审法院对广州海正保险公估有限公司与中集公司存在利害关系的认定并无不当。广州海正保险公估有限公司作为利害关系人应当在鉴定过程中回避而未予回避,违反了《司法鉴定程序通则》第二十条有关回避的规定。对该公司出具的《检验报告》的效力不予认定。

海口市价格认证中心具有价格司法鉴定资质和营业范围,其出具的《估价报告书》符合《火灾事故调查规定》第二十六条所要求的审查条件。虽然中集公司提出该报告书中存在VIN码错误的问题,但该瑕疵并不属于影响鉴定意见正确性的情形,对该《估价报告书》予以认定。涉案车辆在本案火灾中所受的损失为16 797 902元。

太保海南公司为确定保险事故的性质、原因和程度,以及为对受损车辆进行施救、处理,在与中集公司协商一致的情况下,将涉案受损车辆从上海回运到海口,产生码头堆存费、搬运及美容费、清洗费等共计697 888元。

中集公司应对本案中太保海南公司所遭受的损失17 093 848元及其利息承担赔偿责任。"富源口"轮属于从事国内沿海运输的适航船舶,本案无证据表明涉案货物损失是由于中集公司的故意或者明知可能造成损失而轻率地作为或者不作为造成的,根据《中华人民共和国海商法》第五十八条和五十九条的规定,中集公司有权享受海事赔偿责任限制。依据《中华人民共和国海商法》第二百一十条第二款、《关于不满300总吨船舶及沿海运输、沿海作业船舶海事赔偿限额的规定》第四条以及一审查明的特别提款权的折算率,中集公司应对太保海南公司承担8 243 897元的赔偿责任。

(四)关于太保海南公司利息请求的问题

根据《中华人民共和国海商法》第二百一十三条的规定,债务人只有在设立基金的情况下才产生利息,本案中集公司并未设立基金,太保海南公司要求中集公司参照已设立基金的情形支付利息,法律无明文规定,不予支持。

四、案件判决

一审判决认定事实清楚,适用法律正确。依照《中华人民共和国民事诉讼法》第一百五十三条第一款第(一)项之规定,**二审判决**:驳回上诉,维持原判。

再审概况

二审上诉人中集公司不服二审判决,向最高人民法院申请再审。

再审申请人(一审被告、二审上诉人):中集航运股份有限公司(简称:中集公司)。

法定代表人:***,公司董事长。

委托代理人:***,北京市**律师事务所律师。

委托代理人:***,北京市**律师事务所律师。

再审被申请人(一审原告、二审上诉人)：中国太平财产保险股份有限公司海南分公司(简称：太保海南公司)

负责人：＊＊＊,公司总经理。

委托代理人：＊＊＊,广东＊＊律师事务所律师。

委托代理人：＊＊＊,广东＊＊律师事务所律师。

第三人：海南神舟汽车销售有限公司(简称：神舟销售公司)

法定代表人：＊＊＊,公司董事长。

委托代理人：＊＊＊,广东＊＊律师事务所律师。

法院：最高人民法院

一、再审事由及答辩

中集公司不服二审判决,向本院申请**再审**称：(1)二审判决适用法律错误。本案为中华人民共和国港口之间的海上货物运输合同纠纷,而二审判决在认定"太保海南公司是否具备诉讼主体资格""涉案火灾事故原因"等问题时,均适用了《中华人民共和国海商法》第四章的规定；(2)金盘物流公司与神舟销售公司签订的《协议书》不是委托合同,神舟销售公司不能依据《车辆运输合作协议》向中集公司提出违约索赔。《车辆运输合作协议》第十七条第8项的约定不应该为中集公司设立对第三人的"违约责任"；(3)二审判决对本案火灾原因举证责任的认定没有事实和法律依据,金盘物流公司应对事故承担全责；(4)二审判决对本案受损车辆损失金额的认定没有事实和法律依据。请求撤销一、二审判决,改判驳回太保海南公司的全部诉讼请求,并由太保海南公司承担一、二审诉讼费用。

太保海南公司**答辩**称：(1)本案应当适用《中华人民共和国合同法》,二审判决适用《中华人民共和国海商法》确有错误；(2)神舟销售公司有权依据金盘物流公司与中集公司之间的《车辆运输合作协议》对中集公司提出违约索赔。二审判决根据《车辆运输合作协议》第十七条第8项的约定,认定神舟销售公司可以直接向中集公司索赔是正确的；(3)二审判决认定中集公司对火灾造成损失的免责承担举证责任是正确的；(4)二审判决对涉案受损车辆损失的认定依据充分。

神舟销售公司**答辩**称：(1)神舟销售公司与金盘物流公司之间系委托代理关系,中集公司对此是明知的,神舟销售公司可以向中集公司提起违约之诉,太保海南公司诉讼主体资格合法有效；(2)二审判决依据《车辆运输合作协议》第十七条第8项的约定,认定神舟销售公司有权向中集公司索赔是正确的；(3)涉案火灾事故原因系因中集公司未依法履行法定义务而无法查明,中集公司对火灾原因负有举证不能的责任；(4)二审判决对广州海正保险公估有限公司的《检验报告》和浙江出入境检验检疫所的《司法鉴定报告书》的证据效力和得出的损失金额没有采信是正确的。

二、法院庭审查明

本案开庭审理过程中,中集公司提交了案涉390辆汽车从上海回运至海口的水路货物运单及462辆汽车的货载订舱单作为新证据,证明从上海至海口的运输系独立的水路货物运输合同。太保海南公司与神舟销售公司对上述新证据的真实性均有异议,并认为虽然确实存在回运的事实,但回运行为只是双方处理问题的一个步骤,而不是独立行为。

太保海南公司提交了四份新证据:(1)神舟销售公司的说明;(2)金盘物流公司的说明及该公司营业执照(副本);上述证据用以证明神舟销售公司与金盘物流公司之间是委托代理关系;(3)神舟销售公司关于神舟商品车编号的说明,用以证明神舟商品车编号的原则和方法;(4)中集公司上市公布资料,用以证明中集公司为神舟商品车厂家提供运输服务,而不是为金盘物流公司提供运输服务。

中集公司对上述证据的真实性没有提出异议,但对与本案的关联性提出异议,并认为神舟销售公司与金盘物流公司系兄弟公司,具有利害关系,其互相印证的证据(1)、(2)没有效力。证据4均为公司的宣传资料,不是对本案特定合同的解释说明。神舟销售公司对上述证据没有提出异议。

本院经审查认为,中集公司提交的上海至海口的运单及货载订舱单,因均为复印件,且太保海南公司和神舟销售公司均对其真实性有异议,本院不予认定。太保海南公司提交的4份新证据,因中集公司和神舟销售公司对真实性未提出异议,本院予以认定。

本院经审理查明:原审法院查明的基本事实,有相关证据予以佐证,本院予以确认。

本院认为:本案为水路货物运输合同货损赔偿纠纷。金盘物流公司与中集公司签订的《车辆运输合作协议》合法有效,对各方当事人均具有约束力。

三、本案争议焦点

(一)二审判决是否存在法律适用错误问题

本案系中集公司履行其签订的《车辆运输合作协议》,负责承运涉案车辆海上运输期间,因承运车辆损坏而引起的纠纷,属于海上货物运输合同货损赔偿纠纷,《中华人民共和国海商法》作为特别法应当优先适用。但本案所涉运输为海口至上海,系中华人民共和国港口之间的海上运输。《中华人民共和国海商法》第二条第二款规定:"本法第四章海上货物运输合同的规定,不适用于中华人民共和国港口之间的海上货物运输。"故《中华人民共和国海商法》第四章不适用于本案,本案应当适用《中华人民共和国海商法》第四章之外的其他规定,《中华人民共和国海商法》没有规定的,应当适用《中华人民共和国合同法》的有关规定。

海南省高级人民法院二审判决对本案"太保海南公司是否具备诉讼主体资格"进行认定时,适用《中华人民共和国海商法》第四十二条关于托运人概念和范围的规定,认定神舟销售公司属于委托他人为本人将货物交给与海上货物运输合同有关的承运人的人;对本案"涉案火灾事故原因"进行认定时,适用《中华人民共和国海商法》第五十四条关于承运人对其他原因造成损坏应当负举证责任的规定,认定中集公司对火灾事故原因负有举证不能的责任;对本案"火灾造成的车辆损失"进行认定时,适用《中华人民共和国海商法》第五十八条和五十九条的规定,认定中集公司有权享受海事赔偿责任限制。以上适用条款均为《中华人民共和国海商法》第四章的规定。故二审判决适用法律明显错误,应当予以纠正。

(二)神舟销售公司是否能够依据《车辆运输合作协议》向中集公司提出违约索赔,即太保海南公司是否具有合法的诉讼主体资格

神舟销售公司与金盘物流公司于2006年12月31日签订《协议书》约定:神舟销售公司将神舟商品车的物流、仓储、运输等事项委托给金盘物流公司运营,金盘物流公司负责神舟

销售公司委托的神舟商品车的物流、仓储、运输等工作。金盘物流公司与中集公司于2007年1月1日签订《车辆运输合作协议》第一条约定：金盘物流公司指定中集公司作为承运车从海口至上海水路运输的承运商，由中集公司利用其滚装船为金盘物流公司实施海口至上海的承运车水路运输。第十七条第8项约定：因不可免责原因，中集公司违反协议致使金盘物流公司（含金盘物流公司各关联公司、托运人）或承运车厂家遭受损失，金盘物流公司或承运车厂家有权提出索赔。

本院认为，按照该协议的约定，中集公司在订立合同时，已经知道其所承运货物的托运人实际为"承运车厂家"，并且在协议中明确约定"承运车厂家"因中集公司违反运输合同而遭受损失时，具有向中集公司提出索赔的权利。该约定系协议当事人一致的意思表示，约定第三人可以直接向中集公司提出索赔，对各方当事人均具有约束力。该约定不属于《中华人民共和国合同法》第六十四条规定的"当事人约定由债务人向第三人履行债务"的情形，中集公司主张神舟销售公司无权依据《车辆运输合作协议》提起诉讼缺乏法律依据。《车辆运输合作协议》第二十二条第1项约定："承运车厂家"是指承运车的制造商或负责承运车销售管理的企业。根据《独家经销协议》，神舟销售公司为涉案车辆的销售管理企业和所有权人。故神舟销售公司有权依据《车辆运输合作协议》向中集公司提出索赔。保险人太保海南公司向神舟销售公司支付保险赔偿后依法取得代位求偿权。二审判决认定太保海南公司具有合法的诉讼主体资格并无不当。

（三）二审判决对本案火灾原因举证责任以及货损赔偿责任的认定是否正确

根据案涉"富源口"轮《海事报告》和《航海日志》的记载，"富源口"轮从海口至上海航行途中货舱发生火灾导致承运车辆受损。对此事实，各方当事人均无异议。本案不适用《中华人民共和国海商法》第四章的规定，应当适用《中华人民共和国合同法》第十七章运输合同的有关规定确定责任。《中华人民共和国合同法》第三百一十一条规定："承运人对运输过程中货物的毁损、灭失承担损害赔偿责任，但承运人证明货物的毁损、灭失是因不可抗力、货物本身的自然性质或者合理损耗以及托运人、收货人的过错造成的，不承担损害赔偿责任。"因此，中集公司作为货物运输合同承运人，对运输过程中造成的货物损失应当承担赔偿责任，除非其举证证明存在法定免责事由。中集公司主张涉案火灾事故因汽车自燃引起，应当承担相应的举证责任。二审判决对火灾事故原因举证责任的认定并无不当。

为证明案涉火灾事故的原因，太保海南公司提交了中国检验认证集团上海有限公司出具的《鉴定报告》，中集公司提交了浙江出入境检验检疫鉴定所出具的《司法鉴定报告书》、上海悦之保险公估有限公司出具的《公估报告》和广州海正保险公估有限公司出具的《检验报告》。

本院认为，公安部《火灾事故调查规定》第六条规定："火灾事故的调查由公安消防机构负责实施。"第十条规定："各级公安消防机构应当配备专职或者兼职火灾事故调查人员。火灾事故调查人员应当按照公安消防监督人员资格管理的有关规定，取得岗位资格。"因此，火灾事故调查和处理机构应当为公安消防机构，调查人员应当具备相应的岗位资格。中集公司和太保海南公司委托的机构并非公安消防机构，检验师和鉴定人均不具备火灾事故鉴定的岗位资质。二审判决对中集公司和太保海南公司提交的鉴定、检验和公估报告中作出的火灾原因认定均不予采信并无不当。火灾事故发生后，因中集公司并未向公安消防机构以

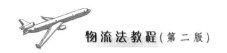

及港务监督部门报告,造成火灾原因无法查明。中集公司不能提交充分证据证明其对火灾事故具有法定免责事由,二审判决由中集公司承担举证不能的不利后果,对火灾事故造成的损失承担赔偿责任并无不当。

原审查明,2007年12月23日"富源口"轮到达上海海通码头,因运输途中发生火灾导致承运车辆受损。中集公司与金盘物流公司经协商一致签署了车辆回运协议。该协议第一条约定:关于"富源口"轮2007年12月21日货舱起火一事的后续处理由双方通过友好协商或其他方式解决。第二条约定:事故中涉及的462辆商品车(包括目前暂存舱内的72台)由"富源口"轮重新运回海口。结合《海事报告》和《航海日志》的记载,该回运协议已经充分证明了火灾事故的发生以及车辆受损的后果。中集公司认为没有编制卸车交接记录就不能证明货损事实的主张缺乏事实和法律依据。回运协议第五条约定:车辆在卸货港交货后,中集公司从上海至海口段的运输责任即告终止,风险转移至金盘物流公司承担。中集公司认为该约定说明回运协议履行完毕,货物风险责任已经转移至金盘物流公司,中集公司不应承担赔偿责任。

本院认为,回运协议所指的从上海至海口的水路运输确系独立的运输合同,但协议第五条约定的风险责任的转移仅仅是针对上海至海口段运输过程中可能产生的风险责任。该回运协议的签订以及回运的事实并不能视为金盘物流公司就火灾事故放弃对中集公司的索赔,也不能视为金盘物流公司对中集公司关于火灾原因系车辆自燃的主张表示默认。再审申请人中集公司认为金盘物流公司的卸货行为和回运行为既证明运输合同履行完毕,也表明金盘物流公司愿意自行承担货损责任的主张缺乏充分的事实和法律依据。

(四)二审判决对涉案受损车辆损失金额的认定是否正确

为证明车辆受损情况,中集公司提交了浙江出入境检验检疫鉴定所出具的《司法鉴定报告书》和广州海正保险公估有限公司出具的《检验报告》。浙江出入境检验检疫鉴定所的业务范围不包括价格鉴定,不具有商品价格鉴定资质。广州海正保险公估有限公司作为利害关系人在鉴定过程中并未回避,且其《检验报告》签署人蔡春在报告作出时并未取得相应鉴定资质,并拒绝在一审庭审笔录上签名。二审判决对上述两份鉴定检验报告不予采信并无明显不当。

太保海南公司为证明车辆受损情况,提交了海口市价格认证中心出具的《估价报告书》、《车辆堆存协议》及发票、《车辆清洗协议》及发票、运输发票等一系列证据材料。为证明受损车辆的实际处理情况,根据中集公司的申请以及一审法院的要求,神舟销售公司补充提供了案涉受损车辆经修复后实际处理的销售合同及其发票。太保海南公司委托的海口市价格认证中心具有价格司法鉴定资质和营业范围,二审判决对该《评估报告书》的证据效力予以认定并无不当。

根据回运协议的约定,各方当事人对火灾事故造成462辆商品车受损,所有事故车辆均由中集公司运回海口后卸至海口秀英港码头的事实并无异议。为确定保险事故的性质、原因和程度,太保海南公司委托海口市价格认证中心对事故车进行检验并无不当。中集公司关于《估价报告书》与本案争议货损不存在事实关联性的主张缺乏充分的事实依据。

本案受损车辆为新车,经过火灾事故的高温烘烤后,存在潜在质量风险,修复后的车辆价值相比新车有很大的差异。海口市价格认证中心出具的《估价报告书》采用市场法定损,相比中集公司主张的以修复价格确定损失更为符合实际,也更为合理。此外,结合神舟销售公司提交的案涉受损车辆经修复后实际处理的销售合同及其发票,二审判决对《估价报告书》中关于车辆损失金额为 16 797 902 元的定损结论予以认定并无不当。中集公司并未提交充分的相反证据,其关于二审判决认定损失金额错误的主张缺乏充分的事实和法律依据。

四、法院判决

综上,中集公司作为案涉货物运输合同承运人,对运输过程中发生火灾事故造成承运车辆的损失应当承担赔偿责任。"富源口"轮属于从事国内沿海运输的适航船舶,根据《中华人民共和国海商法》第二百零四条的规定,中集公司有权享受海事赔偿责任限制。二审判决适用《中华人民共和国海商法》第四十二条、第五十四条、第五十八条、第五十九条属于法律适用错误,应予纠正,但认定事实清楚,判决结果正确,本院予以维持。

依照《中华人民共和国民事诉讼法》第一百八十六条第一款之规定,判决如下:维持海南省高级人民法院(2010)琼民三终字第 2 号民事判决。本判决为终审判决。

裁判摘要

《中华人民共和国海商法》作为特别法,优先适用于海上货物运输合同纠纷的审理。依照《中华人民共和国海商法》第二条第二款的规定,中华人民共和国港口之间的海上货物运输,包括内河货物运输和沿海货物运输,不能适用《中华人民共和国海商法》第四章的规定,应当适用《中华人民共和国合同法》的有关规定。

二、模拟法庭活动建议方案

模拟法庭的组织实施非常重要,笔者自 2012 年开始历经 10 年的教学实践和改革创新,逐渐摸索出一套适合本课程的模拟法庭教学实践流程和评价标准,提出建议方案,仅供参考。

(一)教学安排

(1) 发布案例素材,布置任务要素(确定法律主体、查找法律关系、明确权利义务责任、定位法律焦点问题);

(2) 学生自主分组、推举组长,撰写法律文书;

(3) 教师评审法律文书并提出修改意见(可邀请律师参与);

(4) 学生小组现场演示模拟法庭。

(二)法律文书列表

(1) 人民法院判决书;

(2) 书记员庭审记录;

(3) 原告:起诉状+证据清单+必要证据;

(4) 被告:答辩状+证据清单+必要证据;

(5) 诉讼代理人委托书+代理词。

（三）现场演示模拟法庭实践流程

（1）学生代表介绍模拟法庭成员和基本案情；

（2）学生小组现场演示模拟法庭（开场—诉讼请求—举证质证—法庭辩论—法庭宣判），鉴于时间原因，部分流程化的环节省略，核心重要环节保留；

（3）学生互评＋教师评分**（见模拟法庭评分表）**（可邀请律师参与）；

（4）学生点评、提问、质疑和回答（现场学生互动）；

（5）专家律师现场点评（若有律师参与）；

（6）教师提问、总结和强化核心知识点。

附件

物流法规模拟法庭实践项目说明

一、实践项目目的与内容

本实践项目通过对法庭审判活动的介绍及模拟，旨在加深学生对教学内容的理解，掌握我国的诉讼活动程序；体验法官、律师、证人、当事人等角色，帮助法学专业学生提升案例分析能力，熟悉法庭审判的完整过程，学习法庭审判活动中法官、律师的庭审技能，锻炼学生的收集、分析、判断和采信证据的能力，培养学生的法律推理能力、语言表达能力、确定案件性质和认定案件事实的能力、组织和参与庭审活动的能力、担任案件辩护和代理的能力、组织协调能力。增强学生的证据意识、程序意识，最终达到全方位地培养和训练学生的法律职业素养和职业技能的目的。

二、实践项目考核与评价方式

（一）考核方法

在实践过程中重点考核学生理论知识和实践技能，具体考核方式为：采取现场演示由指导教师＋外聘律师＋学生评分、模拟卷宗与法律文书由指导教师＋外聘律师评分、附加分项（组长由教师评分、组员由组长评分）三结合的方式进行，所占比例：现场演示60%，卷宗材料与法律文书30%，学生评定10%。按优（90分以上）、良（80～89分）、中（70～79分）、及格（60～69分）、不及格（60分以下）综合评定学生实践成绩。

（二）评价标准

优秀：能很好地完成实践任务，达到大纲中规定的全部要求。实践态度端正，实践期间无违纪行为；模拟审判演练中操作熟练，条理清楚，用语准确，说理充分，训练活动规范有序；演练中能够做到紧扣案件，角色流程记录恰当有序，用词准确，逻辑性强，相关训练总结（体会）能结合所学知识，运用法律思维和法律方法，分析观点新颖，有独到见解。

良好：能较好地完成实践任务，达到大纲中规定的全部要求。实践态度端正，实践期间无违纪行为；在进行模拟庭审训练中，严肃程度不够，对存在的问题不能及时改进；虽能够围绕案件，角色流程记录恰当有序，用词准确，逻辑性强，相关训练总结（体会）基本能结合所学知识，分析观点有新意，但见解不深刻。

中等：能完成大部分实践任务，达到大纲中规定的主要要求。实践态度端正，实践期间无违纪行为；在进行模拟庭审训练中，基本能够围绕案件主要争议事实展开自己的观点，语言表达较差，逻辑层次不清，训练活动不规范；基本能够围绕案件，角色流程记录恰当有序，用词准确，逻辑性强，相关训练总结（体会）结合所学知识一般，分析观点清楚，但新颖性不强。

及格：基本能完成大部分实践任务，但达不到大纲中规定的主要要求。实践态度基本端正，实践期间无违纪行为；在进行模拟庭审训练中，主要观点表达较明确，但语言较差，缺乏条理性；对案件主要争议事实不能把握，相关训练总结（体会）不能结合所学知识，分析观点不清楚。

不及格：不能完成大部分实践任务，达不到大纲中规定的主要要求。实践态度不够端正，实践期间有违纪行为；不能遵守实践纪律，庭审演练中出现较大错误，不能阐明所持的基本观点，逻辑层次混乱。

物流法规模拟法庭评分标准

项　　目		分数	原告方	被告方	法院方
法律文书 （满分 30分）	法律依据明确，引用法律条文得当；	10			
	事实认定清楚，举证得当；	10			
	格式正确，法理分析严密，说理得当；	5			
	结构清晰，逻辑合理；语言适当，用词严谨；	5			
法庭表现 （满分 60分）	举证质证 1. 举证方的证据确凿有力 2. 质证善于发现证据的事实效力，并提出强有力的推翻理由 3. 若出示明显的违法的假证据或是牵强编造证据的倒扣分	10			
	提问环节 1. 提问方，问题有针对性，简练易懂，确凿有力 2. 回答方，简练	10			
	辩论环节 1. 紧扣案情及法律依据 2. 表达清楚，语言简练易懂 3. 逻辑推理能力强，善于抓住对手的漏洞及矛盾 4. 每组的每位成员必须发表自己的辩论意见	20			
	赛时仪态 1. 注意仪表仪情，特别是手势运用得当 2. 语言文明 3. 带入感情进行比赛，但切忌过于激动	5			
	法律用语 能够尽可能地运用适当的专业法学用语	10			
	临场发挥 对突发性事件的应变能力 如在质证和辩论中遭遇对方反诘时应对是否机敏、沉着	5			

续 表

项 目			分数	原告方	被告方	法院方
附加分项（满分10分）	组长	1. 能够积极主动联系各小组成员，带动组员，讨论案情 2. 能够较好完成布置的任务 3. 确保每次活动通知到位，且尽量督促每位组员准时到场参加活动	10			
	组员	1. 能够积极参与各组的讨论，并主动查找各方面资料 2. 能够主动向老师或学长学姐提问	10			
总 分			100			

说明：本次模拟法庭总分为100分，分为三部分，即：法律文书30分；法庭表现60分；附加分项10分。按评分表所列项目进行各项打分，并得出总分，其平均分即为成绩。

图书在版编目(CIP)数据

物流法教程/孟琪编著.—2版.—上海：复旦大学出版社，2023.5
(复旦卓越.21世纪物流管理系列教材)
ISBN 978-7-309-16300-1

Ⅰ.①物… Ⅱ.①孟… Ⅲ.①物流管理-法规-中国-高等学校-教材 Ⅳ.①D922.294

中国版本图书馆 CIP 数据核字(2022)第 120534 号

物流法教程(第二版)
WULIUFA JIAOCHENG (DI ER BAN)
孟　琪　编著
责任编辑/姜作达

复旦大学出版社有限公司出版发行
上海市国权路 579 号　邮编：200433
网址：fupnet@fudanpress.com　　http://www.fudanpress.com
门市零售：86-21-65102580　　团体订购：86-21-65104505
出版部电话：86-21-65642845
上海华业装潢印刷厂有限公司

开本 787×1092　1/16　印张 23　字数 545 千
2023 年 5 月第 2 版
2023 年 5 月第 2 版第 1 次印刷

ISBN 978-7-309-16300-1/D·1122
定价：58.00 元

如有印装质量问题，请向复旦大学出版社有限公司出版部调换。
版权所有　　侵权必究